# Sommaire

*Avec ce guide voici les cartes Michelin qu'il vous faut :*

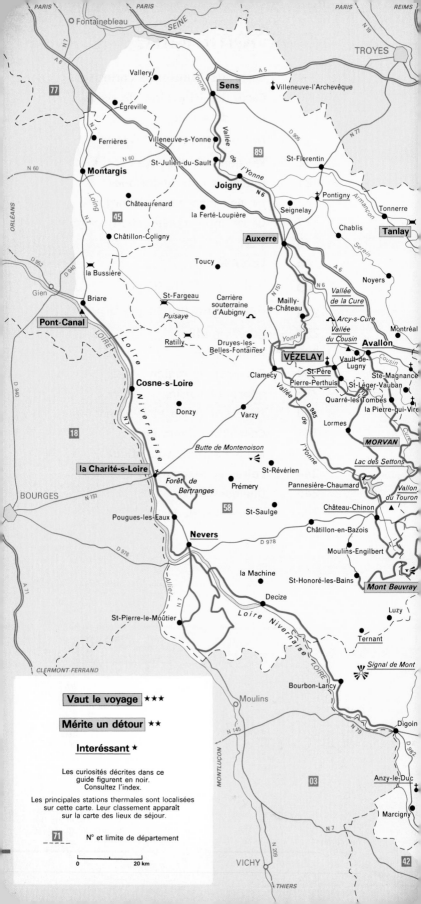

PARIS
PARIS
PARIS
REIMS

SEINE

Fontainebleau

TROYES

N 7

A 6

Vallery

Sens

Villeneuve-l'Archevêque

77

Égreville

Villeneuve-s-Yonne

Vallée de l'Yonne

St-Florentin

89

Pontigny

Tonnerre

Tanlay

Ferrières

N 60

St-Julien-du-Sault

Joigny

Seignelay

N 77

Armançon

Montargis

Châteaurenard

la Ferté-Loupière

N 6

Chablis

ORLÉANS

45

Châtillon-Coligny

Auxerre

Noyers

Serein

Toucy

D 965

N 151

Vallée de la Cure

la Bussière

St-Fargeau

Carrière souterraine d'Aubigny

Mailly-le-Château

Arcy-s-Cure

Montréal

Gien

Pont-Canal

Briare

Puisaye

Ratilly

Druyes-les-Belles-Fontaines

Yonne

Vallée du Cousin

Avallon

VÉZELAY

Vault-de-Lugny

Cousin

Clamecy

St-Père

Ste-Magnance

LOIRE

Pierre-Perthuis

St-Léger-Vauban

Cosne-s-Loire

Donzy

Varzy

Vallée

Quarré-les-Tombes

la Pierre-qui-Vire

Cure

Lormes

Nivernaise

de

l'Yonne

MORVAN

Butte de Montenoison

Lac des Settons

la Charité-s-Loire

Forêt de Bertranges

St-Révérien

Pannesière-Chaumard

Vallon du Touron

BOURGES

N 151

Prémery

D 985

Château-Chinon

Pouges-les-Eaux

58

St-Saulge

Châtillon-en-Bazois

Moulins-Engilbert

Nevers

D 978

la Machine

St-Honoré-les-Bains

Mont Beuvray

Luzy

St-Pierre-le-Moûtier

Decize

Ternant

CLERMONT-FERRAND

Loire

Nivernaise

Signal de Mont

Bourbon-Lancy

Moulins

Digoin

Vaut le voyage ★★★

N 145

N 79

D 982

Mérite un détour ★★

Interéssant ★

03

Anzy-le-Duc

Les curiosités décrites dans ce guide figurent en noir. Consultez l'index.

Les principales stations thermales sont localisées sur cette carte. Leur classement apparaît sur la carte des lieux de séjour.

Marcigny

71   Nº et limite de département

N 7

0        20 km

VICHY

42

N 209

THIERS

# Principales curiosités

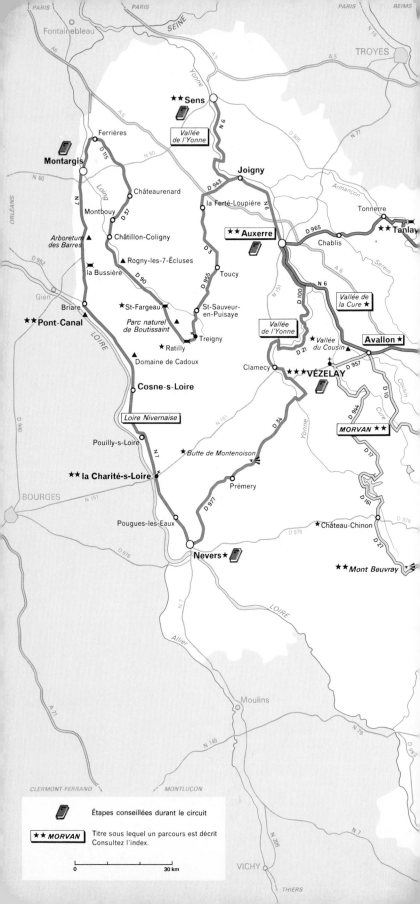

# Lieux de séjour

Sur la carte ci-dessous ont été sélectionnées quelques localités particulièrement adaptées à la villégiature en raison de leurs possibilités d'hébergement et des loisirs qu'elles offrent.

Les régions décrites dans ce guide présentent une grande variété de lieux de séjour : villes, villages paisibles de campagne.

Les **cartes Michelin** au 1/200 000 *(assemblage p. 3)* permettent d'un simple coup d'œil d'apprécier le site de la localité. Elles donnent, outre les caractéristiques des routes, les emplacements des baignades en rivière ou en étang, des piscines, des golfs, des hippodromes, des aérodromes...

## Choisir son lieu de séjour

La carte ci-dessous signale des lieux de séjour traditionnels sélectionnés pour leurs possibilités d'accueil et l'agrément de leur site. Pour ces localités, il existe, outre les hôtels et campings sélectionnés dans les publications Michelin, diverses possibilités d'hébergement (meublés, gîtes ruraux...), les offices de tourisme et syndicats d'initiative en communiquent la liste. De même, ces organismes renseignent sur les activités locales de plein air et sur les manifestations culturelles de la région (l'adresse et le numéro de téléphone des plus importants d'entre eux figurent dans la dernière partie de ce volume, au chapitre des renseignements pratiques).

Cette carte fait également apparaître des centres urbains qu'il faut visiter dans la région. Ce sont les « villes-étape » et Dijon, la capitale, est, à elle seule, par ses richesses historiques, artistiques et son rayonnement culturel, une destination de week-end.

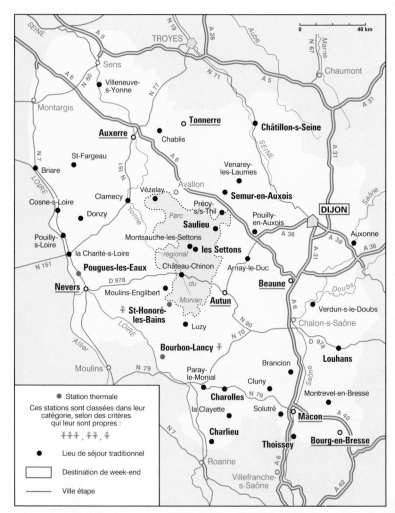

## Quelques visites insolites proposées dans ce guide

Le pont-canal de Briare p. 84

Le musée Nicéphore Niepce à Chalon-sur-Saône p. 90

Le marché aux bestiaux de St-Christophe-en-Brionnais (*pour les lève-tôt : il faut y assister entre 4 h et 8 h du matin, de préférence en automne*) p. 108

L'ancienne cristallerie du Creusot (château de la Verrerie) p. 120

La Fabuloserie de Dicy p. 145

Les ateliers du journal l'Indépendant qui ont fonctionné jusqu'en 1984 à Louhans p. 148

Le monastère tibétain Kagyu-Ling au château de Plaige p. 148

La forge de Buffon près de Montbard p. 161

La Fosse Dionne à Tonnerre p. 216

Les cheminées sarrasines de la région de St-Trivier-de-Courtes p. 220

Irancy et son vignoble.

# Introduction
# au voyage

# Physionomie du pays

La région décrite dans ce guide n'est pas une région naturelle au même titre que les Alpes ou le Bassin parisien. Dépourvue d'unité physique, elle se compose de pays très différents ;
– à l'Est, des plaines d'effondrement (pays de la Saône) ;
– au Nord et à l'Ouest, des plaines de bassins sédimentaires formant la Basse-Bourgogne (région de Chablis et d'Auxerre) ;
– au Centre, des plateaux calcaires (Côte et Arrière-Côte) ;
– au Sud, des massifs anciens et des zones accidentées (massif du Morvan, collines du Charollais, monts du Mâconnais).

**Traits généraux du relief** – Malgré cette diversité, il est possible de dégager certains traits généraux du relief : tandis que la partie septentrionale se rattache directement au rebord oriental du Bassin parisien, le Morvan, la Côte et le Mâconnais présentent des caractères nettement marqués.

Le **Morvan**, massif primaire usé par l'érosion puis soulevé de nouveau à l'ère tertiaire, s'incline doucement vers le Nord. L'altitude ne dépasse pas 900 m. Il domine, à l'Ouest, la dépression du Bazois, au Nord, la Terre-Plaine, au Nord-Est, la dépression de l'Auxois, au Sud-Est, les plaines d'Autun et du Charollais.

Toutes ces plaines bordières ont facilité la pénétration du massif et ont permis d'en amorcer peu à peu la mise en valeur.

La « **Côte** », au pied de laquelle s'étale le célèbre vignoble, est le rebord du dernier gradin de la « Montagne », haut plateau calcaire qui s'allonge du Nord au Sud, de la vallée de l'Ouche à la vallée de la Dheune.

Le **Mâconnais**, prolongé au Sud par les monts du Beaujolais *(voir le guide Vert Michelin Vallée du Rhône)*, a également un relief assez marqué et ses monts se rattachent encore à la côte calcaire de la bordure de Saône.

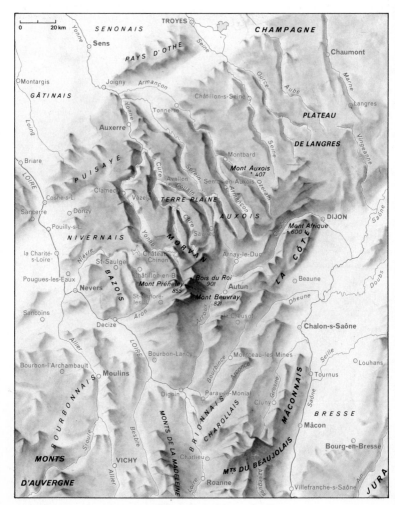

Les plateaux calcaires du Châtillonnais et de Basse-Bourgogne, qui se raccordent à l'Est au plateau de Langres *(voir le guide Vert Michelin Champagne Ardennes),* constituent une région monotone et pauvre, dominée parfois de « tasselots » (plateaux rocheux) et entaillée de vallées sèches. Les forêts n'ont pu s'y maintenir que grâce à une forte pluviosité.

Limitant à l'Est et à l'Ouest la Bourgogne et le Nivernais, la Saône et la Loire s'étalent chacune en une plaine alluviale parsemée de cultures et de prairies d'élevage.

## LA FORMATION DU SOL

**Ère primaire** – Début il y a environ 600 millions d'années. Les eaux recouvrent l'emplacement actuel de la France. Puis un bouleversement de l'écorce terrestre, le plissement hercynien, dont la forme en V apparaît en tireté sur la carte ci-dessous, fait surgir un certain nombre de hautes montagnes (Massif Armoricain, Massif Central, Vosges, Ardennes) dont le Morvan. Ces montagnes sont formées de roches cristallines : granit, gneiss, micaschistes, mêlées de roches éruptives, telles que le porphyre. Les mers qui occupent les Bassins parisien et rhodanien communiquent entre elles par un détroit, le seuil de Bourgogne.

L'érosion, c'est-à-dire l'action combinée des pluies, du vent, des eaux courantes, use et abaisse les parties les plus hautes : le Morvan est ainsi ramené à un état de socle montagneux. Le climat chaud et humide favorise le développement d'une végétation exubérante. Enfouis sous une épaisse masse d'alluvions, les débris végétaux sont peu à peu transformés en houille, par suite d'une longue fermentation. Des dépôts carbonifères se forment entre les massifs du Morvan et du Beaujolais dans la région d'Autun et de Blanzy.

A cette époque vivent des batraciens, des insectes, des sauriens et des poissons géants.

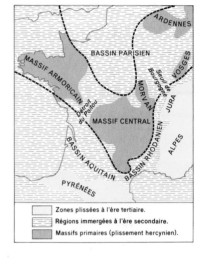

Zones plissées à l'ère tertiaire.
Régions immergées à l'ère secondaire.
Massifs primaires (plissement hercynien).

**Ère secondaire** – Début il y a environ 200 millions d'années. Par suite d'un lent affaissement du socle hercynien, les mers envahissent complètement le Bassin parisien et, continuant à s'avancer vers le Sud, submergent même les parties les plus élevées – Morvan, Beaujolais, Charollais – qu'elles recouvrent d'une carapace de marnes et de calcaires. Tous ces terrains sédimentaires s'empilent sur le soubassement granitique.

Après le retrait de la mer, l'érosion reprend son travail d'usure, décape le Morvan qu'elle abaisse d'au moins 1 000 m et rejette les marnes et les calcaires vers l'Auxois, le Bazois et le Châtillonnais. Les couches sédimentaires s'enfoncent vers la partie centrale du Bassin parisien.

C'est alors que les reptiles deviennent les plus puissants des animaux et qu'apparaissent les premiers oiseaux et les premiers mammifères.

**Ère tertiaire** – Début il y a environ 60 millions d'années. Sous le contrecoup du gigantesque plissement alpin, le sol se soulève, évacuant les mers, et le Massif Central se fissure. Sa bordure orientale se relève et se compose alors d'une série de rides parallèles : monts de l'Autunois, du Charollais, du Mâconnais, du Beaujolais : le massif du Morvan est affecté par ce mouvement de surrection.

Les grands reptiles ont été remplacés par les oiseaux et les mammifères tandis que la végétation est constituée d'essences très proches des espèces actuelles.

Coupe schématique du Morvan et de la Bourgogne.

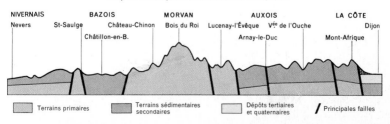

Terrains primaires
Terrains sédimentaires secondaires
Dépôts tertiaires et quaternaires
Principales failles

**Ère quaternaire** – Début il y a environ 2 millions d'années. Les effets de l'érosion achèvent de donner à la région sa physionomie actuelle : les massifs anciens (le Morvan, le Beaujolais) voisinent avec les plateaux calcaires (la Côte et l'Arrière-Côte), les bassins sédimentaires (le Bazois, la Terre-Plaine, l'Auxois) et les plaines d'effondrement (la vallée de la Saône).

**Un relief original : la Côte-d'Or** – La Côte d'Or est un escarpement dû aux cassures provoquées par l'effondrement des plaines de la Saône. Cet escarpement est le dernier rebord d'une série de gradins formant l'Arrière-Côte encore appelée « Montagne ».

La Côte se caractérise par son tracé rectiligne, de direction grossièrement Nord-Sud ; par la vigueur de son tracé, la dénivellation atteignant parfois 200 m ; elle est échancrée par des « combes » terminées le plus souvent en « bouts du monde » ou en vallées encaissées.

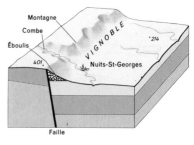

La Côte d'Or.

# LES PAYS BOURGUIGNONS

De l'Auxois au Beaujolais, de la Saône à la Loire, les pays très divers dont l'assemblage a formé la Bourgogne ont su conserver chacun leur aspect, leur économie, leurs modes de vie particuliers.

Les liens historiques qui les ont réunis au 15ᵉ s. ont été assez forts pour que, de nos jours encore, des caractères communs réapparaissent. Les divisions administratives, les besoins économiques actuels ont pu détourner vers Paris une part des activités régionales, sans que cessent pour autant les liens de parenté entre les membres d'une province dont Dijon reste la capitale à plus d'un titre.

**Le Sénonais** – Il constitue la bordure la plus septentrionale de la Bourgogne, aux confins de l'Ile-de-France et de la Champagne dont certains caractères apparaissent, notamment dans l'aspect physique et économique du pays. Région plus fertile que la Champagne pouilleuse, le Sénonais rappelle la Brie. Sa principale ressource, l'agriculture, est riche et variée grâce à la diversité des sols et à l'épaisseur des limons.

**Le Gâtinais** – Il s'étend de Gien au Nord de Montargis, pays de sables et d'argiles, couvert de landes et de pins, coupé de cours d'eau et semé d'étangs, la plupart tributaires du Loing. Synonyme de « mauvaise terre », le Gâtinais est une région de chasse et de pêche fort appréciée des Parisiens. Près de Montargis, le paysage devient plus verdoyant et plus humide : aux couches d'argile correspond un bocage très morcelé. Le Gâtinais, dont les ressources (élevage de vaches laitières) sont assez médiocres, se tourne vers la région parisienne beaucoup plus que vers la Bourgogne.

**La Puisaye** – Elle est située au Sud-Est du Gâtinais avec lequel elle présente de nombreuses ressemblances : mêmes terres de sables et d'argiles, climat humide, terroir propre aux forêts et aux étangs. Mais c'est aussi une région qui se prête aux cultures fourragères et à l'élevage (les pâturages couvrent le tiers du pays) et dont le caractère bocager est l'aspect le plus frappant.

La dispersion de l'habitat est générale, la maison est noyée au milieu des haies. Les activités sont variées : élevage de bœufs charollais, de porcs et de volailles, poteries, fabriques d'ocre et de ciment, exploitation de la forêt, scieries.

**Le Nivernais** – Succession de plateaux et de collines se rattachant à l'Est au massif du Morvan et descendant en pente douce jusqu'au val de Loire, le Nivernais est avant tout un carrefour.

A l'Ouest de Château-Chinon s'étale le **Bazois**, riche pays formé de terres humides, partagées entre les cultures de céréales et de plantes fourragères sur les pentes, et les grasses prairies (prés d'« embouche ») dans les fonds. Là sont engraissés pour la boucherie les bœufs blancs des races charollaise et nivernaise qui alimentent le marché parisien.

Au Nord du Bazois, la région vallonnée (les collines atteignent parfois 450 m) de Clamecy et de Donzy, que parcourt un réseau de rivières assez dense – Nièvre, Beuvron, Yonne, Nohain –, est à la fois un pays d'élevage et de cultures. La présence d'importantes forêts, exploitées rationnellement, a permis l'installation à Leuglay et à Prémery de deux importantes usines de carbonisation du bois.

De Nevers à Bonny, la Loire marque la limite entre le Nivernais et le Berry ; les prairies d'élevage y alternent avec les éperons boisés.

Entre Sancoins et Decize, la limite avec le Bourbonnais est assez imprécise. Le style de construction des fermes et des châteaux montre combien est forte l'influence de cette province.

De Pougues à La Charité, la rive droite du fleuve est assez abrupte et boisée, tandis que la rive gauche est plate et basse.

Pouilly est le centre d'un vignoble réputé qui s'étale sur les collines dominant la vallée de la Loire. Au-delà de Pouilly, la vallée de la Loire se resserre, dominée à l'Ouest par les collines de Sancerre, puis s'élargit de nouveau à partir de Bonny.

**Le Morvan** – Lors du contre-coup du plissement alpin, le massif granitique du Morvan a été disloqué sur ses bords : l'érosion, en usant les couches tendres du lias qui recouvraient la bordure du massif, a façonné une dépression qui l'entoure sur trois côtés ; cette dépression péri-phérique est dominée vers l'extérieur par des plateaux calcaires. Le Morvan se signale par la masse de ses forêts, la médiocrité de ses sols et la rudesse de ses pay-sages.

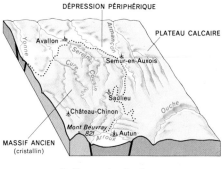

Le Morvan et sa bordure.

L'importance de la forêt ne doit pas cacher le caractère bocager du pays : les champs et les prés, cloisonnés de haies vives, apparaissent comme une mosaïque de tons verts, bruns ou jaunes, sans cesse renouvelés.

Le Morvan, qui compte peu de bourgs importants, se caractérise par la dispersion extraordinaire de ses hameaux et de ses « écarts ».

La maison morvandelle, restée longtemps une chaumière d'aspect misérable, est acco-lée le plus souvent aux bâtiments d'exploitation et à l'étable.

Isolé par la forêt et le relief, le Morvan a fini par s'ouvrir vers l'extérieur avec les pro-grès de la civilisation et l'apport du tourisme : les toits de chaume ont peu à peu été remplacés par les toits de tuiles ou d'ardoises, les cultures se sont améliorées grâce aux engrais : les forêts ont été défrichées et le reboisement par des résineux compense l'exploitation méthodique de la forêt.

L'élevage des bovins surtout s'est développé. L'ancienne race morvandelle à robe rouge a été supplantée par la race charollaise.

Le réseau hydrographique du Morvan alimente surtout le bassin de la Seine, mais les pluies abondantes provoquent parfois des perturbations dans le régime de ce grand fleuve. L'Yonne, la Cure et leurs affluents, longtemps utilisés pour le flottage des bois, ont vu leur cours régularisé par des barrages-réservoirs (Pannesière, Settons, Malassis, Chaumeçon, Crescent) doublés parfois d'une petite usine hydro-électrique. Toutefois, ce rôle de régulateur n'est pas suffisamment efficace lors des grandes crues de la Seine et de son bassin.

Le barrage de St-Agnan constitue pour les localités proches une réserve d'eau potable.

**L'Auxois** – A l'Est du Morvan, l'Auxois est le pays du lias, pays de grasses et fortes terres burinées par les eaux. Là se sont installées les riches prairies d'élevage : la race charollaise – blanche – fournit la viande, tandis que la race tachetée de l'Est (race montbéliarde), que l'on trouve surtout dans le Haut-Auxoix – région de Semur et de Montbard –, donne le lait. Les chevaux de trait de l'Auxois complètent cet important élevage.

Dominant les vallées verdoyantes se dressent des éperons calcaires et des plateaux dénudés où, grâce au chaulage et aux engrais, ont pu se développer les cultures de céréales. Les buttes rocheuses portent des bourgs fortifiés, tels que Semur, Flavigny-sur-Ozerain et Mont-St-Jean, ou d'anciens oppidums comme Alésia sur le mont Auxois, sentinelles isolées surveillant les passages et les voies de communication.

**Le Charollais et le Brionnais** – De toutes les régions bordant le Morvan, le Cha-rollais, qui, au Sud, forme le département de Saône-et-Loire, est la seule qui ne soit pas une véritable dépression. C'est une région de collines et de plateaux aux ondu-lations larges. Le Brionnais est un petit pays de l'ancienne province de Bourgogne, compris aujourd'hui dans l'arrondissement de Charolles et qui a pour localités principales : Semur-en-Brionnais, Saint-Christophe-en-Brionnais et Saint-Laurent-en-Brionnais.

Les marnes donnant des prés excellents, l'élevage des bovins est la grande richesse de ces deux régions et la race charollaise s'est répandue jusqu'en Auxois, en Nivernais et en Puisaye. Engraissés dans les riches prés, dits « d'embouche », pendant plusieurs mois, les bœufs blancs alimentent d'importantes foires comme St-Christophe-en-Brion-nais et sont expédiés vers la région parisienne ainsi que dans plusieurs pays d'Europe, notamment l'Italie.

**Le bassin d'Autun** – Cette dépression a été, à l'époque primaire, un vaste lac peu à peu comblé par des dépôts houillers et des schistes bitumineux qui furent à l'origine du développement industriel de la région.

L'Autunois comprend : le bassin d'Autun proprement dit, drainé par l'Arroux, les croupes granitiques qui le dominent au Sud-Est et le sillon où coulent en sens inverse la Dheune vers la Saône et la Bourbince vers la Loire ; les vallées de ces rivières sont empruntées par le canal du Centre, qui dessert le bassin minier de Blanzy-Montceau-les-Mines et le centre métallurgique du Creusot ; longtemps utilisé par la batellerie comme voie navigable permettant de joindre Lyon et Paris, il connaît actuellement un moindre trafic. Des travaux en cours l'aménagent pour la navigation de plaisance.

**Les plateaux bourguignons** – De la lisière septentrionale du Morvan au plateau de Langres *(voir le guide Vert Michelin Champagne Ardennes)* et d'Auxerre à Dijon s'étend une zone de plateaux calcaires qui constituent le cœur même de la Bourgogne. C'est le seuil de Bourgogne, zone de contact entre le bassin de la Seine et celui de la Saône, et entre les Vosges et le Morvan : là s'est constitué l'État bourguignon, au point de jonction de régions différentes qu'il était ainsi possible de contrôler.

D'une altitude généralement médiocre (400 à 500 m), ces plateaux s'inclinent lentement au Nord-Ouest, mais s'abaissent brusquement au Sud-Est. Leur aspect sec contraste avec celui beaucoup plus riche et verdoyant des vallées : Yonne, Serein, Armançon. On distingue d'Ouest en Est les plateaux de l'Auxerrois, du Tonnerrois et du Châtillonnais.

L'**Auxerrois** est une plate-forme rocailleuse, fissurée de nombreuses vallées, où apparaît le calcaire d'un blanc souvent éclatant. Les versants bien exposés ont permis de développer la culture de la vigne dans la région de Chablis, d'Auxerre et d'Irancy ainsi que celle des cerisiers.

Les plateaux du **Tonnerrois** présentent des caractères semblables à ceux du plateau de Langres, mais l'altitude est plus basse et le climat peu différent de celui du Bassin parisien.

Le **Châtillonnais** apparaît comme une suite de plateaux monotones, souvent dénudés, parfois surmontés de « tasselots » rocheux et creusés de vallées sèches. Des côtes se détachent des buttes-témoins (mont Lassois, signal de Bissey, Jumeaux de Massingy). C'est un pays aux sols perméables. Les eaux s'infiltrent dans la croûte calcaire et réapparaissent sous forme de résurgences ou « douix » (telle la Seine à Châtillon), tandis qu'existe tout un réseau hydrographique souterrain. Les grandes cultures, quoique craignant les années sèches, sont bien représentées ; quant à l'élevage laitier, il s'est développé à partir de la race brune des Alpes.

Autrefois, la forêt couvrait presque tous ces plateaux. Les moines des abbayes de Molesmes, St-Seine, Fontenay, Clairvaux ont activement participé au défrichement. Plus tard, on a exploité le minerai de fer et de nombreuses forges, des fonderies, des clouteries existaient déjà au 18e s.

Actuellement, le reboisement est organisé d'une façon méthodique. Les forêts de résineux (mélèze, pin noir, épicéa, pin sylvestre, pin argenté) côtoient les forêts de feuillus (chêne, hêtre, charme, frêne) et l'industrie du bois tient une place importante.

Dans toute la région, l'exploitation des carrières est depuis longtemps une source traditionnelle de richesse : les « perrières » fournissent pierre de taille, pierre à moellons, pierre de rechargement.

**Le Dijonnais** – C'est là que se trouvent réunis, en une synthèse saisissante, tous les caractères des pays bourguignons : zone de plateaux calcaires, buttes-témoins, grasses prairies, vaste plaine alluviale, « côte » couverte de vigne.

Dijon, ancienne capitale du duché et grande capitale régionale, voit se cristalliser autour d'elle l'activité économique du Châtillonnais, de la Haute-Bourgogne, de la Côte, des plaines de la Saône, du Morvan et d'une partie de la Bourgogne méridionale, mais le Charollais et le Mâconnais sont plutôt attirés vers Lyon.

La région dijonnaise fournit à Dijon les produits de son agriculture et de son élevage, tandis que la grande ville a développé diverses industries. Au croisement des grandes routes de la Méditerranée vers Paris, au contact de la plaine, de la Montagne et de la Côte, la région de Dijon est le centre d'un commerce très actif, desservi par des voies de communication nombreuses et variées.

**La Côte** – C'est le rebord du dernier gradin de la **« Montagne »** *(voir p. 12)* dominant la plaine de la Saône. Cet escarpement est dû aux cassures (failles) ayant accompagné l'effondrement de la plaine alluviale de la Saône. Tandis que le plateau de l'Arrière-Côte est occupé par les cultures, les bois et les pâtures, le talus oriental est couvert de vignes. Les villages se sont installés en plein vignoble, au débouché des combes permettant de communiquer avec l'arrière-pays et suffisamment bas pour profiter des sources, toujours abondantes au pied des versants.

« Le vignoble, a écrit **Gaston Roupnel**, se cantonne sur les pentes basses et faciles. Il appuie son bord supérieur sur les premiers bancs calcaires. Il finit en bas dès que cesse toute pente et que la plaine commence sa lourde terre. Cette étroite et lente montée de pierrailles, c'est le vrai territoire du vignoble. »

Il ne faut donc pas s'étonner que les vignerons considèrent leur tâche comme la plus belle et la plus noble de toutes et, étant pour la plupart des propriétaires exploitants, qu'ils mènent une vie généralement plus large que celle des agriculteurs.

Leur maison, vaste et confortable, est le type de la « maison en hauteur » : les cuveries et les celliers sont au rez-de-chaussée, tandis que, « comme soulevées par la cave », les pièces d'habitation, auxquelles on accède par un escalier extérieur protégé par un auvent, occupent le premier étage. Le choix du sol relève de certaines conditions : terrains calcaires s'échauffant rapidement au printemps, pentes abritées et bien orientées bénéficiant d'un ensoleillement suffisant. L'industrie humaine s'ingénie à réunir les facteurs favorables : recherche du plant le mieux adapté au sol, recherche de la qualité par la maîtrise du rendement (10 à 15 pièces de 228 litres par ha), relations permettant l'écoulement des produits.

Les essais d'extension du vignoble vers la plaine se sont soldés par des échecs sur le plan de la qualité. Par contre, la partie supérieure du plateau, favorable aux vignobles des Hautes-Côtes *(voir p. 115)*, est progressivement replantée.

Au pied de la Côte, on exploite les carrières de pierre de taille et de marbre de Comblanchien et de Corgoloin.

**Le Mâconnais** – C'est le prolongement, au Sud, de la zone montagneuse que forme la Côte d'Or. Mais la différence avec cette région provient de ce que l'abrupt des côtes est tourné vers l'intérieur, tandis que dans la Côte d'Or l'abrupt domine la plaine de la Saône ; c'est une région de collines couvertes de vignes ou de prairies d'élevage.

La zone de plaines est particulièrement bien développée au Sud de Chalon grâce à la vallée de la Grosne. Comme la Bresse, elle produit des céréales, des betteraves, des légumes et l'on y pratique l'élevage des volailles.

**La vallée de la Saône** – Les pays de la Saône, voie de passage de premier ordre, s'étalent au pied des plateaux calcaires. Les terres alluviales des plaines de la Saône et de ses affluents – Ouche, Tille –, souvent inondées l'hiver, sont recouvertes de grasses prairies et de terres à cultures. La forêt y occupait aussi une place importante jusqu'au siècle dernier.

Actuellement, aux cultures de blé, de betteraves, de pommes de terre, s'ajoutent les cultures maraîchères, le maïs, le tabac, le houblon et les oléagineux. Importée d'Alsace au 19e s., la culture du houblon s'est répandue en Bourgogne jusqu'à la crise économique de 1929. Les houblonnières sont maintenant en voie de disparition. L'élevage bovin s'est beaucoup développé ; la race tachetée de l'Est, appréciée

St-Trivier-de-Courtes – Ferme de la Forêt.

pour ses qualités laitières et sa viande de boucherie, est de plus en plus concurrencée par la pie noire pour la production de lait et par la race charollaise pour la viande.

La vallée de la Saône est en pleine expansion économique. La canalisation de la rivière progresse doucement. Le canal de dérivation de Mâcon permet aujourd'hui la navigation toute l'année. L'activité industrielle s'y manifeste principalement à Chalon, Mâcon restant la capitale administrative de la Saône-et-Loire.

**La Bresse** – Vallonnée, sillonnée de nombreux ruisseaux (les « caunes »), piquetée de boqueteaux, la plaine bressane, au sol argileux et marneux, s'étend de la Saône au Revermont jurassien.

Bien que la brique et la tuile aient peu à peu remplacé le pisé et le chaume, les fermes, souvent isolées au milieu des champs, ont conservé leur aspect d'autrefois : constructions basses avec un large auvent pour le séchage du maïs, toits parfois encore coiffés de la cheminée sarrasine *(voir p. 220)*, traditionnelle « chambre de four ».

Le pays est principalement orienté vers l'élevage : vaches, porcs et surtout volaille, dont la qualité a fait le renom de la Bresse. Les poulets s'ébattent en liberté durant leurs premiers mois, puis sont enfermés à « l'épinette » (cage étroite) et reçoivent une nourriture abondante à base de maïs et de sarrasin. Les chapons sont sacrifiés et plongés dans un bain de lait avant d'être présentés aux « concours de volailles mortes » de Louhans et Bourg-en-Bresse.

*A la santé du chanoine Kir !*
*Il convient, pour faire un bon Kir, de prendre une liqueur de cassis peu alcoolisée, c'est-à-dire 16°, parce qu'il faut équilibrer le sucre de la liqueur avec la légère « acidité » du vin blanc aligoté.*
*Les proportions sont : 1/5 de liqueur et 4/5 de vin.*
*Pour le Kir royal, la recette est la même, mais le champagne remplace le vin blanc.*

# LE VIGNOBLE

Si le nom de Bourgogne évoque pour l'amateur d'art les chefs-d'œuvre du Moyen Âge et de la Renaissance, il est pour tous les gourmets synonyme de bon vin. Le vignoble bourguignon est en effet l'un des plus beaux du monde et sa renommée universelle.

**Le vin de Bourgogne dans l'histoire** – Introduite en Bourgogne dès la conquête romaine, la culture de la vigne se généralise rapidement. Très vite, le vin de Bourgogne acquiert ses titres de noblesse ; les préfets de la Séquanaise l'apprécient hautement et le clos de la « Romanée », qui leur est attribué, rappelle ce fait historique.

Au 12e s., les moines de Cîteaux développent le vignoble et constituent le célèbre « Clos de Vougeot ». Courtépée rapporte qu'en 1359 Jean de Bussières, abbé de Cîteaux, fit don au pape Grégoire XI de trente pièces de sa récolte du Clos de Vougeot. Le pape, reconnaissant, ayant promis de se souvenir de ce présent, le nomma cardinal quatre ans plus tard. Au 15e s., les ducs de Bourgogne s'intitulent « seigneur des meilleurs vins de la chrétienté » et font présent de leur vin aux rois. On sait que Louis XIV a contribué à rendre célèbres les vins de Nuits, que Mme de Pompadour appréciait fort la « Romanée Conti » et que Napoléon Ier avait une préférence marquée pour le Chambertin.

Au 18e s. s'organise le commerce des vins : à Beaune, puis à Nuits-St-Georges et à Dijon s'ouvrent les premières maisons de négociants qui envoient, en France et à l'étranger (Angleterre, Belgique, Pays scandinaves, Suisse, Allemagne), des représentants chargés d'ouvrir de nouveaux marchés aux vins de Bourgogne.

Parmi les ennemis de la vigne, le phylloxera, petit insecte originaire d'Amérique, fait son apparition dans le département du Gard en 1863. En 1878, on le signale à Meursault et il ravage en peu de temps tout le vignoble bourguignon. C'est la ruine de toute la population viticole. Heureusement, la greffe de plants français sur des porte-greffes américains permet de reconstituer le vignoble sans dommages pour la qualité des crus. Il est certain que le vin de Bourgogne est pour le vin de Bordeaux un sérieux rival. Chacun a ses partisans : une vieille marquise demandait à un conseiller au Parlement lequel des deux il préférait : « Madame, répondit-il, c'est un procès dont j'ai tant de plaisir à visiter les pièces que j'ajourne toujours à huitaine la prononciation de l'arrêt. »

**Répartition du vignoble** – 23 500 ha de vignes produisant des vins à appellations contrôlées sont répartis sur l'Yonne, la Nièvre, la Côte-d'Or et la Saône-et-Loire. La production moyenne annuelle de vins fins est d'environ 1 200 000 hl.

Dans l'Yonne, la région de **Chablis** offre d'excellents vins blancs, secs et légers, et les coteaux de l'Auxerrois d'agréables vins rosés et rouges (Irancy, Coulanges-la-Vineuse). Pouilly-sur-Loire, dans la Nièvre, fournit des vins blancs très réputés (Pouilly-Fumé) au goût de pierre à fusil qui les apparente aux vins de Sancerre, leurs proches voisins.

Ch. Boisvieux

Vendanges dans les vignobles des Hospices de Beaune.

En Côte-d'Or se déroule de Dijon à Santenay un prestigieux vignoble (voir schéma, p. 117). La **Côte de Nuits** engendre presque exclusivement de très grands vins rouges, dont les plus célèbres sont produits dans les communes de Gevrey-Chambertin, Morey-St-Denis, Chambolle-Musigny, Vougeot, Vosne-Romanée, Nuits-St-Georges. La **Côte de Beaune** présente à la fois une gamme de très grands vins rouges, à Aloxe-Corton, Savigny-lès-Beaune, Pommard, Volnay, et de très grands vins blancs : Corton-Charlemagne, Meursault, Puligny-Montrachet, Chassagne-Montrachet.

En Saône-et-Loire, la région de Mercurey **(Côte chalonnaise)** a des vins rouges de qualité (Givry, Rully) mais surtout des vins blancs (Rully, Montagny), tandis que le **Mâconnais** (voir schéma, p. 153) s'enorgueillit de son Pouilly-Fuissé, vin blanc de grande classe.

**Ce qui fait le bon vin** – La qualité d'un vin dépend surtout du cépage (c'est-à-dire de la variété de plant), du terroir (c'est-à-dire du sol sur lequel pousse la vigne) et du climat. Mais le travail du vigneron entre pour une bonne part dans la qualité des vins.

**Le cépage** – Le **pinot noir** fin est depuis fort longtemps le plant noble produisant tous les grands vins rouges de la Bourgogne. Il était déjà fort prisé à l'époque des Grands Ducs, puisqu'une ordonnance de Philippe le Hardi, prise en 1395, le défendait contre le gamay. Spécifiquement bourguignon, ce cépage a été implanté avec succès en Suisse et même en Afrique du Sud, dans la région du Cap. Le jus du pinot noir est incolore et une vinification spéciale permet de produire le vin de Champagne. Le **chardonnay** est aux vins blancs ce que le pinot est aux vins rouges. Il produit tous les grands vins blancs de la Côte-d'Or (Montrachet-Meursault), les crus réputés de la Côte chalonnaise (Rully), du Mâconnais (Pouilly-Fuissé) – dont c'est le terrain de prédilection –, ainsi que les vins de Chablis (le plant étant connu dans la région sous le nom de « Beaunois »).

L'**aligoté**, cultivé en Bourgogne depuis très longtemps, produit un vin blanc vif, répandu dans les terres ne convenant ni au pinot ni au chardonnay. Ce vin, associé à la liqueur de cassis, constitue le **« kir »**, apéritif inventé par un maire de Dijon, le chanoine Kir (voir p. 17).

**Le terroir** – Il permet aux qualités du cépage de se développer, de s'affirmer et de se manifester pleinement. C'est dans les sols caillouteux et secs, laissant filtrer l'eau et s'échauffant facilement, que la vigne se plaît le mieux. Les terrains calcaires donnent des vins bouquetés, forts en alcool, et de longue conservation (Côte de Nuits, Côte de Beaune), les terrains composés de silice, de calcaire et d'argile des vins légers (Chablis).

**Le climat** – Les conditions générales de climat dues à la situation de la Bourgogne dans une zone tempérée, mais dont les gelées hivernales ne sont pas exclues, font place à de nombreux facteurs particuliers que le vigneron doit connaître pour obtenir les meilleurs résultats.

Le vignoble bourguignon est généralement étagé sur des coteaux dont l'altitude varie entre 200 et 500 m. L'orientation la meilleure semble être le Sud-Est pour le vignoble de Chablis, le Sud-Ouest pour celui de Pouilly-sur-Loire, l'Est-Sud-Est pour le vignoble de la Côte-d'Or (Côte de Nuits, Côte de Beaune), l'Est et le Sud pour la Côte chalonnaise et le Mâconnais. Dans chaque village, le vignoble est divisé en « climats ». Le nom des climats les mieux situés, c'est-à-dire devant produire les meilleurs vins, a le privilège d'être accolé au nom du village : ainsi « Beaune-Clos des Mouches ». Parmi ces climats, certains sont renommés depuis longtemps et leur nom seul suffit à les désigner : Chambertin, Musigny, Clos de Vougeot, Richebourg.

# LA FORÊT

La forêt occupe en Bourgogne une superficie évaluée à environ 1 000 000 d'ha. Le taux de boisement, de l'ordre de 30 %, dépasse la moyenne française (25 %). Presque partout présente, la forêt est surtout importante au Nord sur les plateaux du Châtillonnais, du Tonnerrois, du Sénonais, au centre dans le Morvan et le plateau nivernais, au Sud dans le Charollais, le Clunysois et le Mâconnais.

Les principaux massifs sont les forêts d'Othe, de Châtillon, des Bertranges, de Planoise et de St-Prix.

Dans le Morvan, la forêt couvre environ 137 000 ha. Dans certaines communes, elle occupe plus de la moitié du territoire. Les espèces de base sont le hêtre, le chêne, le charme, le bouleau. Les moines des abbayes exploitèrent les forêts du Morvan à partir du 10e s. Plus tard, aux 17e et 18e s., le bois fut expédié par flottage à Paris pour les besoins du chauffage (voir p. 106 et 121), ou transformé sur place en charbon de bois. Aujourd'hui le Morvan est réputé pour la qualité de ses bois résineux. Ainsi, les hautes futaies d'épicéas et de sapins se rencontrent notamment autour du Haut-Folin ; depuis une vingtaine d'années, le pin douglas y acquiert une place prépondérante dans les reboisements.

Les alluvions le long de la Saône sont couvertes, par endroits, de forêts de chênes de belle qualité (régions d'Auxonne, de Seurre, de Cîteaux et de Chalon).

Les plus belles forêts de résineux sont celles de St-Prix, près du Haut-Folin.

La vaste chênaie du plateau nivernais, d'une grande beauté, produit des bois de choix. Enfin, des surfaces importantes des plateaux et côtes calcaires ont été converties en futaie feuillue (hêtraie de Châtillon) ou transformées en plantations de pins noirs d'Autriche et de pins sylvestres.

D'importantes industries sont liées à la forêt : **distillation du bois et carbonisation** (usines à Leuglay et Prémery) pour la production de charbon de bois, acide acétique, méthylène et leurs dérivés ; **scieries** ; fabriques de placages et de panneaux (à Auxerre, St-Usage, Prisse-lès-Mâcon), etc. Par ailleurs, la Bourgogne est la première région française productrice de plants forestiers grâce aux grandes pépinières installées dans la région de St-Florentin dans l'Yonne et de Leuglay en Côte-d'Or qui alimentent le marché français et européen des plants forestiers.

## UNE TRADITION MÉTALLURGIQUE

Grâce à ses gisements de fer qui affleurent et les vastes réserves de combustible que représentent ses forêts, la Bourgogne connut dès l'Antiquité une importante activité métallurgique. L'archéologie a révélé que, déjà à l'époque gauloise, des villes comme **Bibracte** et l'antique **Alise-Ste-Reine** abritaient de nombreux artisans métallurgistes dont la production était fort appréciée des Romains. Les environs de Vézelay ont livré également des témoignages gallo-romains et médiévaux d'une intense activité métallurgique.

Grands producteurs de fer jusqu'au milieu du 14e s., les **cisterciens** jouèrent un rôle primordial dans l'évolution des techniques : inventeurs de l'arbre à cames, ils purent utiliser l'énergie hydraulique pour actionner de petits martinets à fer et dès le début du 13e s. des soufflets de forge. Les températures élevées ainsi atteintes et donc la meilleure combinaison du carbone et du fer les conduisirent à découvrir la fonte. Le bâtiment de forge de l'abbaye de Fontenay représente un des très rares témoignages de cette industrie au Moyen Âge *(voir p. 143)*. La production s'intensifia à partir du 16e s. grâce à l'invention des hauts fourneaux ; la forge de **Buffon** *(voir p. 161)* offre un des derniers exemples de cette sidérurgie dite classique, tributaire de la force hydraulique et du charbon de bois.

En effet le 18e s. vit naître en Angleterre la sidérurgie moderne avec la mise au point de l'utilisation du coke comme combustible et la découverte de la machine à vapeur et du puddlage (épuration de la fonte par brassage). En 1785, la Fonderie

Marteau-pilon du Creusot.

royale du **Creusot** alimenta pour la première fois en France ses hauts fourneaux au coke *(voir p. 119)*. Malheureusement la réussite technique ne fut pas exploitée faute de soutien financier. Ce n'est qu'en 1819 que des forges à l'anglaise virent le jour en France et deux ans plus tard en Bourgogne, à **Fourchambault** (1821), puis à **Ste-Colombe-sur-Seine** (1822). En 1836, les « houillères, forges, fonderies et ateliers du Creusot » sont achetés par les Schneider et deviennent en une quarantaine d'années le plus grand centre sidérurgique et mécanique de France.

A la fin du 18e s. et au 19e s., le développement de la sidérurgie et son corollaire l'exploitation des ressources houillères régionales engendrèrent la création ou la croissance de nombreuses villes comme **Le Creusot, Montceau-les-Mines, Montchanin, Blanzy** en Saône-et-Loire et **La Machine, Decize, Imphy, Fourchambault, Guérigny** dans la Nièvre (région où la métallurgie était déjà bien implantée. Au cours du 20e s. la concurrence étrangère et l'utilisation accrue d'énergies autres que le charbon entraînèrent le déclin de certains de ces centres. La tradition métallurgique demeure cependant, comme le prouve par exemple la réussite, depuis les années cinquante, de trois grandes sociétés bourguignonnes : SEB (Société d'emboutissage de Bourgogne), installée à Selongey près de Dijon, Vallourec, premier transformateur français d'acier (Montbard), et Framatome, issu du groupe Schneider (Le Creusot et Chalon-sur-Saône).

# Quelques faits historiques

## Époque préhistorique

| | |
|---|---|
| **AVANT J.-C.** | La Bourgogne a toujours été un lieu de passage et d'échanges entre le Bassin parisien et la vallée de la Saône, les pays du Nord et ceux du Midi méditerranéen.<br>De nombreux ossements mis au jour à Solutré *(voir p. 210)*, près de Mâcon, attestent l'existence d'établissements humains entre 18 000 et 15 000 ans avant l'ère chrétienne. |

## Antiquité

| | |
|---|---|
| **6ᵉ s.** | Des échanges commerciaux avec des négociants grecs d'Italie du Sud existent déjà, en particulier dans la région de Châtillon-sur-Seine comme en témoigne le Trésor de Vix *(voir p. 105)*.<br>A l'époque gauloise, le pays est habité par les **Éduens**, peuple le plus puissant de Gaule avec les Arvernes. Leur capitale est Bibracte *(voir p. 74)*. |
| **58** | Menacés par les Helvètes, les Éduens demandent le secours de César qui commence ainsi sa conquête des Gaules. Une bataille victorieuse près de Bibracte contraint les Helvètes à regagner leur pays. |
| **52** | Les Arvernes, menés par Vercingétorix, s'allient aux Éduens contre César. Ce dernier les oblige à capituler à Alésia *(voir p. 50)*, bataille décisive pour la Gaule entière. |
| **51** | Fin de la guerre des Gaules. |
| **APRÈS J.-C.** | La civilisation romaine s'étend en Bourgogne. |
| **1ᵉʳ au 3ᵉ s.** | Autun, la « Ville d'Auguste », devient la capitale de toute la Gaule du Nord-Est, et supplante Bibracte. |
| **313** | Édit de Milan : l'empereur Constantin accorde aux chrétiens la liberté de culte. |
| **Fin 4ᵉ s.** | Le christianisme s'étend peu à peu en Bourgogne.<br>L'Empire romain se disloque sous les poussées des Barbares venus de l'Est. |

## La Burgondie

| | |
|---|---|
| **5ᵉ s.** | Originaires des rives de la Baltique, les Burgondes s'installent dans la plaine de la Saône. Plus évolués que les autres Barbares, ils font preuve d'une civilisation avancée et donnent leur nom à leur nouvelle patrie : Burgundia, qui deviendra Bourgogne. |
| **534** | Les Francs s'emparent du royaume burgonde. |
| **814** | La mort de Charlemagne est suivie d'une période de troubles dans tout l'Empire. Les fils de l'empereur Louis le Pieux se disputent son héritage. |
| **841** | Charles le Chauve bat son frère Lothaire à Fontanet (Fontenoy-en-Puisaye). |
| **843** | Traité de Verdun : l'Empire de Charlemagne est définitivement démembré entre les trois fils de Louis le Pieux.<br>La Bourgogne franque revient à Charles le Chauve. La Saône la sépare de la Bourgogne impériale, attribuée à Lothaire, dont le Nord deviendra le Comté de Bourgogne (ou Franche-Comté). |

## Le duché de Bourgogne

| | |
|---|---|
| **fin 9ᵉ s.** | La Bourgogne franque devient duché et englobe Langres, Troyes, Sens, Nevers, Mâcon. |
| **987-996** | Règne de Hugues Capet. |
| **996-1031** | Règne de Robert II le Pieux. |
| **1002-1016** | Le roi de France occupe la Bourgogne. |
| **1032** | Henri Iᵉʳ, fils de Robert II le Pieux, à qui elle revient, l'inféode à son frère Robert Iᵉʳ le Vieux (branche bourguignonne de la maison capétienne qui ne s'éteindra qu'en 1361).<br>Sous les ducs capétiens, la Bourgogne est l'un des bastions de la Chrétienté : c'est l'époque du rayonnement de Cluny puis de Cîteaux et de Clairvaux. |
| **1337-1453** | Guerre de Cent Ans. |
| **1361** | Le jeune duc Philippe de Rouvres meurt sans postérité ; avec lui s'éteint la race des ducs capétiens. Le duché passe alors entre les mains du roi de France, Jean le Bon, qui en a assuré la tutelle pendant l'enfance du duc. |

## Le retour à la Couronne

| | |
|---|---|
| 1477 | A la mort de Charles le Téméraire, Louis XI annexe au domaine royal la Bourgogne et les villes bourguignonnes de Picardie ; frustrée d'une partie importante de son héritage, Marie de Bourgogne, fille du défunt duc, épouse Maximilien de Habsbourg à qui revient le reste des territoires de l'ancien duché *(voir carte p. 24)*. De cette union naîtra Philippe le Beau, dont le fils, Charles Quint, reprendra, face à François I$^{er}$, la lutte contre la maison de France. |
| 1513 | Dijon est assiégé par les Impériaux. |
| 1589-1610 | Règne de Henri IV. |
| 1601 | Bien que rattachée à la Couronne, la Bourgogne mène une existence indépendant et acquiert la Bresse, le Bugey et le Valmorey. |
| 1610-1643 | Règne de Louis XIII. |
| 1631-1789 | Les princes de Condé se succèdent comme gouverneurs du duché. |
| 1768 | Création de la Grande Forge de Buffon. |

## Les 19$^e$ et 20$^e$ siècles

| | |
|---|---|
| 1814-1815 | Congrès de Châtillon-sur-Seine et invasion de la Bourgogne par les Alliés. |
| 1822 | Invention de la photographie par Nicéphore Niepce à St-Loup-de-Varenne. |
| 1839 | Construction de sous-marins à Chalon-sur-Saône. |
| 1851 | Première vente aux enchères des vins des Hospices de Beaune. |
| 1878 | Destruction du vignoble par le phylloxéra. |
| 1897 | Inauguration du pont-canal de Briare. |
| 1914 | A Châtillon-sur-Seine, Joffre lance l'ordre du jour du 6 septembre *(voir p. 104)*. |
| 1940 | Le Frère Roger s'installe à Taizé et y crée une communauté œcuménique. |
| 1940-1944 | La Résistance est active en Bourgogne : combat des Enfants de troupe d'Autun ; les forêts du Châtillonnais tiennent lieu de maquis. |
| 14 sept. 1944 | La division Leclerc et l'armée de Lattre de Tassigny opèrent leur jonction près de Châtillon-sur-Seine. |
| 1953 | Découverte archéologique du Trésor de Vix. |
| 1970 | Création du parc naturel régional du Morvan. |
| 1981 | Mise en service du T.G.V. Sud-Est. |
| 1982 | Création de la région Bourgogne. |

C'est sous cette dynastie que durant plus d'un siècle (1364-1477) la Bourgogne parvint à l'apogée de sa puissance et de son prestige.

**Philippe le Hardi, le bien nommé (1364-1404)** – Lors de la bataille de Poitiers (1356), Philippe n'est encore qu'un enfant. Il n'en combat pas moins héroïquement aux côtés de son père, le roi de France Jean II le Bon. Il se voit pour la première fois traiter de « hardi » le jour où, blessé et prisonnier, il assène un soufflet à un gentilhomme anglais qui tient des propos désobligeants pour le roi de France.
Lorsqu'il devient duc de Bourgogne (1364), Philippe est un superbe chevalier, aimant le jeu et les femmes et ne négligeant rien pour servir les intérêts de sa maison. En 1369, son mariage avec Marguerite de Flandre, la plus riche héritière d'Europe, fait de lui le plus puissant prince de la chrétienté. Dans le palais qu'il a fait reconstruire, il attire, des Flandres, peintres et sculpteurs. Il est toujours luxueusement vêtu et son chapeau est garni de douze plumes d'autruche, de deux plumes de faisan et de deux plumes d'oiseaux des Indes. Un collier d'or avec un aigle et un lion portant sa devise « En loyauté », des rubis, des saphirs, des perles à profusion constituent sa parure habituelle. Soucieux de s'assurer, ainsi qu'à ceux de sa dynastie, une nécropole royale, Philippe fonde à Dijon la chartreuse de Champmol et, en 1384, charge le sculpteur **Jean de Marville** des plans de son tombeau. Les plus beaux marbres sont apportés de Liège, les pierres d'albâtre de Gênes. Après la mort de Jean de Marville, **Claus Sluter** est chargé de la partie décorative. Lorsque Philippe le Hardi meurt en 1404, il a tant dilapidé d'argent que ses fils doivent, pour payer ses funérailles, mettre en gage l'argenterie ducale. Et sa veuve, selon la coutume de Bourgogne, vient, en signe de renonciation à la succession mobilière de son époux, déposer sur le cercueil sa bourse, son trousseau de clefs et sa ceinture.

**Jean sans Peur (1404-1419)** – Il succède à son père Philippe le Hardi. Chétif et laid, mais brave, intelligent et ambitieux, il s'est illustré au cours de la croisade contre les Turcs. Devenu duc de Bourgogne, il entame la lutte au Conseil royal contre le parti de son cousin et ennemi Louis d'Orléans, frère du pauvre roi dément Charles VI. Comme Louis a pour emblème un bâton noueux, Jean adopte un rabot, signifiant par là qu'il saura bien un jour « planer ce bâton ». Il fera assassiner son rival en 1407.
Jean sans Peur se rend maître de Paris mais est violemment combattu par la faction d'Orléans que dirige désormais, à la place du nouveau duc Charles, captif des Anglais depuis Azincourt, le beau-père de celui-ci, Bernard d'Armagnac. Ce fameux conflit des Armagnacs et des Bourguignons dresse les Français les uns contre les autres, en pleine guerre de Cent Ans, pour le plus grand profit des envahisseurs anglais, et se révèle si funeste que Jean sans Peur recherche un accord avec le dauphin, le futur roi Charles VII. Il accepte, le 11 septembre 1419, une entrevue avec celui-ci au pont de Montereau, mais il y est « traytreusement occis et murdry ».

**Philippe le Bon (1419-1467) et la Toison d'Or** – Par esprit de vengeance, Philippe le Bon, fils de Jean sans Peur, s'allie aux Anglais. Ainsi, Jeanne d'Arc, faite prisonnière à Compiègne par Jean de Luxembourg, fut livrée à ces derniers pour 10 000 écus d'or. Cependant, par le traité d'Arras, Philippe s'entend avec Charles VII et agrandit encore son domaine. Dijon est alors la capitale d'un puissant État qui comprend une grande partie de la Hollande, de la Belgique, le Luxembourg, la Flandre, l'Artois, le Hainaut, la Picardie et le territoire compris entre la Loire et le Jura *(voir carte p. 24)*.
Cinq grands officiers, le maréchal de Bourgogne, l'amiral de Flandre, le chambellan, le grand écuyer et le chancelier, entourent le duc qui possède une des cours les plus fastueuses d'Europe.
Le 14 janvier 1429, jour de son mariage avec Isabelle de Portugal, il fonde l'ordre souverain de la Toison d'Or. Créé en l'honneur de Dieu, de la Vierge et de saint André, cet ordre comporte à l'origine trente et

Philippe le Bon
par Roger Van der Weyden.
Musée des Beaux-Arts, Dijon.

un membres qui jurent de servir loyalement le Grand Maître, en l'espèce Philippe le Bon et ses successeurs. Ils se réunissent au moins tous les trois ans et revêtent alors le plus somptueux des costumes : sur une robe écarlate fourrée de petits-gris repose un long manteau de la même teinte vermeille également fourré de petits-gris. La devise ducale : « aultre n'auray », se détache d'un semis de briquets, silex, étincelles et toisons. Le collier de l'ordre est fait de briquets et de silex d'où jaillissent des étincelles.
Cet ordre est aujourd'hui encore l'un des plus insignes et des plus fermés. A la mort de l'un de ses membres, les héritiers renvoient au Grand Maître le collier et sa Toison *(voir p. 125)*.

# GÉNÉALOGIE DES MAISONS DE FRANCE ET DE BOURGOGNE AUX XIVᵉ ET XVᵉ SIÈCLES

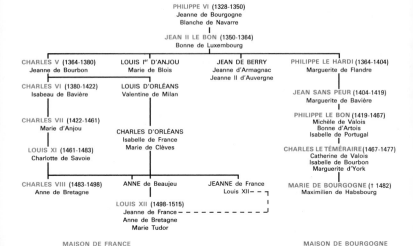

## VALOIS

**PHILIPPE VI (1328-1350)**
Jeanne de Bourgogne
Blanche de Navarre

**JEAN II LE BON (1350-1364)**
Bonne de Luxembourg

**CHARLES V (1364-1380)**          **LOUIS Iᵉʳ D'ANJOU**          **JEAN DE BERRY**          **PHILIPPE LE HARDI (1364-1404)**
Jeanne de Bourbon          Marie de Blois          Jeanne d'Armagnac          Marguerite de Flandre
                                                    Jeanne II d'Auvergne

**CHARLES VI (1380-1422)**          **LOUIS D'ORLÉANS**          **JEAN SANS PEUR (1404-1419)**
Isabeau de Bavière          Valentine de Milan          Marguerite de Bavière

**CHARLES VII (1422-1461)**          **PHILIPPE LE BON (1419-1467)**
Marie d'Anjou          Michèle de Valois
          **CHARLES D'ORLÉANS**          Bonne d'Artois
          Isabelle de France          Isabelle de Portugal
          Marie de Clèves

**LOUIS XI (1461-1483)**          **CHARLES LE TÉMÉRAIRE(1467-1477)**
Charlotte de Savoie          Catherine de Valois
          Isabelle de Bourbon
          Marguerite d'York

**CHARLES VIII (1483-1498)**          **ANNE** de Beaujeu          **JEANNE** de France          **MARIE DE BOURGOGNE († 1482)**
Anne de Bretagne                    Louis XII --          Maximilien de Habsbourg

          **LOUIS XII (1498-1515)**
          Jeanne de France --
          Anne de Bretagne
          Marie Tudor

MAISON DE FRANCE                                        MAISON DE BOURGOGNE

**Charles le Téméraire (1467-1477)** – C'est le dernier et peut-être le plus célèbre des Valois, ducs de Bourgogne. Grand, fortement charpenté, vigoureux, il aime les exercices violents, la chasse en particulier ; c'est aussi un esprit cultivé qui consacre beaucoup de temps à l'étude. L'histoire surtout le passionne. Il est orgueilleux et dévoré d'ambition et, comme dit de lui Commynes : « Il était fort pompeux en habillement et en toutes autres choses et un peu trop... Il désirait grand gloire. » Comme son père a porté le même nom que Philippe de Macédoine, il rêve de devenir un nouvel Alexandre. Il soutient des guerres continuelles, pour essayer de rattacher les moitiés Nord et Sud de ses États par l'annexion, d'ailleurs toute temporaire, en 1475, du duché de Lorraine, et pour lutter contre les nombreuses rébellions que suscite et entretient son rival Louis XI.

Il meurt en assiégeant Nancy défendue par René de Lorraine et son corps est retrouvé dans un étang glacé, à moitié dévoré par les loups.

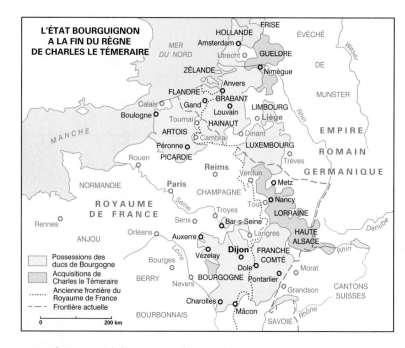

*Les guides* **Verts Michelin** *sont périodiquement révisés.*
*L'édition la plus récente assure la réussite de vos vacances.*

# La vie monacale en Bourgogne

Après les troubles de la décadence carolingienne, l'Église, forte de son influence et de sa culture solidement établies depuis plusieurs siècles, reprend une place prépondérante comme puissance dirigeante, et l'on assiste dans toute l'Europe occidentale à un renouveau de la vie monacale.

Ce rôle, elle le doit avant tout à la place que tiennent les ordres religieux – en premier lieu l'ordre de Saint-Benoît – qui se multiplient à partir du 10ᵉ s. La France s'est alors trouvée à l'avant-garde de ce mouvement religieux et, en France, c'est de Bourgogne qu'est partie l'impulsion la plus vive.

**Les premiers ordres religieux - Saint Benoît et sa règle** – Benoît de Nursie, installé en 529 au mont Cassin, en Italie, où il mène une existence de reclus, élabore ses « Constitutions » qui seront bientôt suivies par de nombreux monastères. Ces conseils, d'où sortira la fameuse « règle bénédictine », témoignent d'une grande modération : si les jeûnes, le silence et l'abstinence sont prescrits, les mortifications et les pénitences douloureuses sont sévèrement condamnées. Saint Benoît accorde au travail manuel une grande place dans l'emploi du temps des moines (6 à 8 heures, contre 4 à la lecture et 4 à l'office divin). Élu à vie, l'abbé a une autorité absolue. Les relations avec l'extérieur sont à éviter et la communauté doit subvenir à ses besoins par le travail.

La souplesse de cette règle explique le succès qu'elle remporte plus tard, en Italie, en Gaule, en Germanie, surtout à partir du 10ᵉ s.

**Cluny et le triomphe de la règle bénédictine** – La fondation, en 910, d'un couvent sur les terres de son comté de Mâcon par le duc d'Aquitaine, Guillaume le Pieux, marque le début d'une importante réforme religieuse attachée au nom de Cluny. L'époque est en effet propice à une telle situation, le « climat » social – début de la féodalité, troubles politiques, instabilité du pouvoir royal – provoquant un mouvement mystique et un afflux d'hommes vers les cloîtres.

Le retour à l'esprit de la règle bénédictine est marqué par l'observance des grands principes – chasteté, obéissance, jeûnes –, mais les offices divins occupent la plus grande partie du temps, réduisant et supprimant presque le travail manuel et le travail intellectuel. La grande innovation consiste dans une indépendance complète de la nouvelle abbaye à l'égard de tout pouvoir politique. Cluny est, en vertu de la charte de fondation, directement rattachée au Saint-Siège, ce qui en fait lui assure, étant donné l'éloignement du pouvoir pontifical, une autonomie absolue. L'expansion de l'Ordre clunisien est extrêmement rapide, si l'on songe qu'au début du 12ᵉ s. 1 450 maisons comptant 10 000 moines dépendaient de Cluny, réparties en France, en Allemagne, en Espagne, en Italie, en Grande-Bretagne. Parmi ses filiales bourguignonnes, citons les abbayes ou prieurés de St-Germain d'Auxerre, de Paray-le-Monial, de St Marcel de Chalon, de Vézelay, de Nevers (St-Sever et St-Étienne), de La Charité-sur-Loire.

Une telle expansion s'explique pour une grande part par la personnalité et aussi la longueur du « règne » des grands abbés de Cluny (tels saint Odon, saint Mayeul, saint Odilon, saint Hugues, Pierre le Vénérable), choisissant eux-mêmes leur successeur et secondés par des hommes d'une haute compétence. L'abbé est un personnage considérable, plus puissant parfois que le pape dont il est le guide et le conseiller. Les rois le consultent pour trancher les différends, régler les litiges.

Abbatiale St-Pierre-et-St-Paul.

Durant deux ou trois générations, Cluny est le centre d'un véritable empire. Mais, l'organisation étant basée sur une centralisation extrême, tout le poids du pouvoir repose sur l'abbé de Cluny. Le jour où ce pouvoir suprême n'est plus exercé d'une façon efficace, l'ensemble de l'édifice est menacé.

**Cîteaux et saint Bernard** – Pour lutter contre le luxe et le relâchement des moines clunisiens, illustrés par la splendide abbatiale de Cluny, s'élève la voix de saint Bernard, « ce Français de Bourgogne qui fut, de beaucoup, la personnalité la plus forte, la plus rayonnante, la plus influente d'Occident ». Étrange destinée que celle de ce jeune noble, né au château de Fontaine près de Dijon, qui, en 1112, âgé de 21 ans, se présente avec 32 compagnons au monastère de Cîteaux, cherchant la miséricorde de Dieu.

En 1115, quittant Cîteaux qu'il laisse en plein développement, il va s'installer aux limites de la Bourgogne et de la Champagne, dans un pays pauvre. La vallée de l'Absinthe devient « Clairvaux » (la claire vallée). Bernard, promu abbé, accomplit là une œuvre gigantesque. Dénué de tout, il se heurte au début à de grandes difficultés : rigueur du climat, maladies, souffrances physiques dues à une existence de renoncement. Il impose à ses moines, comme à lui-même, les plus durs travaux, « mangeant légumes à l'eau et buvant de l'eau claire, couchant sur un bat-flanc ou sur un pauvre grabat, ne se chauffant pas l'hiver, portant jour et nuit les mêmes vêtements d'humble laine ».

**Les fondations monastiques** – Mais la récompense est proche. Le renom de Bernard attire bientôt à Clairvaux un grand nombre de vocations monastiques, si bien qu'en 1121 est fondée dans la Marne l'abbaye de Trois-Fontaines. A sa mort, en 1153, Cîteaux compte 700 moines et son rayonnement est considérable : 350 abbayes lui sont attachées et, parmi elles, les 4 premières « Filles » : La Ferté, Pontigny, Morimond et surtout Clairvaux qui garde, grâce à saint Bernard, une place prépondérante au sein de l'Ordre de Cîteaux. Il est vrai que, sous son abbatiat, Clairvaux a connu une prospérité extraordinaire : dès 1135, 1 800 ha de forêts et 350 ha de prés et de champs dépendaient de l'abbaye où les bâtiments de pierre avaient remplacé les bâtisses de bois des premières années.

Pourtant, celui qui semblait destiné à mener une vie uniquement contemplative, ce mystique pénétré de la supériorité de la vie monastique, fut amené à jouer un rôle politique de première grandeur.

Lorsqu'il meurt, en 1153, son nom apparaît comme l'un des plus grands que l'Église ait produits. Écrivain, théologien, philosophe, moine, chef militaire, homme d'État, arbitre de l'Europe, saint Bernard est tout cela à la fois.

**La règle cistercienne** – Saint Bernard a su définir d'une façon intransigeante et faire appliquer à la lettre la règle bénédictine promulguée avant lui. Il interdit de percevoir des dîmes, de recevoir ou d'acheter des terres, et il impose à ses moines de Clairvaux – et par extension à tous les moines de l'Ordre cistercien – des conditions de vie rigoureuses. La nourriture est frugale. Le repos est de 7 heures : les moines couchent tout habillés dans un dortoir commun. L'emploi du temps d'une journée est réglé avec une précision rigoureuse : levés entre 1 h et 2 h du matin, les moines chantent matines, puis laudes, célèbrent les messes privées, récitent les heures canoniales (prime, tierce, sexte, none, vêpres, complies), assistent à la messe conventuelle. Les offices divins représentent ainsi 6 à 7 h et le reste du temps est partagé entre le travail manuel, le travail intellectuel et les lectures pieuses.

Chef de la communauté, l'abbé vit avec ses moines dont il partage les repas, préside aux offices, au chapitre, aux réunions ; il est assisté d'un prieur, qui le remplace lorsqu'il doit s'absenter.

**L'Ordre cistercien au 20ᵉ s.** – L'organisation de l'Ordre reste basée sur la « charte de charité », établie vers 1115, sorte de lien unissant les diverses abbayes, toutes égales entre elles. Actuellement, 3 000 cisterciens réformés ou trappistes, gouvernés par un Abbé général résidant à Rome, sont répartis à travers le monde dans 92 abbayes ou prieurés, dont 15 en France. Périodiquement, les Abbés de l'Ordre se réunissent en Chapitre général. En 1992, on dénombre en outre environ 2 000 moniales dans 61 abbayes ou prieurés, dont 12 en France, conduites par le même Abbé général, mais dont le Chapitre général est distinct.

*Les pages consacrées à l'art en Bourgogne offrent une vision générale des créations artistiques de la région, et permettent de replacer dans son contexte un monument ou une œuvre au moment de sa découverte.*

*Ce chapitre peut en outre donner des idées d'itinéraires de visite.*

*Un conseil : parcourez-le avant de partir !*

# La vie intellectuelle et littéraire

**Moyen Âge et Renaissance** – Au Moyen Âge, la vie intellectuelle se cristallise autour des églises et des monastères : l'abbaye de St-Germain d'Auxerre a joué le rôle d'une véritable université au temps de Charlemagne et, un peu plus tard, c'est de l'abbaye de Cluny que rayonne la vie intellectuelle.

**Saint Bernard** domine le 12ᵉ s. de sa personnalité et de son génie : il réunit à Clairvaux une bibliothèque remarquable et nous apparaît lui-même comme l'un des plus grands écrivains de son temps. Mais le 12ᵉ s. est aussi l'époque de la chevalerie et les traditions légendaires inspirent des épopées mêlées de merveilleux : un peu partout éclosent les chansons de geste.

Avec **« Girart de Roussillon »**, la Bourgogne revendique l'une des plus belles. Ce chef-d'œuvre littéraire est, avec le conte de « La Châtelaine de Vergy », directement issu de l'histoire de la province. Les Mystères et les Passions – forme populaire du théâtre – appartiennent encore à la littérature médiévale : Passion d'Autun, Passion de Semur ont connu un vif succès.

Au 15ᵉ s., les ducs de Bourgogne aiment à s'entourer de chroniqueurs qui relatent, en les embellissant, les événements marquants de leur règne : Commynes et Olivier de La Marche sont les plus célèbres de ces « historiens ».

Tout imprégné d'humanisme, le 16ᵉ s. a connu avec **Pontus de Thiard**, né au château de Bissy-sur-Fley en Mâconnais, un grand philosophe et théologien, membre de la Pléiade, et en **Guy Coquille**, né à Decize, un célèbre jurisconsulte qui écrivit « Les Coutumes du pays et duché de Nivernais ».

**Théodore de Bèze**, leur contemporain, originaire de Vézelay, fut un humaniste d'une vaste culture : ayant embrassé le protestantisme et successeur de Calvin à Genève, il publia de nombreux ouvrages dogmatiques et théologiques.

Quant à **Bonaventure des Périers**, d'Arnay-le-Duc, c'est un conteur spirituel et malicieux, souvent mordant et satirique.

**17ᵉ et 18ᵉ s.** – Le 17ᵉ s. est dominé en Bourgogne par la grande figure de **Bossuet**, prélat et théologien dijonnais de naissance. Mais on peut lui associer **Mme de Sévigné** qui fit, durant sa jeunesse, quelques séjours au château de Bourbilly, et son cousin Bussy-Rabutin *(voir p. 86)*. L'un et l'autre eurent de fortes attaches en Bourgogne.

**Vauban** *(voir p. 191)* a été non seulement un grand ingénieur militaire, mais aussi un écrivain de talent, comme en témoignent ses « Oisivetés » et son « Projet d'une dîme royale ».

Au 18ᵉ s., Jean Bouhier, président au Parlement, écrit « La Coutume de Bourgogne ». Plus tard, Charles de Brosses, Premier président au Parlement de Bourgogne, se révèle humaniste de valeur et conteur plein de vie et d'humour dans ses « Lettres familières d'Italie ».

Bourguignon par ses origines et ses relations, **Buffon** a joué un rôle de premier plan dans le rayonnement de la science française *(voir p. 159)*.

**Alexis Piron** *(voir p. 68)* s'est illustré par ses épigrammes et ses comédies satiriques.

**Restif de La Bretonne**, romancier fécond, philosophe à ses heures, est né à Sacy, près de Vermenton ; son œuvre, souvent licencieuse mais basée sur la réalité, est une précieuse source de renseignements sur la société à la fin du 18ᵉ s.

**Romantisme et époque contemporaine** – **Lamartine** *(voir p. 149)*, originaire de Mâcon, a été l'un des plus grands noms du romantisme français et son influence littéraire a été considérable au 19ᵉ s.; dans les « Méditations », il exalte la beauté de St-Point et de Milly, sa terre natale. **Lacordaire**, célèbre prédicateur et écrivain du 19ᵉ s. qui s'associa à Lamennais pour créer un mouvement catholique libéral, est né à Recey-sur-Ource. C'est lui qui rétablit en France l'Ordre des dominicains.

Parmi les romanciers et les poètes de notre époque, nombreux sont ceux qui se sont attachés à décrire les aspects les plus typiques de la province.

**Colette** *(voir p. 186)*, **Marie Noël** *(voir p. 60)*, Gaston Roupnel ont été les fidèles interprètes du terroir et de la pensée bourguignons. Jacques Copeau, abandonnant son théâtre du Vieux-Colombier, a puisé là les meilleures sources de son inspiration littéraire.

Le poète Achille Millien a chanté la terre nivernaise et recueilli les traditions morvandelles. Après Claude Tillier, auteur de « Mon oncle Benjamin », Clamecy a vu naître **Romain Rolland** à qui l'on doit « Jean-Christophe » et « Colas ».

Franc Nohain et **Maurice Genevoix** *(voir p. 122)*, d'origine nivernaise, ont eux aussi décrit les paysages qu'ils ont connus et aimés.

Le romancier **Henri Vincenot** (1912-1985), né à Dijon, a évoqué la vie des paysans bourguignons à l'époque de Lamartine et, dans « La Billebaude », entre les deux guerres mondiales.

# L'art

## ÉLÉMENTS D'ARCHITECTURE

### Architecture religieuse

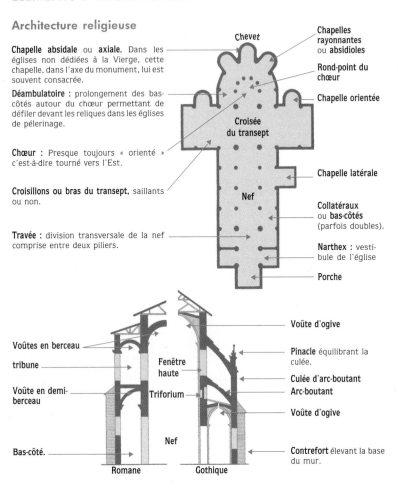

**Chapelle absidale** ou **axiale**. Dans les églises non dédiées à la Vierge, cette chapelle, dans l'axe du monument, lui est souvent consacrée.

**Déambulatoire :** prolongement des bas-côtés autour du chœur permettant de défiler devant les reliques dans les églises de pélerinage.

**Chœur :** Presque toujours « orienté » c'est-à-dire tourné vers l'Est.

**Croisillons ou bras du transept,** saillants ou non.

**Travée :** division transversale de la nef comprise entre deux piliers.

Chevet

Chapelles rayonnantes ou **absidioles**

Rond-point du chœur

Chapelle orientée

Croisée du transept

Chapelle latérale

Nef

**Collatéraux** ou **bas-côtés** (parfois doubles).

**Narthex :** vestibule de l'église

Porche

Voûtes en berceau

tribune

Voûte en demi-berceau

Bas-côté.

Fenêtre haute

Triforium

Nef

Romane

Gothique

Voûte d'ogive

**Pinacle** équilibrant la culée.

Culée d'arc-boutant

Arc-boutant

Voûte d'ogive

**Contrefort** élevant la base du mur.

### AUTUN – Portail principal de la cathédrale St-Lazare (12e s.).

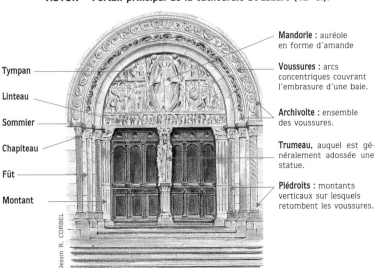

Tympan

Linteau

Sommier

Chapiteau

Fût

Montant

Dessin R. CORBEL

**Mandorle :** auréole en forme d'amande

**Voussures :** arcs concentriques couvrant l'embrasure d'une baie.

**Archivolte :** ensemble des voussures.

**Trumeau,** auquel est généralement adossée une statue.

**Piédroits :** montants verticaux sur lesquels retombent les voussures.

# VÉZELAY – Nef de la basilique Ste-Madeleine (1096-1215).

**Voûte d'arêtes :** formée de deux berceaux se coupant à angle droit, elle répartit les poussées dans les angles.

**Claveaux** (pierres taillées en coin) clairs et foncés alternés.

Décor de, **ruban plissé**.

Fenêtre haute

Arc formeret

Taillloir

Arc doubleau

**Corniche** à frise

Voûte sur croisée d'ogives

Voûtains

Chœur

L'**arc triomphal** sépare, dans une église médiévale, la nef centrale du transept ou du chœur.

**Demi-colonnes engagées** régulière-ment sur les quatre faces d'une pile cruciforme.

**Chapiteau** historié (décoré de scènes à personnages).

**Tribune :** galerie haute où, peut s'isoler un groupe de fidèles.
Le triforium est une galerie de circulation pratiquée dans l'épaisseur du mur, qui deviendra une arcature purement décorative à la fin du gothique.

Dessin R. CORBEL

29

## TOURNUS – Abbatiale St-Philibert (11e-12e s.).

L'aspect de forteresse du mur marquant le front du narthex, réduit défensif de l'abbaye, est un exemple du premier art roman qui pénètre en Bourgogne vers l'an mil.

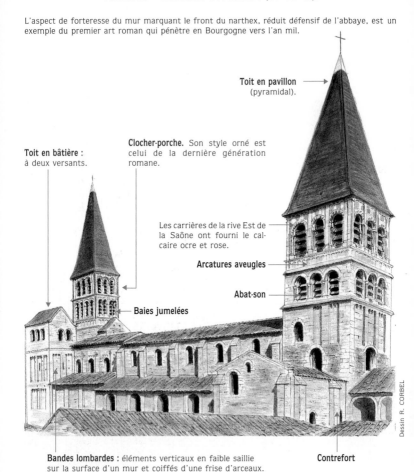

**Toit en pavillon** → (pyramidal).

**Clocher-porche.** Son style orné est celui de la dernière génération romane.

**Toit en bâtière :** à deux versants.

Les carrières de la rive Est de la Saône ont fourni le calcaire ocre et rose.

**Arcatures aveugles**

**Abat-son**

**Baies jumelées**

Dessin R. CORBEL

**Bandes lombardes :** éléments verticaux en faible saillie sur la surface d'un mur et coiffés d'une frise d'arceaux.

**Contrefort**

## PONTIGNY – Abbatiale (1150-1206)

L'architecture cistercienne se caractérise par sa simplicité, son austérité. Un soin particulier est porté à l'agencement des différents éléments de construction.

Façade sans tour mais marquée par un **lanterneau** (en l'occurrence une tourelle d'escalier) dont les cisterciens sont les premiers constructeurs.

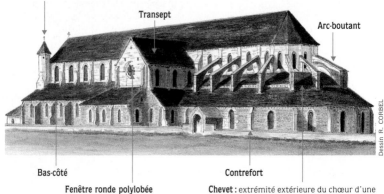

**Transept**

**Arc-boutant**

Dessin R. CORBEL

**Bas-côté**

**Fenêtre ronde polylobée**

**Contrefort**

**Chevet :** extrémité extérieure du chœur d'une église. Pour désigner l'extrémité intérieure, on emploie le terme d'**abside.**

# DIJON – Église St-Michel (16ᵉ et 17ᵉ s.).

La façade à deux tours s'inscrit dans la tradition gothique. L'habillage des cinq ordres superposés ne suffit pas à conférer le caractère antique que l'on recherchait à la Renaissance.

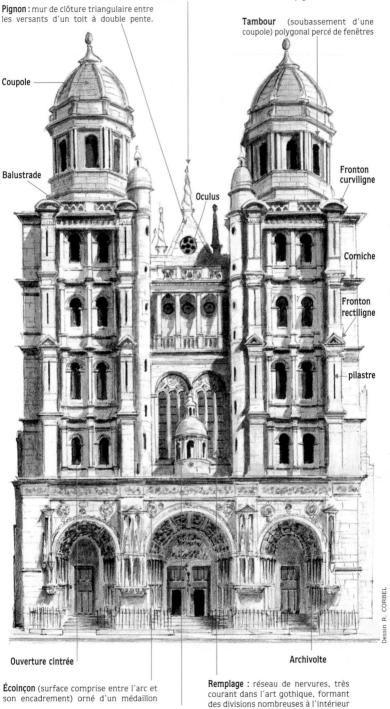

**Obélisque,** souvent employé à la Renaissance pour décorer le couronnement d'un toit ou d'un pignon.

**Pignon :** mur de clôture triangulaire entre les versants d'un toit à double pente.

**Tambour** (soubassement d'une coupole) polygonal percé de fenêtres

**Coupole**

**Balustrade**

**Oculus**

**Fronton curviligne**

**Corniche**

**Fronton rectiligne**

**pilastre**

**Ouverture cintrée**

**Archivolte**

**Écoinçon** (surface comprise entre l'arc et son encadrement) orné d'un médaillon

**Remplage :** réseau de nervures, très courant dans l'art gothique, formant des divisions nombreuses à l'intérieur des baies.

**Lanterne** cylindrique coiffée d'un dôme.

Dessin R. CORBEL

Les trois portails évoquent ceux de l'art roman, qui, assimilé à un art romain décadent, a servi plus ou moins directement de modèle pendant la Renaissance.

## NEVERS – Palais ducal (16e s.).

Le palais ducal de Nevers préfigure les châteaux de la Loire. Une régularité nouvelle ordonne une structure dont l'origine médiévale est rappelée par les grosses tours rondes latérales.

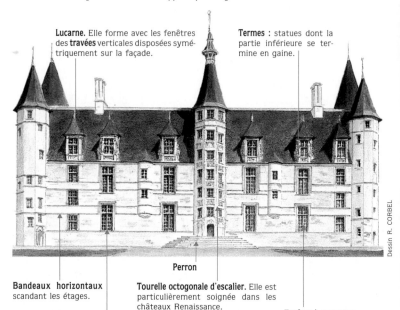

**Lucarne.** Elle forme avec les fenêtres des **travées** verticales disposées symétriquement sur la façade.

**Termes :** statues dont la partie inférieure se termine en gaine.

Perron

**Bandeaux horizontaux** scandant les étages.

**Tourelle octogonale d'escalier.** Elle est particulièrement soignée dans les châteaux Renaissance.

**L'embrasure** est l'espace ménagé dans l'épaisseur d'une construction par le percement d'une baie.

**Fenêtre à meneaux.** Le **meneau** est l'élément vertical d'un remplage.

Dessin R. CORBEL

## ANCY-LE-FRANC – Cour intérieure du château (commencé en 1544).

Le projet de Serlio rompt avec la tradition du château français. Il s'inspire d'une villa des environs de Naples, Poggioreale, résidence de Chales VIII au moment de la conquête de la ville. Cette villa restera un modèle pour les Français pendant tout le 16e s.

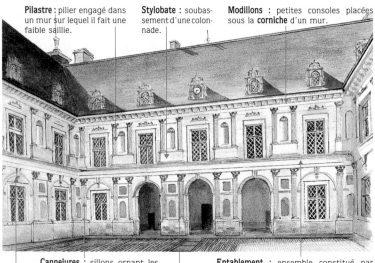

**Pilastre :** pilier engagé dans un mur sur lequel il fait une faible saillie.

**Stylobate :** soubassement d'une colonnade.

**Modillons :** petites consoles placées sous la **corniche** d'un mur.

**Cannelures :** sillons ornant les colonnes ou piliers, qui les font paraître plus sveltes.

**Entablement :** ensemble constitué par l'architrave, la frise, la corniche.

**Agrafe :** élément ornemental placé sur la clef d'une baie, généralement une console ou un mascaron.

**Chapiteau corinthien** orné de deux rangs de feuilles d'**acanthe**, plante méditerranéenne de la famille du chardon.

Cour carrée à quatre ailes semblables, exemple célèbre de « **travée rythmique** », association de baies, pilastres et niches alternés, inventée par Bramante.

Dessin R. CORBEL

## DIJON – Palais des États de Bourgogne (1681-1786).

Le **portique** plaqué contre la façade des ailes en retour d'équerre équilibre l'austérité classique du reste du bâtiment.

**Trophée d'armes :** armes diverses groupées en motif décoratif autour d'une cuirasse, d'un casque.

**Fronton triangulaire** sculpté en ronde-bosse (trois dimensions)

**Mutule :** modillon caractéristique de l'ordre dorique.

**Frise** correspondant à l'ordre dorique : alternance de dalles (les **métopes**) et de séries de trois moulures creuses (les **triglyphes**).

**Architrave :** partie de l'entablement qui porte horizontalement sur les colonnes.

**Toit brisé « à la Mansart »**

**Soubassement**

**Mascaron :** masque sculpté décoratif.

**Baie couverte en segment.**

**Appareil en bossage.** Le **bossage** est une saillie laissée sur le parement d'une pierre taillée.

**Trumeau :** pan de mur entre deux baies de même niveau.

**Corniche en ressaut :** elle se prolonge en profil ininterrompu tout autour d'une avancée d'un mur.

**Bossage d'angle** ou **jambe en bossage.**

Dessin R. CORBEL

## LE CREUSOT
### Manufacture des cristaux de la Reine (1784-1788), château des Schneider.

**Corps de passage.**

Anciens **fours** de la cristallerie.

**Trophée d'armes**

**Attique :** petit étage supplémentaire.

**Fronton** sculpté

**Œil-de-Bœuf**

Dessin R. CORBEL

**Lucarne** en plein cintre

**Travée :** espace vertical délimité par des colonnes, piliers ou pilastres consécutifs.

**Avant-corps :** partie d'un bâtiment faisant saillie sur toute la hauteur et sur l'alignement de la façade, toit y compris.

33

# L'ART EN BOURGOGNE

Que la Bourgogne ait été de tout temps un incomparable foyer d'art ne saurait étonner si l'on songe qu'étaient réunies là les conditions les plus favorables à un tel développement. Carrefour de routes, elle a connu depuis la plus haute antiquité les migrations de peuples et les influences les plus diverses s'y sont rencontrées. La découverte du Trésor de Vix témoigne des importants courants dont la région de Châtillon-sur-Seine fut le théâtre vers le 6ᵉ s. avant J.-C.

Au 15ᵉ s., sur l'initiative des Grands Ducs, de nombreuses équipes d'artistes, venues de Paris ou des Flandres, se sont installées à Dijon dont elles ont fait l'un des plus importants centres artistiques de l'Europe.

Cette pénétration des influences étrangères, la persistance de la civilisation romaine et d'anciennes traditions, ajoutées à l'expression d'un tempérament bourguignon, ont amené l'apparition d'un art régional qui occupe une place de choix dans l'histoire de l'art de notre pays.

## L'art gallo-romain

L'occupation romaine vit éclore en Bourgogne de nombreux monuments. Autun *(voir à ce nom)*, construite sur l'ordre d'Auguste pour remplacer Bibracte, capitale du pays éduen, évoque encore la civilisation romaine par ses deux portes monumentales et son vaste théâtre.

Des fouilles, entreprises à Alésia à l'emplacement présumé de l'oppidum où Vercingétorix opposa une ultime résistance aux légions de César, en 52 avant J.-C., ont amené la découverte de toute une ville édifiée un peu plus tard : une rue pavée, des substructions de temples, de forum ainsi que de nombreuses demeures ont été exhumées. D'autres fouilles exécutées aux sources de la Seine ont mis au jour les ruines d'un temple, plusieurs statuettes de bronze et des sculptures en bois. D'innombrables poteries d'époque gallo-romaine et des pièces d'orfèvrerie de grande valeur ont été découvertes depuis plus d'un demi-siècle à Vertault, non loin de Châtillon-sur-Seine. A Dijon, les restes du camp retranché *(Castrum divionense)* construit vers l'an 273 ont été dégagés. Aux environs de St-Père, enfin, les fouilles des Fontaines Salées révélèrent les vestiges de thermes gallo-romains particulièrement importants.

## L'art carolingien

Après la période d'éclipse artistique du haut Moyen Âge, l'époque carolingienne (8ᵉ-9ᵉ s.) connaît un renouveau de l'**architecture**. Les plans des édifices religieux sont simples et la construction, faite de pierres mal taillées, très rudimentaire. Une partie de l'ancienne crypte de St-Bénigne de Dijon, les cryptes de Flavigny-sur-Ozerain et de St-Germain d'Auxerre comptent parmi les monuments les plus anciens.

La **sculpture** s'exprime alors très maladroitement : la crypte de Flavigny-sur-Ozerain, vestige de la basilique construite au milieu du 8ᵉ s., conserve quatre fûts de colonnes dont trois semblent être romains et le quatrième carolingien. Les chapiteaux présentent un grand intérêt : ils portent un décor de feuilles plates, d'une facture très rudimentaire. Deux chapiteaux de la crypte de St-Bénigne de Dijon représentent, sur chaque face, un homme en prière, les mains levées vers le ciel. Travaillée sur place, la pierre témoigne des tâtonnements du sculpteur ; certaines faces sont restées à l'état linéaire *(illustration ci-dessous)*.

A la même époque, **fresques** et enduits ont été employés dans la décoration des édifices religieux. En 1927 ont été mises au jour, dans la crypte de l'abbaye bénédictine de St-Germain d'Auxerre, d'admirables fresques représentant entre autres la lapidation de saint Étienne.

## L'art roman

### L'architecture romane

Bénéficiant de conditions particulièrement favorables à son expansion – villes nombreuses, riches abbayes, matériaux de construction abondants –, l'école romane bourguignonne s'est développée avec une extraordinaire vitalité aux 11ᵉ et 12ᵉ s. aussi bien en architecture qu'en sculpture ou en peinture. Du reste, son rayonnement au-delà des limites géographiques de la Bourgogne fut considérable.

L'an mille correspond à un élan·nouveau dans le désir de bâtir qu'expliquent la fin des invasions, l'affermissement du pouvoir royal et la découverte de nouveaux procédés de construction. Raoul Glaber, moine de St-Bénigne de Dijon, rapporte ainsi cette envolée des bâtisseurs : « Au moment où

Dijon – Chapiteau de la crypte de St-Bénigne.

allait s'ouvrir la troisième année après le millénaire, on se mit dans toute la chrétienté et particulièrement en Italie et dans les Gaules à renouveler les églises... même celles qui n'avaient pas besoin d'être remplacées, les chrétiens les remplaçaient par d'autres plus belles... Il semblait que le monde eût secoué la poussière de son vieux vêtement pour revêtir partout la robe blanche de ses jeunes églises... »

**Les premières églises romanes** – Parmi les grands constructeurs de cette époque, l'abbé **Guillaume de Volpiano**, d'origine italienne et apparenté aux plus grandes familles de son temps, édifia à Dijon, sur l'emplacement du tombeau de saint Bénigne, une nouvelle basilique.

Commencée en 1001, elle était consacrée en 1018. Si cette église abbatiale a complètement disparu dès le 12e s. par suite d'un incendie, l'église St-Vorles de Châtillon-sur-Seine – profondément modifiée dans les premières années du 11e s. par un parent de Guillaume de Volpiano, l'évêque de Langres Brun de Roucy – permet de définir les caractères de l'art roman de cette époque : construction sommaire faite de pierres plates mal assemblées, piliers massifs, décoration très rudimentaire de niches creusées dans les murs et de corniches à bandes lombardes.

L'exemple le plus saisissant de l'architecture de cette période nous est offert par **St-Philibert de Tournus** *(voir illustration p. 218)*. Le narthex et l'étage du narthex, édifiés au début du 11e s., sont les parties les plus anciennes actuellement connues. On est frappé par la sobriété poussée jusqu'à l'austérité de cette architecture puissante.

**Cluny et son école** – Si l'art roman à ses débuts doit beaucoup aux influences étrangères, la période suivante voit avec Cluny le triomphe d'une formule nouvelle, dont les caractères vont se répandre à travers toute la Bourgogne et même jusqu'en Suisse.

C'est à Cluny que pour la première fois se sont trouvés réunis les principaux traits de l'architecture romane bourguignonne. Jusqu'à la construction de St-Pierre de Rome, au 16e s., l'abbatiale de Cluny a été la plus grande église de toute la chrétienté ; sa longueur intérieure dépassait de beaucoup celle des cathédrales gothiques que l'on se mit à élever à partir du 13e s. En 1247, un religieux italien passant par Cluny observait « que l'abbaye de Cluny est le plus noble couvent de moines noirs de l'ordre des Bénédictins de Bourgogne. Les bâtiments en sont si considérables que le pape avec ses cardinaux,

Cluny : détail d'un chapiteau.

Muriot/CAMPAGNE-CAMPAGNE

toute sa cour, celle du roi et de sa suite peuvent y loger simultanément, sans que les religieux en éprouvent aucun dérangement et soient obligés de quitter leur cellule ».

Les vestiges de l'abbatiale commencée par saint Hugues en 1088 et achevée vers 1130 *(voir reconstitution de l'abbaye, p. 109)*, encore impressionnants par leur ampleur et leurs dimensions exceptionnelles, permettent de dégager les caractères généraux de cette « école de Cluny » : la voûte est en berceau brisé, véritable innovation pour l'époque.

Les architectes bourguignons ont évité le plus possible l'emploi de la voûte en plein cintre et lui ont substitué celle en berceau brisé, dont la structure luttait plus efficacement contre la poussée. Cette voûte comporte à chaque travée un arc doubleau : en diminuant les poussées, les arcs brisés permettaient d'alléger les murs et ainsi d'élever les voûtes à une très grande hauteur. Les piliers sont cantonnés de pilastres cannelés à l'antique ; au-dessus de ces grandes arcades aiguës court un faux triforium où alternent baies et pilastres ; des fenêtres hautes surmontent l'ensemble. Cette ordonnance à trois niveaux, coiffée d'une voûte en berceau brisé, se retrouve dans de nombreux édifices de la région. La réalisation d'un monument d'une telle importance, auquel avaient travaillé une foule d'architectes et d'artistes, allait avoir une grande répercussion sur la construction d'autres églises du Mâconnais, du Charollais et du Brionnais.

L'église de **Paray-le-Monial**, elle aussi conçue par saint Hugues, apparaît comme une réplique de la grande abbatiale de Cluny. A **La Charité-sur-Loire**, autre prieuré dépendant de la grande abbaye, se retrouve l'influence clunisienne.

D'autres monuments bourguignons dérivent plus ou moins directement de l'abbatiale de Cluny. A St-Lazare d'**Autun**, consacrée en 1130, se retrouve le plan clunisien, très simplifié ; par contre, la tradition « romaine » l'emporte très souvent : sur les piliers, les pilastres cannelés imités de l'antique remplacent les colonnes engagées ; sur l'arcature du triforium, on remarque le décor de la porte d'Arroux et cette ornementation n'est pas sans lourdeur.

A **Semur-en-Brionnais,** berceau de la famille de saint Hugues, l'élévation de l'église est proche de celle de Cluny. Au revers de la façade, la tribune en surplomb rappelle la tribune St-Michel, qui se trouvait au revers de la façade de Cluny.

En revanche, si la collégiale St-Andoche de Saulieu peut encore être rattachée à la grande famille des églises clunisiennes, Notre-Dame de Beaune a davantage de points communs avec St-Lazare d'Autun.

Parmi les églises de village construites sous l'inspiration de Cluny, celles du Brionnais *(voir schéma p. 85)* sont particulièrement remarquables : Bois-Ste-Marie, Blanot, Monceaux-l'Étoile, Varenne-l'Arconce, Vareilles, Châteauneuf, Charlieu, Iguerande.

**Vézelay et son rayonnement** – A cette école clunisienne s'oppose toute une famille d'églises aux caractères différents, dont le type le plus pur est la basilique de la Madeleine à Vézelay. Construite au début du 12e s., sur une butte dominant la vallée de la Cure, elle constitue la synthèse de la véritable architecture romane bourguignonne. Différence essentielle avec les édifices romans antérieurs, la nef est voûtée d'arêtes alors que jusque-là seuls les collatéraux l'étaient, leurs faibles dimensions les mettant à l'abri du risque d'un effondrement de la voûte par suite de trop fortes pressions latérales. Les grandes arcades sont surmontées directement par des fenêtres hautes qui, s'ouvrant dans l'axe de chaque travée, éclairent la nef. Les pilastres sont remplacés par des colonnes engagées, à l'encontre des édifices de type clunisien. Les arcs doubleaux qui soutiennent la voûte sont en plein cintre.

Pour rompre la monotonie de cette architecture, on a recours à l'emploi de matériaux polychromes : calcaires de teintes variées, claveaux alternativement blancs et bruns.

C'est l'église d'Anzy-le-Duc qui aurait servi de modèle pour la construction de Vézelay ; il est probable que Renaud de Semur – originaire du Brionnais – voulut réagir contre la toute-puissance de Cluny et prit pour modèle l'église d'Anzy-le-Duc qui était alors l'ensemble le plus parfait de l'architecture de la région. Les points de comparaison entre ces deux édifices ne manquent pas : même élévation à deux étages, même fenêtre unique au-dessus des grandes arcades, même aspect des arcs en plein cintre, mêmes piliers cruciformes flanqués de colonnes engagées.

Cette formule, créée à Anzy-le-Duc et perfectionnée à Vézelay, a été reprise à St-Lazare d'Avallon et à St-Philibert de Dijon.

**Fontenay et l'école cistercienne** – En Bourgogne, dans la première moitié du 12e s., le plan cistercien fait son apparition (cistercium est le nom latin de Cîteaux). Il est caractérisé par un esprit de simplicité qui apparaît bien comme l'expression de la volonté de saint Bernard, dont l'influence a été considérable sur son époque. A la théorie des grands constructeurs des 11e et 12e s., comme saint Hugues, Pierre le Vénérable, Suger, qui estiment que rien n'est trop riche pour le culte de Dieu, il s'oppose avec une violence et une passion extraordinaires : « Pourquoi – écrit-il à Guillaume, abbé de St-Thierry – cette hauteur excessive des églises, cette longueur démesurée, cette largeur superflue, ces ornements somptueux, ces peintures curieuses qui attirent les yeux et troublent l'attention et le recueillement ?... nous les moines, qui avons quitté les rangs du peuple, qui avons renoncé aux richesses et à l'éclat du monde pour l'amour du Christ..., de qui prétendons-nous réveiller la dévotion par ces ornements ? »

La sobriété et l'austérité qu'il préconise ne manquent d'ailleurs pas de grandeur. Cette architecture dépouillée et d'un aspect sévère reflète bien les principes mêmes de la règle cistercienne *(voir p. 26)*, qui considère comme nuisible tout ce qui n'est pas indispensable au développement et au rayonnement de la vie monacale.

Les cisterciens imposent un plan presque toujours identique à toutes les constructions de l'Ordre, dirigeant eux-mêmes les travaux des nouvelles abbayes.

Le plan de l'abbaye de Fontenay *(p. 143)* montre la disposition habituelle des différents bâtiments composant une telle abbaye. On retrouve ce plan et ces méthodes architecturales à travers toute l'Europe, de la Sicile à la Suède.

**Les églises cisterciennes** – La nef aveugle est couverte d'un berceau brisé comme dans l'architecture clunisienne ; les bas-côtés sont généralement voûtés de berceaux transversaux et leur grande hauteur leur permet de contrebuter la nef principale. Cette disposition se retrouve dans de nombreuses églises bourguignonnes du 12e s. Le transept, également voûté en berceau brisé, déborde largement et deux chapelles carrées s'ouvrent à chaque croisillon.

Le chœur, carré et peu profond, voûté en berceau brisé, se termine par un chevet plat, éclairé par deux rangées de fenêtres, en triplet. Cinq fenêtres sont percées au-dessus de l'arc triomphal et chaque travée des bas-côtés est également éclairée par une fenêtre.

Bien souvent l'absence de tout clocher de pierre témoigne de la volonté de saint Bernard de maintenir la pauvreté, l'humilité et la simplicité. Vivant loin des hommes, à l'écart des routes fréquentées, les communautés religieuses ne désiraient pas attirer les fidèles. C'est pourquoi les clochers, signalant au loin la présence d'une église par leur silhouette et par le bruit des cloches, étaient également proscrits.

En évitant tout décor peint et sculpté, en éliminant pratiquement tout motif d'ornementation superflu (vitraux de couleur, pavements historiés), les cisterciens parviennent à exécuter des monuments d'une remarquable pureté.

## La sculpture romane

Au cœur de l'époque romane, les réalisations de la **sculpture clunisienne** constituent une étape primordiale. La grande abbaye bénédictine draina sur son chantier de très nombreux sculpteurs et imagiers des régions voisines, devenant presque le seul centre de création pendant une vingtaine d'années (de 1095 à 1115).

Un art souple et délicat y voit le jour. Sur les chapiteaux du chœur (rare témoignage parvenu jusqu'à nous, une végétation variée et des personnages aux attitudes adroitement observées révèlent un goût nouveau pour la nature. Les figures sont drapées de tuniques flottantes où les plis déterminent un modelé en harmonie avec la sérénité recherchée.

C'est d'abord à **Vézelay** que l'influence clunisienne s'exerce. Outre ses chapiteaux historiés, l'église de la Madeleine abrite dans son narthex un grand portail sculpté dont le tympan représente le Christ envoyant ses apôtres en mission avant son ascension au ciel. La composition est envahie par un mouvement magistral qui symbolise l'Esprit : les corps s'agitent et les draperies, sillonnées de plis aigus et serrés, bouillonnent.

Cette œuvre, réalisée vers 1120, présente plus d'un point commun avec le portail du Jugement dernier de St-Lazare d'**Autun** (1130-1135), où l'on retrouve des figures très allongées et des draperies plissées, néanmoins plus fines et plus moulées sur les corps qu'à Vézelay. Le sculpteur d'Autun, Gislebertus *(voir p. 55)*, s'est attaché ici – et dans son œuvre en général – à rendre toute la diversité des attitudes et des sentiments humains. Les chapiteaux de la nef et du chœur, légèrement antérieurs (1125-1130), représentent, de façon vivante, des scènes de la Bible et de la vie des saints, dont s'inspirèrent, avec vigueur et talent, les artistes de St-Andoche de **Saulieu**.

A **Avallon**, les deux portails de St-Lazare, du milieu du 12e s., révèlent une volonté de renouvellement du style : on y trouve conjointement une décoration luxuriante où apparaissent des colonnes torses, expression de la « tendance baroque » de l'art roman bourguignon, et une statue colonne qui fait penser à Chartres. Les rondes-bosses du tombeau de St-Lazare à Autun (1170-1184) annoncent également par leur gravité et leur troublante présence l'évolution vers le gothique.

En outre, le **Brionnais**, où l'on trouve une concentration exceptionnelle de portails sculptés, se révèle être le foyer de sculpture romane bourguignonne le plus ancien. Dès le milieu du 11e s., avant les grandes réalisations de Cluny, un style un peu rude et mala-droit naît à Charlieu et dans la région : les figures sont ramassées et leurs mouvements peu aisés. Mais après avoir travaillé à Cluny, appelés par l'abbé Hugues de Semur qui appartenait à la famille des seigneurs du Brionnais, les artistes de cette région insufflèrent à leurs œuvres une grâce nouvelle, allongeant les figures et créant des compositions plus souples. Cependant, cet enrichissement côtoiera des survivances traditionnelles, telles que le goût pour des figures aux proportions courtes, ou encore dérivera vers un certain maniérisme décoratif comme en témoignent le tympan de St-Julien de Jonzy et celui de Charlieu *(voir illustrations p. 191 et p. 96)*.

## La peinture romane

A Auxerre, la crypte de la cathédrale renferme des fresques du 11e s., où l'on peut voir le Christ à cheval, tenant à la main droite une verge de fer.

A Anzy-le-Duc, des travaux exécutés au milieu du 19e s. ont amené la découverte, dans le chœur, d'un important ensemble de peintures murales où se retrouvent des caractères tout autres qu'à Auxerre : teintes mates, très atténuées, dessins au trait sombre recouvrant un fond composé de bandes parallèles.

Une autre tradition (à fonds bleus) apparaît à Cluny, reprise à Berzé-la-Ville, dans la chapelle du « château des Moines », où l'on peut admirer un bel ensemble de peintures murales romanes *(description p. 74)*. Ces compositions, exécutées dans les premières années du 12e s., ont été découvertes à la fin du 19e s. sous le badigeon qui les recouvrait mais qui en a, en même temps, sauvegardé la fraîcheur.

L'emploi de peinture brillante – et non mate comme à Anzy-le-Duc – est la caractéristique d'une technique différente de celle employée jusque-là. Berzé-la-Ville étant l'une des résidences des abbés de Cluny et saint Hugues étant venu s'y reposer à maintes reprises, il semble certain que ces œuvres aient eu pour auteurs les artistes employés à la construction de la grande abbatiale de Cluny.

Berzé-la-Ville – Fresques de la chapelle des moines.

J.-L. Barde/SCOPE

Le gigantesque Christ en majesté, entouré de six apôtres et de nombreux autres personnages, est d'inspiration byzantine et semble copié des mosaïques de l'impératrice Théodora à Saint-Vital de Ravenne.

Cette correspondance entre l'art clunisien et l'art byzantin s'explique par l'action prépondérante de saint Hugues qui a utilisé les exemples fournis par les basiliques romaines et carolingiennes, dans lesquelles l'art d'origine byzantine avait fortement pénétré.

Ainsi, en architecture, en sculpture ou en peinture, l'influence de Cluny a été déterminante sur l'art du 12e s., et la destruction de la majeure partie de la grande abbatiale à la fin du 18e s. peut être considérée comme une perte irréparable, les vestiges qui nous en sont parvenus ne donnant qu'une idée fort incomplète de ce qui était, sans doute, la synthèse de l'art roman.

## L'art gothique

Dès le milieu du 12e s. et peut-être même auparavant, la croisée d'ogives apparaît en Bourgogne, prélude à une orientation nouvelle de l'architecture. Le style gothique – originaire de l'Ile-de-France – pénètre peu à peu en Bourgogne où il s'adapte selon les circonstances et selon les tendances.

### L'architecture gothique

**La période de transition** – En 1140, la tribune du narthex de Vézelay est voûtée d'ogives. Les cisterciens sont parmi les premiers à adopter cette formule architecturale et l'utilisent vers 1150 à Pontigny.

Le chœur de la Madeleine de Vézelay, œuvre de l'abbé Gérard d'Arcy, a été commencé à la fin du 12e s. ; les arcs-boutants furent ajoutés au siècle suivant.

**Les édifices religieux** – C'est au 13e s. que se précise un style « bourguignon ».

**1re moitié du 13e s.** – L'église Notre-Dame de Dijon, construite d'un seul jet de 1230 à 1251, en représente le type le plus parfait, et aussi le plus répandu. Ses caractéristiques se retrouvent en Bourgogne dans nombre d'édifices religieux de cette époque : au-delà du transept, le chœur, assez profond, est flanqué d'absidioles – deux généralement – et terminé par une haute abside. L'emploi de voûtes sexpartites permet de remplacer les piles uniformes par une alternance de piles fortes et de piles faibles. Un triforium court au-dessus des grandes arcades, tandis qu'au niveau des fenêtres hautes le mur de clôture de la nef, un peu en retrait, permet l'établissement d'une galerie de circulation se superposant à celle du triforium.

Dans l'ornementation extérieure, la présence d'une corniche – dont la forme varie d'un monument à l'autre – se développant autour du chœur, de la nef, de l'abside ou du clocher est un mode de décoration typiquement bourguignon.

St-Thibault – Chœur de l'église.

Parmi les édifices élevés selon ces principes, les plus importants sont : la cathédrale d'Auxerre, la collégiale St-Martin de Clamecy, l'église Notre-Dame de Semur-en-Auxois. Dans cette dernière, l'absence de triforium ajoute encore à l'impression de hauteur vertigineuse qui se dégage d'une nef étroite.

**Fin du 13e s.** – L'architecture devient alors de plus en plus légère et d'une hardiesse qui défie les lois de l'équilibre.

Tel apparaît le chœur de l'église de St-Thibault en Auxois, dont la clef de voûte s'élève à 27 m sur une largeur de 9,26 m. Au-dessous de la verrière couvrant toute la partie supérieure, une claire-voie descendant jusqu'au sol se compose de trois parties : en haut, une galerie de circulation ; au milieu, un mur de pierre percé dans chaque travée de deux baies rayonnantes ; en bas, des arcatures aveugles *(illustration ci-dessus)*. L'église de St-Père présente certaines ressemblances avec Notre-Dame de Dijon. Mais elle en diffère par son élévation qui est à deux étages avec une galerie devant les fenêtres.

**14e s.** – C'est alors qu'apparaît le gothique flamboyant, caractérisé par l'arc en accolade ; les nervures des voûtes se multiplient, les chapiteaux sont réduits à un simple rôle décoratif et parfois même disparaissent.

Cette époque n'a pas produit, en Bourgogne, de monuments de premier plan. L'église St-Jean de Dijon a une nef unique entourée de nombreuses chapelles logées entre des contreforts non saillants.

**L'architecture civile** – Dijon et un certain nombre de villes ont conservé des hôtels particuliers ou des maisons édifiés au 15e s. par de riches bourgeois ; ainsi à Flavigny-sur-Ozerain et à Châteauneuf.

C'est également de cette époque que datent une partie du palais des Ducs de Bourgogne à Dijon (tour de la Terrasse, cuisines ducales), le palais synodal à Sens et l'Hôtel-Dieu de Beaune, triomphe de l'architecture de bois.

Parmi les châteaux, dont beaucoup ont gardé l'allure des châteaux forts du 13e s., signalons ceux de Châteauneuf, construit par Philippe Pot, sénéchal de Bourgogne, de Posanges et le palais ducal de Nevers.

J. Sierpinski/SCOPE

Dijon – Cour intérieure de l'hôtel Chambellan.

## La sculpture gothique

Elle ne le cède en rien en éclat et en qualité à la sculpture romane.

**La sculpture au 13e s.** — Elle hérite de l'influence de l'Île-de-France et de la Champagne en ce qui concerne la composition et l'ordonnance des sujets traités. Mais le tempérament bourguignon apparaît dans l'interprétation même de certaines scènes, où les artistes locaux ont donné libre cours à leur truculence et à leur fantaisie.

Parmi la statuaire de cette époque épargnée par la Révolution, il nous reste heureusement à Vézelay, à St-Père, à Semur-en-Auxois, à St-Thibault, à Notre-Dame de Dijon, à Auxerre quelques exemples remarquables de cet art du 13e s. A Notre-Dame de Dijon, certains masques et figures sont traités avec un réalisme très poussé, d'autres avec une vérité et une expression empreintes d'une bonhomie qui laissent à penser que ce sont là des portraits de Bourguignons faits d'après nature.

Le portail de St-Thibault en Auxois nous présente plusieurs scènes consacrées à la Vierge mais surtout cinq grandes statues figurant entre autres le duc Robert II et sa famille. Cet exemple, d'ailleurs fort rare, de personnages « civils » représentés à un portail s'explique par le rôle important joué par le duc dans la construction de l'église.

A St-Père, le décor sculpté du pignon de la façade – qui a probablement inspiré celui de Vézelay par sa composition – se double d'une intéressante décoration florale sur les chapiteaux.

Le tympan de la porte des Bleds, à Semur-en-Auxois, rapporte, avec lourdeur et inélégance, la légende de saint Thomas. Ce style se modifie et s'assouplit à la fin du 13e s. : les bas-reliefs des soubassements des portails de la façade occidentale de la cathédrale d'Auxerre, sculptés avec grâce et délicatesse, ouvrent même la voie au maniérisme.

**La sculpture au 14e s.** — L'avènement des Grands Ducs Valois, en 1364, correspond pour le duché de Bourgogne à une époque d'expansion politique et de grand rayonnement artistique. Pour décorer la chartreuse de Champmol, Philippe le Hardi dépense sans compter, attirant à Dijon un grand nombre d'artistes dont beaucoup sont originaires des Flandres. Des artistes ayant successivement travaillé à la réalisation du magnifique tombeau actuellement exposé dans la salle des Gardes au musée de Dijon, **Claus Sluter** (vers 1345-1405) est incontestablement le plus grand. Il a su donner aux personnages qu'il a créés une allure, un mouvement, une expression d'une grande originalité. **Claus de Werve**, neveu de Sluter, continue l'œuvre de son maître, mais il tempère par une plus grande douceur le réalisme souvent brutal de Sluter.

C'est Claus Sluter qui a exécuté au portail de la chartreuse de Champmol les statues de Philippe le Hardi et de Marguerite de Flandre, qui passent pour être des portraits authentiques : les draperies et les vêtements sont traités avec un art consommé, les expressions des personnages sont d'un réalisme saisissant. La sculpture s'oriente là vers une interprétation toute nouvelle : les statues cessent désormais de faire corps avec les piliers des portails ; les expressions des personnages sont traitées avec réalisme et l'artiste, cherchant avant tout la ressemblance, n'hésite pas à accuser les aspects de la laideur ou de la souffrance. Claus Sluter est aussi l'auteur de la grande croix qui devait surmonter le puits du cloître de la chartreuse de Champmol. L'admirable buste du Christ, échappé à la destruction, est conservé au musée archéologique de Dijon. Les visages de Moïse et des cinq prophètes représentés sur le socle du Calvaire, saisissants de vérité, les costumes – amples draperies aux plis cassés –, étudiés avec une minutie extraordinaire, font de cette composition l'un des chefs-d'œuvre de la sculpture du 14e s.

**La sculpture au 15e s.** – Le tombeau de Philippe le Hardi a suscité de nombreuses imitations : le mausolée de Jean sans Peur et de Marguerite de Bavière en est la fidèle réplique ; le tombeau de Philippe Pot, sénéchal de Bourgogne, fait preuve de plus d'originalité : ce sont les pleurants qui soutiennent la dalle funéraire sur laquelle est étendu le gisant. Le style spécifiquement bourguignon apparaît, aux proportions plus harmonieuses et aux draperies plus sobres. La Vierge du musée Rolin à Auxerre en est un bon exemple.
Les Mises au tombeau ou Saints Sépulcres se multiplient. Parmi ces compositions groupant autour du Christ mort sept personnages, celles de l'hôpital de Tonnerre, de Notre-Dame de Semur-en-Auxois et de l'hôpital de Dijon sont remarquables. Des retables en bois sculpté et doré ont été exécutés par Jacques de Baerze : celui de la Crucifixion et celui des Saints et Martyrs sont exposés au musée de Dijon.

### La peinture gothique

Les Grands Ducs Valois s'entourent de peintres et d'enlumineurs qu'ils font venir de Paris ou de leurs possessions des Flandres. Originaires du Nord, Jean Malouel, Jean de Beaumetz, André Bellechose créent à Dijon un art remarquable par la richesse des coloris et la précision du dessin, synthèse de l'art flamand et de l'art bourguignon. Parmi les œuvres les plus célèbres, le polyptyque de l'Hôtel-Dieu de Beaune, dû à Roger Van der Weyden, et les peintures conservées au musée de Dijon présentent un grand intérêt.
La fresque a connu à l'époque gothique un regain de faveur : outre les fresques de l'église Notre-Dame de Beaune, dues à **Pierre Spicre**, peintre dijonnais, citons la curieuse « Danse macabre » de la petite église de La Ferté-Loupière (voir à ce nom).
Pierre Spicre est aussi l'auteur des cartons d'après lesquels ont été exécutées les admirables tapisseries de l'église Notre-Dame de Beaune, d'une fraîcheur de tons remarquable. Les tapisseries de l'Hôtel-Dieu de Beaune, commandées au 15e s. par le chancelier Nicolas Rolin, comptent parmi les plus belles de cette époque.

## L'art de la renaissance

Sous l'influence de l'Italie, l'art bourguignon suit au 16e s. une orientation nouvelle marquée par un retour aux formes antiques.
En architecture, le passage de l'art gothique à l'art italianisant ne s'effectue pas sans quelque résistance. L'église St-Michel de Dijon le prouve : tandis que la nef – bien que commencée au début du 16e s. – est une imitation de l'art gothique, la façade, dont la construction s'échelonne entre 1537 et 1570, est un exemple parfait du style de la Renaissance : les deux tours sont divisées en quatre étages où les ordres ionique et corinthien se superposent régulièrement ; mais les trois portails en plein cintre et le porche, dont les berceaux en caissons sont abondamment sculptés, témoignent d'une très nette influence italienne.
Si l'architecture est caractérisée par le triomphe des lignes horizontales et des arcs en plein cintre, la sculpture utilise les médaillons à l'antique, les bustes en haut-relief, tandis que les sujets religieux font place à des sujets profanes.

Château de la Rochepot.

Dans la seconde moitié du 16e s. triomphe à Dijon la décoration ornementale telle que la conçoit Hugues Sambin, auteur de la porte du palais de justice et vraisemblablement d'un grand nombre d'hôtels particuliers.

La Bourgogne, qui n'a pas connu, comme le Val de Loire, une floraison de châteaux de plaisance, s'enorgueillit cependant des magnifiques demeures d'Ancy-le-Franc, de Tanlay et de Sully.

Le travail du bois – vantaux de portes, plafonds à caissons, stalles – prend au 16e s. une grande importance. C'est en 1522 que sont sculptées les 26 stalles de l'église de Montréal, œuvre d'inspiration locale, où se révèle l'esprit bourguignon.

## L'art classique

L'art classique, imité de Paris et plus tard de Versailles, est marqué à Dijon par l'aménagement de la place Royale, par la transformation de l'ancien palais des Ducs, la construction du palais des États de Bourgogne. De nombreux hôtels particuliers sont édifiés par les familles de parlementaires : bien qu'ayant gardé les caractères de l'époque Renaissance, l'hôtel de Vogüé (1607-1614) présente l'aspect nouveau d'un corps de logis retiré au fond d'une cour, n'ayant accès à la rue que par une porte cochère, l'autre façade s'ouvrant sur des jardins.

Parmi les nombreux châteaux édifiés aux 17e et 18e s., il faut citer ceux de Bussy-Rabutin, Commarin, Grancey, Beaumont-sur-Vingeanne, Menou, Talmay. Les sculpteurs Dubois, au 17e s., Bourchardon et Attiret, au 18e s., ont eu une grande influence sur leur temps. Il en est de même pour Greuze et François Devosge en dessin et en peinture, et surtout Mignard, premier peintre de Louis XIV.

Dans le domaine musical, la Bourgogne s'enorgueillit d'avoir donné le jour à **Jean-Philippe Rameau**, né à Dijon, à la fin du 17e s. Contemporain de Bach et de Haendel, c'est l'un des grands musiciens français classiques. Outre de nombreuses pièces pour clavecin, il a composé des opéras, dont « Les Indes galantes ».

## L'art du 19e s. au 20e s.

La transition du 18e s. au 19e s. est assurée par le peintre **Girodet**, gloire de Montargis. Élèves de Devosge attachés à la tradition académique, **Prud'hon** et **Rude** ont illustré la peinture et la sculpture au début du 19e s. : le premier a laissé une œuvre aux éclairages sourds et aux figures rêveuses et sensuelles ; le second, en revanche, après des débuts proprement néo-classiques, illustra avec sa « Marseillaise » de l'arc de triomphe de Paris la fougue du tempérament romantique. Après eux, Cabet, Jouffroy et plus

L'ours, de François Pompon.

près de nous le sculpteur animalier **François Pompon** (*voir p. 200*) ont contribué à maintenir le renom artistique de la Bourgogne. En ce qui concerne l'architecture, l'ingénieur dijonnais **Gustave Eiffel** (1832-1923) s'est spécialisé dans la construction métallique : ponts, viaducs... Son nom reste lié à la tour qu'il éleva à Paris pour l'Exposition Universelle de 1889, dont la structure repose sur le principe de la « poutre en treillis ».

*Cet ouvrage, périodiquement révisé, tient compte*
*des conditions du tourisme connues au moment de sa rédaction.*
*Certains renseignements perdent de leur actualité en raison de l'évolution*
*incessante des aménagements et des variations du coût de la vie.*
*Nos lecteurs sauront le comprendre.*

# Architecture rurale traditionnelle

## UN TRAIT D'UNION ENTRE LE NORD ET LE MIDI

La Bourgogne est un seuil entre deux massifs anciens : le Morvan et les Vosges, un lieu de passage entre le bassin parisien et la vallée de la Saône, entre la France du Nord et le Midi méditerranéen. Les influences qu'elles a subies en matière de construction sont multiples et s'ajoutent à la diversité géologique et économique des terroirs. Ces facteurs expliquent la naissance d'un habitat rural disparate dont la demeure de vigneron, au cœur de la Bourgogne, est l'exemple le plus raffiné.

## UNE TERRE DE VIGNOBLE

L'art de vivre du vigneron, plus qu'une prospérité longtemps aléatoire, a contribué à l'élégance de l'architecture rurale de la **Côte.**
Concentré dans les villages, l'habitat se cache derrière de hauts murs et d'amples portails ; isolé au milieu des vignes, il s'entoure de bâtiments annexes plus ou moins considérables et de chais séparés (Clos de Vougeot).
On distingue trois catégories d'habitations : la maison du vigneron ne possédant qu'une seule pièce d'habitation au-dessus d'une cave (dont les murs épais et la voûte de pierre conservaient la fraîcheur et l'humidité) ; celle du vigneron moyen possédant, en plus, une écurie ou une petite grange appelée « magasin » ; la maison du gros propriétaire comportant caves, grange, magasin, écurie. De petits castels flanqués de tourelles rondes ou carrées aux grands toits pentus peuvent être indifféremment des exploitations viticoles ou consacrées à d'autres cultures.
Les demeures de maîtres et d'ouvriers vignerons ont une morphologie identique : l'habitation à l'étage est desservie par un escalier de pierre extérieur au-dessus des caves et des celliers. Galeries, porches et auvents sont largement utilisés pour donner des façades ouvertes et aimables.
Sur l'**Arrière-Côte** ou les « Hautes Côtes », restées un secteur producteur de vin, les maisons et dépendances, imbriquées étroitement, sont souvent adossées à une pente, au cœur d'un village-rue accroché à flanc de côteau, le plus près possible des vignes. On y retrouve les caractéristiques d'une modeste architecture vigneronne : la partie habitation très réduite, en surélévation au-dessus de la cave et du cellier peu ou pas enterrés, sous l'escalier de pierre, protégés des variations de températures par l'ampleur du palier appelé localement « plafond » ; le « magasin », faisait office de cuverie où l'on faisait le vin, entreposait les cuves ; le pressoir, surmonté d'un fenil où étaient engrangés bottes de paille ou outils.
En **Mâconnais**, les murs des maisons de vignerons sont bâtis avec du calcaire, utilisé presque à sec et sans enduit. Une galerie, protégée par l'avancée du toit, prolonge sur l'extérieur l'ancienne salle commune et sert, l'hiver, à vaquer aux occupations domestiques à l'abri de la pluie, l'été, de cuisine ou de salle à manger.

## UN HABITAT REFLÉTANT LA DIVERSITÉ GÉOGRAPHIQUE

Image réduite de la Bourgogne, la **Côte-d'Or** offre, sur des sols variés, une palette diversifiée de pays ayant chacun leur originalité.
Le calcaire domine dans le Nord et le Centre du département et conditionne l'unité architecturale du Châtillonnais, de la Côte et de l'Arrière-Côte, de l'Auxois.
A l'Ouest, les terrains primaires du Morvan fournissent des blocs de granit ou de grès très résistants.
A l'Est, les terrains alluvionnaires et argileux de la plaine de Saône déterminent l'emploi du bois, de la terre crue ou cuite.

**L'architecture rurale des pays cristallins** – Montagne ancienne vouée à l'élevage, le **Morvan** a donné naissance à des maisons sobres en granit, couvertes d'ardoises, des granges-étables dont la façade est protégée de la pluie par l'avancée du toit. L'habitat est groupé en hameaux dispersés, appelés « huis », à proximité des sources, à mi-distance des pâturages et des cultures (travail de printemps et d'été) et des bois (travail d'hiver). La maison s'élève à côté de « l'ouche », coin de terre d'un sol acide et pauvre où s'accumulaient les engrais.
La maison morvandelle est un volume simple et dépouillé. La souche de cheminée en pierre taillée, l'escalier extérieur, les encadrements des ouvertures donnent de la noblesse à cet habitat pauvre. Pour ne pas empiéter sur un espace intérieur très réduit, composé d'une seule pièce commune et parfois d'une chambre supplémentaire, l'accès au comble se fait par une échelle ou un escalier extérieur toujours situé en pignon. Il n'y a pas d'étage d'habitation mais un grenier et un fenil.

Devenu un pays d'élevage bovin, le Morvan accueille de grosses exploitations, peu nombreuses, composées de deux bâtiments de part et d'autre d'une cour, perpendiculaires à la rue. L'exploitation-type présente sous le même toit l'habitation et la grange. Les couleurs chaudes du granit apparaissent, marquant l'irrégularité de l'appareillage.

**L'architecture rurale des pays calcaires** – Le calcaire se durcit en surface et fournit un matériau très résistant. Il se clive en minces feuilles (les « laves ») ou en moellons très plats.

Dans le **Châtillonnais**, pays de grandes forêts défrichées, les villages, peu nombreux, sont installés dans les clairières ou le long des vallées. La grande exploitation comprend de vastes bâtiments autour d'une cour centrale fermée par de hauts murs ; les entrées des granges sont généralement surmontées d'arcs surbaissés. La petite exploitation de la fin du 18e s. abrite sous le même toit le logement et les bâtiments d'exploitation ; l'entrée de la grange est surmontée d'un linteau de bois. La pièce commune comporte une porte et une fenêtre accolées sur lesquelles s'alignent les ouvertures du fenil ou du grenier qui bénéficient ainsi de la sécheresse assurée par la chaleur sous-jacente du logement. Le banc de pierre devant la maison est très fréquent en Bourgogne du Nord.

Sur le plateau de la **Montagne**, terre de médiocres cultures, de forêts et de landes, l'habitat est très clairsemé : les villages se serrent dans les vallées encaissées. Le calcaire domine, du sol dallé des pièces communes jusqu'aux rugueuses toitures de laves. En **Auxois**, l'architecture rurale est plus fantaisiste que celle que l'on rencontre sur le plateau calcaire. La ferme auxoise s'organise autour d'une cour carrée. Les bâtiments, moins hauts, sont imbriqués de façon plus désordonnée que dans le Châtillonnais. L'auvent est très fréquent au-dessus des portes de grange, ainsi que le décalage des ouvertures. L'irrégularité de l'appareillage de pierre, les procédés de construction apparents égayent les façades. Le pigeonnier à plan carré est caractéristique.

---

### L'habitat ouvrier dans les forges traditionnelles de la Bourgogne du Nord

Les « forges au bois » (par opposition aux « forges au coke » nées de la Révolution industrielle) se sont éteintes entre 1850 et 1880, mais les habitations ouvrières ont subsisté. Elles consistent en une juxtaposition, dans un corps de bâtiment dont la longueur variait en fonction des besoins, de trois à dix logements. À partir de 1830, ceux-ci sont regroupés en « casernes » comptant un ou deux étages, mais conservant l'élément modulaire indépendant : Vanvey, Ampilly-le-Sec, Chamesson, Sainte-Colombe-sur-Seine.

Les constructions sont bâties avec les matériaux en usage : moellons et pierres de taille de calcaire pour les murs, « laves » et tuiles plates pour le couvrement. Les sols intérieurs de terre battue se couvrent de dalles de pierre ou de carreaux de terre cuite à partir des mêmes années 1830.

Les maisons de maître, bâties dans l'enceinte de la forge ou du fourneau, sont sévères et comportent un étage avec un comble aménagé. Percées de grandes fenêtres, elles se démarquent nettement des communs et des habitations ouvrières qui les environnent.

La grande cour commune, où s'animaient toutes les classes sociales attachées à l'exploitation de l'usine, est souvent devenue un parc boisé.

---

Plus au Sud, le **Charolais** connut l'opulence au 19e s. grâce au développement de l'élevage de boucherie. Les maisons sont assez hautes, couvertes d'un toit de tuiles à quatre pentes. Les bâtiments d'exploitation sont volumineux et cernent une cour flanquée d'un pigeonnier. La grange-étable se signale par son volume et la symétrie de ses ouvertures : le grand porche central donnant accès à la grange est encadré des baies ouvrant sur les étables latérales.

En **Brionnais**, l'habitation, la grange et l'étable s'alignent sous le même toit. Le matériau est un calcaire doré qui annonce le Beaujolais.

Le calcaire domine également dans le **Clunisois**, le **Tournugeois** et le **Mâconnais**. Le puits est partout présent dans le paysage de la Bourgogne du Sud. En Charolais, une margelle surmonte un portique de pierre portant le treuil. Une grille en fer forgé protège souvent l'édifice.

Les clôtures sont des haies vives dans le Morvan, le Charolais et le Brionnais ; mais, dès que le calcaire affleure, elles sont faites de moellons pierreux ramassés dans les champs et appareillés à sec.

*Les ferronneries de porte du Mâconnais.*
*Elles étaient autrefois fabriquées par le forgeron du village. Chaque maison présente un modèle original de loquet de porte, entrée de serrure, heurtoir où s'ordonnent cœur, croix, oiseaux, figures porte-bonheur.*

**L'architecture rurale des terrains alluvionnaires** – Dans la **vallée de la Saône**, la précarité des matériaux donne lieu à des techniques de construction très variées. La chaumière en colombage avec hourdis de clayonnage et de torchis constitue un type constant jusqu'au 19e s. La pierre fait son apparition aux chaînages d'angle, à l'encadrement des fenêtres ; les dépendances s'isolent pour le stockage des céréales.

A la fin du 19e et au début du 20e s., la pierre apportée des régions voisines devient le matériau noble pour la construction du logis.

En **Bresse**, où argile et sable sont des matériaux presque exclusifs, se construisent d'admirables maisons de terre et de pans de bois au décor complexe. Deux techniques coexistent dans les demeures bressanes : le pisé, comme dans la vallée de l'Azergues, et le torchis.

Au 19e s., la brique empilée remplaça la terre entre les pans de bois.

*Les cheminées « sarrasines » de la Bresse.*
*Leur surnom est synonyme d'étrange (voir la région de St-Trivier-de-Courtes au chapitre Tournus, dans la partie centrale du guide). Ces curieuses constructions en forme de clocher correspondaient autrefois à des cheminées intérieures, sorte de hottes s'appuyant sur la poutre maîtresse de la maison, surmontant l'âtre qui était situé au milieu de la pièce.*

Les structures de l'habitat restent stables en dépit des changements d'apparence. Construite sur un plan rectangulaire proche du carré, la maison de la plaine de Saône abritait sous le même toit débordant et pentu les habitants et la récolte de céréales.

## ENCHANTEMENT DES TOITURES

Pour l'étranger, l'image de la Bourgogne se confond avec les toits de l'Hôtel-Dieu de Beaune, de l'hôtel de Vogüe à Dijon, du château de la Rochepot. L'origine de ces **tuiles vernissées polychromes,** appareillées en motifs géométriques : lignes brisées, losanges, entrelacs ou chevrons, est mal connue. Elles sont bourguignonnes d'adoption et proviendraient d'Europe Centrale via les Flandres. Ces toits décorés étaient chargés de messages symboliques, politiques ou religieux, signalant le statut social d'un notable ou la réputation d'une communauté religieuse ou laïque.

Les épis de faîtage sont également en terre cuite vernissée, les girouettes travaillées, et des ergots figurent sur les arêtes des toits à pans coupés, en particulier en Côte-d'Or.

Sur les reliefs, les toits vastes et pentus sont recouverts de tuiles plates dites « **tuiles de Bourgogne** » d'un format long et étroit, d'un brun assez foncé. Les moines cisterciens (notamment ceux de Pontigny qui l'extrayaient de leur argilière) en recouvraient les toits de leurs abbayes. La tuile mécanique est venue remplacer ce matériau traditionnel qui s'est toutefois répandu en Ile-de-France, en Normandie et jusque dans le Périgord.

Les « **laves** » sont des chutes de carrières. On y levait ou « lavait » les croûtes superficielles pour atteindre la pierre à bâtir. Sans valeur marchande, les chutes ont été utilisées par les couvreurs. Chaque lave pouvait être calée par des cailloux (comme sur l'église d'Ozenay, village du Mâconnais) pour que l'air puisse circuler entre les pierres, facilitant l'évaporation de l'eau et évitant le gel. Le poids était considérable (de 600 à 800 kg au m$^2$) et nécessitait de fortes et coûteuses charpentes.

Dans le Morvan, les toits de chaume ont peu à peu été remplacés par les toits de tuiles ou d'ardoises.

La région de Tournus est une zone de transition où la tuile plate sur la demeure s'associe avec la **tuile canal** (ou tuile ronde) sur les dépendances ou sur l'auvent. Puis la seconde domine ; les toits s'abaissent en faible pente (inférieure à 35°), ont des charpentes différentes ; le Beaujolais est déjà méditerranéen.

En Bresse, le toi de paille à quatre pans a été remplacé par une couverture de petites tuiles.

*Pour organiser vous-même vos itinéraires :*

> *Consultez tout d'abord la carte des itinéraires de visite. Elle indique les parcours décrits, les régions touristiques, les principales villes et curiosités.*

> *Reportez-vous ensuite aux descriptions, dans la partie "Villes et Curiosités". Au départ des principaux centres, des buts de promenades sont proposés sous le titre Environs.*

*En outre, les cartes Michelin n$^{os}$ 237, 238, 239, 241, 243 et 244 signalent les routes pittoresques, les sites et les monuments intéressants, les points de vue, les rivières, les forêts…*

45

# La table

« Par la gloire de son vignoble, a écrit l'un de nos plus éminents gastronomes, par la richesse de son sol, par l'excellence et la qualité de ses produits naturels aussi bien que par le talent et le goût de ses chefs et de ses cordons-bleus qui, depuis des siècles, ont su maintenir les plus belles traditions, la somptueuse Bourgogne est un paradis de la gastronomie. » Cette réputation est solidement établie depuis l'époque gallo-romaine, si l'on en juge par les inscriptions et les enseignes culinaires gravées dans la pierre, actuellement conservées au musée archéologique de Dijon. Au 6ᵉ s., Grégoire de Tours vante la qualité des vins de Bourgogne et le roi Charles VI, encore sain d'esprit, proclame la renommée de Dijon, tant pour ses vins que pour ses mets. Au temps des Grands Ducs d'Occident, la cuisine tient une place importante au palais de Dijon. De nos jours, les états généraux de Bourgogne et la Foire gastronomique de Dijon perpétuent la tradition du bien-boire et du bien-manger.

Mise en appétit bourguignonne.

**La matière première** – Heureuse province, la Bourgogne dispose pour ses viandes de l'excellent élevage de l'Auxois, du Bazois et du Charollais ; de la Bresse pour ses chapons, ses dindes et sa volaille et d'un gibier parmi les plus réputés de France. Elle produit des légumes incomparables, les poissons blancs de la Loire et de la Saône, les truites et écrevisses des rivières aux eaux vives du Morvan, de délicieux champignons – mousserons, cèpes, morilles, girolles –, des escargots de renommée mondiale et des fruits succulents (cerises de la région d'Auxerre).

**La cuisine bourguignonne** – Elle est à l'image de son terroir, solide et généreuse, riche et élégante. Point de prétention dans ses élaborations, elle se façonne avec les produits que lui donne sa terre et nourrit l'appétit rustique du bon mangeur bourguignon.
Le vin, gloire de la province, y joue naturellement un rôle de premier plan : les **meurettes**, sauces onctueuses à base de vin aromatisé et épicé, liées avec du beurre et de la farine accompagnent les poissons, les cervelles ou les œufs pochés. Le **saupiquet** est une autre sauce à base de vin, additionné de crème, qui accompagne le jambon poêlé.

46

N'oublions pas le classique **bœuf bourguignon**, plat familier et traditionnel dont on réhaussera la saveur en l'accompagnant d'un bon cru régional. Le « grand moment » gustatif sera l'alliance d'un grand nom millésimé avec un de ces **fromages** : Soumaintrain, Saint-Florentin, Époisses, Bouton-de-culotte, Cîteaux. Autre ambassadeur célèbre, le **Kir**, souvent attribué, par erreur, au chanoine du même nom. Maire de Dijon de 1945 à sa mort (1968), ce truculent personnage avait coutume de servir cet apéritif aux hôtes qu'il recevait dans son Hôtel de Ville, s'en faisant ainsi le promoteur et attachant son nom à la postérité. Tradition toujours respectée, la dégustation des grands crus accompagnée de **gougère**, bouchée soufflée ou couronne faite de pâte à chou au fromage.

La cuisine bourguignonne offre d'autres délices : le jambon persillé, l'andouillette de Chablis, le poulet Gaston Gérard, la potée bourguignonne, la pauchouse, soupe de poissons de la Saône au vin blanc. Les fameux escargots, « hélix pomatia », sont maintenant élevés en Bourgogne. Les spécialités les plus célèbres restent, bien sûr :
– la **moutarde** attachée au nom de Dijon par décret du 10 juillet 1937 imposant les ingrédients et le procédé de fabrication ;
– le **cassis**, qui entre dans la préparation des cassissines (bonbons au cassis), gelées, confitures, jus de fruits et la liqueur, dite « crème de cassis » ;
– le **pain d'épices**, lui aussi attaché à Dijon, se présente de deux façons : sec, sous forme de pavé, c'était une base d'alimentation semblable à une tartine de pain sur laquelle on mettait du beurre, de la confiture, d'où son appellation « pavé de santé » ; moelleux, rond, fourré de marmelade, recouvert d'un glaçage et enveloppé d'un papier d'argent, c'est la vraie friandise qui porte le nom de « nonnette » parce que faite autrefois par les nonnes, dans les couvents.

## Recette des œufs en meurette

Grand classique de la cuisine bourguignonne, ce sont des œufs pochés dans une sauce au vin rouge, appelée « **meurette** ».

Faire chauffer doucement 100 g de lard de poitrine (maigre demi-sel) dans de l'eau froide. Lorsque celle-ci frémit, égoutter le lard et le couper en dés.

Dans une casserole, faire blondir 100 g d'oignons (ou d'échalotes) finement hachés, dans 20 g de beurre, pendant 8 à 10 minutes ; le mouiller avec 50 cl de Bourgogne rouge assez tannique additionné de 25 cl de bouillon de volaille (bien dégraissé) ; laisser réduire aux deux tiers. Griller des tranches de pain de campagne puis les frotter avec une gousse d'ail pelé et en garnir le fond de chaque assiette. Porter à ébullition 25 cl du vin restant avec 1 litre d'eau et deux cuillerées à soupe de vinaigre, laisser bouillir pendant 5 minutes puis frémir simplement.

Pocher les œufs un à un dans cette composition, 3 à 4 minutes, les égoutter délicatement sur du papier absorbant, et les déposer ensuite sur chaque tranche de pain.

Saler et poivrer la sauce, la fouetter tout en y ajoutant peu à peu des noisettes de beurre ainsi que les lardons et en napper les œufs. Servir rapidement.

Œufs en meurette.

Hôtel-Dieu de Beaune

# Villes
# et curiosités

E. Valentin/HOA-QUI

49

# ALISE-STE-REINE

*667 habitants*
Cartes Michelin n° 65 Nord du pli 18 ou 243 pli 2 –
16 km au Nord-Est de Semur-en-Auxois.

Adossée au mont Auxois, butte de 407 m aux versants abrupts, qui sépare les vallées de l'Oze et de l'Ozerain et domine la plaine des Laumes, Alise-Ste-Reine tire la
première partie de son nom d'Alésia, ville gauloise puis gallo-romaine installée sur le
plateau. La seconde partie évoque le souvenir d'une jeune chrétienne martyrisée en
cet endroit *(voir p. 51)*, au 3e s. dit-on, et dont la fête, en septembre, attire les
pèlerins.

**Le siège d'Alésia** – Après son échec devant Gergovie près de Clermont-Ferrand au
printemps de 52 *(voir le guide Vert Michelin Auvergne)*, **César** bat en retraite vers le
Nord, afin de rallier, près de Sens, les légions de son lieutenant Labienus. Cette jonction opérée, et alors qu'il se dirigeait vers ses bases romaines, il est rejoint et attaqué,
près d'Alésia, par l'armée gauloise de **Vercingétorix**. Malgré l'effet de surprise et l'avan-
tage du nombre, les Gaulois subissent un cuisant échec et Vercingétorix, poursuivi à
son tour par César, décide de ramener ses troupes dans l'oppidum d'Alésia. Alors commence un siège mémorable. Maniant la pelle et la pioche, l'armée de César entoure la
place d'une double ligne de tranchées, murs, palissades de pieux, tours ; la contrevallation, première ligne de fortifications, face à Alésia, doit interdire toute tentative de
sortie des assiégés, la seconde, la circonvallation, tournée vers l'extérieur, contenir les
assauts de l'armée gauloise de secours.
Pendant six semaines, Vercingétorix essaie en vain de briser les lignes romaines.
L'armée gauloise de secours, forte de plus de 250 000 hommes, ne parvient pas
davantage à forcer le barrage et bat en retraite. Affamés, les assiégés capitulent. Pour
sauver ses soldats, Vercingétorix se livre à son rival. Celui-ci le fera figurer dans son
« triomphe » six ans plus tard et étrangler au fond du Tullianum, cachot de la prison
de Rome.

**Une bataille d'érudits** – L'emplacement d'Alésia a été vivement contesté sous le
Second Empire par quelques érudits qui situaient à Alaise, petit village du Doubs, le
lieu du fameux combat.
Pour mettre fin à ces controverses, Napoléon III fit exécuter des fouilles autour d'Alise-
Ste-Reine de 1861 à 1865. Ces recherches permirent de découvrir de nombreux ves-
tiges d'ouvrages militaires attribués à l'armée de César, des ossements d'hommes et de
chevaux, des armes ou débris d'armes, des meules à grain, des pièces de monnaie.
L'érection, sur le plateau, en 1865, d'une statue de Vercingétorix n'a pas mis un terme
aux polémiques.
La thèse comtoise retrouva un ardent défenseur en **Georges Colomb** (1856-1945) qui fut
aussi, sous le pseudonyme de Christophe, le spirituel auteur de livres pour la jeunesse,
*La Famille Fenouillard* et *L'Idée fixe du savant Cosinus*.
Plus récemment, c'est à Chaux-des-Crotenay, au Sud-Est de Champagnole (Jura),
qu'une équipe de chercheurs a pensé pouvoir identifier le site d'Alésia *(voir le guide
Vert Michelin Jura)*.
Des photographies aériennes et des sondages ont été effectués à l'appui de la
thèse bourguignonne ; des bornes et plaques posées le long des routes qui entourent le mont Auxois signalent les endroits où ces routes recoupent des fossés
reconnus par les archéologues du site comme des tranchées romaines et plus
exactement comme les circonvallation et contrevallation creusées par César autour
d'Alésia.

## ★ LE MONT AUXOIS *visite : 1 h*

★ **Panorama** – A l'Ouest du plateau, à proximité de la colossale statue en bronze de
Vercingétorix, œuvre de Millet, le panorama s'étend *(table d'orientation)* sur la
plaine des Laumes et les sites occupés par l'armée romaine lors du siège d'Alésia ;
au loin, la région de Saulieu.

**Les fouilles** ⊙ – Au sommet de l'oppidum s'étendait une ville gallo-romaine dont
la prospérité semble liée à son importante activité métallurgique. Au cours de la
visite *(itinéraire fléché, vestiges numérotés)*, on observera sa distribution en quartiers assez distincts autour du forum.
A l'Ouest, le quartier monumental regroupe le théâtre (dont le dernier état date du
1er s. de notre ère), le centre religieux et une basilique civile. Au Nord s'étend un
secteur prospère réunissant des boutiques, la grande maison de la « Cave à la
Mater » équipée d'un hypocauste (système antique de chauffage par le sol) et la
maison corporative des bronziers. Au Sud-Est le quartier des artisans présente de
petites maisons, souvent accompagnées d'une cour où s'exerçait précisément l'activité artisanale. Au Sud-Ouest, les vestiges de la basilique mérovingienne Ste-Reine,
entourée seulement d'un cimetière, marquent la fin de l'occupation du plateau par
la population qui s'installe vraisemblablement dès lors à l'emplacement du village
actuel.
Les objets découverts au cours des fouilles sont exposés au musée Alésia.

**Musée Alésia** ⊘ – Pro-
priété de la Société des
sciences de Semur-en-
Auxois, ce musée ren-
ferme les objets décou-
verts au cours des
fouilles de la ville gallo-
romaine : statues et sta-
tuettes, fragments d'architecture, façade reconsti-
tuée d'une chapelle gallo-
romaine, monnaies, céra-
miques, objets en bronze,

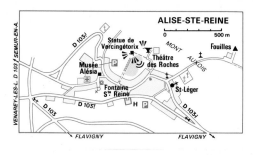

en fer, en os ; service eucharistique du 4ᵉ s. dédié à sainte Reine ; évocations du
siège d'Alésia (coupes des fossés romains, etc.).

## AUTRES CURIOSITÉS

**Fontaine Ste-Reine** – On rapporte qu'une fontaine miraculeuse aurait jailli sur le
lieu où fut décapitée sainte Reine, jeune chrétienne qui refusa d'épouser le gouverneur romain Olibrius. Jusqu'au 18ᵉ s., la vertu curative de ses eaux fut renommée.
Près de la fontaine, fréquentée par de nombreux pèlerins depuis le Moyen Âge et
encore de nos jours, une chapelle abrite une statue vénérée de la sainte (15ᵉ s.).

**Église St-Léger** – Cette église des 7ᵉ et 10ᵉ s., restaurée dans son état primitif,
a été construite sur le plan des anciennes basiliques chrétiennes avec une nef couverte en charpente et une abside en cul-de-four. Le mur Sud est mérovingien, le
mur Nord carolingien.

**Théâtre des Roches** – Il a été créé en 1945, sur le modèle des théâtres antiques,
pour accueillir les représentations du Mystère de sainte Reine.

# Château d'ANCY-LE-FRANC★★

Cartes Michelin n° 65 pli 7 ou 243 pli 1 – 18 km au Sud-Est de Tonnerre.

Sur les bords de l'Armançon, ce château ⊘ compte parmi les plus belles demeures
Renaissance de Bourgogne. Antoine III de Clermont, gouverneur du Dauphiné et grand
maître des Eaux et Forêts, époux d'Anne-Françoise de Poitiers, sœur de la célèbre
Diane, le fit construire en 1546 sur les plans de Sébastien Serlio. Le talent de cet architecte italien, venu à la cour de François Iᵉʳ, joua un grand rôle dans l'introduction des
principes de la Renaissance italienne en France.
En 1684, le domaine fut vendu à Louvois et conservé par ses descendants.
Au milieu du siècle dernier, la famille de Clermont-Tonnerre en redevint propriétaire ;
à la mort du dernier duc, le château d'Ancy-le-Franc revint à ses neveux, les princes
de Mérode.

**Extérieur** – Le jardin à la française fut créé par Le Nôtre pour Louvois, lequel fit
également combler les fossés. Le château, formé par 4 ailes identiques reliées par
des pavillons d'angle, constitue un ensemble carré d'une parfaite homogénéité.
Cette architecture est le premier modèle de la Renaissance classique en France. Son
caractère simple, presque austère, ne laisse pas prévoir le décor raffiné de la cour
intérieure : le vaste quadrilatère a ici l'ampleur d'un véritable palais ; les côtés Nord
et Sud comportent une longue galerie ouvrant par trois arcades. Entre les pilastres
du rez-de-chaussée, la devise des Clermont-Tonnerre « Si omnes ego non » (« Si
tous t'ont renié, moi pas ») rappelle qu'au 12ᵉ s. le comte Sibaud de Clermont aida
à rétablir sur le siège de saint Pierre le pape bourguignon Calixte II, élu à Cluny
lors de la querelle des Investitures. Reconnaissant, le pape fit l'honneur à Sibaud de
pouvoir porter sur les armes familiales la tiare et les clefs pontificales.

**Intérieur** – La somptueuse décoration intérieure fut confiée à des artistes régionaux mais aussi au Primatice, à Nicolo dell'Abbate et leurs élèves. Ce sont des peintures sur enduit ordinaire, procédé fragile dans les régions humides. Restaurées au
19ᵉ s., elles offrent, même si certaines d'entre elles sont marquées par les atteintes
du temps, une remarquable unité. Le mobilier du 16ᵉ s., provenant en majeure partie de l'ameublement initial du château, contribue à l'harmonie de l'ensemble.

**Rez-de-chaussée** – On parcourt la salle des Césars et la **salle de Diane**, dont les voûtes
d'inspiration italienne, datent de 1578, la chambre de Vénus et les monumentales
cuisines.

**1ᵉʳ étage** – A partir de l'aile Nord, on découvre successivement : la **galerie des Sacri-
fices** décorée de panneaux en grisaille du 16ᵉ s., la **salle de Judith et Holopherne** (présentés ici sous les traits de Diane de Poitiers et François Iᵉʳ...), le **cabinet du Pastor
Fido★**. Retraite favorite de Mme de Sévigné qui venait visiter sa grande amie,
l'épouse de Louvois, il est lambrissé de chêne sculpté et les 11 toiles qui le déco-

rent ont été peintes par le Dijonnais Philippe Quantin (début du 17e s.). On découvre encore la bibliothèque, plusieurs salons, dont le **salon Bleu et Or★★** ou salon Louvois qui accueillit Louis XIV le 21 juin 1674, la salle à manger et l'imposante **salle des Gardes** (200 m²), décorée spécialement pour accueillir Henri III qui, pour des raisons familiales, ne séjournera jamais au château. La **chapelle Ste-Cécile★**, remarquablement conservée, est la pièce la plus secrète et la plus intime du château. Les peintures en trompe-l'œil, représentant l'histoire des Pères du Désert (1596), sont l'œuvre d'André Meynassier, artiste bourguignon.

Passant dans l'aile Sud, les étonnantes peintures murales de la **galerie de Pharsale**, en camaïeu ocre, retracent, dans l'optique du 16e s., la victoire de César sur Pompée. Elles ont été exécutées par Nicolo dell'Abbate.

On visite ensuite la **chambre des Fleurs**, véritable féerie florale, décorée spécialement pour le mariage de François de Clermont et de son épouse, Anne-Marie Viguier.

Enfin, dans la magnifique **chambre des Arts★★**, les médaillons ovales figurant les arts libéraux sont dus au Primatice et ses élèves. Le plafond à caissons, du 16e s., n'a jamais été restauré.

**Musée de l'Automobile et de l'Attelage** ⊙ – Installé dans une aile des communs à droite de la cour d'entrée, il expose une vingtaine de voitures du début du siècle (Truffault 1900, Niclaux 1903, Renault et de Dion-Bouton 1905) et 60 attelages de tous genres.

# ANZY-LE-DUC★

458 habitants
Cartes Michelin n° 69 pli 17 ou 238 pli 48 – 20 km au Sud de Paray-le-Monial.

Ce village du Brionnais possède l'une des plus belles églises romanes de la région.

★ **Église** ⊙ – Sa construction aurait été entreprise au début du 11e s. La beauté de l'édifice est encore rehaussée par les tons dorés de la pierre. L'église, que précédait autrefois un admirable portail, exposé au musée du Hiéron, à Paray-le-Monial, est surmontée d'un magnifique clocher roman, tour polygonale à trois étages de baies. Contourner les dépendances de l'ancien prieuré dont une tour carrée forme l'élément principal.

Un **portail** primitif percé dans le mur d'enceinte comporte un tympan représentant à gauche l'Adoration des Mages, à droite le Péché originel. Le linteau figure la séparation des élus et des damnés au Jugement dernier.

Revenir à l'entrée de l'église. Bien que sa décoration ait été mutilée, son portail est encore très beau : il figure le Christ en gloire de l'Apocalypse.

La nef, couverte de voûtes d'arêtes et directement éclairée par des fenêtres hautes, est très pure et remarquable par l'harmonie de ses lignes. Les chapiteaux sont fort bien conservés : ils représentent, dans la nef, des scènes bibliques et des allégories. Les fresques du chevet, en assez mauvais état, évoquent la vie des saints Jean-Baptiste et Hugues d'Anzy, celles du chœur représentent l'Ascension du Christ. L'une d'elles fait allusion à Letbaldus, viguier de Semur qui, au 9e s., fit don de sa villa d'Anzy-le-Duc pour y établir une colonie bénédictine.

# ARCHÉODROME DE BOURGOGNE★

Cartes Michelin n° 69 pli 9 ou 243 pli 27 – 6 km au Sud de Beaune.

*Accès par l'autoroute A 6 : aires de stationnement de Beaune-Tailly dans le sens Paris-Lyon et de Beaune-Merceuil dans le sens inverse. Accès par la route : 7 km au Sud de Beaune par la D 18 et la D 23.*

Situé en bordure de l'autoroute A 6, l'**Archéodrome de Bourgogne** ⊙ offre un panorama de l'histoire de cette région, de l'époque paléolithique à l'an mil. Après d'importants travaux d'agrandissement et de rénovation, il a rouvert ses portes au printemps 1994 avec un espace muséographique intérieur entièrement remodelé et des présentations audiovisuelles originales.

D'importants moyens audiovisuels concourent en effet à l'immersion du visiteur dans le passé : tandis que le Chronoscope familiarise avec les grandes périodes de l'histoire de l'humanité, l'Espace Bourgogne fait apprécier la richesse culturelle régionale.

Le nouvel espace muséal convie à une promenade parmi de spectaculaires vestiges de la Préhistoire, de la Protohistoire ou de l'Antiquité, assemblés en un singulier chantier de fouilles : habitat paléolithique d'Arcy-sur-Cure, sépulture néolithique de la Dame de Passy (Yonne), tombe d'un notable du premier âge du fer évoquant le tumulus de Lantilly, sépulture féminine de Vix recelant le fameux cratère de bronze, etc., sont soigneusement reconstitués, souvent en grandeur réelle. Les passerelles de circulation, les maillages-repères, l'outillage de fouille éparpillé ou les objets incomplètement dégagés de leur gangue donnent au visiteur l'illusion d'assister en personne à l'une ou l'autre découverte capitale de l'archéologie. Un judicieux aménagement met en perspective la maquette des fortifications érigées à Alésia, inspirée des derniers développements de la recherche et, sur le parcours extérieur, une reconstitution grandeur nature des mêmes défenses réalisée d'après les fouilles du 19ᵉ s. et les descriptions de Jules César.

Le parcours extérieur est jalonné, outre cette imposante reconstitution, par des huttes néolithiques, un habitat fortifié en « éperon barré » du bronze final, un tumulus de terre et un cairn (sépultures en usage du néolithique à l'âge du fer), les bâtiments d'une ferme gauloise, une villa et un fanum (sanctuaire de plan carré) gallo-romains, un atelier de potier...

Sur place, possibilité de restauration « à la manière des Romains du siècle de Tibère ».

# ARCY-SUR-CURE

503 habitants (les Arcyas)
Cartes Michelin n° 65 Sud-Est du pli 5 ou 238 pli 11.

La Cure divise le bourg en deux parties que relie un grand pont en dos d'âne d'où l'on découvre de jolies vues sur la rivière et le château du Chastenay.

En sortant du village sur la gauche, on aperçoit la ravissante façade classique du **château d'Arcy** (18ᵉ s.) que précède une allée d'arbres. Poursuivre en prenant à gauche l'étroit chemin de Vault (V 8) qui traverse le hameau de **Val-Ste-Marie**, d'où l'on a une belle vue sur les ruines d'une maison forte du 14ᵉ s. habitée par les seigneurs du domaine d'Arcy jusqu'à la construction du château classique.

**Château du Chastenay** ⊙ – *Sortie Est de Val-Ste-Marie.* Ce petit édifice d'allure Renaissance fut érigé en 1349 sur l'emplacement d'une demeure fortifiée du 13ᵉ s., dont il ne subsiste qu'une partie de l'enceinte. Il est percé de fenêtres à meneaux et présente sur sa façade Nord une jolie tour d'escalier hexagonale, élevée hors œuvre, et une échauguette en encorbellement. La porte de la tour est ornée d'une intéressante frise sculptée à la symbolique alchimique. L'intérieur renferme un polyptyque du 14ᵉ s. représentant des scènes bibliques dont l'histoire de Joseph.

**Grottes** – En amont du village d'Arcy, la rive gauche de la Cure est dominée par de hautes falaises calcaires percées de nombreuses grottes.

**La Grande Grotte** ⊙ – *Accès et visite faciles, grâce à des aménagements récents.* La Grande Grotte, que Buffon visita en 1740 et 1757, se ramifie, sur 2,5 km, en une succession de salles et de galeries décorées de draperies, stalactites et stalagmites, que l'on peut visiter sur 900 m. Les plafonds plats alternent avec les concrétions de formes curieuses, se transformant au gré de l'imagination en bêtes et fleurs étranges ou en décor fantastique. Au retour, on peut voir deux petits lacs, dont le premier est figé sous une fine couche calcaire. En 1990, des peintures pariétales magdaléniennes, représentant des bouquetins, mammouths et autres traits gravés, ont été découvertes. Elles sont présentées au public dans le cadre de visites archéologiques spécialisées *(voir le chapitre des Conditions de visite).*

**Les bords de la Cure** – *1/2 h à pied AR.* Suivre, au départ de la Grande Grotte, un agréable chemin ombragé remontant la rive gauche de la Cure au pied d'escarpements calcaires, forés d'une quinzaine de grottes non aménagées. Parmi elles on peut citer, dans l'ordre, les grottes du Cheval ou du Mammouth, de l'Hyène, des Fées. Le Grand Abri est une roche d'une masse imposante qui surplombe le terrain sur plus de 20 m de longueur et 10 m de profondeur.

# ARNAY-LE-DUC

2 040 habitants (les Arnétois)
Cartes Michelin n° 65 Sud du pli 18 ou 243 pli 14.

Cette petite ville ancienne aux toits pointus dominant la vallée de l'Arroux (étang avec baignade aménagée) évoque les premières armes (1570) du jeune Henri de Navarre – le futur Henri IV – aux côtés de Coligny, contre les troupes de Mayenne, commandées par le maréchal de Cossé-Brissac, au cours de la guerre entre protestants et catholiques. C'est à Arnay – relais de poste – que Mesdames Adélaïde et Victoire, tantes de Louis XVI, émigrant vers l'Italie, furent arrêtées ; après le passage des royales voyageuses, leurs deux prénoms firent fureur dans le pays.

**Église St-Laurent** – Elle date des 15ᵉ et 16ᵉ s. Un vestibule avec dôme (18ᵉ s.) précède la nef (15ᵉ s.) dont la voûte primitive de pierre a été refaite en bois en 1859 en forme de carène renversée. La 1ʳᵉ chapelle à gauche possède un intéressant plafond Renaissance à caissons et un Saint Michel en bois doré du 15ᵉ s. Dans la 1ʳᵉ chapelle à droite, Pietà polychrome du 16ᵉ s.

**Tour de la Motte-Forte** – Derrière le chevet de l'église, cette grosse tour du 15ᵉ s., couronnée de mâchicoulis, est le seul vestige d'un important château féodal détruit pendant les guerres de Religion.

**Maison régionale des Arts de la table** ⊘ – *Au syndicat d'initiative, 15, rue St-Jacques.* L'ancien hospice St-Pierre (17ᵉ s.), rénové, présente chaque année une exposition nouvelle sur le thème de la table en Bourgogne : cuisine, gastronomie, parure et traditions de la table. Les cuisines conservent un imposant vaisselier du 18ᵉ s. et des céramiques d'antan, dont deux plats créés par Bernard Palissy.

## ENVIRONS

**Bard-le-Régulier** – *17 km à l'Ouest.* Le hameau est doté d'une **église** qui appartenait à un prieuré de chanoines augustins. Surmontée par une élégante tour octogonale, elle date de la fin du 12ᵉ s. malgré certains aspects archaïques à l'intérieur (voûtes en plein cintre dominantes, baies étroites, piles sans chapiteaux), où le sol présente aussi la particularité de s'élever par trois fois jusqu'à l'autel, pour racheter une déclivité accentuée. Elle renferme, en plus d'un gisant du 13ᵉ s., quelques statues des 15ᵉ, 16ᵉ et 17ᵉ s., dont une très élaborée, de saint Jean l'Évangéliste, en pierre (fin 15ᵉ s.), et surtout d'intéressantes **stalles**. Sculptées à la fin du 14ᵉ s., elles sont au nombre d'une trentaine (plus neuf stalles hautes) distribuées sur quatre rangs (deux à droite, deux à gauche, en vis-à-vis) dans la dernière travée précédant le chœur. Sur les accoudoirs sont représentées des figurines du bestiaire de l'Apocalypse de saint Jean ; sur les faces latérales, l'Annonciation, la Visitation, la Nativité, la Cène, le martyre de saint Jean l'Évangéliste, patron de l'église, etc.

**Signal de Bard** – *De Bard, 1 km à l'Est, plus 1 h 1/2 à pied AR.* Du signal (554 m), vue étendue, au Nord-Est sur l'Auxois, au Sud-Ouest sur le Morvan.

**Église de Manlay** – *12 km à l'Ouest.* Église fortifiée du 14ᵉ s. Sa façade est flanquée de deux tours rondes percées de meurtrières et son chœur est situé dans un donjon carré. L'ensemble a été restauré en 1962.

# Carrière souterraine d'AUBIGNY

Cartes Michelin n° 65 pli 4 ou 238 pli 10.

Autre façon de découvrir le monde souterrain, cette insolite visite ⊘ permet d'approcher, sous ses différentes formes, le domaine, rarement accessible, de la pierre, son exploitation et sa taille.
L'origine de cette carrière remonte à l'époque gallo-romaine. On devait alors l'utiliser pour la fabrication de sarcophages en pierre et la sculpture sacrée. Après un temps de sommeil, elle servit à la construction de quelques châteaux, mais c'est à partir de 1850 que son exploitation connut son apogée. C'est l'époque de l'essor des concentrations urbaines, de l'aménagement de Paris par son préfet Georges Haussmann avec la construction de grands édifices comme l'Hôtel de Ville, la Bourse ou l'Opéra. Tendre et très compacte, cette pierre est un calcaire âgé de 250 millions d'années, facile à exploiter et à travailler. Dans la forte humidité naturelle de la carrière (70 à 80 %), la pierre se remplit d'eau ; sous l'effet de la température, celle-ci s'évapore faisant ressortir la calcite, laquelle forme en surface une pellicule protectrice extrêmement dure permettant son utilisation en construction.
La visite, qui permet de découvrir les méthodes d'extraction pratiquées avant 1939, est complétée par une exposition d'outils de taille de pierre et de sculpture et une exposition sur les pierres et les minéraux de Bourgogne, de dimensions monumentales. En juillet, un atelier propose une initiation à la taille de la pierre.

# AUTUN★★

17 906 habitants (les Autunois)
Cartes Michelin n° 69 pli 7 ou 243 pli 25 – Schéma p. 167.

La ville d'Autun est adossée à des collines boisées, dominant la vallée de l'Arroux et la vaste dépression qui s'étend au-delà. Cette calme cité a eu un passé prestigieux ; ses vestiges romains, sa cathédrale, les collections de ses musées en témoignent. Grâce aux forêts de l'Autunois (forêt des Battées, et celle de Planoise où dominent les hêtres), Autun a développé une industrie réputée du meuble.

**La Rome des Gaules** – « Sœur et émule de Rome » au début de notre ère, Autun doit son nom à l'empereur Auguste qui, désireux d'honorer les Éduens tout en les obligeant, décida de fonder une ville romaine de prestige, « Augustodunum », dont les splendeurs éclipsèrent rapidement la place forte gauloise existante, Bibracte *(p. 74)*. La grande route commerciale et stratégique Lyon-Boulogne, sur laquelle la ville avait été construite, fit d'elle une cité riche et florissante. Extraordinaire pôle de romanisation, Autun eut cependant à subir dès le 3ᵉ s. de désastreuses invasions. Il ne reste aujourd'hui de l'enceinte fortifiée et des nombreux monuments publics que deux portes et les vestiges d'un théâtre romain.

**Le siècle des Rolin** – Autun allait connaître au Moyen Âge un regain de prospérité. Elle le doit en grande partie au rôle important joué par Nicolas Rolin et l'un de ses fils. Né à Autun en 1376, **Nicolas Rolin**, dont le nom est lié à la fondation de l'Hôtel-Dieu de Beaune *(description p. 69)*, devint un des avocats les plus célèbres de son temps. Remarqué par le duc de Bourgogne, il reçut de lui la charge de chancelier. Parvenu au faîte des honneurs, il n'oublia jamais sa ville natale. L'un de ses fils, le **cardinal Rolin**, devenu évêque d'Autun, fit de la ville un grand centre religieux. De cette époque datent l'achèvement de la cathédrale St-Lazare, l'édification de remparts au Sud et la construction de nombreux hôtels particuliers.

## ★★CATHÉDRALE ST-LAZARE (BZ) *visite : 1/2 h*

Au début du 12e s., les évêques d'Autun, déjà titulaires d'une cathédrale (détruite au 18e s.), décidèrent la construction d'un nouvel édifice qui abriterait les reliques de saint Lazare, ramenées de Marseille par Gérard de Roussillon vers 970, afin de créer un centre de pèlerinage capable de rivaliser avec la basilique Ste-Madeleine de Vézelay. Construit de 1120 à 1146, l'édifice fut consacré avant son achèvement, en 1130, par le pape Innocent II.

Extérieurement, la cathédrale a perdu son caractère roman : le clocher, incendié en 1469, fut reconstruit et surmonté d'une flèche gothique au 15e s. La partie supérieure du chœur et les chapelles du bas-côté droit datent de la même époque ; celles du bas-côté gauche sont du 16e s. Quant aux deux tours du grand portail, inspirées de celles de Paray-le-Monial, elles ont été édifiées au siècle dernier à l'occasion d'importants travaux de restauration contrôlés par Viollet-le-Duc. Au 18e s., l'édifice eut à subir de graves dommages ; les chanoines du chapitre détruisirent le jubé, le tympan du portail Nord et le tombeau de saint Lazare qui se dressait derrière le maître-autel *(voir p. 58)*.

Par ailleurs, trouvant le tympan du portail central grotesque, ils le firent plâtrer ; la tête du Christ, trop en relief, fut alors abattue. Protégé par sa gangue des destructions révolutionnaires, le tympan fut redécouvert et dégagé en 1837. Quant à l'admirable tête, identifiée parmi les collections léguées au musée Rolin, elle reprit sa place en novembre 1948.

★★★ **Tympan du portail central** – Réalisé entre 1130 et 1135, il compte parmi les chefs-d'œuvre de la sculpture romane. Son auteur, **Gislebertus**, a laissé son nom sur le rebord supérieur du linteau, sous les pieds du Christ. On ne sait malheureusement rien de ce sculpteur, mais son œuvre trahisse une formation dans les ateliers de Vézelay et peut-être de Cluny. Contrairement à ses contemporains, il a su se dégager de l'enseignement clunisien et puiser en lui un nouveau style. Sa force créatrice, son sens de la forme et sa caractéristique puissance expressive se retrouvent dans presque toute la décoration sculptée de St-Lazare.

Le tympan central, par la difficulté d'orner de façon cohérente une surface de cette dimension, demeure une œuvre magistrale.

Il représente le Jugement dernier. Malgré son apparente complexité, la composition est très ordonnée. Au centre, le Christ en majesté siège dans une mandorle soutenue par quatre anges, dominant toute la scène (1). Au bas, les morts sortent de leur tombeau, prévenus de l'heure du jugement par quatre anges

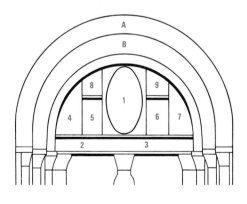

soufflant dans de grandes trompettes (4, 7, 8, 9) ; au centre du linteau, les élus (2) sont séparés des damnés (3) par un ange. A la gauche du Christ, l'archange saint Michel fait face à Satan qui tente de fausser la pesée des âmes en tirant sur le fléau de la balance (6). Derrière lui s'ouvre l'Enfer dont la place est réduite à l'extrême droite du tympan (7), tandis que le Ciel occupe tout le registre supérieur avec à droite deux apôtres – ou le prophète Élie et le patriarche Énoch transportés vivants au Ciel – (9), et à gauche Marie (8) qui domine la Jérusalem céleste (4) et le groupe des apôtres (5) attentifs à la pesée des âmes ; saint Pierre, reconnaissable à la clef qu'il porte sur l'épaule, prête main-forte à un bienheureux, tandis qu'une âme tente de s'envoler en s'accrochant au manteau d'un ange sonnant de la trompette.

La figure humaine, privilégiée par le sujet même du tympan, est traitée avec une extrême diversité. Les corps de Dieu, de sa cour céleste et des personnages bibliques sont tous vêtus de draperies légères, finement plissées. Ces étoffes, agitées de volutes au bas des jambes, témoignent de l'essence immatérielle des personnages qui les portent et de l'harmonie intemporelle qui règne au royaume des Cieux.

Les morts, beaucoup plus petits mais sculptés en fort relief, ont une tout autre présence : la nudité des corps (libérés de toute honte) permet d'exprimer par des attitudes variées et pourtant très simples l'état d'âme de chacun ; les élus (au total plus nombreux) cheminent le regard tendu vers le Christ en un cortège régulier et paisible.

La terreur et l'angoisse des damnés s'expriment en revanche dans les lignes chaotiques des corps et la composition hachée du groupe. Dans cette frise humaine, seuls quelques prélats et seigneurs placés parmi les élus, à gauche, sont vêtus d'un manteau qui, du reste, ne masque pas toujours leur nudité. Il s'agit d'un attribut permettant de les identifier et non d'une grâce anticipée les associant aux figures divines de la partie supérieure du tympan. De même, on distingue deux pèlerins, grâce à la sacoche qu'ils portent, l'une est ornée d'une coquille St-Jacques, l'autre de la croix de Jérusalem. Parmi les damnés, à droite du personnage happé par les mains du diable, on reconnaît une femme adultère aux serpents qui lui dévorent la poitrine (symbole de luxure), et à gauche un avare au sac qui pend à son cou.

Les lignes anguleuses du cortège des damnés se retrouvent amplifiées en Enfer, où les visages monstrueux des diables et leurs membres déformés aux muscles tendus traduisent leur cruauté.

Les trois voussures de l'arc en plein cintre coiffent l'ensemble de la composition : la voussure extérieure (**A**) symbolise le temps qui passe, les médaillons représentant alternativement les travaux des mois et les signes du zodiaque ; au centre, entre les Gémeaux et le Cancer, l'année est figurée sous les traits d'un petit personnage accroupi. Sur la voussure centrale (**B**) serpente une guirlande de fleurs et de feuillage.

**Intérieur** – *(Plan ci-dessous)*. Les piliers et les voûtes datent de la première moitié du 12e s. Le caractère roman clunisien subsiste malgré de nombreux remaniements : élévation sur trois niveaux (grands arcs brisés, faux triforium et fenêtres hautes), massifs piliers cruciformes cantonnés de pilastres cannelés, berceau brisé sur doubleaux dans la nef et voûtes d'arêtes dans les collatéraux. Cependant le chœur adopte la formule paléochrétienne de l'abside flanquée de deux absidioles ; leur voûtement en cul-de-four a disparu à la fin du 15e s. lorsque le cardinal Rolin éclaira le chœur par des hautes fenêtres (les vitraux des baies gothiques datent du 19e s., ceux des baies romanes ont été mis en place en 1939).

Par ailleurs, la présence à Autun de nombreux vestiges antiques explique que les maîtres d'œuvre des lieux aient généralisé l'usage des pilastres cannelés surmontés de chapiteaux à feuillages à l'ensemble de la galerie haute, conférant ainsi à l'église une grande unité intérieure.

**CATHÉDRALE ST-LAZARE**

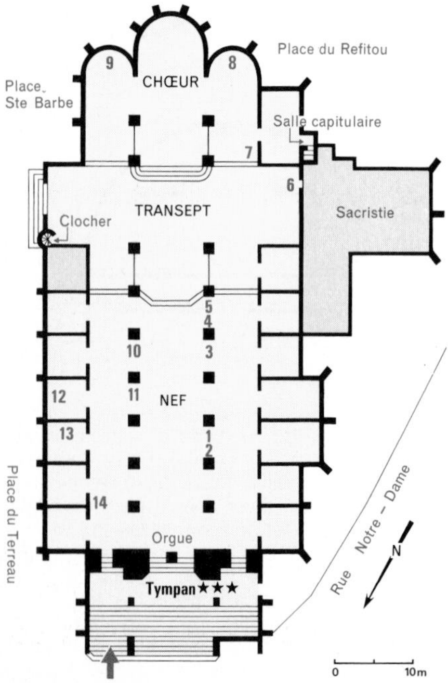

Cette majestueuse ordonnance est animée par le décor sculpté des chapiteaux. On admire particulièrement :

1) et 2) Simon le magicien tente de monter au Ciel en présence de saint Pierre, clef en main, et de saint Paul. Simon tombe, la tête la première, sous le regard satisfait de saint Pierre. Le diable, que l'on peut voir en se plaçant dans la grande nef, ne manque pas de pittoresque.

3) Lapidation de saint Étienne.

4) Samson renverse le temple, représenté de façon symbolique.

5) Chargement de l'arche de Noé. Noé, à la fenêtre supérieure, surveille les travaux.

6) Porte de la sacristie du 16ᵉ s.

7) Statues funéraires de Pierre Jeannin, président du Parlement de Bourgogne et ministre de Henri IV, mort en 1623, et de sa femme.

8) Les reliques de saint Lazare sont placées provisoirement dans l'abside de la chapelle St-Léger.

9) La **Vierge et l'Enfant★**, en marbre blanc, de la fin du 15ᵉ s.

10) Apparition de Jésus à sainte Madeleine. Admirer les volutes du feuillage à l'arrière-plan.

11) Seconde tentation du Christ. Assez curieusement, le diable seul est juché au sommet du temple

12) Dans la chapelle de sépulture des évêques d'Autun, vitrail du 16ᵉ s., représentant l'arbre de Jessé.

13) Tableau d'Ingres (1834) représentant le martyre de saint Symphorien à la porte St-André.

14) La Nativité. La Vierge est couchée, aidée par un groupe de femmes. Sur le côté, saint Joseph médite, assis sur une curieuse chaise à arcades.

**Salle capitulaire** – Construite au début du 16ᵉ s., elle abrite de beaux **chapiteaux★★** (12ᵉ s.) en pierre grenée contenant du mica, qui ornaient à l'origine les piliers du chœur. Les plus remarquables sont groupés à droite de l'entrée :
– Pendaison de Judas entre deux démons qui tirent les cordes.
– La Fuite en Égypte. On ne manquera pas de rapprocher ce chapiteau de celui de Saulieu, qui traite du même sujet mais avec moins de bonheur.
– Le Sommeil des Mages. Les Mages, couronnés, sont couchés dans le même lit. Un ange montrant l'étoile en forme de marguerite touche la main du plus proche qui ouvre les yeux : la scène est traitée avec une naïveté charmante.
– L'Adoration des Mages ; Joseph, relégué à droite, semble attendre la fin de la cérémonie.

**Clocher** ⊘ – Frappé par la foudre, il fut refait en 1462, à 80 m au-dessus du sol, par l'évêque Jean Rolin. On y accède par 230 marches. Au sommet une belle **vue★** se déploie sur les vieux toits de la ville, l'évêché, la curieuse silhouette conique des deux terrils des Télots (vestiges d'une exploitation de schistes bitumineux, naguère importante pour l'économie autunoise) et, à l'Est, sur les confins bleutés du Morvan.

**Fontaine St-Lazare** – Elle se dresse près de la cathédrale. Ce charmant édifice à coupole et lanternon a été construit en 1543 par le chapitre de la cathédrale. Un premier dôme, d'ordre ionique, en supporte un autre plus petit, d'ordre corinthien, coiffé d'un pélican dont l'original est déposé dans les réserves du musée Rolin.

## AUTRES CURIOSITÉS

★ **Musée Rolin** (BZ **M¹**) ⊘ – Le musée est installé dans une aile de l'ancien hôtel construit au 15ᵉ s. pour le chancelier Nicolas Rolin et dans l'hôtel Lacomme établi au 19ᵉ s. à l'emplacement du corps principal de l'hôtel Rolin.

Au rez-de-chaussée de l'hôtel Lacomme, sept salles abritent les collections gauloises et gallo-romaines du musée. Des vestiges de l'oppidum de Bibracte y sont exposés ; la culture gallo-romaine est quant à elle abordée à travers l'habitat, les parures et les soins du corps (remarquer un casque d'apparat romain à face humaine), la religion, avec ses cultes à des divinités de traditions indigène (comme Epona), romaine ou orientale, et l'art (belles statues et mosaïque dite du Triomphe marin) ; une dernière salle évoque l'Antiquité tardive et le haut Moyen Âge.

Musée Rolin, Autun – « La Tentation d'Ève ».

*Traverser la cour pour accéder au rez-de-chaussée de l'hôtel Rolin.*

Deux salles abritent des chefs-d'œuvre de la **statuaire romane**★★ dus, en particulier, aux deux grands noms de l'école bourguignonne : Gislebertus et le moine Martin. Du premier, observer **La Tentation d'Ève** dont la sensualité naît du savant jeu de courbes du corps et des végétaux ; l'œuvre ornait le linteau du portail Nord de la cathédrale avant 1766. Le second réalisa en partie le **tombeau de saint Lazare** : conçu comme une église miniature, il s'élevait dans le chœur de la cathédrale jusqu'à sa destruction au 18ᵉ s. Il ne reste du groupe principal, illustrant la scène de la résurrection du saint, que les longues et poignantes figures de saint André et des sœurs de Lazare, Marthe (qui se bouche le nez) et Marie-Madeleine. Un schéma et des fragments lapidaires complètent la présentation du monument.

Au premier étage de cet hôtel sont rassemblées des sculptures des 14ᵉ et 15ᵉ s. provenant des ateliers d'Autun (Résurrection de Lazare, en pierre polychrome du 15ᵉ s.) et des peintures de primitifs français et flamands (triptyque de la Cène, école bourguignonne, 1515). La salle consacrée aux Rolin renferme en particulier le célèbre tableau de la **Nativité au cardinal Rolin**★★ par le Maître de Moulins, œuvre du 15ᵉ s. dont l'extrême minutie d'exécution et les couleurs froides trahissent la formation flamande du peintre, mais dont la plastique et la beauté grave et sereine sont caractéristiques de la peinture gothique française. La statuaire bourguignonne du 15ᵉ s. est représentée par la **Vierge**★★ d'Autun en pierre polychromée et la Sainte Catherine attribuée au sculpteur espagnol Juan de la Huerta qui travailla dans cette région sous Philippe le Bon.

Au premier étage de l'hôtel Lacomme sont exposés des peintures, sculptures et meubles de la Renaissance à nos jours (remarquer la curieuse enseigne de pharmacie du 17ᵉ s. témoin de l'histoire locale).

★ **Porte St-André** (BY) – C'est là qu'aboutissaient les routes du pays des Lingons venant de Langres et de Besançon. La porte St-André est l'une des 4 portes qui, avec 54 tours semi-circulaires, formaient l'enceinte gallo-romaine. Elle présente deux grandes arcades pour le passage des voitures et deux plus petites pour le passage des piétons. Elle est surmontée d'une galerie de dix arcades. Un des corps de garde qui la flanquaient subsiste encore grâce à sa conversion en église au Moyen Âge (l'intérieur est orné de fresques représentant les différents travaux de l'année). C'est près de cette porte que la tradition place le martyre de saint Symphorien.

**Lycée Bonaparte** (AZ B) – Ancien collège de jésuites, construit en 1709, il termine noblement la place du Champ-de-Mars. Ses **grilles**★, forgées en 1772, sont rehaussées de motifs dorés : médaillons, mappemondes, astrolabes, lyres.
Sur la gauche, l'église Notre-Dame (17ᵉ s.) servit de chapelle à ce collège qui abrita le fantasque Bussy-Rabutin, puis Napoléon, Joseph et Lucien Bonaparte. Napoléon lui-même n'y resta que quelques mois en 1779, avant d'entrer à l'école de Brienne.

**Passage de la Halle** (BZ 22) – Ouvrant sur la place du Champ-de-Mars par un majestueux portail classique, ce passage couvert du milieu du 19ᵉ s. rejoint le secteur piétonnier de la rue aux Cordiers. Une restauration soigneuse a récemment mis en valeur le décor harmonieux de ses boutiques et de sa galerie supérieure.

**Hôtel de ville** (BZ H) ⊙ – Il abrite une importante **bibliothèque** contenant une riche collection de **manuscrits**★ et d'incunables.

**Théâtre romain** (BYZ) – Ses vestiges permettent de mesurer ce que fut le plus vaste théâtre de Gaule qui pouvait recevoir jusqu'à 20 000 spectateurs. Noter les fragments lapidaires gallo-romains encastrés dans les murs de la maison du gardien.

**Porte d'Arroux** (AY) – C'était la porta Senonica (porte de Sens) donnant accès à la voie Agrippa qui reliait Lyon à Boulogne-sur-Mer. De belles proportions, moins massive mais moins bien conservée que la porte St-André, elle possède comme celle-ci deux grandes arcades pour le passage des voitures et deux plus petites pour les piétons. La galerie supérieure, ornée d'élégants pilastres cannelés à chapiteaux corinthiens, a été édifiée à l'époque constantinienne. Les architectes clunisiens s'en inspirèrent et généralisèrent son emploi dans toute la Bourgogne.

**Musée lapidaire** (BY M) ⊙ – L'ancienne chapelle St-Nicolas (édifice roman du 12ᵉ s. dont l'abside est ornée d'un Christ peint en majesté) appartenait à ce qui fut un hôpital. La chapelle et ses galeries, qui enserrent le jardin attenant, abritent maints vestiges gallo-romains (fragments d'architecture et de mosaïques, stèles) et médiévaux (sarcophages, chapiteaux), ainsi que des éléments de statuaire.

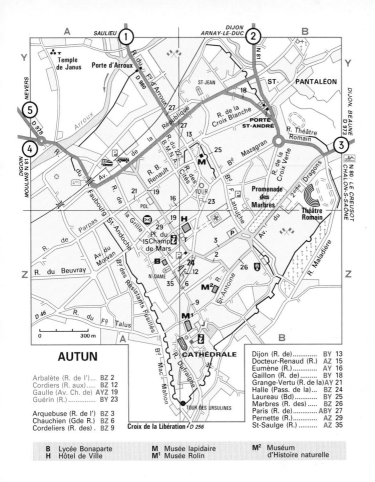

## AUTUN

| B | Lycée Bonaparte | M | Musée lapidaire | M² | Muséum |
|---|-----------------|---|-----------------|-----|--------|
| H | Hôtel de Ville | M¹ | Musée Rolin | | d'Histoire naturelle |

**Temple de Janus** (AY) – Cette tour quadrangulaire, construite extra-muros, haute de 24 m, dont il ne reste que deux pans, se dresse solitaire au milieu de la plaine, au-delà de l'Arroux. Il s'agit de la « cella » d'un temple dédié à une divinité inconnue.

**Promenade des Marbres** (BYZ) – Près de cette large promenade plantée d'arbres s'élève un bel édifice du 17e s. précédé d'un jardin à la française. Construit par Daniel Gitard, architecte d'Anne d'Autriche, c'est l'ancien séminaire, devenu l'École militaire préparatoire.

**Le tour des remparts** – En partant du boulevard des Résistants-Fusillés, bel aperçu de la portion la mieux conservée des remparts gallo-romains. Longer les remparts en direction du Sud jusqu'à la tour des Ursulines (BZ), ancien donjon du 12e s.

**Muséum d'Histoire naturelle** (BZ M²) ⊙ – Axé sur l'évolution du bassin d'Autun, du Morvan et de la Bourgogne au cours des grandes ères géologiques, il présente, dans leur contexte d'époque magistralement évoqué, divers échantillons minéralogiques (beaux quartz) et blocs de houille conservant l'empreinte de plantes ou d'animaux (Actinodon) de l'ère primaire ; à l'étage, vestiges fossiles du secondaire, ossements du quaternaire (aurochs, mammouth, etc.) et collections d'insectes (papillons) et d'oiseaux naturalisés de la Bourgogne actuelle.

## ENVIRONS

**★Croix de la Libération** – *6 km au Sud.*
Au cours de la montée en lacet, excellente vue sur la cathédrale, la vieille ville, les cônes des terrils des Télots (*voir p. 57*, Clocher), le Morvan à l'horizon. 50 m au-delà du pavillon d'entrée du château de Montjeu, à droite, un chemin en forte montée (20 %) conduit à la Croix de la Libération, croix de granit édifiée en 1945 pour commémorer la libération d'Autun.
De la croix, **vue★** sur la dépression d'Autun et la vallée de l'Arroux et plus loin, de gauche à droite, sur les monts du Morvan, la forêt d'Anost et le revers de la côte.

**Cascade de Brisecou** – *2 km au Sud, plus 3/4 h à pied AR. Se garer à Couhard près de l'église.* Un sentier longeant un ruisseau conduit au joli **site**★ d'arbres et de rochers où coule la cascade. Au retour, vue sur la **Pierre de Couhard,** que rejoint un sentier partant du parking : cette curieuse pyramide, très dégradée, daterait de l'époque romaine ; elle dominait une des nécropoles antiques de la ville.

**Couches** – *25 km au Sud-Est.* La maison des Templiers est une belle construction à loggia et colonnade du début du 17e s. A 1 km du bourg se dresse le **château** ⊙ de Marguerite de Bourgogne (15e s.). Une tradition locale rapporte que l'épouse de Louis X le Hutin aurait fini ses jours ici comme prisonnière libre après sa disparition de Château-Gaillard où elle était recluse pour adultère. Très restauré, le château a conservé de son passé défensif un pont-levis, une partie d'enceinte, quelques vestiges de tours, et ses deux cours, haute et basse, séparées par une porte monumentale.

On visite la chapelle du 15e s. (statues et retables d'époque), la tour des prisons et le donjon carré du 11e s. légèrement modifié aux 14e et 15e s. (armes, tapisseries d'Aubusson).

# AUXERRE★★

38 819 habitants (les Auxerrois)
Cartes Michelin n° 65 pli 5 ou 238 pli 10
Plan d'agglomération dans le guide Rouge Michelin France.

Capitale de la Basse-Bourgogne, Auxerre (prononcer Ausserre), point de départ du canal du Nivernais *(p. 122),* s'étage harmonieusement sur une colline, au bord de l'Yonne ; elle doit à sa situation privilégiée la création d'un port de plaisance. Ses beaux monuments, témoins d'un grand passé, ses boulevards ombragés aménagés sur les anciens remparts de la ville, ses rues animées et accidentées, ses maisons anciennes forment un ensemble d'un incontestable intérêt.

Des ponts et notamment du pont Paul-Bert (statue) et de la rive droite de l'Yonne, on a sur la ville de très belles **vues d'ensemble**★, d'autant plus remarquables que les chevets de toutes les églises se dressent perpendiculairement à la rivière.

## UN PEU D'HISTOIRE

A proximité d'une simple bourgade gauloise (Autricum), les conquérants romains établirent la ville d'Autessiodurum, située sur la grande voie de Lyon à Boulogne-sur-Mer. Dès le 1er siècle, c'est une ville importante dont ont témoigné les vestiges découverts récemment lors de fouilles.

L'importance intellectuelle et spirituelle de la ville au Moyen Âge repose en grande partie sur le rayonnement de l'évêque St-Germain (5e s.) et des pèlerinages organisés auprès de son tombeau. Au 12e s., Auxerre est déclarée « ville sainte » par la papauté. A quelques siècles d'intervalle, Auxerre accueille deux grandes figures de notre histoire : en 1429, **Jeanne d'Arc** y passe deux fois, d'abord avec la poignée de hardis compagnons qui l'accompagnent de Vaucouleurs à Chinon, puis, quelques mois plus tard, à la tête d'une armée de 12 000 hommes et en compagnie de Charles VII qu'elle conduit à Reims pour le faire couronner.

Le 17 mars 1815, **Napoléon,** au retour de l'île d'Elbe, arrive à Auxerre ; le maréchal Ney, envoyé pour le combattre, tombe dans ses bras, et ses troupes renforcent la petite armée de l'Empereur.

La ville est au centre d'un vignoble dont le cru le plus renommé est le Chablis.

Auxerre a donné le jour à **Paul Bert** (1833-1886), savant physiologiste et homme d'État éminent de la IIIe République, et à **Marie Noël** (1883-1967), poète dont les œuvres *(Les Chansons et les heures, Chants et psaumes d'automne, L'Âme en peine, Le Cru d'Auxerre, Chants d'arrière-saison)* sont empreintes d'humilité, de sérénité et d'espérance.

## PRINCIPALES CURIOSITÉS *visite : 1 h 1/2*

★★**Cathédrale St-Étienne (BY)** ⊙ – Ce bel édifice gothique a été construit du 13e au 16e s. À cet emplacement, un sanctuaire, fondé vers 400 par saint Amâtre et embelli au cours des siècles suivants, fut incendié à plusieurs reprises. En 1023, Hugues de Châlon entreprit aussitôt après le sinistre, la construction d'une cathédrale romane.

En 1215, Guillaume de Seignelay fit construire une cathédrale gothique. En 1400, le chœur, la nef, les collatéraux, les chapelles et le croisillon Sud s'achevaient. L'édifice était pratiquement terminé vers 1560.

**Façade** – De style flamboyant, la façade est encadrée de deux tours aux contreforts ouvragés ; la tour Sud reste inachevée. La façade est ornée de 4 étages d'arcatures surmontées de gâbles. Au-dessus du portail central, légèrement en retrait, une

Taulin Hommel/CAMPAGNE CAMPAGNE

Vue du pont Paul-Bert.

rosace de 7 m de diamètre s'inscrit entre les contreforts. Les célèbres sculptures des 13ᵉ et 14ᵉ s. ont été mutilées au 16ᵉ s. lors des guerres de Religion et la tendre pierre calcaire a souffert des intempéries.

Au portail central, le Christ trône au tympan, entre la Vierge et saint Jean. Le linteau évoque le Jugement dernier. Le Christ préside, ayant à sa droite les Vierges sages et à sa gauche les Vierges folles (tenant leur lampe renversée). Ces 12 statuettes s'étagent au long des piédroits. Sous les niches des soubassements abritant des personnages assis, des bas-reliefs illustrent, à gauche sur deux registres, la vie de Joseph (à lire de droite à gauche) et à droite la parabole de l'Enfant prodigue (se lit de gauche à droite).

Au portail de gauche, les sculptures des voussures retracent la vie de la Vierge, de saint Joachim et de sainte Anne. Le tympan représente le couronnement de la Vierge. Les médaillons du soubassement traitent différentes scènes de la Genèse.

Le portail de droite est du 13ᵉ s. Le tympan, divisé en 3 registres, et les voussures sont consacrés à l'enfance du Christ et à la vie de saint Jean-Baptiste. Au registre supérieur des soubassements sont représentées 6 scènes des amours de David et de Bethsabée – 8 statuettes placées entre les pinacles symbolisent la Philosophie (à droite avec une couronne) et les 7 Arts libéraux.

A droite du portail, un haut-relief représente le Jugement de Salomon.

Des deux portails latéraux, celui du Sud, du 14ᵉ s., consacré à saint Étienne, est le plus intéressant. Le portail Nord est dédié à saint Germain.

**Intérieur** – La nef, construite au 14ᵉ s., a été voûtée au 15ᵉ s.

Au mur du fond du croisillon droit, on remarque 4 consoles dont les figures sont d'un réalisme étonnant. Au-dessus, les verrières de la rosace (1550) montrent Dieu le Père entouré des Puissances célestes. La rosace du croisillon Nord du transept (1530) représente la Vierge entourée d'anges et d'emblèmes de Notre-Dame. Le chœur et le déambulatoire datent du début du 13ᵉ s. En 1215, Guillaume de Seignelay, évêque d'Auxerre, grand admirateur de l'art nouveau appelé alors « style français » (le terme gothique n'a été employé qu'à partir du 16ᵉ s.), décida de raser le chœur roman et, sur la crypte du 11ᵉ s., fit élever ce beau morceau d'architecture, achevé en 1234.

Tout autour du déambulatoire se déroule un magnifique ensemble de **vitraux**★★ à médaillons du 13ᵉ s., où dominent les tons bleus et rouges. Ils représentent des scènes de la Genèse, l'histoire de David, celle de Joseph, celle de l'Enfant prodigue et de nombreuses légendes de saints. Le soubassement est souligné par une arcature aveugle ornée de têtes sculptées, figurant essentiellement des prophètes et sibylles.

Dans la partie gauche du déambulatoire, un tableau sur bois, du 16ᵉ s., représente la Lapidation de saint Étienne. Le beau vitrail de la grande rosace est du 16ᵉ s.

★ **Crypte romane** – Ce seul vestige de la cathédrale romane du 11ᵉ s. qui constitue un bel ensemble architectural abrite des fresques réputées, du 11ᵉ au 13ᵉ s. A la voûte, celle représentant le Christ monté sur un cheval blanc et entouré de 4 anges équestres est le seul exemple d'une telle figuration connu en France. L'autre fresque, dans le cul-de-four, montre le Christ en majesté entouré des symboles des Évangélistes et de deux chandeliers à sept branches.

★ **Trésor** – Il renferme, entre autres pièces intéressantes, la tunique de saint Germain, des émaux champlevés des 12ᵉ et 13ᵉ s., des livres d'heures des 15ᵉ et 16ᵉ s., des miniatures et des ivoires.

Pour gagner l'abbaye St-Germain, longer le flanc Nord de la cathédrale et descendre la **rue Cochois** qui fait partie du quartier de la Marine *(voir p. 64)*. On passe devant la préfecture, anciennement logis des évêques d'Auxerre (plaque explicative), puis devant le portail de l'ancien évêché.

★ **Ancienne abbaye St-Germain** (BY) ⊙ – Cette célèbre abbaye bénédictine fut fondée au 6ᵉ s. par la reine Clothilde, épouse de Clovis, à l'emplacement d'un oratoire où saint Germain, évêque d'Auxerre au 5ᵉ s., avait été inhumé. Au temps de Charles le Chauve, l'abbaye possédait une école célèbre où enseignèrent des maîtres réputés comme Héric et Rémi d'Auxerre, qui fut le maître de saint Odon de Cluny.

**Église abbatiale** – L'église supérieure, de style gothique, a été construite du 13ᵉ au 15ᵉ s. pour remplacer une église romane et carolingienne ; l'unique chapelle axiale à dix branches date de 1277 : elle est reliée par un beau passage au déambulatoire et repose sur les solides assises de deux chapelles inférieures superposées construites à la même époque.

La démolition, en 1811, des travées romanes occidentales de l'édifice a isolé de ce dernier le beau **clocher du 12ᵉ s.** appelé tour St-Jean, de construction romane, haut de 51 m : sa base, de plan carré, surmontée du beffroi, ses gables étagés donnent un puissant relief à l'élan de sa flèche de pierre.

L'intérieur de l'église est de belles proportions.

★ **Crypte** – Elle forme une véritable église souterraine remontant à l'époque carolingienne. Au centre, la « confession », à trois nefs voûtées en berceau, offre, du haut de ses trois marches, une belle perspective sur la succession des voûtes carolingiennes et gothiques ; quatre colonnes, remplois d'éléments gallo-romains, surmontées de chapiteaux carolingiens (feuilles d'acanthe et crochets), soutiennent deux poutres millénaires en cœur de chêne.

Dans le couloir de circulation, origine du déambulatoire, des **fresques**★ de 850, les plus anciennes connues en France, représentent le Jugement et la Lapidation de saint Étienne ainsi que quatre évêques, aux tons rouges et ocre.

Le caveau, profond de 5 m, où le corps de saint Germain fut déposé, est surmonté d'une voûte étoilée de soleils peints (symbole de l'éternité) rappelant les mosaïques de Ravenne où saint Germain est mort.

La chapelle d'axe, ou chapelle Ste-Maxime, reconstruite au 13ᵉ s. à l'emplacement qu'occupait autrefois la rotonde de la crypte carolingienne, comporte une belle voûte d'ogives à dix branches. Elle se superpose à la chapelle St-Clément, à laquelle on accède par un escalier droit *(à droite en sortant de la chapelle Ste-Maxime)*.

**Musée St-Germain** (BY **M³**) – Il est installé dans les bâtiments conventuels de l'ancienne abbaye comprenant le logis de l'abbé reconstruit au début du 18ᵉ s. *(entrée de l'abbaye et du musée)*, le cellier du 14ᵉ s., la salle des Moines, la salle capitulaire du 12ᵉ s. dont on a retrouvé la belle façade derrière le cloître et la sacristie.

L'escalier d'honneur mène aux dortoirs des Moines où est installé le **Musée archéologique.** Au 2$^e$ étage, la salle de préhistoire et de protohistoire présente les quatre grandes époques (paléolithique, néolithique, Âge du bronze et Âge du fer) délimitées par des panneaux didactiques ; au centre, dans une grande vitrine, est reconstitué un site évoquant chacune d'elles. Remarquer plus particulièrement un petit cheval enseigne gaulois provenant de Guerchy, un chaudron de Cravant, un trépied étrusque et des récipients d'importation étrusque découverts sur le site de Gurgy. Au 1$^{er}$ étage, dans la salle gallo-romaine, la pénétration de la civilisation romaine à Autessiodurum (Auxerre) est évoquée à travers l'architecture et l'urbanisme, le cadre de vie et les métiers (reconstitution d'une cuisine et d'un atelier de céramique), la religion et les rites funéraires (statue équestre, statue en pierre du dieu Mercure).

## AUTRES CURIOSITÉS

**Église St-Eusèbe** (AZ) ⊘ – L'édifice, vestige d'un ancien prieuré, conserve une belle tour du 12$^e$ s. décorée d'arcs polylobés. La flèche de pierre est du 15$^e$.
À l'intérieur, remarquer le chœur Renaissance surmonté d'un haut tambour hexagonal coiffé d'une voûte d'ogives, la belle chapelle axiale et des vitraux du 16$^e$ s.

**Église St-Pierre** (BZ) – Rue Joubert, le portail Renaissance de l'ancienne abbaye, encastré entre deux immeubles modernes, s'ouvre sur une place où s'élève l'église St-Pierre. C'est un édifice classique où subsistent des éléments décoratifs de la Renaissance. La tour, très ouvragée, inspirée de la tour Nord de la cathédrale, est de style flamboyant.

### AUXERRE

**Musée Leblanc-Duvernoy** (AZ **M[1]**) ⊘ – Aménagé dans une demeure du 18e s., ce musée est surtout consacré à la faïence : nombreuses pièces provenant de fabriques françaises ou appartenant à la production locale (en particulier importante collection de faïences de l'époque révolutionnaire). Il abrite également une série de magnifiques tapisseries de Beauvais du 18e s., figurant des scènes de l'Histoire de l'empereur de Chine, une collection de poteries italiques et de céramiques grecques à figures noires et rouges ainsi que de la vaisselle en grès de Puisaye.

**Muséum d'Histoire naturelle** (AY) ⊘ – Dans le pavillon entouré d'un petit parc botanique, ce musée se consacre à des expositions organisées sur des sujets relevant des sciences naturelles du monde entier. Une salle présente la vie et les travaux de Paul Bert.

**Quartier de la Marine** – Autrefois domaine des voituriers d'eau, il a gardé ses ruelles sinueuses. De la rue **Cochois** (p. 62), prendre la curieuse rue de l'Yonne (nos 6 et 10), puis la rue de la Marine pour voir les vestiges de la tour d'angle Nord-Est de l'enceinte gallo-romaine. Revenir sur ses pas pour gagner la charmante place St-Nicolas (nos 3 et 4), donnant sur le quai de la Marine. Elle porte le nom du patron des Mariniers. La rue du Mont-Brenn mène à la place du Coche-d'Eau (n° 4). Au n° 3, maison du 16e s. abritant les expositions temporaires du **musée du Coche d'Eau**. Remonter la rue du Docteur-Labosse (n° 10) pour rejoindre la rue Cochois.

**Centre-ville** – Il conserve nombre d'intéressantes vieilles demeures, la plupart du 16e s., à colombages. On en trouve :

**Rue du Temple** (AZ) : nos 19, 3 et 1.

**Place Charles-Surugue** (AZ **33**) : où s'élève une fontaine à l'effigie de Cadet Roussel ; maisons nos 3, 4, 5 et 18.

**Place Robillard** (AZ) : n° 5, des 14e et 15e s., la plus ancienne maison d'Auxerre.

**Rue de Paris** (AY) : nos 37 et 67 (bel hôtel Renaissance dit « de Crole » à lucarnes et corniche sculptées).

**Rue de la Draperie** (AZ **10**) : maisons occupées par une banque et une bijouterie.

**Rue de l'Horloge** (AZ **16**) : n° 6 (poteau cornier sculpté) et quatre maisons accolées en face.

**Tour de l'Horloge** (AZ **B**) – De style flamboyant, cette tour, construite au 15e s. sur les fondations de l'enceinte gallo-romaine, était appelée aussi tour Gaillarde (du nom de la porte qu'elle défendait) et faisait partie des fortifications ; le beffroi et l'horloge symbolisaient les libertés communales accordées par le comte d'Auxerre. L'horloge (17e s.) présente un double cadran indiquant sur les deux faces les mouvements apparents du soleil et de la lune. Le cadran astronomique fut célébré par Restif de La Bretonne, qui a vécu plusieurs années de sa jeunesse dans un atelier d'imprimeur au pied de cette tour.

Un passage voûté, attenant à la tour de l'Horloge, donne accès à la place du Maréchal-Leclerc ; sous la voûte, une plaque rappelle la mémoire de **Cadet Roussel** (1743-1807), huissier à Auxerre, dont les déboires inspirèrent l'auteur de la célèbre chanson.

**Place de l'Hôtel-de-Ville** (AZ **17**) où, passante parmi les autres passants, se dresse une statue polychrome de Marie Noël ; maisons nos 4, 6, 16, 17, 18.

**Rue Fécauderie** (ABZ **12**) faisant l'angle avec la rue Joubert : deux maisons à colombages possédant un poteau cornier sculpté.

**Rue Sous-Murs** (BYZ) qui tire son nom des murailles de la cité gallo-romaine qui la bordaient ; maisons nos 14 et 19.

## ENVIRONS

**Gy-l'Évêque** – 9,5 km au Sud. Cette petite commune rurale est animée par la circulation de la route Auxerre-Clamecy.

Dans le village, prendre le chemin d'Escamps qui conduit à la chapelle provisoire (croix en fer sur la façade) où est exposé le magnifique **Christ aux Orties★** en bois, qui était autrefois dans l'église, et daterait du 16e s.

## L'AUXERROIS Circuit de 40 km – environ 1 h 1/2

Cette excursion dans les environs immédiats d'Auxerre présente un intérêt tout particulier en avril, à l'époque des cerisiers en fleur. Le vignoble alterne avec les vergers et ajoute à l'attrait du paysage souvent vallonné. Autour de jolis villages, de vastes cerisaies recouvrent les coteaux bordant la vallée de l'Yonne et descendent jusqu'au creux de la vallée même.

*Se diriger vers St-Bris-le-Vineux : 8 km au Sud-Est.*

La route s'élève le long des coteaux qui prennent l'aspect d'un immense jardin coupé de petits bois.

**St-Bris-le-Vineux** – Ce joli village du vignoble d'Auxerre possède une **église** ⊙ gothique du 13ᵉ s., avec voûte du chœur et du bas-côté gauche de la Renaissance. Remarquer les vitraux Renaissance, la chaire sculptée, une peinture murale immense de l'Arbre de Jessé (généalogie du Christ), datant de 1500, dans la 1ʳᵉ travée droite du chœur. Dans le collatéral droit, une petite chapelle abritant le sarcophage de saint Cot montre une clef pendante très basse, portant un blason sculpté aux armoiries des Coligny et des Dreux de Mello.

St-Bris a conservé quelques maisons anciennes des 14ᵉ et 15ᵉ s. On peut voir au n° 1 la rue de l'Église une remarquable cave romane, à deux nefs, avec colonnes et chapiteaux.

Poursuivre 5 km au Sud. Nombreuses échappées pittoresques sur la vallée de l'Yonne.

**Irancy** – Dans un vallon couvert d'arbres fruitiers, ce village, patrie de l'architecte Soufflot, produit les vins rouge et rosé les plus réputés du vignoble auxerrois.

*Se rendre à* **Cravant** *(description p. 121) à 5 km au Sud-Est, puis à Escolives-Ste-Camille par la rive droite de l'Yonne à 9 km au Nord-Ouest.*

**Escolives-Ste-Camille** – Située à flanc de coteau, la charmante **église** ⊙ romane est précédée d'un narthex à arcades en plein cintre. Elle possède une flèche octogonale recouverte de briques disposées sur chant. La crypte du 11ᵉ s. abritait naguère les reliques de sainte Camille, compagne de sainte Magnance *(voir p. 196).* A la sortie Nord du village (rue Raymond-Kapps), les vestiges, en partie sous abri, d'un bourg et de thermes gallo-romains (1ᵉʳ au 3ᵉ s.) ainsi que d'un cimetière mérovingien font l'objet de fouilles régulières.

*Regagner Auxerre en longeant la rive gauche de l'Yonne (décrite en sens inverse p. 178).*

# AUXONNE

6 781 habitants (les Auxonnais)
Cartes Michelin n° 66 pli 13 ou 243 pli 17.

Cette ancienne place forte, longtemps ville frontière où Bonaparte, alors lieutenant, tint garnison de 1788 à 1781, a encore fière allure grâce à son château édifié par Louis XI et à ses remparts sur la Saône majestueuse bordée d'allées ombragées.

**Le lieutenant Bonaparte** – Le régiment d'artillerie de La Fère est en garnison à Auxonne (prononcer : Aussonne) depuis le 19 décembre 1787 quand Bonaparte y arrive, au début de juin 1788, en qualité de lieutenant en second. Il a alors 18 ans et suit les cours théoriques et pratiques de l'École royale d'artillerie d'Auxonne. Comme à Valence, où il avait tenu garnison auparavant, il se fait remarquer par son sérieux et son désir le plus vif de s'instruire.

Épuisé par ses veilles et les privations auxquelles sa maigre solde le contraignait, il quitte Auxonne le 1ᵉʳ septembre 1789 pour sa Corse natale. A la fin de février 1791, il est de retour accompagné de son frère Louis dont il devient le mentor. La Révolution marche à grands pas, les événements se précipitent et le jeune Bonaparte assiste en spectateur attentif à ces remous politiques, d'où surgira quelques années plus tard un régime nouveau, le sien. En avril 1791, il quitte définitivement Auxonne pour Valence, où il rejoint le régiment de Grenoble en qualité de lieutenant en premier. C'est le début d'une prodigieuse destinée.

**Église Notre-Dame** – Élevée du 13ᵉ au 15ᵉ s. et remaniée au 19ᵉ s., elle est hérissée de gargouilles et de statues. Son transept est flanqué à droite d'une tour romane du 12ᵉ s., vestige d'une église plus ancienne. Le porche (16ᵉ s.) abrite les statues des prophètes reconstruites en 1853 par le sculpteur Buffet ; six d'entre elles sont des copies fort libres du puits de Moïse de la chartreuse de Champmol à Dijon.

Remarquer dans l'absidiole droite une belle Vierge bourguignonne au raisin, de la fin du 15ᵉ s., de l'école de Claus Sluter ; dans la 1ʳᵉ chapelle du bas-côté gauche, un Christ aux liens du 16ᵉ s. et un Saint Antoine ermite ; dans le chœur, un aigle en cuivre servant de lutrin, datant de 1652, des stalles du 16ᵉ s. ; sur le 4ᵉ pilier de la nef, à droite, une Chasse de saint Hubert, polychrome, peinte au 15ᵉ s.

Près de l'église, au centre de la place d'Armes et face à l'**hôtel de ville**, édifice en brique du 15ᵉ s., s'élève la **statue du « Lieutenant Napoléon Bonaparte »** par Jouffroy (1857).

**Musée Bonaparte** ⊙ – Installé dans la plus grosse tour du château (forteresse plusieurs fois remaniée du 15ᵉ au 19ᵉ s.), il présente d'intéressants souvenirs napoléoniens (dont une statue de Bonaparte, en marbre de Carrare, de 1,35 m de hauteur, due au sculpteur Pietreli de Florence) ; deux autres salles sont consacrées à l'archéologie préhistorique et gallo-romaine, et au folklore et à l'histoire locaux.

# AVALLON★

8 617 habitants (les Avallonnais)
Cartes Michelin n° 65 pli 16 ou 238 plis 23, 24 – Schéma p. 166.

Avallon, perché sur un promontoire granitique isolé entre deux ravins, occupe un **site**★ pittoresque au-dessus de la vallée du Cousin. Puissamment fortifié, Avallon devint au Moyen Âge une des « clés » de la Bourgogne, mais, son rôle militaire terminé, Louis XIV vendit à la municipalité les remparts devenus inutiles. La ville ne manque pas d'attraits avec sa ceinture murée, ses jardins et ses maisons anciennes. C'est aussi un excellent point de départ pour la visite de l'Avallonnais et du Morvan.

**Un fameux aventurier** – En 1432, alors que Philippe le Bon se trouve en Flandre, **Jacques d'Espailly**, surnommé Fortépice, parvient, à la tête d'une bande d'aventuriers, à se rendre maître des châteaux de la Basse-Bourgogne. Il va même jusqu'à menacer Dijon. Les Avallonnais, fiers de leurs murailles, dorment sans inquiétude. Par une nuit de décembre, Fortépice surprend la garde, escalade les remparts, enlève la ville et organise sa résistance. Philippe le Bon, alerté, revient en hâte. Il fait diriger contre Avallon une « bombarde » : les boulets de pierre ouvrent dans la muraille une large brèche par laquelle se précipite l'armée bourguignonne. Mais l'assaut est repoussé. Exaspéré, Philippe le Bon envoie chercher chevaliers et arbalétriers. Alors, Fortépice s'affole et disparaît dans la nuit par une des poternes qui ouvrent sur la rivière, abandonnant dans sa fuite ses compagnons.

## ★LA VILLE FORTIFIÉE *visite : 2 h*

**Le tour des remparts** – Au Nord, depuis l'hôpital, bâtiment du 18ᵉ s., face au bastion de la porte Auxerroise (1590) flanqué d'une échauguette, suivre la rue Fontaine-Neuve dominée par la tour des Vaudois ; le bastion de la Côte Gally surplombe une petite promenade.

**Promenade de la Petite-Porte** – De cette terrasse plantée de tilleuls et aménagée le long des anciens remparts, on a une belle **vue** sur la vallée du Cousin, à 100 m en contrebas, et sur les monts du Morvan.

A l'Ouest, l'enceinte domine le ravin du ru Potot.

Par la rue du Fort-Mahon (**9**) on gagne la promenade de la Petite-Porte où se trouvent la tour du Chapitre et la tour Gaujard.

Il est possible de poursuivre à l'Est ce tour des remparts. En suivant en contre-haut le ravin des Minimes, on voit la tour de l'Escharguet – bien conservée – puis la tour Beurdelaine, la plus ancienne, construite en 1404 par Jean sans Peur, renforcée en 1590 par un bastion couronné d'une échauguette en encorbellement.

## AVALLON

Gde-Rue A.-Briand ............. 13
Paris (R. de)
Vauban (Pl.)

Belgrand (R.) .................... 2
Bocquillot (R.) .................... 3
Capucins (Prom. des) ........ 5
Collège (R. du) ................. 6
Fontaine-Neuve (R.) .......... 8
Fort-Mahon (R.) ................ 9
Gaulle (Pl. Gén. de) .......... 12
Porte-Auxerroise (R.) ........ 14
Terreaux Vauban
(Prom. des) ........................ 16

D   Tour de l'Horloge
M¹  Musée de l'Avallonnais
M²  Musée du Costume

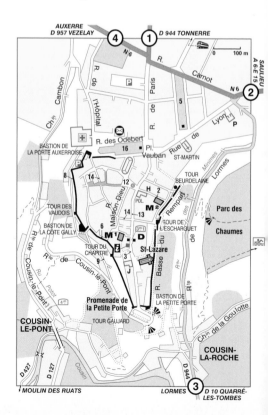

**Église St-Lazare** ⊙ – Au 4ᵉ s., un édifice fut fondé ici sous le vocable de Notre-Dame. De ce premier sanctuaire subsiste une crypte sous le chœur actuel. Au début du 11ᵉ s., l'église reçut du duc de Bourgogne, Henri le Grand, frère de Hugues Capet, le chef de saint Lazare, insigne relique à l'origine du développement de ce culte. Dès la fin du 11ᵉ s., l'affluence des pèlerins était telle qu'il fut décidé, en accord avec les moines constructeurs de Cluny, d'agrandir l'église. Le chœur, les absidioles en cul-de-four et les portails de l'ancien édifice ont été remaniés depuis. Consacré en 1106 par le pape Pascal II, le sanctuaire fut vite trop petit et on reporta la façade à une vingtaine de mètres en avant pour allonger la nef.

★ **Les portails** – La façade était autrefois flanquée au Nord d'une tour-clocher au pied de laquelle était percé le portail Nord ; le clocher, incendié puis ruiné plusieurs fois, s'écroula à nouveau en 1633, écrasant dans sa chute ce petit portail et une partie de la façade. Il fut remplacé en 1670 par la tour actuelle. L'intérêt de la façade réside dans les deux portails qui subsistent.

Les voussures du grand portail, composées de 5 cordons sculptés, sont particulièrement remarquables : angelots, vieillards musiciens de l'Apocalypse, signes du Zodiaque et travaux des mois, feuilles d'acanthe et feuilles de vigne y apparaissent. Une seule statue-colonne aux fines draperies rigides, représentant un prophète, se trouve contre le piédroit du grand portail, à un emplacement qui n'est pas celui d'origine ; admirer les élégantes colonnettes à cannelures en hélice et les colonnes torses alternant avec les colonnes droites. Les soubassements aux chapiteaux historiés du portail de droite sont délicatement ouvragés.

Le tympan et le linteau du petit portail portent encore leurs sculptures mais mutilées ; on croit reconnaître l'Adoration et la Chevauchée des Mages, leur Visite à Hérode puis la Résurrection et la Descente aux Limbes. Quant au décor des voussures, il est uniquement d'inspiration végétale : guirlandes de roses épanouies, giroflées, arums stylisés.

A droite, dans le prolongement de la façade, vestiges de l'ancienne église St-Pierre qui servit d'église paroissiale jusqu'à la Révolution. Sa nef, badigeonnée, abrite des expositions temporaires. A gauche du chevet, une terrasse permet d'en détailler les sculptures et de dominer la vallée du Cousin, par-delà le parc des Chaumes.

**Intérieur** – La façade, lors de son déplacement, s'est trouvée orientée en biais par rapport à l'axe de la nef qui suit, par paliers successifs, la déclivité du sol (le chœur se trouve 3 m plus bas que le seuil).

Dans le bas-côté Sud : statues en bois peint (17ᵉ s.), Sainte Anne et la Vierge (15ᵉ s.) et un Saint Michel terrassant le dragon, en pierre (14ᵉ s.).

La chapelle en rotonde à droite du chœur est entièrement revêtue de peintures en trompe-l'œil, du 18ᵉ s.

**Tour de l'Horloge (D)** – Édifiée au 15ᵉ s., sur la porte de la Boucherie, cette belle tour, flanquée d'une tourelle coiffée d'ardoise et surmontée d'un campanile qui abritait le guetteur, se dresse au point culminant de la ville.

**Maisons anciennes** – Avallon conserve un certain nombre de demeures du 15ᵉ s., avec tourelle en encorbellement, et des 16ᵉ et 18ᵉ s. Le touriste aura plaisir à les découvrir, au hasard de ses flâneries à travers la vieille ville.

## AUTRES CURIOSITÉS

**Musée de l'Avallonnais (M¹)** ⊙ – Ce musée assez éclectique réserve la surprise de quelques œuvres sortant de l'ordinaire.

Au rez-de-chaussée, l'entrée est consacrée à des vestiges lapidaires gallo-romains, mérovingiens, médiévaux et Renaissance aux côtés desquels figure une belle mosaïque gallo-romaine polychrome, dite de Vénus (fin du 2ᵉ s.). Deux salles de minéralogie et de paléontologie donnent ensuite accès à une collection de pièces d'orfèvrerie, réalisées de 1919 à 1971 par l'artisan décorateur Jean Desprès, et à un ensemble d'armes anciennes (15ᵉ-19ᵉ s.).

Au deuxième étage, après une salle consacrée au souvenir d'Étienne Flandrin et de son fils Pierre-Étienne, hommes politiques de la IIIᵉ République, la section de préhistoire présente les riches collections de l'abbé Parat, archéologue du 19ᵉ s. qui entreprit de très nombreuses fouilles dans les grottes de la Cure et de l'Yonne. On voit également une exceptionnelle collection de monnaies romaines et médiévales, et des fragments du temple gallo-romain reconstitué de Montmartre *(7 km à l'Est d'Avallon)* dédié à Mercure.

Au troisième étage, statues religieuses du 14ᵉ au 18ᵉ s., et importante collection de peinture et art graphique comprenant des œuvres de Forain, Toulouse-Lautrec, Girodet, deux séries de 24 et 25 gravures de Jacques Callot, la célèbre série expressionniste du Miserere★ (58 planches en noir et blanc) de Georges Rouault et les premiers tableaux peints par lui pour le musée en 1895 (*Stella Matutina* et *Stella Vespertina* encore sous l'influence de son maître Gustave Moreau).

**Musée du Costume (M²)** ⊙ – Dans l'ancien hôtel de Condé (17ᵉ-18ᵉ s.) sont présentées des expositions de costumes d'époque dont le thème varie chaque année.

**Parc des Chaumes** – *2 km par ② N 6 (rue de Lyon), puis à droite la rue des Minimes, le chemin de la Goulotte et l'avenue du Parc. Laisser la voiture à l'entrée du parc.*
De l'extrémité du parc opposée à l'entrée, la **vue** sur Avallon est remarquable : la ville surplombe les jardins étagés en terrasses, et l'on distingue les remparts, l'abside de St-Lazare et la tour de l'Horloge.

★**VALLÉE DU COUSIN** *Circuit de 33 km – environ 1 h*

*Se rendre tout d'abord 6 km à l'Ouest.*

**Vault-de-Lugny** – *Voir à ce nom.*

Descendre 1,5 km au Sud-Est ; la route suit une boucle du Cousin et laisse sur la gauche un château entouré de douves.

**Pontaubert** – La localité, qui s'étage sur la rive gauche du Cousin, possède une église de style roman bourguignon.

**Moulin des Ruats** – Poursuivre à l'Est. La route, qui longe le cours du Cousin dans une gorge granitique et boisée, serpente dans un décor de verdure. D'anciens moulins ont été aménagés en hostelleries, dans un site agréable. La route passe au pied de l'éperon que domine Avallon et continue à remonter la rive droite du Cousin.

**Méluzien** – Site charmant au confluent du ru des Vaux et du Cousin. La route s'élève à travers bois jusqu'à Magny ; on descend alors au Sud vers le Cousin.

**Moulin-Cadoux** – Un vieux pont, avec parapet en dos d'âne, franchit la rivière dans un joli site.

**Marrault** – On aperçoit, à droite, un château du 18e s., où Pasteur fit plusieurs séjours, et aussitôt après, à gauche, l'étang du Moulin.

*Revenir à Avallon par la D 10.*

La route traverse un vallon boisé et offre une jolie vue sur la ville.

# Château de BEAUMONT-SUR-VINGEANNE

Cartes Michelin n° 66 Nord du pli 13 ou 243 pli 17.

Le petit village de Beaumont-sur-Vingeanne possède un charmant édifice du 18e s., type même de ce que l'on appelait alors architecture « de Folie » et l'un des très rares exemples existant encore en France. Ce **château** ⊙, de dimensions réduites mais de proportions parfaites, aurait été construit aux environs de 1724 par l'abbé Claude Jolyot, chapelain du roi, qui vint y faire de nombreux séjours pour y goûter le repos, loin de Versailles et de la cour.
Dans un parc de 6 ha, c'est une demeure fort agréable dont la façade harmonieuse est ornée de fenêtres cintrées couronnées de masques. Ce paisible décor évoque bien la douceur de vivre, telle qu'on l'entendait au 18e s.
A l'intérieur, on visite deux salles lambrissées du rez-de-chaussée et la galerie voûtée en sous-sol supportant la terrasse de la façade arrière.

# BEAUNE★★

21 289 habitants (les Beaunois)
Cartes Michelin n° 69 pli 9 ou 243 pli 27 – Schéma p. 90.

Au cœur du vignoble bourguignon, Beaune, prestigieuse cité du vin, est aussi une incomparable ville d'art. Son Hôtel-Dieu, ses musées, son église Notre-Dame, sa ceinture de remparts dont les bastions abritent les caves les plus importantes, ses jardins, ses maisons anciennes constituent un des plus beaux ensembles de Bourgogne.
La visite de la Côte et du vignoble *(voir p. 115)* est le complément indispensable de la visite de Beaune : les amateurs d'art et de bons vins en seront d'ailleurs comblés.

**La naissance d'une ville** – Sanctuaire gaulois puis romain, Beaune a été jusqu'au 14e s. la résidence habituelle des ducs de Bourgogne, avant qu'ils ne se fixent définitivement à Dijon. Les archives de la ville possèdent la charte originale des libertés communales accordées par le duc Eudes, en 1203. C'est à partir du 15e s. qu'ont été édifiées l'enceinte et les tours qui existent encore. Après la mort, en 1477, du dernier duc de Bourgogne, Charles le Téméraire, la ville résiste avec opiniâtreté à son annexion par Louis XI et ne se rend qu'après un siège de cinq semaines.

**Une querelle de clocher** – L'animosité des habitants de Dijon contre les Beaunois a fait, au 18e s., couler des flots d'encre sous la plume du poète dijonnais **Alexis Piron** (1689-1773).

A la suite d'un concours d'arquebusiers où ses concitoyens avaient été battus par les Beaunois, Piron compose une ode vengeresse, intitulée « Voyage à Beaune », dans laquelle il compare les Beaunois aux ânes de leur pays – les frères Lasnes, commerçants du lieu, n'avaient-ils pas pris pour enseigne cet animal, provoquant les quolibets de leurs compatriotes – et prétend leur couper les vivres en tranchant les chardons de tous les talus des environs. Ce poème lui vaut d'être interdit de séjour à Beaune. Néanmoins, il a la témérité de s'y aventurer un dimanche, se rendant tout d'abord à la messe, où, déclare-t-il, « tel qui y vient pour lorgner les femmes est obligé d'y prier Dieu, car, en vérité, ces dames auraient effrayé Jean sans Peur ».

Il se rend ensuite au spectacle. Bientôt les gens le reconnaissent et manifestent si bruyamment leur haine et leur courroux qu'un jeune spectateur, soucieux de ne rien perdre de la pièce, s'écrie : « Paix donc ! on n'entend rien ! – Ce n'est pas faute d'oreilles », réplique audacieusement Piron. Les spectateurs se ruent sur lui, et cette nouvelle plaisanterie lui aurait coûté cher si un Beaunois compatissant ne lui avait donné asile et fait quitter la ville nuitamment.

**Une grande cérémonie** – Chaque année, sous la halle médiévale, a lieu la célèbre vente aux enchères des vins des Hospices de Beaune. Les annonces du crieur sont guettées par les experts et sa durée est limitée à la combustion de deux petites chandelles, d'où son nom d''''Enchères à la chandelle". *Voir le chapitre des manifestations.*

Les **Hospices de Beaune** (ce terme englobe l'Hôtel-Dieu, l'hospice de la Charité et le centre hospitalier) possèdent notamment un magnifique vignoble de 58 ha entre Aloxe-Corton et Meursault comptant des crus universellement réputés. C'est un titre de gloire que de figurer parmi les « vignerons des Hospices ».

Le produit de la vente aux enchères, qu'on a appelée « la plus grande vente de charité du monde », est consacré à la modernisation des installations chirurgicales et médicales ainsi qu'à l'entretien de l'Hôtel-Dieu.

# ★★★ HÔTEL-DIEU (AZ) ⊘ visite : 1 h

Merveille de l'art burgondo-flamand, l'Hôtel-Dieu de Beaune fut fondé en 1443 par le chancelier Nicolas Rolin *(p. 55)*.

Dans cet édifice, parvenu intact jusqu'à nous, a fonctionné jusqu'en 1971, dans un pur décor médiéval, un service hospitalier moderne. Il est aujourd'hui dévolu à la visite touristique.

**Façade extérieure** – La vaste et haute toiture d'ardoise est le principal élément décoratif de cette sobre façade. Avec ses lucarnes, ses girouettes, ses fins pinacles et sa dentelle de plomb, elle est d'une parfaite élégance. Au centre, une flèche aiguë de 30 m de hauteur fuse vers le ciel.

Le porche d'entrée est surmonté d'un auvent d'une grande légèreté dont les trois pignons d'ardoise à pendentifs se terminent en pinacles ouvragés. Les girouettes portent différents blasons. Sur la porte aux beaux vantaux, remarquer le guichet de fer forgé aux pointes acérées et le heurtoir, magnifiques pièces ciselées datant du 15ᵉ s.

**Cour d'honneur** – Les bâtiments qui l'entourent forment un charmant ensemble à la fois gai, intime et cossu, « plutost logis de prince qu'hospital de pauvres ». Les ailes de gauche et du fond ont une magnifique toiture de tuiles vernissées.

Cette parure multicolore, ponctuée de tourelles, est percée d'une double rangée de lucarnes et hérissée de girouettes armoriées et d'épis de plomb ouvragés. Une galerie à pans de bois, desservant le premier étage, repose sur de légères colonnettes de pierre formant cloître au rez-de-chaussée. Le bâtiment de droite, construit au 17ᵉ s., sur des dépendances, ne dépare pas l'ensemble. Au revers de la façade, les pavillons qui encadrent la porte d'entrée datent du siècle dernier. Le vieux puits, avec son armature de fer forgé et sa margelle de pierre, est du plus gracieux effet.

**Grand'Salle ou chambre des pauvres** – Cette immense salle de 46 m de long, 14 m de large et 16 m de haut, conserve une magnifique voûte en carène de navire renversée, entièrement polychromée, dont les longues poutres transversales sont « avalées » à chaque extrémité par une gueule de monstre marin. Le pavage est la reproduction du dallage primitif. Le mobilier est d'époque ou refait sur les modèles d'origine.

Autrefois, « ès fêtes solennelles », les 28 lits à colonnes, alignés dans la pièce, étaient couverts par d'admirables tapisseries. Ces tapisseries sont maintenant exposées dans la salle du Polyptyque, mais l'ordonnance des ciels de lits, des courtines et de la literie, dans leur harmonie de tons blanc et rouge, est frappante. Au fond de la salle se dresse la statue plus grande que nature (1,76 m assis), en bois polychrome, d'un émouvant **Christ de pitié★** (15ᵉ s.) ; une tête de mort apparaît sous la draperie de sa tunique, à ses pieds.

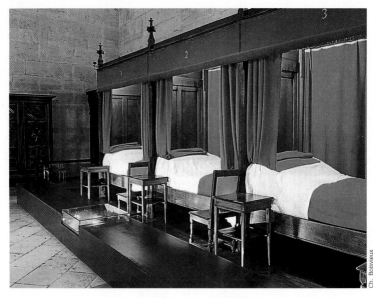

Lits à colonnes dans la Grand'Salle.

La cloison de style flamboyant séparant la grand'salle de la chapelle a été reconstituée au 19e s., ainsi que le grand vitrail. Le fameux retable de Roger Van der Weyden, commandé pour cette chapelle par Nicolas Rolin et aujourd'hui exposé dans la salle du Polyptyque, prenait place au-dessus de l'autel.

Dans la chapelle, une plaque funéraire en cuivre rappelle la mémoire de Guigone de Salins, épouse de Nicolas Rolin et fondatrice de l'Hôtel-Dieu. Des vitrines présentent la collection d'art sacré Clermont-Tonnerre (objets et habits sacerdotaux).

**Salle Ste-Anne** – La lingerie, visible des fenêtres, était à l'origine une petite chambre réservée aux « hommes nobles ». Des mannequins, revêtus des robes que portèrent les Dames hospitalières jusqu'en 1961, mettent en scène l'activité des religieuses.

**Salle St-Hugues** – Désaffectée depuis 1982, cette salle de malades a été partiellement réaménagée dans son décor du 17e s., les lits étant ceux en usage depuis la fin du 19e s. Les fresques sont d'Isaac Moillon et représentent saint Hugues, en évêque et en chartreux, ainsi que neuf miracles du Christ.

**Salle St-Nicolas** – Ancienne infirmerie des malades « en danger de mort », elle abrite une exposition permanente sur l'Hôtel-Dieu et son histoire, ainsi que sur les soins du corps et de l'âme qu'on y apportait. Au centre, un pavage de verre permet de voir couler la Bouzaise, sur laquelle cette partie de l'hôpital a été construite afin de faciliter l'évacuation des détritus et des eaux usées.

**Cuisine** – *Commentaire et animation de type « Son et Lumière » toutes les 15 mn.* Un décor ancien a été reconstitué autour de la vaste cheminée gothique à double foyer, munie d'un tournebroche à automate datant de 1698.

**Pharmacie** – Dans la première salle, un beau garde-manger du 18e s. présente de la vaisselle d'étain ; dans la seconde, lambrissée, on peut voir une collection de faïences à décors verts du 18e · s. et un grand mortier de bronze.

**Salle St-Louis** – Elle abrite des tapisseries de Tournai (début 16e s.) figurant la parabole de l'Enfant prodigue, et une série tissée à Bruxelles (fin 16e s.), retraçant l'histoire de Jacob.

**Salle du Polyptyque** – Construite à cet effet, cette salle expose le célèbre **polyptyque du Jugement dernier★★★** de Roger Van der Weyden. Ce chef-d'œuvre de l'art flamand avait été commandé à l'artiste par Nicolas Rolin en 1443 pour surmonter l'autel de la Grand'Chambre des pauvres. Il a été fort bien restauré au 19e s. (quoique scié dans l'épaisseur afin de pouvoir exposer les deux faces simultanément).

Une grosse loupe mobile permet de mesurer l'extraordinaire minutie des détails et la poignante vérité d'expression de tous les personnages.

Dans le panneau central, le Christ préside au Jugement dernier ; il trône sur un arc-en-ciel au milieu de nuées d'or, évoquant le Paradis ; quatre anges, portant les instruments de la Passion, sont présents à ses côtés sur des panneaux latéraux.

Saint Michel pèse les âmes, encadré par des anges sonnant de la trompette. Autour des deux grandes figures centrales, la Vierge et saint Jean-Baptiste implorent la clémence du Seigneur. Derrière eux prennent place les Apôtres et quelques personnages importants intercédant en faveur de l'humanité.

Au bas des panneaux, les défunts sortent de terre : les justes s'acheminent vers la porte du Paradis, cathédrale étincelante d'or, tandis que les réprouvés se contorsionnent aux approches des abîmes flamboyants de l'Enfer.

Sur le mur latéral droit, on voit le revers du retable. Les admirables portraits de Nicolas Rolin et de sa femme sont accompagnés de grisailles représentant saint Sébastien et saint Antoine, qui fut le premier patron de l'Hôtel-Dieu, et la scène de l'Annonciation.

Sur le mur latéral gauche est exposée la belle tenture à mille fleurs du début du 16e s., racontant la légende de saint Éloy.

Face au Jugement dernier ont été placées les tapisseries à fond framboise de Guigone de Salins, semées de tourterelles, portant les armes des fondateurs, les initiales G et N entrelacées et la devise « Seulle », expression du fidèle attachement de Nicolas Rolin à son épouse. Au centre est représenté saint Antoine Ermite.

## ★ COLLÉGIALE NOTRE-DAME (AY) *visite : 1/2 h*

Cette « fille de Cluny », commencée vers 1120 et largement inspirée par St-Lazare d'Autun, reste, malgré des adjonctions successives, un bel exemple de l'art roman bourguignon.

**Extérieur** – Un large porche à trois nefs du 14e s. dissimule la façade. Le décor sculpté a été détruit pendant la Révolution, mais les vantaux aux panneaux sculptés (15e s.) subsistent.

Pour avoir la vue la plus intéressante du chevet, contourner l'édifice par la gauche. Dans cet ensemble de belles proportions, on reconnaît les différentes phases de construction : déambulatoire et absidioles de pur style roman, chœur remanié au 13e s. et beaux arcs-boutants du 14e s.

La tour de la croisée du transept, où les baies en tiers-point se superposent aux arcatures romanes, est coiffée d'un dôme galbé avec lanternon du 16e s.

**Intérieur** – La haute nef, voûtée en berceau brisé, est flanquée d'étroits bas-côtés voûtés d'arêtes. Un triforium aux baies partiellement aveugles entoure l'édifice qui offre un décor d'arcatures et de pilastres cannelés, d'inspiration autunienne.

La croisée du transept est couverte d'une coupole octogonale sur trompes. Le chœur, entouré d'un déambulatoire sur lequel s'ouvrent trois absidioles en cul-de-four, est remarquable par ses proportions.

Outre la décoration des pilastres des croisillons, il faut remarquer le bandeau de rosaces sous le triforium simulé du chœur et les sculptures de certains chapiteaux de la nef figurant l'Arche de Noé, la Lapidation de saint Étienne et l'Arbre de Jessé. En remontant le bas-côté gauche, regarder dans la seconde chapelle les fresques du 15e s. représentant la Résurrection de Lazare, attribuées à l'artiste bourguignon Pierre Spicre, une Pietà du 16e s., et, dans la troisième chapelle, deux retables du 15e s. Dans le bas-côté Sud au niveau de la première travée, chapelle Renaissance au beau plafond à caissons.

★★**Tapisseries** – Il est indispensable de voir, dans le chœur, derrière le maître-autel, un magnifique ensemble de tapisseries, dites « de la Vie de la Vierge », marquant le passage de l'art du Moyen Âge à la Renaissance.

Cinq panneaux aux riches couleurs, tissés en laine et soie, retracent toute la vie de la Vierge en une suite de charmants tableaux. Ils furent commandés en 1474, puis exécutés d'après les cartons de Spicre, sur les indications du cardinal Rolin, et offerts à l'église en 1500 par le chanoine Hugues le Coq.

**Bâtiments monastiques** – On peut y accéder par une porte romane ouvrant dans le transept ; une partie de l'ancien cloître, qui date du 13e s., et la salle capitulaire ont été restaurées.

## AUTRES CURIOSITÉS

★ **Musée du vin de Bourgogne** (AY M[1]) ⊙ – Il est installé dans l'ancien hôtel des ducs de Bourgogne, bâtiment des 15e et 16e s., où la pierre et le bois se complètent harmonieusement. La cour intérieure évoque un délicieux décor de théâtre. Remarquer à droite une maquette au 1/200 des remparts de Beaune. La Porterie, bâtiment du 15e s. situé à droite de la porte d'entrée, est intéressante. La cuverie (14e s.), à laquelle on accède par un vaste portail, abrite une impressionnante collection de pressoirs et de cuves.

L'histoire du vignoble bourguignon et de la culture de la vigne est présentée au rez-de-chaussée : carte de la viticulture, maquette géologique de la Côte de Beaune, vieux outils de vigneron. On voit en outre une Vierge au raisin (N.-D. de Beaune), statue en pierre polychrome du 16ᵉ s. Au 1ᵉʳ étage, une grande salle, décorée de deux tapisseries des ateliers d'Aubusson, l'une de Lurçat et l'autre de Michel Tourlière, est le siège de l'« Ambassade des Vins de France ». Dans d'autres salles, collections de pichets, bouteilles, tastevins, outils de tonnelier, objets d'orfèvrerie et souvenirs des compagnons du Tour de France.

★ **Hôtel de la Rochepot** (AY B) – *On ne visite pas.* Cet édifice du 16ᵉ s. possède une jolie façade gothique.

Sur la place Monge s'élèvent le beffroi (14ᵉ s.) et la statue de Monge, enfant du pays, par Rude. Aîné des quatre fils d'un commerçant de Beaune, **Gaspard Monge** (1746-1818) se révéla très tôt doué pour les sciences physiques et mathématiques. Créateur de la géométrie descriptive, il fonda l'École polytechnique sous la Révolution et participa à l'expédition d'Égypte.

**Hôtel de Ville** (AY H) ⊘ – Il occupe les bâtiments de l'ancien couvent des ursulines (17ᵉ s.). Son aile droite abrite deux **musées**.

**Musée des Beaux-Arts** – Il expose notamment de nombreuses œuvres de **Félix Ziem** (1821-1911), peintre né à Beaune qui traduit à merveille les effets de la lumière, des peintures flamandes et hollandaises des 16ᵉ et 17ᵉ s., des sculptures médiévales (Joueur de cornemuse – 14ᵉ s.) ou Renaissance (Sainte Anne trinitaire – 16ᵉ s.), ainsi qu'une petite collection archéologique gallo-romaine (déesse de source découverte à Gissey-le-Vieil).

**Musée Étienne-Jules Marey** – Ce musée, quelque peu figé dans son aménagement traditionnel, est consacré à un autre enfant de Beaune, le médecin et physiologiste Étienne-Jules Marey (1830-1904).

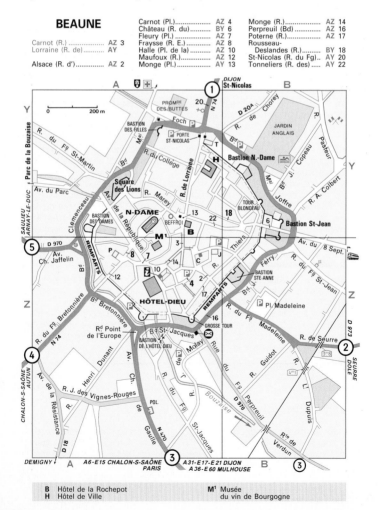

# BEAUNE

| | | | | | | |
|---|---|---|---|---|---|---|
| | | Carnot (Pl.) | AZ 4 | Monge (R.) | AZ 14 | |
| | | Château (R. du) | BY 6 | Perpreuil (Bd) | AZ 16 | |
| Carnot (R.) | AZ 3 | Fleury (Pl.) | AZ 7 | Poterne (R.) | AZ 17 | |
| Lorraine (R. de) | AY | Fraysse (R. E.) | AZ 8 | Rousseau- | | |
| | | Halle (Pl. de la) | AZ 10 | Deslandes (R.) | BY 18 | |
| Alsace (R. d') | AZ 2 | Maufoux (R.) | AZ 12 | St-Nicolas (R. du Fg) | AY 20 | |
| | | Monge (Pl.) | AY 13 | Tonneliers (R. des) | AY 22 | |

| | |
|---|---|
| **B** Hôtel de la Rochepot | **M¹** Musée |
| **H** Hôtel de Ville | du vin de Bourgogne |

Ce passionné du phénomène du mouvement obtint à partir de 1869 une chaire au Collège de France. Le musée présente quelques documents, ainsi que des appareils de son invention : un enregistreur de pouls, un tambour à fentes tournant autour d'oiseaux fixes en créant l'illusion d'un vol de mouettes, des « fusils photographiques »... Par son invention de la « chronophotographie », il fut un précurseur du cinématographe des frères Lumière qui poussèrent plus loin une partie des travaux qu'il leur avait transmis avant sa mort.

**Église St-Nicolas** – *Sortir par* ①, *N 74*. Église (13e s.) du quartier des vignerons possédant une tour romane avec une belle flèche de pierre. Un porche du 15e s., pourvu d'une charpente couverte de tuiles et supportée par des piliers de pierre de taille, abrite un portail du 12e s. Le tympan monolithe représente saint Nicolas sauvant trois jeunes filles que leur père voulait vendre.

**Maisons anciennes** – Les nos 18-20-22-24 de la **rue de Lorraine** (**AY**) forment un bel ensemble du 16e s. ; au n° 10 de la **rue Rousseau-Deslandes** (**BY 18**), une maison romane ornée au premier étage d'arcatures tréflées ; 2, **rue Fraysse** (**AZ 8**), la Maison du Colombier, jolie demeure Renaissance, à voir du parvis de Notre-Dame ; 13, **place Fleury** (**AZ 7**), l'hôtel de Saulx, avec jolie tourelle et cour intérieure ; enfin, 4, **place Carnot** (**AZ 4**), une maison du 16e s. dont la façade porte de ravissantes sculptures.

**Parc de la Bouzaise** – *Sortir par l'avenue du Parc* (**AY**). C'est un agréable but de promenade, avec ses beaux ombrages et son lac artificiel aux sources de la rivière.

★ **Les remparts** – Assez bien conservés et formant autour de la vieille ville un chemin de ronde presque ininterrompu de 2 km – mais haché d'enclaves privées –, ils ont été édifiés de la fin du 15e s. au milieu du 16e s. Leur ceinture de moellons, rectangulaire, est festonnée de huit bastions (dont un est double : **l'ancien château, dit bastion St-Jean**) de formes variées, à bossages, et de quelques tours subsistantes. On peut en effectuer le tour extérieur complet, à pied ou en auto.

**Visite** – *Suivre les boulevards extérieurs, par l'Ouest, à partir du boulevard Joffre.* La tour Nord du château (ou **bastion St-Jean**), hérissée de gargouilles et creusée d'une niche abritant une statue de Vierge à l'Enfant, plonge dans le fossé planté de grands cerisiers. Après avoir dépassé la tour Blondeau, en saillie sur le rempart, on arrive devant le **bastion Notre-Dame** au faîte garni de beaux arbres et dont une charmante échauguette coiffe l'éperon. Le rempart s'interrompt de part et d'autre de la porte St-Nicolas (18e s.) fermant la rue de Lorraine. On voit ensuite le bastion des Filles, dénaturé par la toiture qui le recouvre, avant de parvenir à l'ancien bastion St-Martin, arasé, dont la terrasse triangulaire et ombragée (**square des Lions**) domine un jardin agrémenté d'arbres. Suivent le bastion des Dames surmonté d'une belle maison et d'arbres, le **rempart des Dames**, promenade ornée d'une double file de magnifiques platanes, et le bastion de l'Hôtel-Dieu au bas desquels court un ruisseau aboutissant à un ancien lavoir. On découvre alors la « Grosse Tour » (15e s.) du rempart Madeleine, puis le bastion Ste-Anne, livré à la végétation mais dont l'éperon porte une échauguette.

On termine devant la tour Sud du château, entourée d'arbres et que précède le fossé garni de haies et de bambous : prendre un peu de recul pour profiter du joli tableau qu'elle offre avec, à son sommet, une petite maison à pinacles noirs et, à l'arrière-plan, les toits vernissés d'autres bâtiments.

## ENVIRONS

★★ **Le Vignoble de la Côte** – *Les itinéraires recommandés p. 89 à 92 sont également accessibles au départ de Beaune.*

**Montagne de Beaune** – *4 km au Nord-Ouest.* De la table d'orientation située près du monument aux Morts (à 600 m environ au Sud de la statue de N.-D.-de-la-Libération), on découvre une **vue** étendue sur la ville aux jolis toits de tuiles brunes, sur le vignoble et, au Sud, sur les monts du Mâconnais.

★ **Archéodrome de Bourgogne** – *7 km au Sud. Accessible par la route (parc de stationnement, avant le passage sous l'autoroute). Voir à ce nom.*

**Combertault** – *6 km au Sud-Est.* Le village, aux longues fermes bordées d'arbres et de fleurs, possède une curieuse petite **église** ⊙ romane, remaniée au 15e s., dont la haute abside ronde, décorée extérieurement d'arcatures lombardes, et la courte nef unique renferment plusieurs statues intéressantes.

**Bagnot** – *24 km au Nord-Est.* A proximité de la forêt de Cîteaux, le village de Bagnot possède une petite **église** d'origine romane dont le chœur est orné de peintures murales, datant de la fin du 15e s., surnommées « les diables de Bagnot ». Le Jugement dernier, thème central du cycle, témoigne d'une imagination populaire dont les détails amusants ou touchants font oublier la maladresse de l'exécution. Un calendrier des mois court sur l'arc doubleau de la voûte.

# BERZÉ-LA-VILLE★

*511 habitants*
Cartes Michelin n° 69 pli 19 ou 243 pli 39 – 12 km au Sud-Est de Cluny –
Schéma p. 153.

L'abbaye de Cluny possédait là, près d'un ancien prieuré, une maison de campagne dite « château des Moines ». Saint Hugues y séjourna sur la fin de sa vie.

**Chapelle des Moines** ⊙ – La chapelle romane du prieuré est célèbre par ses peintures murales, magnifique exemple de l'art clunisien.

★★**Les peintures murales** – La chapelle (12ᵉ s.), érigée en étage sur un bâtiment primitif du 11ᵉ s., est ornée dans le chœur de fresques d'époque romane *(illustration p. 37)*, celles de la nef ayant pratiquement disparu.

Sur la voûte en cul-de-four de l'abside, on reconnaît, au centre d'une mandorle, un Christ en majesté de près de 4 m de hauteur, entouré d'apôtres, d'évêques, de diacres et donnant à saint Pierre un parchemin (la Loi) ; sur le soubassement des fenêtres, des groupes de saints particulièrement vénérés à Cluny et des martyrs émergent de draperies simulées. Sur les faces latérales de l'abside, on découvre, à gauche, la légende de saint Blaise et, à droite, le martyre de saint Vincent de Saragosse sur son gril, en présence de Dacien, préfet de Rome.

L'influence de l'art byzantin dans ces peintures murales à fond bleu est sans doute due au fait que l'atelier clunisien qui travailla ici était dirigé par des peintres bénédictins venus du Mont-Cassin dans le Latium, où l'influence de l'Empire romain d'Orient s'exerça jusqu'au 11ᵉ s.

## ENVIRONS

★**Château de Berzé-le-Châtel** – *5 km au Nord. Description p. 156.*

# Mont BEUVRAY★★

Cartes Michelin n° 69 plis 6, 7 ou 238 pli 36 – 8 km à l'Ouest de St-Léger-sous-Beuvray
– Schémas p. 102 et 166.

*Accès par la D 274, à sens unique, qui s'embranche sur la D 3.*

Quelques belles échappées sont offertes par les parties déboisées.

**Oppidum de Bibracte** ⊙ – Les Éduens, puissant peuple gaulois, avaient établi sur le mont Beuvray, l'un des sommets du Haut-Morvan, leur capitale, Bibracte. Vaste oppidum dont la construction daterait de la première moitié du 2ᵉ s. av. J.-C., celle-ci se protégeait derrière une double ligne de fortifications – Bibracte signifierait « deux fois fortifiée » (P. Lebel) – de type « murus gallicus », en bois et terre habillés d'un parement de pierre.

Sur 200 hectares enclos, une quarantaine étaient bâtis. Les maisons d'habitation, faites de murs en terre étayés par des poteaux de bois, abritaient peut-être 10 000 personnes. En cas de danger, la population agricole des environs pouvait, en foule, trouver refuge derrière les remparts.

Placée à un carrefour de voies de communications, la capitale des Éduens, grand centre politique, religieux et d'artisanat, était en outre un important marché où s'échangeaient des marchandises de toute l'Europe celtique et méditerranéenne. Cette tradition commerçante s'est perpétuée bien au-delà de l'abandon de l'oppidum par ses habitants, puisque des foires ont régulièrement animé le mont Beuvray jusqu'au 16ᵉ s.

Bibracte fut peu à peu délaissée au début de l'ère chrétienne au profit de la cité nouvelle d'Augustodunum (Autun), après s'être illustrée comme haut lieu de la Guerre des Gaules : en – 52, **Vercingétorix** y fut désigné par les tribus gauloises soulevées, pour commander en chef les troupes coalisées contre les Romains ; l'hiver suivant, **Jules César** commença à Bibracte la rédaction de ses « Commentaires sur la Guerre des Gaules ».

La fouille scientifique de l'oppidum débuta à la fin du 19ᵉ s. et se poursuivit sous la conduite de Joseph Déchelette, l'un des fondateurs de l'archéologie protohistorique. Interrompue en 1907, elle reprit à partir de 1984, avec le concours de chercheurs originaires d'une dizaine de pays européens, tous concernés par la civilisation celtique.

La visite du site de Bibracte permet la découverte des différentes composantes de la ville gauloise, notamment le quartier artisanal du Champlain. La voierie antique est progressivement réhabilitée. Les vestiges en place les plus intéressants sont protégés par des abris ; un élément de rempart et l'une des portes d'accès monumentales, la porte du Rebout, ont été partiellement reconstitués.

★★**Panorama** – De la plate-forme *(table d'orientation)* encadrée de hêtres aux troncs tordus, on découvre un magnifique panorama sur Autun, le signal d'Uchon et Mont-St-Vincent ; par beau temps, on distingue le Jura et même le Mont-Blanc.

★ **Centre archéologique européen Bibracte-Mont Beuvray** – Il comprend le **Centre de recherche** *(installé à Glux-en-Glenne, 5 km au Nord par la D 300)* dont le service de documentation est accessible à tous, et le **Musée** ⊙, aménagé au pied de l'oppidum.

Ouvert au public à partir de l'été 1995, il présente au rez-de-chaussée le mobilier du site de Bibracte, recueilli au cours des fouilles anciennes et récentes : amphores, vases céramiques, vaisselle de bronze, outils, armes, bijoux, sculptures... Au premier étage, la civilisation celtique est évoquée dans son ensemble à partir d'objets prélevés sur d'autres sites celtes célèbres : Alésia, Argentomagus, La Tène (Suisse), Manching (Allemagne), le Titelberg (Luxembourg)...

A l'aide de plans, de photos prises en cours de fouilles, de dessins interprétatifs, de vidéos, de programmes informatiques, de moulages réalisés au fur et à mesure des découvertes, de dioramas et de maquettes, la société de Bibracte en particulier et le monde celte en général sont expliqués, rétablis dans leur réalité quotidienne. Des regroupements thématiques (économie, religion, traditions funéraires, guerre des Gaules...) permettent de suivre les évolutions, d'établir des comparaisons entre les sites et de constater l'unité culturelle du monde celtique.

Chaque année, des expositions temporaires sont consacrées à un domaine précis de la recherche.

# BÈZE

569 habitants (les Bèzois)
Cartes Michelin n° 66 Nord-Ouest du pli 13 ou 243 plis 5, 17.

En plus de sa célèbre source et de ses grottes, le petit bourg de Bèze conserve quelques monuments du passé : notamment, du 13ᵉ s., une maison (place de Verdun) à baies ogivales et vestiges de sculptures ; du 17ᵉ s., un ancien prieuré (place du Champ-de-Foire) dont une tour baigne dans la rivière ; du 18ᵉ s., l'église, à clocher fortifié du 14ᵉ s. et cadran solaire.

**Source de la Bèze** – La rivière – résurgence des eaux de la Venelle et d'autres « pertes » – jaillit dans une magnifique source vauclusienne qui peut débiter 17 m³ par seconde.

**Grottes de Bèze** ⊙ – Deux résurgences de la Tille, dont se voient les siphons profonds de 6 à 7 m, ont formé une puissante rivière souterraine et des grottes qui, aujourd'hui reliées artificiellement, se parcourent en barque sur une longueur de près de 300 m. La limpidité des eaux du « lac », d'une profondeur atteignant 18 m, et quelques concrétions notables (l'« obus », les « chapeaux mexicains »...), ainsi que la belle cheminée proche de l'entrée font l'intérêt de la visite.

# BLANOT

141 habitants
Cartes Michelin n° 69 pli 19 ou 243 pli 39 – 10 km au Nord-Est de Cluny –
Schéma p. 153.

Blanot, petit village aux vieilles maisons clôturées par de jolis murs de pierres sèches, occupe un site charmant au pied du mont St-Romain. L'église, couverte de lauzes, forme avec l'ancien prieuré voisin un ensemble charmant.

★ **Ancien prieuré** – Le logis principal, fortifié, de cet ancien prieuré clunisien du 14ᵉ s. présente une harmonieuse façade en pierres sèches, percée à gauche d'un passage sous voûte, renflée au centre par une tour à pans, et flanquée à droite par une tour ronde du 15ᵉ s. (restaurée) devant laquelle trois tombes mérovingiennes ont été ramenées au jour.

**Église** – De la fin du 11ᵉ s., elle a conservé une abside à frise ajourée et un curieux clocher roman à toiture débordante, orné d'arcatures lombardes. A l'intérieur, le chœur est voûté d'une coupole sur trompes.

**Grottes** ⊙ – *Au Nord de Blanot, prendre la D 446 en direction de Fougnières. 500 m après ce hameau, à hauteur d'un virage, tourner à gauche.* Les grottes s'enfoncent à plus de 80 m de profondeur. Durant les temps géologiques, la voûte s'est effondrée, créant un chaos de pierres gigantesques. Entre le hameau du Vivier et le mont St-Romain *(1 km de circuit avec escaliers en forte pente et passages bas)*, on visite vingt et une salles. En fin de circuit, une vitrine présente un échantillonnage de silex taillés et d'ossements d'animaux retrouvés sur place depuis 1988 et datés de l'époque moustérienne (100 000 à 40 000 ans avant notre ère).

# BOURBON-LANCY ⚜

6 178 habitants (les Bourbonniens)
Cartes Michelin n° 69 pli 16 ou 238 pli 47.

Bâtie sur une colline d'où l'on découvre largement la vallée de la Loire et les plaines du Bourbonnais, Bourbon-Lancy est à la fois une petite ville au cachet ancien et une station thermale de réputation confirmée pour les affections rhumatismales et circulatoires. C'est en outre un centre de fabrication de moteurs employant plus de 1 200 personnes.

**La station thermale** – Cinq sources jaillissent à une température allant de 46 à 58 °C et débitent plus de 400 000 l par jour.
Près de l'établissement thermal, modernisé, beau parc ombragé.

## CURIOSITÉS

★ **Maison de bois et tour de l'Horloge** (**B**) – Au n° 3 de la rue de l'Horloge (13), une maison de bois du 16ᵉ s., à colombage, est ornée d'une colonne cornière, de fenêtres en accolade, de médaillons vernissés et d'une statue ancienne. A côté, une fontaine fleurie et l'ancien beffroi, élevé sur une porte fortifiée de la vieille ville – actuelle tour de l'Horloge, au curieux jacquemart qui sonne les heures et tire la langue –, forment un ensemble pittoresque.

**Hospice d'Aligre** – Dans la chapelle, on peut voir une jolie chaire sculptée offerte en 1687 par Louis XIV à Mme Élisabeth d'Aligre, abbesse de St-Cyr.
A gauche de la chapelle, sur le palier du grand escalier, statue en argent de la marquise d'Aligre (1776-1843), bienfaitrice de l'hospice.

**Église St-Nazaire et musée** (**M¹**) ⊘ – Cette ancienne église du 11ᵉ s., à plafond lambrissé et plan basilical augmenté d'un transept, dépendait d'un prieuré clunisien fondé par Ancel de Bourbon qui donna son nom à la localité. Elle abrite depuis 1901 un musée qui expose des antiquités locales (préhistoire, époques gallo-romaine et mérovingienne), des fragments lapidaires provenant d'églises environnantes, ainsi que des peintures et sculptures du 19ᵉ s. Expositions d'art contemporain l'été.

**Musée militaire** (**M²**) ⊘ – Il abrite une importante collection d'uniformes et de coiffures ayant appartenu essentiellement à différentes armes de l'armée française sous le Second Empire et la IIIᵉ République. Tableaux du peintre militaire Merlette.

**Bourbon-Expo** (**M³**) ⊘ – Ce musée présente dans un grand hall une rétrospective des machines agricoles produites par l'usine Puzenat (1902-1956) qui révolutionna le matériel agricole au début du 20ᵉ s. : herses en Z, moissonneuses, batteuses, râteaux faneurs...

## ENVIRONS

★ **Signal de Mont** – *7 km au Nord-Est, plus 1/4 h à pied AR.* Du belvédère (altitude 469 m), panorama★ sur les monts du Morvan, le signal d'Uchon, le Charollais, la Montagne bourbonnaise, les monts d'Auvergne par temps clair.

**Château de St-Aubin-sur-Loire** ⊘ – *6 km au Sud.* Ce château, de la seconde moitié du 18ᵉ s., est d'une grande simplicité et de proportions parfaites. La façade comporte un avant-corps, légèrement saillant. Les communs sont très beaux.
A l'intérieur, de magnifiques tapisseries décorent l'escalier monumental. Dans le grand salon et les boudoirs attenants, jolies boiseries et mobilier d'époque.

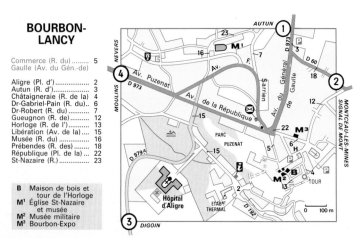

## BOURBON-LANCY

**B** Maison de bois et
   tour de l'Horloge
**M¹** Église St-Nazaire
   et musée
**M²** Musée militaire
**M³** Bourbon-Expo

76

# BOURG-EN-BRESSE★★

Agglomération 55 784 habitants (les Burgiens ou les Bressans)
Cartes Michelin n° 74 pli 3 ou 244 pli 4
Plan d'agglomération dans le guide Rouge Michelin France.

Bourg (prononcer Bourk) est demeurée au cours des siècles la capitale de la plantureuse Bresse, région d'élevage dont la production de volaille blanche assure le renom des marchés de la place. Les jours de foire aux bestiaux ou de marché, Bourg, envahie par la foule paysanne, est pittoresque et animée. Une fois l'an *(voir le chapitre des manifestations en fin de volume)* a lieu, au parc des expositions, le concours de volailles mortes dont un bain de lait a nacré les chairs. Cet étonnant spectacle soulève une admiration gourmande.

La ville est toujours le grand centre de fabrication des meubles « rustique bressan » exécutés en bois d'arbres fruitiers – loupe de noyer, merisier, cerisier, poirier – outre le frêne. Un artisanat local entretient le goût des faïences de Meillonnas *(voir p. 82)* et des jolis émaux bressans. Elle s'est en outre spécialisée dans les constructions mécaniques.

Ces activités, traditionnelles ou modernes, contribuent à donner de Bourg l'image d'une cité vivante et dynamique, image nullement incompatible avec celle de ville d'art que lui valent ses monuments au premier rang desquels se place l'ensemble de Brou.

## UN PEU D'HISTOIRE

Au 10e s., Bourg n'est encore qu'un petit village qui groupe ses chaumières autour d'un château fort. La lignée des seigneurs du pays s'éteint au 13e s. ; l'héritage revient à de puissants voisins, les ducs de Savoie : ils forment la province de Bresse dont Bourg deviendra plus tard la capitale.

En 1536, le duc de Savoie refuse la traversée de ses domaines à François Ier qui veut envahir le Milanais. Le roi passe outre et, pour mieux assurer ses communications, met la main sur la Bresse, la Savoie, le Piémont. Au traité de Cateau-Cambrésis (1559), Henri II restitue ces conquêtes. En 1600, Henri IV envahit à nouveau le pays. Le traité de Lyon, signé en 1601, oblige le duc à échanger la Bresse, le Bugey, le Valmorey et le pays de Gex contre le marquisat de Saluces, dernier vestige des possessions françaises en Italie. Bourg entre dans l'histoire de France.

**Le vœu de Marguerite de Bourbon** – En 1480, Philippe, comte de Bresse, plus tard duc de Savoie, a un accident de chasse. Sa femme, Marguerite de Bourbon, la grand-mère de François Ier, fait vœu, s'il guérit, de transformer en monastère l'humble prieuré de Brou. Le comte rétabli, Marguerite meurt sans avoir pu accomplir sa promesse. Elle a confié ce soin à son mari et à son fils Philibert le Beau. Mais, passé le péril, on oublie le saint...

Vingt années s'écoulent. Philibert, qui a épousé Marguerite d'Autriche *(voir ci-dessous)*, meurt inopinément. Sa veuve voit là un châtiment céleste. Pour que l'âme de son mari repose en paix, elle va se hâter de réaliser le vœu de Marguerite de Bourbon, d'autant plus volontiers qu'une telle œuvre doit lui permettre à la fois d'affirmer sa propre souveraineté et de rivaliser en prestige avec sa belle-sœur Louise de Savoie, bientôt régente de France. Brou n'en demeure pas moins, depuis 400 ans, un symbole de l'amour conjugal.

**L'infortunée Marguerite d'Autriche** – Fille de l'empereur Maximilien et petite-fille de Charles le Téméraire, elle a perdu sa mère (Marie de Bourgogne) à l'âge de 2 ans. L'année suivante, on l'installa à la cour de Louis XI et on l'unit, par la cérémonie religieuse du mariage, au dauphin Charles, encore enfant. La Franche-Comté constitue la dot de la fillette. Cinq ans plus tard, la succession de Bretagne s'ouvre. L'héritière, la duchesse Anne, a de nombreux prétendants, dont Maximilien qui l'emporte tout d'abord : l'anneau nuptial est remis par procuration. Mais ce prince a mérité le surnom d'« empereur sans le sou ». Déjà pour ses premières noces, sa fiancée avait dû lui envoyer l'argent nécessaire au voyage. Cette fois encore, il lui manque 2 000 livres pour aller à Nantes. Charles VIII profite de ces embarras : Anne de Bretagne sera reine de France au lieu d'être impératrice. Les deux mariages blancs sont annulés ; Charles répudie Marguerite, Anne répudie Maximilien, doublement ulcéré comme père et comme mari putatif. L'infortunée Marguerite épouse, à 17 ans, l'héritier d'Espagne, perd son mari après quelques mois d'union, met au monde un enfant mort-né. Quatre ans plus tard, son père Maximilien lui fait épouser en troisièmes noces Philibert de Savoie, jeune homme volage et futile mais qui respecte sa femme « intelligente pour deux » et la laisse pratiquement gouverner à sa place.

Après trois années passées auprès de son « beau duc », le destin porte un nouveau coup à Marguerite : Philibert est emporté par un refroidissement pris à la chasse. Veuve pour la seconde fois, à 24 ans, elle reste fidèle à la mémoire de Philibert, jusqu'à son dernier soupir. Cette femme supérieure, lettrée, artiste, sait s'entourer et se faire obéir, et ne vit plus que pour ses tâches d'État. A partir de 1506, elle devient régente des Pays-Bas et de la Franche-Comté. Son gouvernement sage, libéral, lui a valu la fidélité et l'affection des Comtois.

**La réalisation du vœu** – Les travaux commencent à Brou, en 1506, par les bâtiments du monastère. Ils s'ordonnent autour de trois cloîtres dont l'un est celui de l'ancien prieuré bénédictin. L'église du prieuré est ensuite abattue pour faire place à un magnifique édifice qui servira d'écrin aux trois tombeaux où reposeront Philibert, sa femme et sa mère. Marguerite, qui réside en Flandre, confie le chantier à un maître maçon flamand, Van Boghem, qui sera à la fois architecte et entrepreneur général. C'est un réalisateur remarquable, qui ranime les activités défaillantes. Il réussit à élever le fastueux édifice dans le temps record de 19 ans (1513-1532). Mais Marguerite est morte deux ans avant la consécration, sans avoir jamais vu son église autrement que sur plans.

Brou a l'heureuse chance de traverser les guerres de Religion et la Révolution sans dommages irréparables. Le couvent est successivement transformé en étable à porcs, en prison, en caserne, en refuge pour mendiants, en asile de fous. Il devient séminaire en 1823 et abrite aujourd'hui le musée de Brou.

## ★★★ BROU *Sud-Est du plan. Visite : 1 h*

Brou était autrefois une petite agglomération née autour d'un prieuré bénédictin établi au voisinage de Bourg. C'est maintenant, au Sud-Est de la ville, un quartier englobé par l'extension urbaine. L'église et le monastère furent construits au 16e s. suite au vœu de Marguerite de Bourbon. *L'historique de ceux-ci et la généalogie de leurs fondateurs sont rappelés dans le bas-côté droit de l'église.*

## ★★ L'église ⊙

*Elle est désaffectée.* Ce monument, où le gothique flamboyant est pénétré par l'art de la Renaissance, est contemporain du château de Chenonceau.

En avant de la façade, on verra, à plat sur le sol, un cadran solaire géant, recalculé en 1757 par l'astronome Lalande, enfant de Bourg.

**Extérieur** – La façade principale, au pignon trilobé, est très richement sculptée dans sa partie centrale. Le tympan du beau **portail**★ Renaissance représente, aux pieds du Christ aux liens, Philibert le Beau, Marguerite d'Autriche et leurs saints patrons. Au trumeau, saint Nicolas de Tolentin, à qui l'église est dédiée (la fête de ce saint tombait le jour de la mort de Philibert) ; dans les ébrasements, saint Pierre et saint Paul. Surmontant l'accolade du portail, saint André.

Toute une flore sculptée, gothique flamboyant (feuilles et fruits) ou d'inspiration Renaissance (laurier, vigne, acanthe), se mêle à une décoration symbolique où les palmes sont entrelacées de marguerites. D'autres emblèmes de Brou : les initiales de Philibert et de Marguerite unies par des lacs d'amour (cordelière festonnant entre les deux lettres), alternent avec les bâtons croisés, armes de la Bourgogne.

Les façades du transept, plus simples, offrent un pignon triangulaire à pinacles. La tour, carrée, élève ses cinq étages sur le flanc droit de l'abside.

**Nef** – En entrant dans l'église on est frappé par la clarté blonde qui baigne la nef et ses doubles bas-côtés. La lumière des fenêtres hautes illumine l'enduit des murs sur lequel a été dessiné un faux appareillage. Les piliers composés d'un faisceau serré de très nombreuses colonnettes montent d'un seul jet à la voûte où ils s'épanouissent en nervures multiples aux clefs ouvragées. La balustrade qui court au-dessous des fenêtres de la nef est finement sculptée. Cet ensemble architectural frappe par son élégance, sa richesse et sa noblesse.

ÉGLISE DE BROU

Dans la 2ᵉ travée de la nef, à droite, une cuve baptismale (1) en marbre noir du 16ᵉ s. porte la devise de Marguerite *(voir p. 60)*. Le bras droit du transept a un remarquable vitrail (2) du 16ᵉ s. représentant Suzanne accusée par les vieillards (en haut) et disculpée par Daniel (en bas).

La nef et le transept, accessibles aux fidèles, étaient séparés du chœur, domaine propre des religieux et sanctuaire des tombeaux, par le jubé. A sa droite s'ouvre la chapelle de Montécuto (3) qui présente des maquettes expliquant les procédés de construction employés à Brou.

★★ **Jubé** – Il faut en admirer l'étonnante richesse décorative d'arcs en anse de panier que surmontent sept statues religieuses.

**Chœur** – C'est la partie capitale de l'église. Marguerite a tout mis en œuvre pour obtenir la perfection dans la magnificence. Prise d'ensemble, l'ornementation sculptée de Brou frise l'excès ; mais le moindre détail est traité avec maîtrise. La surprise et l'enchantement sont d'autant plus vifs que l'examen est plus minutieux.

★★ **Les stalles** – Elles bordent les deux premières travées de chœur. Au nombre de soixante-quatorze, elles ont été taillées dans le chêne en deux ans seulement, de 1530 à 1532.

Retable des Sept Joies de la Vierge. La Visitation.

79

Le maître Pierre Berchod, dit Terrasson, dut mobiliser tous les menuisiers sculpteurs d'une région où le travail du bois a toujours été en honneur. Leur dessin est attribué à Jean de Bruxelles. Les sièges, les dossiers, les dais présentent un luxe de détails ornementaux et de statuettes qui comptent parmi les chefs-d'œuvre du genre.

Les stalles du côté gauche offrent des scènes du Nouveau Testament et des personnages satiriques. Celles du côté droit se rapportent à des personnages et à des scènes de l'Ancien Testament.

★★★ **Les tombeaux** – De nombreux artistes ont collaboré à ces trois monuments, point culminant de l'épanouissement de la sculpture du Nord en Bourgogne. Les plans ont été tracés par Jean de Bruxelles qui a fourni aux sculpteurs des dessins « aussi grands que le vif ». L'ornementation et la petite statuaire, très admirées des visiteurs, sont dues, pour la plus grande part, à un atelier flamand installé à Brou auquel collaboraient également des artistes français, des Allemands et des Italiens. Les statues des trois personnages princiers ont été exécutées par Conrad Meyt, allemand d'origine mais de formation flamande. Les effigies du prince et des princesses furent taillées dans le marbre de Carrare. Les gros blocs, venant d'Italie, ont été transportés par mer, puis par la voie du Rhône. Ils ont ensuite voyagé sur des chars traînés par neuf chevaux, à l'allure de 5 à 6 km par jour.

Philibert et les deux Marguerite sont représentés, chacun dans leur tombeau, étendus sur une dalle de marbre noir, la tête sur un coussin brodé. Suivant la tradition, un chien, emblème de la fidélité, est couché aux pieds des deux princesses ; un lion, symbole de la force, aux pieds du prince. Des angelots entourent les statues, symbolisant l'entrée des défunts au ciel.

Le tombeau de **Marguerite de Bourbon** (4) occupe une niche creusée en enfeu, dans le mur droit du chœur.

Les deux autres tombeaux, formés chacun de deux dalles superposées, ont la particularité d'offrir du même personnage une double représentation.

Celui de **Philibert** (5) est placé au centre. La dépouille figurée du duc presque nu, sur la dalle du dessous, est particulièrement émouvante.

Celui de **Marguerite d'Autriche** (6), sur la gauche du chœur, avec son énorme dais de pierre ciselée, prolonge le mur de clôture. Les sibylles, sous forme de délicieuses statuettes, montent la garde autour des effigies inférieures. Comme Philibert, Marguerite est représentée vivante, puis morte, dans son linceul : sur la plante du pied est visible la blessure qui, par gangrène, a causé, suivant la légende, la mort de la princesse. Sur le dais est gravée sa **devise** : « Fortune infortune fort une. » Cette devise, que l'on peut traduire par « Fortune (le destin) infortune (accable, persécute) fort (durement) une (une femme) », rappelle la douloureuse destinée d'une princesse dont la constance dans le malheur ne se démentit jamais.

★★ **Les vitraux** – Les magnifiques verrières de Brou ont été exécutées par un atelier local. Celles de l'abside représentent, au centre, l'Apparition du Christ ressuscité à Madeleine (partie supérieure) et la visite du Christ à Marie (partie inférieure), scènes tirées de gravures d'Albert Dürer. À gauche et à droite, Philibert et Marguerite sont agenouillés près de leurs patrons.

Au-dessus d'eux sont reproduits, dans un étincellement de couleurs, les blasons de leurs familles : Savoie et Bourbon pour le duc, Empire et Bourgogne pour la duchesse, ainsi que les blasons des villes de l'État savoyard.

★★★ **Chapelles et oratoires** – La chapelle de Marguerite (7) s'ouvre sur la gauche du chœur. Un retable et un vitrail admirables en font l'orgueil.

Le **retable** représente les Sept Joies de la Vierge. Exécuté dans le marbre blanc, il nous est parvenu dans un état de conservation rare. C'est un prodige de finesse dans l'exécution, un véritable tour de force qui confond l'esprit.

Dans chacune des niches ménagées à cet effet se détache une scène des Sept Joies : en bas, à gauche, l'Annonciation ; à droite, la Visitation ; au-dessus, la Nativité et l'Adoration des Mages ; plus haut, l'Apparition du Christ à sa mère et la Pentecôte encadrent l'Assomption. Trois statues couronnent ce retable : la Vierge à l'Enfant est entourée de sainte Madeleine et de sainte Marguerite. De chaque côté du retable, on remarque saint Philippe et saint André.

Le **vitrail**, d'une couleur somptueuse, est inspiré d'une gravure de Dürer représentant l'Assomption. Les verriers ont ajouté Philibert et Marguerite, à genoux, auprès de leurs patrons. La frise du vitrail, reproduction d'un dessin que Titien avait composé pour sa chambre, figure en camaïeu le Triomphe de la Foi. Le Christ, dans son char, est traîné par les évangélistes et les personnages de l'Ancienne Loi ; derrière se pressent les docteurs de l'Église et les saints du Nouveau Testament.

Marguerite avait voulu qu'on installât, pour son usage personnel, deux oratoires superposés contigus à la chapelle (dite de Madame, 8), le plus bas au niveau du chœur, l'autre à celui du jubé, et reliés par un escalier. Ces deux pièces, garnies de tapisseries, équipées chacune de sa cheminée, devaient constituer de véritables petits salons. Une fenêtre oblique, ménagée au-dessous d'une arcade très originale, aurait permis à la princesse de suivre l'office.

La chapelle voisine, qui porte le nom de Laurent de Gorrevod (9), conseiller de Marguerite, a un vitrail remarquable, représentant l'Incrédulité de saint Thomas, et un triptyque commandé par le cardinal de Granvelle.

*Sortir de l'église par la porte à droite du chœur pour passer dans le monastère.*

## ★ Le musée ⊙

Il est installé dans les bâtiments du monastère. Ce dernier, organisé autour de trois cloîtres à étage, cas unique en France, remplaça à partir de 1506 l'ancien prieuré bénédictin, si délabré et si humide que les moines obtinrent de Marguerite d'Autriche de commencer les travaux par le couvent et non par l'église.

**Petit cloître** – Premier construit des trois cloîtres de Brou, il permettait aux moines de se rendre à couvert du monastère à l'église. Une galerie du 1er étage desservait l'appartement que Marguerite d'Autriche s'était réservé ; l'autre lui aurait permis de gagner directement la chapelle haute en passant par le jubé.

Au rez-de-chaussée se trouvaient la sacristie et la première salle du chapitre maintenant réunies en une seule salle affectée aux expositions temporaires.

Des galeries, aujourd'hui dépôt lapidaire (fragments de corniches et pinacles), s'offre une vue sur le pignon du transept droit et le clocher.

**Grand cloître** – C'était celui où les moines déambulaient en méditant. Il donne accès à la deuxième salle du chapitre devenue salle d'accueil du musée.

**Premier étage** – Un escalier permet d'accéder au dortoir, où les anciennes cellules des moines abritent des collections de peinture et d'art décoratif. Sur le palier et dans le renfoncement situé au milieu du grand couloir, on admire de beaux meubles bressans et une vitrine présentant des faïences de Meillonnas du 18e s. (p. 82).

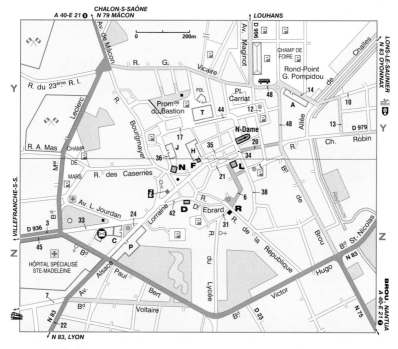

| | | | | |
|---|---|---|---|---|
| D | Hôtel de Marron de Meillonnas | F | Hôtel de Bohan | |
| | | L | Maison Hugon | |
| | | N | Maison Gorrevod | |
| | | R | Porte des Jacobins | |

Les cellules du côté Sud sont dédiées à l'art du 16e au 18e s. : on remarque parmi les tableaux flamands et hollandais le beau **portrait de Marguerite d'Autriche**★ peint par B. Van Orley vers 1518, et un triptyque de 1518 (vie de saint Jérôme) ; les pièces suivantes présentent des peintures des 17e et 18e s. de l'école italienne (Magnasco : Moines se flagellant) et de l'école française du 18e s. (Largillière, Gresly), ainsi que du mobilier bourguignon et lyonnais (meubles de Nogaret) et des objets d'art religieux français.

Sur le côté Nord, les salles de droite sont consacrées à la peinture française du 19e s. (Gustave Doré, Gustave Moreau, école lyonnaise) ; celles de gauche, au style troubadour et à la peinture du début du 20e s. La grande salle des États de Marguerite d'Autriche abrite une collection d'art contemporain.

Dans l'angle Sud-Est du grand cloître on pénètre au rez-de-chaussée dans le réfectoire où sont exposées des sculptures religieuses du 13e s. au 17e s., notamment une Vierge romane polychrome (12e s.), un Saint Sépulcre de 1443, Philibert et saint Philibert provenant du tympan de l'église de Brou (début du 16e s.). De là on accède au 3e cloître.

**Cloître des cuisines** – C'est le cloître des communs. À la différence des deux autres, il conserve des traits caractéristiques de la région, tels les toits en pente douce couverts de tuiles creuses et les arcs en plein cintre.

## AUTRES CURIOSITÉS

**Église Notre-Dame** (Y) – Commencée en 1505, cette collégiale n'a été terminée qu'au 17e s. Extérieurement, elle présente une abside et une nef flamboyantes. Un triple portail Renaissance orne la façade. Le portail central est surmonté d'une Vierge à l'Enfant, copie d'une œuvre de Coysevox (17e s.). Le haut clocher a été élevé sous Louis XIV, mais le dôme et le lanternon ont été reconstruits au début du siècle. Un carillon joue à 7 h 50, 11 h 50 et 18 h 50.

**Intérieur** – Il est orné d'un mobilier et d'œuvres d'art dignes d'attention : dans l'abside, belles **stalles**★ sculptées au 16e s. Le maître-autel, l'aigle-lutrin, la chaire et le buffet d'orgues, tous en bois sculpté, sont du 18e s. ; le luxueux autel de la chapelle à gauche du chœur est du 19e s. La chapelle St-Crépin (3e du bas-côté gauche) abrite une verrière de la Crucifixion, des statues polychromes et un diptyque représentant la Cène, exécutés au 16e s. Les nombreuses verrières, du milieu du 20e s., décorant les bas-côtés sont dues celles de gauche à Le Chevallier, celles de droite à Auclair. Parmi les peintures, on voit douze toiles restaurées des 17e et 18e s. retraçant la vie de la Vierge. Dans la chapelle de l'Annonciation (à droite du chœur) se trouve la Vierge noire du 13e s. qui est à l'origine de la construction de l'église.

**Maisons anciennes** – Deux d'entre elles, de la fin du 15e s. et à colombage, attirent le regard : la **maison Hugon** (à l'angle de la rue Gambetta et de la rue V.-Basch – Z **L**) et la **maison Gorrevod** (dans la rue du Palais – Z **N**). On remarque également, à l'angle de l'hôtel de ville, l'**hôtel de Bohan** (YZ **F**), à la belle façade de pierre du 17e s., et rue Teynière l'**hôtel de Marron de Meillonnas** du 18e s. (Z **D**), qui abrite la Trésorerie générale (belles ferronneries des balcons). Rue J.-Migonney, une rangée de maisons médiévales à pans de bois en encorbellement jouxte la **porte des Jacobins** datant de 1437 (Z **R**).

## ENVIRONS

**St-Rémy** – 7 km à l'Ouest. Le bourg est dominé par sa petite église romane, intéressante par la belle charpente de sa nef et, dans le chœur, son harmonieuse arcature romane.

**Buellas** – 9 km à l'Ouest. L'**église** ⊙, précédée d'un auvent rustique, est intéressante par la belle arcature romane du chœur et son ensemble de statues.

**Vandeins** – 14 km à l'Ouest. L'**église** ⊙ est ornée d'un portail sculpté datant du 12e s. Au **tympan**★, le Christ bénissant est une belle œuvre romane ; remarquer le geste des anges soutenant la gloire où s'inscrit le Christ. La Cène, de facture plus grossière, est représentée sur le linteau, entre deux petits groupes de damnés, sur les piédroits.

**Meillonnas** – 12 km au Nord-Est. Meillonnas fut longtemps célèbre pour ses faïenceries dont la production fut particulièrement prisée sous Louis XV. L'activité s'est éteinte en 1866 et a été reprise artisanalement depuis 1967 selon des dessins traditionnels. Maisons pittoresques du 16e s. autour de l'église.

**Vonnas** – 2 km à l'Ouest. Cette paisible petite ville abondamment fleurie est une célèbre étape gastronomique aux confins de la Bresse et de la Dombes. Elle possède un **musée des Attelages, de la Carrosserie et du Charronnage** ⊙ installé dans un ancien moulin.

# BRANCION ★

Cartes Michelin n° 69 pli 19 ou 243 pli 39 – 15 km au Sud-Ouest de Tournus –
Schéma p. 153.

Le vieux bourg féodal de Brancion est perché sur une arête dominant deux ravins
profonds. Il forme un ensemble pittoresque, dans l'un des sites les plus curieux du
Mâconnais.

## VISITE

*L'accès de la localité est interdit aux autos. Utiliser le parc de stationnement amé-
nagé extra-muros.*

Après avoir franchi l'enceinte du 14ᵉ s. et la porte fortifiée donnant accès au village, on est agréablement surpris de découvrir tour à tour les restes imposants
du château fort, les ruelles bordées de maisons à l'aspect médiéval – que gagne
peu à peu une végétation envahissante –, les halles du 15ᵉ s. et l'église fière-
ment perchée à l'extrémité du promontoire. Quelques maisons ont été restaurées
avec goût.

**Château** ⊘ – Le château féodal, entouré d'arbres et de buis, remonte au début du
10ᵉ s. (fondations en arêtes de poisson). Remanié au 14ᵉ s. par le duc Philippe le
Hardi qui lui adjoignit un logis où résidèrent les ducs de Bourgogne, il a été ruiné
pendant la Ligue, en juin 1594, par les troupes du colonel d'Ornano. Le donjon a
été restauré ; de sa plate-forme (87 marches), où une table d'orientation a été
aménagée, jolie **vue★** d'ensemble sur le village et son église, sur la vallée de la
Grosne et sur les monts du Charollais et du Morvan.

**Église St-Pierre** ⊘ – C'est un bâtiment trapu du 12ᵉ s., de style roman, surmonté
d'un clocher carré et dont la simplicité et la pureté de lignes s'allient aux tons de
la pierre calcaire et à la toiture de laves (pierres plates extraites sur les collines calcaires de la rive droite de la Saône).
A l'intérieur, fresques du 14ᵉ s. (dégradées), commandées par le duc Eudes IV de
Bourgogne, gisant de Josserand IV de Brancion (13ᵉ s.), cousin et compagnon de
Saint Louis tué pendant la 7ᵉ croisade, et nombreuses pierres tombales. Parmi les
peintures murales on reconnaît sur la paroi droite de l'abside la Résurrection des
morts.
Depuis la terrasse de l'église, située à l'extrémité du promontoire, on découvre
toute la vallée.

# BRIARE

6 070 habitants (les Briarois)
Cartes Michelin n° 65 Sud du pli 2 ou 238 pli 8.

Au débouché de la liaison Seine-Loire, dans ce pays où l'eau est si intimement liée à la
terre, cette charmante ville dotée d'un port de plaisance bien équipé propose de nombreuses activités.
« Cité des perles », Briare fut célèbre et prospère au début du siècle par sa manufacture de boutons de porcelaine, de perles, de jais et surtout de mosaïques de revêtement de sol en céramique dites « émaux de Briare » (*Voir le musée*).

**Le canal de Briare** – Entrepris en 1604 sur l'initiative de Sully par la Compagnie
des seigneurs du canal de Loyre en Seine, il ne fut terminé qu'en 1642. C'est le
premier canal de jonction construit en Europe : long de 57 km, il unit le canal latéral à la Loire au canal du Loing. Le bief de partage des eaux séparant les bassins
de la Loire et de la Seine s'étend entre Ouzouer-sur-Trézée et Rogny-les-Sept-Écluses
(*p. 103*).

## CURIOSITÉS

★★**Pont-canal** – Entrepris en 1890, cet ouvrage d'art permet au canal latéral à la
Loire de franchir le fleuve pour s'unir au canal de Briare. La gouttière métallique
contenant le canal est formée de plaques assemblées par des millions de rivets.
Longue de 662 m, large de 11 m (avec les chemins de halage), elle repose sur 15
piles en maçonnerie réalisées par la Société Eiffel. Le tirant d'eau est de 2,20 m.
Des escaliers permettent de descendre au niveau de la Loire et d'admirer la magnifique architecture métallique du pont.

**Musée de la Mosaïque et des Émaux** ⊘ – Dans l'enceinte de la manufacture
encore en activité, ce musée retrace la vertigineuse carrière de **Jean-Félix Bapterosses**,
père de la première machine à fabriquer des boutons de façon « industrielle », ayant
devancé l'Angleterre dont l'outillage ne pouvait frapper qu'un seul bouton à la fois.
Une formidable variété de ces boutons est présentée au musée. Savant mécanicien
et technologue averti, Bapterosses invente de nouveaux procédés et se lance dans
la fabrication des perles dont on peut voir aussi de nombreux modèles réalisés tant

Briare – Le pont-canal.

pour l'Europe que pour l'Afrique et l'Asie. En 1882 sort de la manufacture la mosaïque appelée plus communément « émaux » ; pour la décoration artistique de ceux-ci, il est fait appel à l'un des précurseurs de l'Art Nouveau : Eugène Grasset dont on peut apprécier le talent sur les pièces exposées au musée. Il est intéressant de compléter la visite de ce musée par celle de l'église dont le sol est décoré de ces mosaïques simulant la Loire.

## ENVIRONS

**Ouzouer-sur-Trézée** – *7 km au Nord-Est*. Ce petit village, construit à flanc de coteau au bord de l'eau, possède une **église** gothique de la fin du 12ᵉ s. La nef, d'une grande unité, est fermée par un chœur plat d'influence cistercienne. Les élégantes piles à noyau cylindrique, d'où s'élèvent de minces faisceaux de colonnettes, et les arcades brisées, largement moulurées, révèlent en revanche l'influence de Notre-Dame de Paris.

**Château de Pont-Chevron** ⊘ – *9 km au Nord*. Cet édifice d'aspect classique a été, en réalité, construit à la fin du 19ᵉ s. pour le comte Louis d'Harcourt. Il dresse sa noble façade blanche au milieu de bois et d'étangs aux confins de la Puisaye et du Gâtinais.
Remarquer dans le grand salon des scènes de chasse par J.-B. Oudry et dans la salle à manger le décor en trompe-l'œil aux délicats tons roses et verts.
Dans un pavillon à l'entrée du domaine sont exposées des **mosaïques gallo-romaines** du 2ᵉ s. après J.-C. Elles sont composées de dessins géométriques en noir et blanc ; l'une représente des jeux, l'autre une tête de dieu polychrome.

# Le BRIONNAIS★

Cartes Michelin nᵒˢ 69 pli 17 et 73 plis 7, 8 ou 238 pli 48 et 243 pli 37.

Ce petit pays, dont la principale ressource est l'élevage des bovins (embouche), s'étend principalement sur la rive droite de la Loire, entre Charlieu et Paray-le-Monial. Il formait autrefois l'un des 19 bailliages du duché de Bourgogne et avait pour capitale Semur-en-Brionnais. C'est une région mamelonnée d'où l'on découvre la vallée de la Loire, le Forez, les monts du Beaujolais.

**Une floraison d'églises romanes** – Dans l'étroit espace compris entre l'Arconce et le Sornin, une douzaine d'églises construites sous l'influence de Cluny *(voir p. 35 et 37)* méritent d'être vues.

**Beauté de la pierre** – L'abondance, sur place, de matériaux de premier ordre : bancs de calcaire jaunâtre d'un grain très fin, facile à travailler en même temps que résistant, explique la belle couleur ocre ou jaune de la plupart des édifices du Brionnais, en particulier au soleil couchant.

**La décoration** – Si le granit et le grès ne permettent d'obtenir que des effets de ligne ou de masse comme à Varenne-l'Arconce, Bois-Ste-Marie, Châteauneuf ou St-Laurent-en-Brionnais, le calcaire au contraire se prête au travail du sculpteur – d'où la beauté des façades et des portails décorés.

Les mêmes thèmes se retrouvent partout ; seules varient les expressions et les attitudes des personnages. Au tympan apparaît le Christ en majesté, dans une mandorle, au milieu des quatre évangélistes, ou bien le Christ de l'Ascension nimbé s'élevant dans une gloire soutenue par les anges.

Les linteaux ont une décoration particulièrement fouillée : personnages fort nombreux assistant au triomphe du Christ, personnage central de dimensions beaucoup plus grandes que tous les sujets qui l'accompagnent. Cette disproportion met en lumière la hiérarchie entre le Christ, les évangélistes, la Vierge et les apôtres.

## ÉGLISES DU BRIONNAIS

★ **Anzy-le-Duc** – *Voir à ce nom.*

**La Bénisson-Dieu** – *Page 99.*

**Bois-Ste-Marie** – Bâtie au 12e s., l'**église**, au clocher ajouré et à l'imposant chevet, fut restaurée au siècle dernier. Sur le côté droit, une petite porte au tympan sculpté représente la Fuite en Égypte. A l'intérieur, égayé par la coloration rouge et blanche alternée des arcs doubleaux de la voûte, l'abside voûtée en cul-de-four est entourée d'un déambulatoire très bas avec colonnes jumelées dont la disposition est très originale ; chapiteaux ornés de scènes pittoresques ou de feuillages.

★ **Charlieu** – *Voir à ce nom.*

**Châteauneuf** – L'**église** est, comme le château, mise en valeur par un cadre boisé. Une des dernières constructions romanes en Bourgogne, elle se signale par sa façade massive, son portail latéral droit dont le linteau est naïvement sculpté des 12 apôtres. Intérieurement, observer les fenêtres hautes de la nef dont les pénétrations sont supportées par de fines colonnes à chapiteaux et, au transept, la coupole sur trompes dont la base octogonale est allégée par une galerie à arcatures.

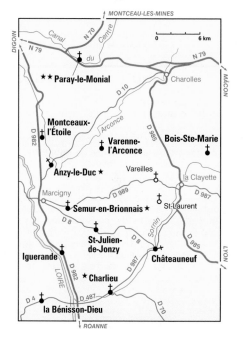

**Iguerande** – L'**église**, trapue, aux lignes architecturales très pures, édifiée au début du 12e s., occupe le sommet d'une butte escarpée dominant la vallée de la Loire. On remarquera les modillons sculptés du chevet et, dans la nef et le chœur, quelques curieux chapiteaux dont celui du « cyclope » musicien (1er pilier de gauche). De ses abords, on jouit d'une vue intéressante sur la plaine de la Loire et, au-delà, sur le Forez à gauche et les monts de la Madeleine à droite.

**Montceaux-l'Étoile** – Au portail de l'**église**, sous le cintre, le tympan et le linteau sculptés dans un seul bloc de pierre figurent l'Ascension, comme à Anzy-le-Duc et à St-Julien-de-Jonzy. Les colonnes portant les voussures sont ornées de chapiteaux.

★★ **Paray-le-Monial** – *Voir à ce nom.*

**St-Julien-de-Jonzy** – *Voir à ce nom.*

★ **Semur-en-Brionnais** – *Voir à ce nom.*

**Varenne-l'Arconce** – Le transept saillant et le clocher carré donnent à l'**église** une silhouette massive. Le grès dont elle est bâtie a restreint la décoration sculptée. Au-dessus d'une porte Sud, élégant tympan représentant l'Agneau de Dieu. Dans l'église sont disposés un Christ du 12e s. et des statues du 16e s., en bois polychrome.

*Les villes, sites et curiosités décrits dans ce guide sont indiqués en caractères noirs sur les schémas.*

# La BUSSIÈRE

715 habitants

Cartes Michelin n° 65 pli 2 ou 238 pli 8 (13 km au Nord de Briare).

A l'écart de la N 7, ce village de la Puisaye se groupe dans un tranquille paysage de bois, d'étangs et de cultures.

**Château des Pêcheurs** ⓥ – Ancienne forteresse reconstruite sous Louis XIII, cet édifice est intéressant par son architecture à chaînages de briques. Il fut pendant les guerres de Religion le théâtre d'un épisode sanglant : le massacre par les protestants en 1577 d'un groupe de prêtres giennois venus se réfugier en ces lieux. Situé en bordure d'un étang conçu par Le Nôtre et entouré de ses douves en eau, il abrite une collection concernant la **pêche en eau douce.**

Dans l'Orangerie, qui fait suite à la tour de l'Horloge, est présentée une exposition de voitures anciennes, parmi lesquelles deux coupés et un milord ; en face, dans une cave voûtée, sont exposés des aquariums de poissons d'eau douce.

Dans le château, belle collection de gravures anglaises et allemandes du 18e s., faïences ayant la pêche en eau douce pour sujet, cuirs de Cordoue du 16e s.

Au sous-sol, on visite la cuisine et la lingerie.

*En fin de volume figurent d'indispensables renseignements pratiques :*
- *Organismes habilités à fournir toutes informations ;*
- *Manifestations touristiques ;*
- *Conditions de visite des sites et des monuments...*

# Château de BUSSY-RABUTIN★

Cartes Michelin n° 65 Sud du pli 8 ou 243 pli 2.

Situé à mi-pente d'une colline au voisinage d'Alise-Ste-Reine, le château de Bussy-Rabutin constitue, par sa décoration intérieure, une curiosité originale éloquemment révélatrice des états d'âme de son propriétaire.

**Les mésaventures de Roger de Rabutin** – La plume, si favorable à Mme de Sévigné, sa cousine, causa bien des ennuis à Roger de Rabutin, comte de Bussy, que Turenne, déjà égratigné par ses couplets mordants, signalait au roi comme « le meilleur officier de ses armées, pour les chansons ». S'étant compromis, en compagnie de jeunes libertins, dans une orgie au cours de laquelle il improvisa et chanta des couplets tournant en ridicule les amours du jeune Louis XIV et de Marie Mancini, il fut exilé en Bourgogne par ordre du roi. Rejoint dans sa retraite par sa tendre compagne, la marquise de Montglat, il composa, pour la divertir, une « Histoire amoureuse des Gaules », chronique satirique des aventures galantes de la cour. Ce libelle conduisit son auteur tout droit à la Bastille où il séjourna un peu plus d'un an avant d'être autorisé à retourner en exil dans ses terres, mais seul cette fois, la belle marquise s'étant montrée fort oublieuse.

## VISITE ○ *environ 3/4 h*

Ce château fort du 15e s. fut racheté à la Renaissance par les comtes de Roche-
fort, lesquels firent abattre le mur qui fermait la cour, transformèrent les quatre
tours de défense en tours d'habitation et dotèrent les ailes d'une décoration raffinée. La façade est du 17e s. Commencé par le grand-père de Roger de Rabutin, le
rez-de-chaussée date du règne de Louis XIII, alors que les parties supérieures évoquant le premier style Louis XIV furent terminées en 1649.

**Intérieur** – Toute la décoration intérieure des appartements, cage dorée où
l'exilé exhale sa nostalgie de l'armée, de la vie de cour, sa rancœur envers Louis XIV
et sa tenace rancune amoureuse, a été conçue par Bussy-Rabutin lui-même.

**Cabinet des devises** – Encastrés dans la boiserie, panneaux figuratifs ou allégoriques
et savoureuses devises composés par Roger de Rabutin forment un ensemble
imprévu. Des vues de châteaux et monuments dont certains n'existent plus figurent
sur les panneaux supérieurs. Sur la cheminée, portrait de Bussy-Rabutin par
Lefèvre, élève de Lebrun. Le mobilier est Louis XIII.

**Antichambre des hommes de guerre** – 65 portraits d'hommes de guerre célèbres, de du
Guesclin jusqu'au maître de maison « maistre de camp, général de la cavalerie
légère de France », sont disposés sur deux rangs tout autour de la pièce. Quelques-
uns de ces portraits sont des originaux, mais la plupart ne sont que des copies exécutées au 17e s. Ils n'en présentent pas moins un intérêt historique indéniable. Les
boiseries et les plafonds sont décorés de fleurs de lys, de trophées, d'étendards et
des chiffres enlacés de Bussy et de la marquise de Montglat. Sur les panneaux du
bas, entre les croisées, observer deux devises qui évoquent la légèreté de la maîtresse infidèle.

**Chambre de Bussy** – 25 portraits féminins des grandes dames de la cour y sont
groupés. On reconnaît Mme de La Sablière, Gabrielle d'Estrées, Ninon de Lenclos,
Mme de Maintenon par Mignard. Louise de Rouville, seconde femme de
Bussy-Rabutin, est réunie en un triptyque avec Mme de Sévigné et sa fille,
Mme de Grignan.

★ **Tour Dorée** – Bussy-Rabutin s'est surpassé dans la décoration de cette pièce où il
avait installé son bureau. Entièrement couverte de peintures, elle occupe le premier
étage de la tour Ouest. Les sujets empruntés à la mythologie et à la galanterie de
l'époque sont accompagnés de quatrains et de distiques. Une série de portraits
(copies) des grands personnages des règnes de Louis XIII et de Louis XIV couronne
l'ensemble.

**Chapelle** – La galerie des rois de France mène à la tour Sud qui abrite un petit oratoire orné d'un beau mobilier (retable de pierre du 16e s. représentant la Résurrection de Lazare et une Visitation du 18e s. en pierre polychrome et en costumes
bourguignons).

**Jardins et parc** – Un parc de 34 ha, étagé en amphithéâtre avec de beaux escaliers de pierre, compose une magnifique toile de fond aux jardins attribués à Le
Nôtre, aux statues (17e au 19e s.), aux fontaines et aux pièces d'eau.

## ENVIRONS

**Bussy-le-Grand** – *2 km au Nord.* Situé à flanc de colline – face à celle de Bussy-
Rabutin –, le village a vu naître le général Junot, fait duc d'Abrantès par Napoléon.
Il possède une grande **église** du 12e s., restaurée, d'extérieur sobre et dont l'intérieur est intéressant par son architecture (triple nef à piliers sous arcades, coupole
sur trompes à la croisée du transept), ses sculptures (chapiteaux historiés, ciborium
flamboyant) et son mobilier des 17e et 18e s. (boiseries du chœur, chaire, aigle-
lutrin).

**Alise-Ste-Reine** – *8 km au sud. Voir à ce nom.*

*Afin de donner à nos lecteurs l'information la plus récente pos-
sible, les conditions de visite des curiosités décrites dans ce
guide ont été groupées en fin de volume.*

*Dans la partie descriptive du guide, le signe ○ placé à la
suite du nom des curiosités soumises à des conditions de visite
les signale au visiteur.*

# CHABLIS

2 569 habitants (les Chablisiens)
Cartes Michelin n° 65 plis 5, 6 ou 238 pli 11.

« Porte d'Or » de la Bourgogne, Chablis, petite ville baignée par le Serein, est la capitale du vignoble de la Basse-Bourgogne.

D'origine très ancienne, ce vignoble a connu au 16e s. sa plus grande prospérité. Il y avait alors à Chablis et dans la région plus de 700 propriétaires viticulteurs.

De nos jours, le **vin blanc de Chablis**, sec et léger, est toujours fort apprécié pour sa saveur fine et son bouquet délié. Son parfum particulier s'élabore vers le mois de mars qui suit la récolte et conserve longtemps une remarquable fraîcheur. Le plant est le chardonnay appelé « Beaunois » dans la région. L'aire de production s'étend sur une vingtaine de communes, de Maligny et Ligny-le-Châtel au Nord à Poilly-sur-Serein au Sud, de Viviers à l'Est à Courgis à l'Ouest.

Ce vin possède en fait quatre appellations :

Les « grands crus », les plus prestigieux, sont groupés sur les coteaux abrupts de la rive droite : ce sont les Vaudésir, Valmur, Blanchots, Grenouilles, les Clos, les Preuses et Bougros.

Les « premiers crus » s'étendent, sur les deux rives du Serein, sur le territoire de Chablis et des communes environnantes.

Ensuite viennent les « chablis » dont le vignoble est le plus étendu, puis les « petits chablis ».

| | | | |
|---|---|---|---|
| Auxerroise (R.) | 2 | Moulins (R. des) | 12 |
| Constant (R. B) | 3 | Oberwesel (Av.) | 13 |
| Ferrières (Bd de) | 5 | Porte-Noël (R.) | 14 |
| Gaulle (Pl. Ch.-de-) | 6 | Renan (R.) | 16 |
| La Fayette (Pl.) | 7 | République (Pl. de la) | 18 |
| Lattre-de-T. (R. de) | 8 | St-Martin (Pl.) | 20 |
| Leclerc (R. du Mar.-) | 9 | Voltaire (Q.) | 21 |

Tous les ans a lieu la Fête des vins de Chablis *(voir le chapitre des manifestations en fin de volume)* et début février se situe la Fête de la Saint-Vincent Tournante qui se célèbre à tour de rôle dans chaque village du Chablisien.

**Église St-Martin** ⊘ – Elle date de la fin du 12e s. C'est l'ancienne collégiale des chanoines St-Martin-de-Tours qui, ayant fui devant les Normands, firent une fondation pour y abriter les reliques de leur saint. Sur les vantaux du portail latéral droit (dit « Porte aux fers »), de style roman, remarquer les pentures du début du 13e s. et les fers à cheval, ex-voto des pèlerins à saint Martin. L'intérieur forme un ensemble homogène.

**Église St-Pierre** – Seules trois travées subsistent de cet édifice roman, église paroissiale jusqu'en 1789. C'est un excellent exemple de style bourguignon de transition *(voir p. 38).*

# CHALON-SUR-SAÔNE

Agglomération 77 498 habitants
Cartes Michelin n° 69 pli 9 ou 243 pli 27
Plan d'agglomération dans le guide Rouge Michelin France.

Chalon, port fluvial situé au point de jonction de la Saône et du canal du Centre, est un centre industriel et commercial d'une grande activité dont les foires sont très suivies. Les fêtes du Carnaval qui durent huit jours attirent une foule considérable. Chalon est aussi la capitale économique d'une riche zone de culture et d'élevage, d'un vignoble dont certains crus sont dignes de leurs grands voisins.

**Un carrefour prédestiné** – Sa situation en bordure de la Saône, magnifique voie navigable, et à un important carrefour de routes fit choisir cette place par Jules César comme entrepôt de vivres au temps de ses campagnes en Gaule.
Ce rôle de carrefour allait se préciser de plus en plus.
La création du canal du Centre (fin 18e s.-début 19e s.), celle des canaux de Bourgogne et du Rhône au Rhin développèrent le commerce régional par voie d'eau.

En 1839, les usines Schneider du Creusot installent à Chalon, au débouché du canal du Centre, une importante usine dite « le Petit Creusot », devenue « Creusot-Loire » *(voir p. 119)*. Spécialisée dans la métallurgie lourde, elle subit de plein fouet la crise sidérurgique de 1984. Cependant d'autres industries se sont implantées depuis les années 1970, dont Kodak, St-Gobain, Framatome, L'Air Liquide et Water Queen (leader européen dans la fabrication d'articles de pêche), révélant le dynamisme économique de Chalon.

**Joseph Nicéphore Niepce** – Né à Chalon en 1765, au 15, rue de l'Oratoire, il peut être considéré comme l'inventeur de la photographie. Après un stage chez les Oratoriens et dans l'armée révolutionnaire qu'il abandonne pour raisons

---

### LES « SAUVAGINES »

Au Moyen Âge, Chalon était célèbre pour ses foires aux **« sauvagines »**, peaux de petits animaux à fourrure tels que renards, fouines ou blaireaux... Elles avaient lieu deux fois par an et duraient un mois, comptant parmi les plus fréquentées d'Europe. Mais si la fourrure a longtemps été chez elle à Chalon, le marché du cuir s'est substitué aujourd'hui à cette ancienne activité. La mode du vêtement de cuir, lisse ou craquelé, s'est considérablement développée depuis une trentaine d'années et la tendance actuelle ne dément pas ce succès.

---

de santé, il s'installe à Chalon en 1801, se consacrant tout entier à diverses recherches scientifiques. Il met au point, avec son frère Claude, un moteur dont le principe est celui du moteur à réaction, le « Pyréolophore ». A partir de 1813, il se passionne pour la lithographie : il réussit, en 1816, à fixer en négatif l'image obtenue au moyen de la chambre noire, puis, en 1822, à obtenir une image positive fixée.
Nicéphore Niepce mourut à Chalon en 1833. Une statue (quai Gambetta) et un monument à St-Loup-de-Varennes (7 km au Sud de Chalon), où fut mise au point sa découverte, perpétuent son souvenir.

**Des sous-marins pour la marine bolivienne** – Les chantiers Schneider de Chalon, sur la rive gauche de la Saône, entreprirent, en 1839, la construction d'une longue série de bateaux métalliques : torpilleurs, sous-marins et contre-torpilleurs.
C'est ainsi que 81 torpilleurs furent construits pour le compte de la marine nationale et les marines bulgare et turque, entre 1889 et 1906. L'unité la plus importante fut le contre-torpilleur *Mangini*, lancé en décembre 1911 pour la marine bolivienne. Long de 78,10 m, il avait un tirant d'eau de 3,08 m, trop fort pour pouvoir descendre le cours de la Saône. C'est avec un bateau-porteur qu'il dut gagner la Méditerranée.
De la même manière, les habitants de Chalon-sur-Saône ont pu voir des submersibles de type SC 1 croiser le long des quais de la ville. Cette dernière fabrication destinée à la Bolivie et au Japon ne s'arrêta qu'avec la Seconde Guerre mondiale (1).

## CURIOSITÉS

★ **Musée Denon** (BZ **M¹**) ⊙ – Installé dans une annexe (18ᵉ s.) de l'ancien couvent des Ursulines dotée pour lui d'une façade néo-classique, il porte le nom d'une des gloires de la ville : **Denon**, diplomate de l'Ancien Régime, graveur renommé et principal introducteur de la lithographie en France, fondateur de l'égyptologie lors de la campagne d'Égypte puis conseiller artistique de Napoléon Iᵉʳ, grand pourvoyeur et organisateur des musées de France.
Le musée possède une importante collection de peintures du 17ᵉ s. au 19ᵉ s. : l'école italienne est représentée par trois grandes toiles de Giordano, ainsi que Bassan *(Plan de Venise, Adoration des bergers)*, Solimène et le Caravage ; le siècle d'or hollandais (17ᵉ s.) par Hans Bollongier *(Bouquet de tulipes)*, Doomer, Davidsz. Deheem *(natures mortes)* ; la peinture française par Largillière, Carle Van Loo, Lagrenée, Ph. de Champaigne et, pour le 19ᵉ s., le *Portrait d'un Noir* de Géricault et les paysages préimpressionnistes du peintre chalonnais Raffort. L'ethnographie est représentée en particulier par des témoignages de la vie et de la navigation de la Saône et par un ensemble de meubles régionaux. Sont également exposées des poteries médiévales, diverses maquettes, objets de culte du 12ᵉ s., sculptures et peintures religieuses du 16ᵉ s., vitraux anciens, etc., et, dans la dernière salle consacrée à Denon et aux artistes de son époque, des terres cuites de Clodion (faunesse et enfants). Sur la galerie en mezzanine et l'escalier qui y conduit, œuvres contemporaines principalement d'artistes ayant obtenu le prix de Rome.
Le rez-de-chaussée est réservé aux riches collections archéologiques : silex préhistoriques de Volgu (région de Digoin-Gueugnon – les plus grands et les plus beaux de l'époque de la pierre taillée que l'on connaisse ; ils datent du solutréen – *voir p. 210*), de nombreux objets métalliques antiques et médiévaux, un magnifique groupe gallo-romain en pierre : un lion terrassant un gladiateur. En outre, collections lapidaires gallo-romaine et médiévale.

---

(1) « *La Saône, une rivière, des hommes* » par Louis Bonnamour, Christine Bonneton Éditeur.

# CHALON-SUR-SAÔNE

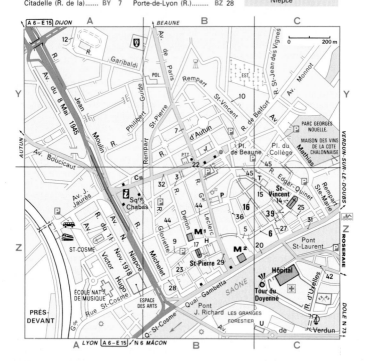

**Église St-Pierre** (BZ) – Construite de 1698 à 1713 dans un style italien, avec des ajouts au 19ᵉ s., cette ancienne chapelle d'abbaye bénédictine présente une façade imposante. A l'intérieur s'ouvrent une vaste nef et un chœur sous coupole peuplés de statues dont certaines sont du 17ᵉ s. : saint Pierre et saint Benoît à l'entrée du chœur, sainte Anne et la Vierge terrassant le dragon dans le transept. Dans le chœur, stalles sculptées et orgue d'époque Régence surmonté d'un Saül jouant de la harpe.

★ **Musée Nicéphore-Niepce** (BZ M²) ⊙ – Situé dans l'hôtel des Messageries (18ᵉ s.), au bord de la Saône, il contient une très riche collection d'images et de matériels photographiques anciens, parmi lesquels les premiers appareils du monde fabriqués et utilisés par Joseph Nicéphore Niepce, à côté de ses premières « héliographies ». Les grands noms de la photographie contemporaine figurent en bonne place.

La vaste salle du rez-de-chaussée présente des appareils de tous pays, depuis la projection lumineuse et les appareils Dagron pour la photographie microscopique (1860) jusqu'à l'appareil du programme Apollo utilisé lors de la conquête de la lune.

A l'étage, la salle Niepce abrite des souvenirs de famille et le premier appareil photographique (1816) ; dans la salle Daguerre : matériel ayant produit les daguerréotypes ; les salles suivantes sont consacrées aux premières photographies en couleur et en relief, et à des appareils prestigieux du 19ᵉ s. : le Grand Photographe de Chevalier (vers 1850), les appareils Bertsch (1860), les cyclographes de Damoizeau (1890)... La visite se termine au rez-de-chaussée par une grande salle exposant divers appareils anciens (la série des Dubroni, 1860 ; les canons à ferrotypes...) et par une petite salle consacrée à la « photosculpture ».

**Cathédrale St-Vincent** (CZ) ⊙ – Cathédrale de l'ancien évêché de Chalon (supprimé en 1790), St-Vincent ne présente pas un aspect homogène. Ses parties les plus anciennes remontent à la fin du 11ᵉ s. ; le chœur est du 13ᵉ s. Sa façade néogothique est sans doute la plus ancienne de ce style en France (1825).

A l'intérieur, les piliers sont cantonnés de pilastres cannelés et de colonnes engagées. Dans la troisième chapelle du bas-côté gauche, voûte flamboyante et vasque du 15ᵉ s. Dans la chapelle absidale Nord, remarquer la grande armoire eucharistique contemporaine en bronze doré (1986). Dans le chœur, dais finement sculpté. Dans l'abside, triptyque de 1608 (Crucifixion).

La sacristie construite au 15e s. fut séparée en deux dans le sens horizontal au 16e s. et la partie inférieure voûtée autour d'une pile centrale. Dans la chapelle y donnant accès, voûte à cinq clés pendantes et beau vitrail représentant la femme aux douze étoiles de l'Apocalypse.

Le bras droit du transept ouvre sur la chapelle Notre-Dame-de-Pitié (Pietà du 15e s. et tapisseries Renaissance) ainsi que sur un cloître du 15e s., restauré, où se trouvent quatre belles statues en bois ; la cour du cloître a retrouvé son puits.

Dans le bas-côté droit, nombreuses pierres tombales et chapelles fermées par des claustra (« grilles » de pierre). Pietà polychrome du 16e s. dans la dernière chapelle latérale.

**Maisons anciennes** – Certaines des nombreuses demeures anciennes du Vieux Chalon présentent un cachet tout particulier et méritent d'être signalées, particulièrement dans le quartier St-Vincent, où de belles façades à colombage ont été dégagées sur la place St-Vincent (remarquer également, à l'angle de la rue St-Vincent, une statue du saint), dans la rue aux Fèvres, la rue de l'Évêché, etc. ; **rue St-Vincent** (CZ **39**) carrefour pittoresque à la jonction des rues du Pont, St-Vincent et du Châtelet ; **rue du Châtelet** (CZ **6**), au n° 37, belle façade du 17e s., avec bas-reliefs, médaillons et gargouilles ; **Grande-Rue** (BCZ **16**) : au n° 39, grande maison du 14e s. restaurée.

**Hôpital** (CZ) ⊘ – Le bâtiment à degrés d'inspiration flamande date de la construction initiale (16e s.). Le premier étage, réservé aux religieuses, comprend des pièces lambrissées dont l'infirmerie qui abrite quatre lits fermés de rideaux.

Les bâtiments s'étendirent à partir du 17e s., et dès le début du 18e s. certaines pièces furent ornées de magnifiques **boiseries★** ; le réfectoire des religieuses et le couloir des cuisines meublé de vaisseliers remplis d'étains et de cuivres sont particulièrement remarquables.

La chapelle, d'architecture métallique (1873), a recueilli des œuvres d'art provenant des parties démolies : boiseries armoriées, chaire du 17e s., rare Vierge à l'encrier de la fin du 15e s...

La pharmacie (fin 18e s.) présente une collection de 84 pots du 18e s.

**Tour du Doyenné** (CZ) ⊘ – Cette tour du 15e s., jadis proche de la cathédrale, puis démolie en 1907, a été réédifiée à la pointe de l'île. Non loin, beau tilleul, provenant des pépinières de Buffon.

**★ Roseraie St-Nicolas** – *Des quais, 4 km par les ponts des îles de la Saône, au Sud, puis la rue Julien-Leneuveu, à gauche. Au départ de l'aire de loisirs St-Nicolas, circuit pédestre de 5 km – durée : 1 h 1/2 environ au cœur de la roseraie.*

Cette prestigieuse roseraie (comptant quelque 25 000 plants) dissémine ses parterres au milieu d'immenses pelouses semées de conifères ou de jeunes pommiers. Le circuit de visite (que longe un parcours sportif de 2,5 km) fait découvrir, à gauche de l'allée principale d'accès, de splendides massifs de roses aux couleurs aussi variées que savamment assorties (floraison : juin-juillet), objets d'un concours international annuel, plus un petit jardin de plantes rares (talus de la Grande Rocaille) et un arboretum ; à droite, une allée de roses anciennes (variétés obtenues au 19e s., pour la plupart) et des ensembles de roses vivaces (floraison : septembre), plantes à bulbes (iris, géraniums...), plantes d'eau, de terre de bruyère, etc.

# LA CÔTE CHALONNAISE *Circuit de 53 km – environ 2 h*

Entre les Côtes de Beaune et de Nuits au Nord, le Mâconnais et le Beaujolais au Sud, la Côte chalonnaise forme un trait d'union. Elle produit certains crus réputés, tels que le Mercurey, le Givry, le Montagny, le Rully (vins et mousseux) et nombre de très grands vins de table outre de grands ordinaires.

**Givry** – 3 340 h. *9 km à l'Ouest.* Givry produit des vins appréciés depuis longtemps : ils constituaient l'ordinaire d'Henri IV. La localité offre l'aspect d'une tranquille petite cité de la fin du 18e s., avec son hôtel de ville installé dans une porte monumentale de 1771, ses fontaines et son **église**, chef-d'œuvre de Gauthey, couverte de coupoles et de demi-coupoles ; quatre groupes de deux grosses colonnes entourent la nef. La halle ronde, ancienne halle aux grains, dont les grandes arcades laissent apercevoir la belle spirale de l'escalier central, date du début du 19e s.

*Poursuivre au Nord ; 3 km.*

**Château de Germolles** ⊘ – Cette maison forte du 13e s. – que précède une ferme du 14e s., à fenêtres à meneaux – fut rachetée au 14e s. par Philippe le Hardi et transformée en « maison de plaisance ducale » pour Marguerite de Flandre. Il en reste la belle poterne à tours rondes et chapelles superposées, le vaste cellier roman-gothique et, séparé de l'entrée, le corps de logis renflé de deux tourelles d'escalier.

*A Germolles prendre à gauche un chemin vicinal dans la vallée des Vaux.*

**Vallée des Vaux** – C'est le nom donné à la pittoresque haute vallée de l'Orbise. A partir de Mellecey, les villages situés à mi-côte présentent le type des villages viticoles avec les celliers attenants aux maisons : St-Jean-de-Vaux *(où débute la D 124 que l'on prend à droite)*, St-Mard-de-Vaux.

# CHAPAIZE★

153 habitants

Cartes Michelin n° 69 pli 9 ou 243 pli 39 – 16 km à l'Ouest de Tournus –
Schéma p. 153.

A proximité du Bisançon, rivière que borde à l'Est la belle forêt de Chapaize, ce petit village agricole abrite encore quelques maisons typiques du vignoble de la Côte (dont certaines remontent au 18e s.). Il est dominé par une église originale, dernier témoin d'un prieuré roman fondé au 11e s. par les bénédictins de Chalon.

★ **Église St-Martin** – *Visite : 1/2 h.* L'édifice, construit du premier quart du 11e s. au début du 13e s., en belle pierre calcaire locale, dans un style entièrement roman mêlé d'influences lombardes (des maçons venus d'Italie ayant sans doute participé à sa réalisation), est remarquable par son harmonie et la hardiesse de son clocher.

**Extérieur** – L'église, de plan basilical et dont la nef centrale a été rehaussée au milieu du 12e s., montre des murs latéraux épaulés d'épais contreforts et une sobre façade dont le pignon triangulaire, souligné d'arcatures lombardes, surmonte une baie en plein cintre à colonnettes et un grand portail flanqué à gauche d'une petite porte.

L'église de Chapaize.

Vrai campanile lombard mais bâti (au milieu du 11e s.) sur la croisée du transept où il s'élève à une hauteur surprenante (35 m) par rapport aux dimensions du reste de l'église, le **clocher** accroît l'effet de son envolée par les subtils artifices de son architecture : coupe rectangulaire à peine marquée, premier étage – aussi haut que les deux autres additionnés – presque insensiblement pyramidal et orné de bandes lombardes verticales, des arcatures horizontales délimitant les étages supérieurs, baies inégales et de niveaux décalés, dont la largeur augmente avec l'élévation...

Un escalier extérieur, ajouté au 18e s., permet d'accéder à la base de la tour. Le chevet, quoique refait au début du 13e s. sur le modèle de celui de Lancharre, ne rompt pas l'unité de l'ensemble, grâce à son élégante simplicité.

Les toitures de l'église ont été remplacées, en lauzes, vers la fin du 14e s.

Des sculptures, peu nombreuses, de facture archaïque et rongées par les intempéries, ornent d'un décor floral ou d'un visage humain les chapiteaux des baies de la façade et du clocher ; remarquer, sur la face Nord de ce dernier, la colonne où s'adosse un personnage en pied – préfiguration de statue-colonne.

**Intérieur** – L'intérieur à trois nefs, restauré, d'un grand dépouillement, frappe l'œil dès l'entrée par deux singularités : l'énormité des piliers (4,80 m de circonférence) et le dévers accentué de ceux-ci, surtout vers la gauche (côté Nord). Ces piles rondes, chapeautées d'imposte en triangle, forment sept travées (dont deux pour le chœur) et reçoivent les lourds arcs doubleaux de la voûte (surélevée, en berceau brisé, au 12e s.) et ceux encadrant les voûtes d'arêtes centrales des bas-côtés. La croisée du transept – qui supporte le clocher – est voûtée d'une admirable coupole ovoïde sur trompes, soutenue par des arcs en plein cintre. L'abside et les absidioles, voûtées en cul-de-four, sont éclairées la première par trois larges baies, les secondes par des fenêtres axiales dont celle de gauche est ornée de colonnettes à chapiteaux sculptés (les baies latérales ont été percées au 19e s.).

## ENVIRONS

**Lancharre** – *2 km au Nord-Est.* Le hameau englobe les vestiges d'un couvent de chanoinesses établi au 11e s. par les sires de Brancion. L'**ancienne église** ⊙ conventuelle, touchante dans son abandon, réunit deux édifices accolés des 12e et 14e s. composant le chevet et le transept sur lequel s'élève, à gauche, un clocher carré percé de grandes baies ogivales. De la nef disparue, que remplace le cimetière, il ne subsiste qu'un pan de mur et la première travée jouxtant le chœur.

A l'intérieur, on remarque les vastes absides et absidioles, voûtées en cul-de-four, le chœur dont l'arc triomphal retombe sur deux élégants piliers aux chapiteaux sculptés de têtes humaines, la coupole sur trompes supportant le clocher, une dizaine de dalles funéraires des 13e et 14e s., certaines gravées d'effigies de dames ou de chevaliers.

# La CHARITÉ-SUR-LOIRE★

5 686 habitants (les Charitois)
Cartes Michelin n° 65 Sud du pli 13 ou 238 pli 21.

Dominée par les clochers de son admirable église, La Charité s'étage sur un coteau bai-gné par la Loire, majestueuse, franchie par un pittoresque pont de pierre en dos d'âne, du 16e s., d'où l'on a une belle vue d'ensemble de la ville. Au temps de la navigation sur la Loire *(p. 146),* le port de La Charité connut une grande activité.

**La charité des bons pères** – Le petit bourg édifié à cet endroit s'appela tout d'abord Seyr, ce qui signifie « Ville au soleil » d'après une étymologie semblant être phéni-cienne. La conversion des habitants au christianisme et la fondation d'un couvent et d'une église, au début du 8e s., marquent le début d'une ère de prospérité. Mais les invasions arabes et les destructions qui s'ensuivent remettent tout en question.
C'est au 11e s., lors de la construction de l'église actuelle, que l'abbaye réorganisée attire voyageurs, pèlerins et pauvres. Connaissant l'hospitalité et la générosité des religieux, ces derniers venaient nombreux solliciter « la charité des bons pères ». « Aller à la charité » passa dans le langage courant et le nom fut attribué à la loca-lité.

**Un échec de Jeanne d'Arc** – Fortifiée au 12e s., la ville, « poste considérable à cause du passage de la Loire », allait être l'enjeu de luttes entre les Armagnacs et les Bour-guignons au cours de la guerre de Cent Ans.
Occupée par les Armagnacs, partisans de Charles VII, la ville est prise en 1423 par **Per-rinet-Gressard**, aventurier appointé à la fois par le duc de Bourgogne pour soutenir sa lutte contre Charles VII et par les Anglais pour retarder la réconciliation entre Arma-gnacs et Bourguignons. En décembre 1429, Jeanne d'Arc, venant de St-Pierre-le-Mou-tier *(voir à ce nom),* met le siège devant La Charité. Mais l'insuffisance des troupes, les rigueurs du froid et peut-être une « merveilleuse finesse », jamais élucidée, de Per-rinet-Gressard l'obligent à lever le siège.
Quant à Perrinet-Gressard, il ne rendra la ville à Charles VII qu'en 1435 après la signa-ture de la paix d'Arras entre Armagnacs et Bourguignons, moyennant une forte ran-çon et la charge à vie de capitaine de La Charité.

Vue d'ensemble de la ville.

## ★★ÉGLISE PRIEURALE NOTRE-DAME ⊙ *visite : 1 h*

Malgré ses mutilations, cette église reste l'un des plus remarquables témoins de l'architecture romane en Bourgogne.

**Fille aînée de Cluny** – C'est dans la seconde moitié du 11e s. que le prieuré bénédic-tin et son église, dépendant de l'ordre de Cluny, furent édifiés. Le pape Pascal II consacra l'église en 1107. Au cours de la première moitié du 12e s., son plan et sa décoration furent modifiés.
Avec ses cinq nefs, 122 m de longueur, 37 m de largeur et 27 m de hauteur sous la coupole, la Charité était, après Cluny, la plus grande église de France : elle pou-vait contenir cinq mille personnes. Elle faisait partie des cinq privilégiées honorées du titre de « fille aînée de Cluny » et n'en possédait pas moins une cinquantaine de filiales.

**Extérieur** – Isolée du reste de l'édifice par l'incendie de 1559, la façade se dresse place des Pêcheurs. Des deux tours qui encadraient le portail central ne subsiste plus actuellement que celle de gauche, la **tour Ste-Croix** (**B**) édifiée au 12e s. De plan carré, à deux étages de fenêtres, elle est surmontée d'une flèche d'ardoise remplaçant la flèche d'origine en pierre. Elle est décorée d'arcatures aveugles et de motifs sculptés figurant des rosaces. Les deux portes sont murées ; l'une d'elles conserve son tympan. On y voit la Vierge intercédant auprès du Christ pour obtenir la protection du monastère de la Charité représenté par le moine Gérard, son fondateur et premier prieur. Sur le linteau sont figurées des scènes de la vie de la Vierge : l'Annonciation, la Visitation, la Nativité, l'Annonce aux bergers.

Les marches du portail central roman, dont il ne subsiste que des vestiges et qui fut remplacé par une construction gothique au 16e s., donnent accès à la place Ste-Croix, qui occupe l'emplacement des six travées de la nef détruites au cours de l'incendie de 1559.

Dans l'ancien bas-côté Nord, qui, de la fin du 12e s. au 18e s., fut transformé en église paroissiale, sont encastrées des habitations ; des arcatures du faux triforium y sont encore en partie visibles.

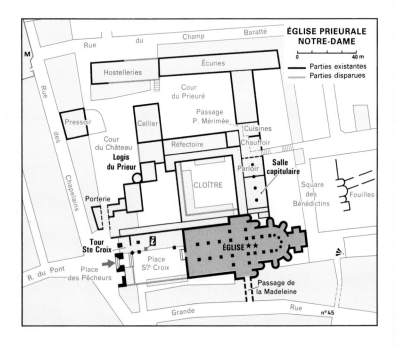

**Intérieur** – L'église actuelle occupe les quatre premières travées de la nef originelle, le transept et le chœur.

Fort mal restaurée en 1695, la nef n'offre guère d'intérêt mais le transept constitue avec le chœur un magnifique ensemble roman. La croisée est surmontée d'une coupole octogonale sur trompes ; les croisillons comptent trois travées et deux absidioles remontant au 11e s., c'est la partie la plus ancienne de l'édifice. Dans le croisillon droit, on peut voir le second tympan roman de la tour Ste-Croix représentant la Transfiguration avec l'Adoration des Mages et la Présentation au Temple.

Le chœur, entouré d'un déambulatoire desservant cinq chapelles rayonnantes, est d'une grande élégance ; la chapelle axiale est du 14e s. Les arcs en tiers-point du pourtour sont très aigus en raison du rapprochement des hautes colonnes portant de beaux chapiteaux historiés. Un bestiaire à huit motifs souligne le faux triforium dont les arcatures quintilobées, d'inspiration arabe, sont supportées par des pilastres ornementés. Vitraux modernes de Max Ingrand.

*Sortir de l'église par le croisillon Sud, à droite.*

★ **Vue sur le chevet** – Le passage de la Madeleine (16e s.) voûté d'ogives débouche Grande-Rue. Au n° 45, un passage couvert mène au square des Bénédictins, d'où l'on découvre le bel ensemble formé par le chevet, le transept et la tour octogonale de l'abbatiale. Derrière le chevet, un champ de fouilles (clos) fait apparaître des vestiges d'un prieuré clunisien du 11e s.

*Du square un escalier descend au prieuré.*

**Ancien prieuré** – Au pied de l'escalier, un passage public pris sur le chauffoir débouche dans la cour de l'ancien prieuré, autour de laquelle s'ordonnaient les cuisines, le grand réfectoire et les écuries. Dans la basse cour du prieuré (appelée aujourd'hui cour du Château), on voit encore le logis du prieur (début 16e s.) avec sa jolie tourelle à sept pans et la porterie.

Chaque été sont organisées dans les bâtiments conventuels des expositions se rapportant à l'histoire du prieuré ou aux travaux de rénovation.

*Par la porterie on regagne la place des Pêcheurs.*

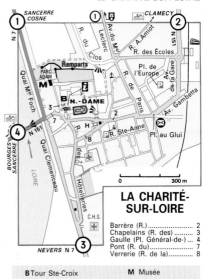

## AUTRES CURIOSITÉS

**Les remparts** – De l'esplanade proche du collège (rue du Clos), jolie **vue★** sur le chevet de l'église et ses absidioles étagées, sur la Loire, la vieille ville et les remparts dont le parcours présente aussi un intérêt panoramique.

**Musée** (**M**) ⊘ – Une large place est faite aux objets médiévaux découverts sur l'espace fouillé au chevet de l'église : fragments lapidaires et carreaux de terre cuite, outils, poteries, clefs, bijoux, etc.

Sont présentées ensuite des œuvres du sculpteur Pina (1885-1966), élève d'Auguste Rodin, ainsi qu'une belle collection d'Art Nouveau et Art Déco : objets décoratifs de Louchet, verres de Lalique, Gallé, Daum et céramiques de Deck, Delaherche...

Une rétrospective de la fabrication des limes et des râpes est présentée dans la salle des limiers, dont l'activité fut importante dans la région de 1830 à 1950 environ. Il s'y ajoute, chaque été, des expositions d'art contemporain.

## ENVIRONS

**Forêt des Bertranges** – *Circuit de 45 km.* Distante de quelque 5 km à l'Est de la Loire, la forêt domaniale des Bertranges couvre environ 10 000 ha de ses belles futaies de chênes mêlées de hêtres auxquels s'adjoignent aussi parfois sapins et mélèzes.

*Quitter La Charité par ②, N 151. Prendre ensuite à droite la D 179 et, après Raveau, la D 138 (vers Chaulgnes). Au lieu-dit la Vache, prendre la route forestière du Rond de la Réserve sur 1 km environ.*

On arrive devant la « fontaine de la Vache », source limpide voisine d'un beau chêne isolé.

*Faire demi-tour et prendre à droite une autre route forestière empierrée qui mène à celle de la Bertherie où tourner à droite.*

On atteint alors le **Rond de la Réserve**, carrefour forestier entouré de résineux et de jeunes peuplements de chênes. Du Rond, gagner au Sud les Bois-de-Raveau, hameau précédé par la maison forestière dite de l'Usage défendu, puis, par la D 179 tout en montées et descentes successives, le village de St-Aubin-les-Forges où l'on prend à droite la D 117 jusqu'à **Bizy** dont on remarque le château bordé d'un charmant étang.

*Emprunter à droite la D 8 et, encore à droite, la D 110, route de Chaulgnes.*

Cette petite route pittoresque s'élève en procurant d'agréables vues sur la forêt et les localités les plus proches ; sa descente finale fait découvrir la cuvette où se tapit le bourg de **Chaulgnes** dominé par son église.

*Continuer la D 110, au-delà de Chaulgnes, jusqu'à l'embranchement de Champvoux.*

L'**église de Champvoux** ⊘ (13e s.), amputée de sa nef (dont il reste les murs à contreforts et les vestiges sculptés du portail), séduit par sa haute et triple abside percée de larges baies en plein cintre et coiffée de toits coniques ; remarquer, dans le chœur, les chapiteaux naïfs des deux piliers et le blason (daté de 1668) de la chapelle axiale.

*La D 110 puis la N 7 ramènent à La Charité.*

# CHARLIEU★

3 727 habitants (les Charliendins)
Cartes Michelin n° 73 pli 8 ou 239 pli 11.

Marché actif dès l'époque médiévale sur la voie reliant la vallée de la Saône à celle de la Loire, Charlieu, ville fleurie, reste un carrefour de routes où se tiennent d'importants marchés. C'est également un grand centre de bonneterie et de tissage de soieries, soit en usines, soit dans de petits ateliers familiaux.
Mais c'est surtout à ses trésors archéologiques que Charlieu doit sa renommée (1).

## ★ABBAYE BÉNÉDICTINE ⊘ *visite : 1 h*

L'abbaye fondée vers 870 fut rattachée à Cluny vers 930, transformée en prieuré en 1040 environ, et ensuite fortifiée avec l'aide de Philippe Auguste, son protecteur. Elle bénéficia de la collaboration des architectes et des artistes de Cluny qui reconstruisirent l'église du 11e s. et ajoutèrent le narthex au 12e s. Ainsi – les fouilles l'attestent – à une petite église du 9e s. ont succédé une église du 10e s. et, légèrement désaxée, l'abbatiale du 11e s. Cette dernière présentait une nef de quatre travées flanquées de collatéraux, un transept et un chœur à absidioles orientées. Mais l'abbaye ne résista pas à la tourmente révolutionnaire. Le prieuré bénédictin, où vivaient encore deux moines, fut sécularisé en mars 1789. Les bâtiments et l'église St-Fortuné, « la plus parée des filles de Cluny », furent en grande partie démolis. De l'église ne subsistent que le narthex et la première travée dont les chapiteaux s'apparentent à ceux du Brionnais.
L'ensemble des bâtiments abbatiaux est d'une belle couleur ocre jaune.
La place de l'Abbaye offre un beau point de vue sur les deux portails qui font l'attrait majeur de l'abbaye.

Ancienne abbaye de Charlieu – Le grand portail (12e s.).

**★★Façade** – La façade Nord du narthex s'ouvre par un **grand portail** du 12e s., à l'éblouissante décoration sculptée. Le tympan figure le Christ en majesté dans une mandorle, soutenue par deux anges et entourée des symboles des quatre évangélistes ; sur le linteau sont représentés la Vierge assistée de deux anges et les douze apôtres ; aux impostes des piédroits apparaissent, mutilés, à gauche, le roi David et Boson, roi de Bourgogne et de Provence, à droite, saint Jean-Baptiste et l'évêque Robert, fondateur de l'abbaye, avec son frère Édouard et Boson.
Au-dessus de l'archivolte, remarquer l'agneau pascal à la toison très fouillée. Aux voussures et sur les colonnes, qui encadrent la porte, s'allient les motifs géométriques et floraux dont la luxuriante décoration, d'inspiration orientale, est une conséquence des croisades. Sur la face intérieure du jambage de gauche remarquer la Luxure, représentée par une femme aux prises avec de monstrueux reptiles.

---

*(1) Pour plus de détails, lire « Charlieu, ville d'art », en vente à l'accueil de l'abbaye.*

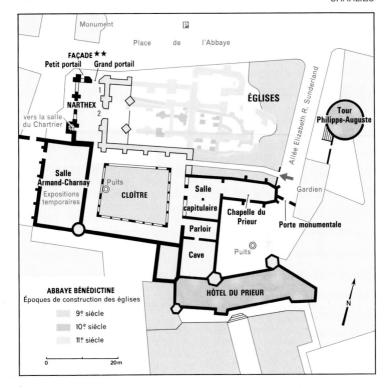

Monument

Place    de    l'Abbaye

FAÇADE ★★
Petit portail    Grand portail

NARTHEX

vers la salle
du Chartrier

ÉGLISES

Allée Elizabeth R. Sunderland

Tour
Philippe-Auguste

Salle
Armand-Charnay

Expositions
temporaires

Puits

CLOÎTRE

Salle

capitulaire

Chapelle du
Prieur

Gardien

Parloir

Porte monumentale

Cave

Puits

ABBAYE BÉNÉDICTINE
Époques de construction des églises

HÔTEL DU PRIEUR

N

9e siècle

10e siècle

11e siècle

0          20 m

Le **petit portail**, à droite du grand, date comme lui du 12e s. Dans son tympan s'inscrit la scène des Noces de Cana ; à l'archivolte est représentée la Transfiguration du Christ, au linteau le Sacrifice de l'Ancien Testament.
En entrant, on laisse à droite les fondations des trois sanctuaires qui se sont succédé à cet emplacement et dont on verra mieux le plan depuis la salle du Chartrier.

**Cloître** – Il a été édifié au 15e s., en remplacement de l'ancien, roman. Un vieux puits subsiste, adossé à la galerie Ouest. Dans la galerie Est, six arcades massives reposent sur des colonnettes jumelées dont les chapiteaux présentent une ornementation fruste de feuilles d'acanthe, d'oiseaux et de motifs géométriques.

**Salle capitulaire** – Elle date du début du 16e s. Ses ogives reposent sur un pilier rond portant un lutrin sculpté dans la masse.

**Chapelle du Prieur** – Elle a été édifiée à la fin du 15e s. L'ancien carrelage de terre cuite a été reconstitué sur le modèle ancien. La chapelle est surmontée d'un clocheton couvert de lamelles de bois.

**Parloir** – Cette belle salle voûtée du début du 16e s. abrite un **musée lapidaire** où, à côté d'anciens chapiteaux du prieuré, on remarque deux bas-reliefs : l'un, carolingien du 10e s., représente Daniel dans la fosse aux lions ; l'autre, du 12e s., représente l'Annonciation dans un ensemble de quatre arcades accolées.

**Cave** – Cette cave voûtée de deux berceaux en plein cintre abrite un **musée d'Art religieux** comportant un bel ensemble de statues en bois polychrome du 15e s. au 18e s., dont une Vierge à l'Oiseau, provenant de l'église d'Aiguilly, près de Roanne, et une Vierge à l'Enfant, gothiques du 15e s.

**Narthex** – Édifice rectangulaire de 17 m de longueur sur 10 m de largeur environ, il comprend deux salles superposées, voûtées d'arêtes. A l'Est, le mur est constitué par la façade occidentale de l'ancienne église St-Fortuné, consacrée en 1094.
Dans le narthex a été placé un **sarcophage gallo-romain,** trouvé au cours de fouilles. A l'Est du narthex se trouve le portail de l'ancienne église St-Fortuné (11e s.), où, sur le tympan encadré de trois voussures à arêtes vives, figure le Christ en majesté dans une mandorle soutenue par deux anges. La façade occidentale comporte deux baies géminées à voussures séparées à l'extérieur par un pilier flanqué d'une colonnette cannelée à chapiteau corinthien ; au-dessus, deux figures affrontées.
Du narthex, examiner de plus près les portails.
Après le narthex, dans la 1re travée de l'ancienne église du 11e s., on observera d'intéressants chapiteaux : Daniel dans la fosse aux lions et une sirène bicaudée.

**Salle du Chartrier** – On y accède par un escalier à vis. A l'Est, la grande baie est flanquée de deux petites arcades aveugles et surmontée de belles voussures reposant sur les chapiteaux à feuillages des colonnes engagées ; elle offre une bonne vue d'ensemble sur le plan et les fondations des trois sanctuaires qui se sont succédé à cet emplacement et que distinguent la couleur des joints et la verdure de la pelouse. La vue englobe également la tour Philippe-Auguste, l'hôtel du Prieur et les toits de la ville.

Avant de sortir de l'abbaye, jeter un coup d'œil dans la cour à l'hôtel du Prieur.

**Hôtel du Prieur** – *On ne visite pas.* La **porte monumentale** du 16e s., en anse de panier, est surmontée de créneaux décoratifs et d'un blason de prieur.

Le logis du Prieur borde au Sud de la chapelle une élégante cour ornée en son centre d'un puits ancien dont le couronnement est en fer forgé. C'est une construction de 1510 avec deux tours d'angle hexagonales, une charpente en châtaignier, et des toits à longues pentes recouverts de petites tuiles de Bourgogne. Sur la tour située à l'angle Sud-Est de la cour figure le blason des prieurs de La Madeleine.

**Tour Philippe-Auguste** (**N**) – Cette imposante tour, de belle pierre ocrée, construite vers 1180 sur l'ordre de Philippe Auguste, qui estimait la place forte de Charlieu « très utile à la couronne », faisait partie du système défensif de l'abbaye.

**Salle Armand-Charnay** ⊙ – *Accès par la place de l'Abbaye.*

Elle abrite, en été, des expositions temporaires à thèmes sur l'archéologie, les Beaux-Arts ou l'artisanat.

## AUTRES CURIOSITÉS

★ **Couvent des Cordeliers** ⊙ – *Sortir à l'Ouest par la rue Ch.-M.-Rouillier.*

C'est au 13e s. que les bourgeois de Charlieu firent appel aux Franciscains qui s'établirent à St-Nizier-sous-Charlieu. Situés hors des remparts de la ville, les bâtiments de leur couvent ont souffert de la guerre contre les Anglais, comme des bandes de routiers. Ils ont fait récemment l'objet d'une complète restauration. Le **cloître gothique,** en pierre blonde, vendu pour être démonté pierre par pierre et transporté aux États-Unis, a pu fort heureusement être racheté par l'État en 1910. Les galeries (fin 14e-15e s.) sont décorées de motifs végétaux très variés. Les chapiteaux de la galerie Nord représentent, par des personnages et des animaux traités de façon facétieuse, vices et vertus (un chapiteau représente un très beau visage de moine, duquel se dégagent sérénité et bonté ; un autre a pour thème la danse macabre). La galerie Ouest s'orne d'une frise de feuilles de chêne avec sur les chapiteaux des escargots, des lapins et des chenilles.

L'église (fin 14e s.) à nef unique, sans transept, avec trois chapelles latérales au Sud (fin 15e s., début 16e s.), a été, en partie, restaurée. Entièrement peinte à l'origine, elle n'a conservé que quelques fragments de ce décor dans le chœur.

**Ancien Hôtel-Dieu** – L'ancien Hôtel-Dieu du 18e s., dont on peut apprécier la belle façade sur la rue Jean-Montel, regroupe deux musées.

**Musée de la Soierie** ⊙ – Il témoigne de l'importance de l'industrie de la soie et des traditions de tissage implantées à Charlieu.

Dans la grande salle à gauche, statue de Notre-Dame-de-Septembre, patronne de la puissante corporation des tisserands, portée chaque année lors de la procession *(voir le chapitre des manifestations en fin de volume).* Un bel échantillonnage des productions locales de soieries (luxueuses robes anciennes, créations personnalisées pour les grandes familles...), accompagnant les imposants métiers à tisser, offre un reflet de l'évolution des techniques depuis le 18e s.

La soierie fabriquée par le métier à tisser est le produit de la trame confectionnée au préalable sur la **canetière** et de la chaîne, métrage de fils de soie nécessaire à la fabrication du tissu, préparée sur l'**ourdissoir.**

L'ensemble du matériel présenté fonctionne en démonstration. On remarque notamment un grand ourdissoir vertical du 19e s. et des métiers à tisser du 20e s. de plus en plus automatisés.

Le 1er étage expose des tissus, des créations de grands couturiers et propose une projection vidéo sur les techniques traditionnelles et actuelles du tissage de la soie.

**Musée hospitalier** ⊙ – L'Hôtel-Dieu, où officièrent pendant trois siècles les religieuses de l'Ordre de Sainte-Marthe, a cessé son activité en 1981. Transformé en musée, il témoigne de l'atmosphère quotidienne d'un petit hôpital de province, de la fin du 19e s. aux années 1950. L'apothicairerie a conservé ses boiseries du 18e s., où prennent place tiroirs à plantes, flacons de verre « bouchés à l'émeri » et pots en faïence. Faisant suite à la salle d'opérations et à la salle de soins, la lingerie conserve de belles armoires régionales où étaient rangés quelque 850 draps, surabondance induite par la rareté des lessives limitées à deux par an. L'une des grandes salles des malades a été reconstituée avec son double alignement de lits ceints de rideaux, son décor et ses meubles anciens ; par la fenêtre qui permettait aux malades d'assister de leur lit à l'office, on contemple la chapelle qui abrite un bel autel en bois doré, au devant paré de cuir de Cordoue.

# CHARLIEU

**B** Maison des Anglais
**D** Maison Disson
**E** Maison des Armagnacs
**F** Église St-Philibert
**N** Tour Philippe-Auguste

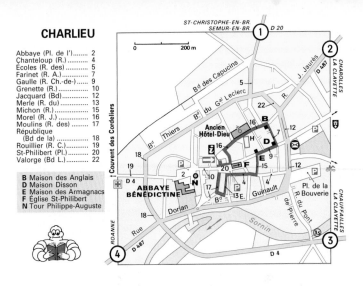

**Église St-Philibert** (**F**) ⊘ – Du 13ᵉ s., cette église sans transept possède une nef de cinq travées, flanquée de bas-côtés, et un chœur rectangulaire, caractéristique de l'art bourguignon du 13ᵉ s. Elle abrite de beaux objets d'art : chaire en pierre monolithe du 15ᵉ s., stalles des 15ᵉ et 16ᵉ s. avec jolis panneaux peints. Dans une chapelle, Vierge du 16ᵉ s. (Notre-Dame de Charlieu). Dans la chapelle Ste-Anne à droite du chœur, retable peint sur pierre (15ᵉ s.), représentant la Visitation et la Nativité. Dans la chapelle St-Crépin, à gauche du chœur, Pietà du 17ᵉ s. et statuette de saint Crépin, patron des cordonniers et des bourreliers, en bois polychrome.

**Maisons anciennes** – En flânant dans les rues avoisinant la place St-Philibert, on découvrira de nombreuses maisons pittoresques du 13ᵉ au 18ᵉ s.

*Suivre à pied l'itinéraire indiqué sur le plan.*

A l'angle de la place et de la rue Grenette, la maison en pierre, du 13ᵉ s., présente, à l'étage, des fenêtres géminées réunies par une colonnette.

*Passant devant l'église St-Philibert, puis l'hôtel de ville et la chapelle de l'Hôtel-Dieu dans la rue Jean-Morel, on atteint le nᵒ 32, de cette même rue.*

La **Maison des Anglais** (**B**), du début du 16ᵉ s., montre, à l'étage, des fenêtres à meneaux séparées par une niche gothique ; deux échauguettes flanquent la façade.

*Tourner à droite dans la rue André-Farinet.*

Au nᵒ 29, maison du 13ᵉ s., en pierre ; au nᵒ 27, la **maison Disson** (**D**), à pans de bois, du 15ᵉ s. ; à l'angle en vis-à-vis, au nᵒ 22, l'ancien grenier à sel du 14ᵉ s.

*Prendre à droite dans la rue Charles-de-Gaulle.*

La **maison des Armagnacs** (**E**), au nᵒ 9, des 13ᵉ et 14ᵉ s., présente deux fenêtres géminées, surmontées d'arcs trilobés, décorés à gauche d'un motif floral, à droite d'une tête humaine ; l'étage à pans de bois surplombe le tout.

*Par la rue Michon, la rue Chanteloup, commerçante, gagner la rue du Merle.*

Aux angles formés avec la rue des Moulins (nᵒ 11), puis avec la rue des Moulins et la place St-Philibert, se dressent de vieilles maisons à pans de bois.

## ENVIRONS

**La Bénisson-Dieu** – *12 km. Quitter Charlieu par ④ du plan, D 487 puis D 4.*
Situé dans la vallée de la Teyssonne, le village possède une **église** ⊘ et une grande tour carrée du 15ᵉ s. qui la précède. Ce sont les seuls vestiges de l'abbaye fondée au 12ᵉ s. par les disciples de saint Bernard et qui devint un couvent de femmes au 17ᵉ s.
La nef de l'église, du début de la période gothique, est couverte d'une toiture aiguë à tuiles vernissées disposées en losanges. Dans le bas-côté droit sont réunies des œuvres intéressantes : stalle abbatiale du 15ᵉ s., statues en pierre du Père éternel, du 15ᵉ s., et de sainte Anne, la Vierge et l'Enfant, exécutée aux environs de 1500, de l'école de Michel Colombe. La chapelle de la Vierge, à droite en entrant, est une adjonction du 17ᵉ s. due à l'abbé de Nérestang : peintures murales et belle Vierge en marbre blanc.

# CHAROLLES

3 048 habitants (les Charollais)
Cartes Michelin n° 69 plis 17, 18 ou 243 pli 37 – Schéma p. 85.

La petite ville de Charolles est un lieu de séjour agréable et un excellent point de départ pour découvrir dans un rayon de 30 km, des curiosités aussi variées que Cluny, la Clayette, les églises du Brionnais ou le Mont St Vincent.

L'Arconce, la Semence et de nombreux canaux serpentent dans cette ancienne capitale des comtes de Charollais et donnent à ses quais, ses vieilles rues et ses placettes fleuries, un air de vacances.

La race charollaise.

**L'élevage en Charollais** – La richesse des herbages en Charollais, Brionnais et le savoir faire des éleveurs sont à l'origine d'une race bovine universellement reconnue pour son rendement et la qualité de sa viande.

D'avril à décembre, période de l'embouche, sur les marchés et foires de St Christophe et Charolles, plusieurs centaines de génisses, veaux et taureaux se négocient chaque semaine (mercredi à Charolles).

**La cité de Charles-le-Téméraire** – Du 14e s. la ville conserve les vestiges du château des comtes de Charollais avec la fière tour du Téméraire et la tour des Diamants aujourd'hui occupée par l'hôtel de ville. Vue agréable depuis les jardins en terrasse.

En bas de la rue Baudinot, l'ancien couvent des Clarisses où vécut dans sa jeunesse, la future Ste Marguerite-Marie Alacoque, abrite le syndicat d'initiative.

**Le Prieuré** ⊙ – Placé sous l'autorité de Cluny, ce bâtiment accueillait les pèlerins se rendant à Compostelle. Outre une collection de peintures de Jean Laronze (1852-1937) et une salle consacrée au folklore local, le musée regroupe une très importante collection de faïences de Charolles, en particulier de l'époque du premier faïencier : Hypolyte Prost. Le style de la faïence de Charolles est celui des bouquets fleuris et légers, flanqués de papillons, libellules et autres insectes.

**Musée René Davoine** ⊙ – (*promenade St-Nicolas*). L'atelier de l'artiste (1888-1962) abrite quelques unes de ses œuvres majeures.

## ENVIRONS

★**Mont des Carges** – *12 km à l'Est.*
D'une esplanade où s'élèvent les monuments au maquis de **Beaubery** et au bataillon du Charollais, une **vue★** presque circulaire embrasse le pays de Loire à l'Ouest, tout le Charollais et le Brionnais au Sud, les monts du Beaujolais à l'Est.

**Château de Chaumont** – *16 km au Nord-Est.*
La façade Renaissance du château est flanquée d'une tour ronde ; l'autre façade, de style gothique, est moderne. L'ampleur de ses bâtiments est frappante.

*Le **guide Vert Michelin France**.*
*Destiné à faciliter la pratique du grand tourisme en France, il vous propose des programmes de traversée tout prêts, en cinq jours, et vous offre un grand choix de combinaisons et de variantes possibles auxquelles il est facile d'apporter une adaptation personnelle.*

# CHÂTEAU-CHINON ★

2 502 habitants (les Château-Chinonais)
Cartes Michelin n° 69 pli 6 ou 238 pli 36 – Schémas p. 102 et 166.

Sur la ligne de faîte séparant les bassins de la Loire et de la Seine, la petite ville de Château-Chinon, capitale du Morvan, occupe un **site**★ pittoresque. La situation très favorable de la colline, forteresse naturelle, facile à défendre et d'où l'on découvre à la fois les plus hauts sommets du Morvan et la plaine du Nivernais, lui a valu de porter successivement un oppidum gaulois, un camp romain et un château féodal qui donna son nom à la ville. Combats, sièges en règle, hauts faits d'armes valurent à la cité de mériter, au cours des siècles, la devise : « Petite ville, grand renom. »

★★**Panorama du Calvaire** – *Du square d'Aligre, monter à pied (1/4 h AR).*

Le Calvaire (609 m d'altitude), constitué par trois croix de pierre, est érigé à l'emplacement d'un oppidum gaulois et sur les vestiges d'un ancien château fort. Le panorama circulaire est admirable (table d'orientation). On a une vue d'ensemble sur Château-Chinon et ses toits d'ardoise, au loin sur les croupes boisées du Morvan. Les deux sommets, le Haut-Folin (901 m) et le mont Préneley (855 m), apparaissent au Sud-Est. Au pied de la colline, la vallée de l'Yonne s'ouvre à l'Est, tandis qu'à l'Ouest, dominant le bassin supérieur du Veynon, la vue se prolonge au-delà du Bazois jusqu'au Val de Loire.

★ **Promenade du Château** – Une route, à flanc de coteau, fait le tour de la butte. Partir du faubourg de Paris et revenir par la rue du Château.

De part et d'autre d'une agréable futaie on découvre successivement les paysages qu'embrasse la vue panoramique du Calvaire et, en outre, les gorges de l'Yonne, invisibles du Calvaire.

**Musée du Septennat** ⊘ – Situé au sommet de la vieille ville, il occupe les bâtiments d'un ancien couvent de clarisses (18ᵉ s.) et rassemble les cadeaux protocolaires reçus depuis 1981 par François Mitterrand (ancien maire de Château-Chinon) en sa qualité de président de la République.

Le musée présente les photos des présidents et souverains rencontrés, les insignes et décorations honorifiques ainsi que de très nombreux objets d'artisanat d'art des cinq continents.

**Musée du Costume** ⊘ – Installé dans l'ancien hôtel 18ᵉ s. de Buteau-Ravisy, le musée présente une importante collection de costumes français, principalement du 18ᵉ s. au 20ᵉ s. Il expose également des accessoires de mode et de toilette, des dentelles, des gravures et revues de mode anciennes, des tissus d'ameublement. Chaque année est organisée une exposition sur le thème du costume, de la mode ou des arts textiles.

**Fontaine monumentale** – Située face à la mairie, cette fontaine, composée de sculptures indépendantes articulées, est l'œuvre de Jean Tinguely et Niki de Saint-Phalle.

## EXCURSIONS

★★ ① **Mont Beuvray** – *Circuit de 73 km – environ 2 h – schéma p. suivante.*
*Quitter Château-Chinon par la D 978 à l'Est.*

La route pittoresque traverse des paysages mamelonnés ; de nombreux villages et hameaux s'étagent sur les collines au milieu de prés entourés de haies vives.

**Arleuf** – Presque tous les pignons des maisons, tournés vers l'Ouest, présentent cette particularité d'être revêtus d'ardoises qui les protègent des pluies.
*Poursuivre à l'Est.*

Après un parcours en forêt, belle vue à gauche, sur les hauteurs de la forêt d'Anost. A partir du Pommoy, se diriger vers les **gorges de la Canche** *(p. 170)* au Sud. Franchissant la Canche, on laisse à droite un barrage, derrière lequel le réservoir constitue un site agréable.
Poursuivre vers le Sud-Ouest et traverser la **forêt de St-Prix** aux épicéas et sapins magnifiques. Au rond-point part, à droite, une route forestière circulaire desservant le téléski du **Haut-Folin** *(p. 169)*.

★★**Mont Beuvray** – *Voir à ce nom. 14 km au Sud par Glux-en-Glenne et Anvers.*
*Contourner le mont Beuvray par le Sud et l'Est et revenir à Château-Chinon par la haute vallée de l'Yonne*

★ ② **Vallon du Touron** – *Circuit de 29 km – environ 1 h – voir schéma.*
*Se rendre à Arleuf (9 km à l'Est) en suivant l'itinéraire du mont Beuvray décrit p. 77, puis se diriger vers le Nord (D 500).*

Après une montée de 1,5 km, la route franchit le profond vallon du Touron. Après les Brenots, on reconnaît au Sud les croupes boisées du Haut-Folin.
La D 500 continue de courir à flanc de pente, dans le décor très vert d'un paysage vallonné où paissent de blancs troupeaux, et débouche finalement sur la D 37, qui à gauche ramène à Château-Chinon.

★ ③ **Barrage de Pannesière-Chaumard** – *Circuit de 38 km – environ 1 h 1/2 – schéma ci-contre.* Cartes Michelin n° 69 pli 6 et n° 65 pli 16 ou 238 plis 23, 24.

*Suivre les routes qui font le tour du barrage. Voir à ce nom.*

★ ④ **Lac des Settons** – *Circuit de 64 km – environ 2 h 1/2 – schéma ci-contre.* Cartes Michelin n° 69 pli 6 et n° 65 plis 16 et 17 ou 238 plis 24, 36.

*De Château-Chinon à Montsauche-les-Settons,* description p. 168.

**Ouroux-en-Morvan** – *8 km au Sud-Ouest de Montsauche-les-Settons.* De l'église et de la place Centrale, deux rues conduisent à un beau **point de vue★** sur un moutonnement de collines parmi lesquelles apparaît une partie de la retenue de Pannesière *(1/4 h AR).*

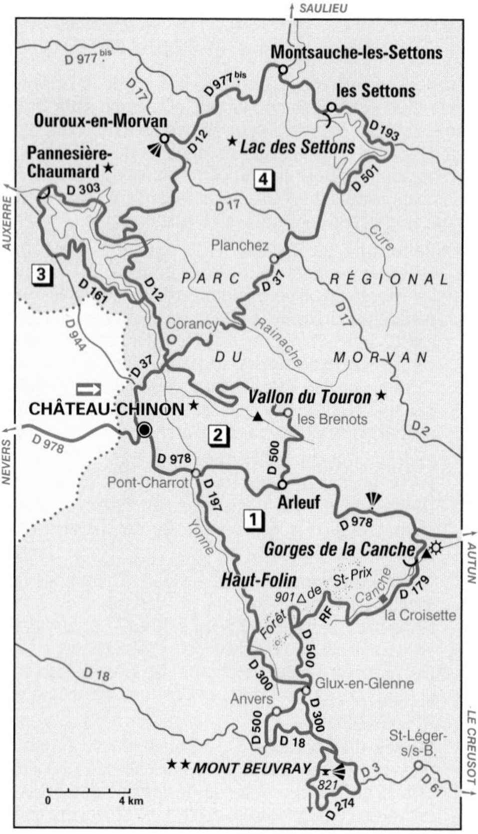

*Poursuivre vers le Sud ; après Courgermain, prendre à gauche un chemin vicinal vers les 4 Vents.*

Très sinueux, le chemin offre dans sa descente des vues sur le Morvan et le lac de Pannesière *(description p. 177).*

*Poursuivre au sud pour revenir à Château-Chinon.*

# CHÂTEAUNEUF★

63 habitants
Cartes Michelin n° 65 Sud-Ouest du pli 19 ou 243 plis 14, 15.

Dans un **site★** pittoresque, ce vieux bourg fortifié est célèbre par son château fort qui commandait la route de Dijon à Autun et toute la plaine environnante.

★ **Château** ⊙ – On en a une vue saisissante en arrivant du Sud par la D 18ᴬ, aussitôt après avoir franchi le canal de Bourgogne.
Au 12ᵉ s., le sire de Chaudenay, dont le château en ruine s'élève dans un joli site à Chaudenay-le-Château (6 km au Sud), construisit pour son fils cette forteresse agrandie et remaniée en gothique flamboyant à la fin du 15ᵉ s. par Philippe Pot, sénéchal de Bourgogne. Le dernier propriétaire, le comte G. de Vogüé, en a fait don à l'État en 1936.
Cette imposante construction, ceinturée d'épaisses murailles flanquées de tours massives, est séparée du village par un fossé. Jadis deux portes fortifiées desservaient le château ; aujourd'hui un seul pont-levis, encadré de grosses tours rondes, donne accès à la cour intérieure, d'où l'on a une vue d'ensemble des deux corps de logis. En partie ruiné, le logis des hôtes conserve ses belles ouvertures en accolades traversées de meneaux ; en revanche, l'aile surmontée de hautes lucarnes a été restaurée : on y visite la vaste salle des gardes, la chapelle (1481) et différentes pièces décorées aux 17ᵉ et 18ᵉ s. D'une chambre ronde, vaste panorama sur la plaine du Morvan.

★ **Le village** – Il forme un ensemble très pittoresque, avec ses vestiges de remparts et ses rues étroites. Le village possède de vieilles demeures, fort bien conservées, construites du 14ᵉ au 17ᵉ s. par de riches marchands bourguignons ; on remarquera une boutique ancienne intéressante (l'échoppe du potier d'étain dans la rue principale) et des linteaux de porte sculptés ou en accolade.

# CHÂTEAURENARD

2 302 habitants
Cartes Michelin n° 65 Nord du pli 3 ou 238 pli 8.

Cette petite ville du Gâtinais doit son nom au château construit au 10e s. sur la colline dominant la rive droite de l'Ouanne.

Châteaurenard garde encore quelques maisons anciennes dont la plus belle, du 15e s., à colombage et sculptures, s'élève place de la République. On y voit aussi, sur la rive gauche de l'Ouanne, le château de la Motte (habité), du début du 17e s., dans un joli parc fleuri.

**Église** – Ancienne chapelle (11e et 12e s.) du château, elle est encastrée dans les ruines de cette forteresse dont quelques tours sont assez bien conservées. Une porte fortifiée, entre deux tours, y donne accès.

Un puits profond précède la façade constituée par le clocher que coiffe un lanternon. Du terre-plein voisin (où est placée une meule à huile du 12e s.), vue intéressante sur l'agglomération en contrebas.

# CHÂTILLON-COLIGNY

1 903 habitants (les Châtillonnais)
Cartes Michelin n° 65 pli 2 ou 238 pli 8.

Sur les bords du Loing et du canal de Briare, agrémentés de vieux lavoirs, Châtillon-Coligny a vu naître, en 1519, l'amiral **Gaspard de Coligny,** victime de la Saint-Barthélemy. En 1937, un monument a été érigé à l'emplacement de la chambre où il est né, dans le parc du château, par des souscripteurs hollandais afin de rappeler l'union de Louise de Coligny, fille de l'amiral, avec Guillaume d'Orange. La branche masculine des Coligny s'étant éteinte en 1657, c'est aux Montmorency puis aux Montmorency-Luxembourg que revint le domaine de Châtillon.

En 1893, **Colette** épousa Willy, à Châtillon-Coligny où elle vivait chez son frère le docteur Robineau.

**Château** – Au 16e s. le maréchal de Châtillon se fit construire une somptueuse demeure qui ne conservait du château médiéval antérieur que le donjon roman polygonal, très original, édifié entre 1180 et 1190 par le comte de Sancerre. La Révolution n'épargna que le donjon, haut de 26 m, et les souterrains qui le desservaient. Du magnifique ensemble Renaissance, il ne subsiste que les trois terrasses monumentales.

A proximité, l'église, des 16e et 17e s., est flanquée d'un campanile accolé à une porte des anciens remparts.

**Musée** ⊘ – Installé dans l'ancien hôtel-Dieu fondé au 15e s., le musée présente principalement des portraits et documents concernant les familles de Coligny et de Montmorency qui possédèrent la terre de Châtillon. Remarquer le magnifique guéridon d'époque Louis-Philippe, orné de plaques de Sèvres représentant le maréchal de Luxembourg et les connétables de Montmorency. Un petit département est consacré à l'archéologie locale de l'âge du fer à l'époque mérovingienne.

## ENVIRONS

**Montbouy** – *6 km au Nord.* Les vestiges d'un amphithéâtre gallo-romain du 2e s. sont visibles au Nord du village.

**Cortrat** – *12 km au Nord-Ouest, par Montbouy.* La petite **église** rurale est entourée de son ancien cimetière. Son **tympan★** gravé est d'une étrange facture primitive ; les personnages et les animaux qui apparaissent dans ses linéatures représenteraient la création du monde.

**Arboretum des Barres** ⊘ – *8 km au Nord-Ouest.* Cet arboretum fait partie du domaine de l'École nationale des ingénieurs des travaux des Eaux et Forêts. Les collections et plantations expérimentales de l'arboretum, dont certaines ont près de 150 ans, groupent 3 000 espèces ou variétés d'arbres et d'arbustes.

**Rogny-les-Sept-Écluses** – *10 km au Sud.* La construction des sept écluses de Rogny, entreprise sous l'ordre d'Henri IV en 1605, pour faire passer les eaux du canal de Briare, du vallon de la Trézée dans la vallée du Loing, ne fut terminée qu'en 1642. Cet ouvrage d'art, considérable pour l'époque, fut cependant désaffecté en 1887. Actuellement, six écluses plus espacées assurent le trafic du canal de Briare, permettant ainsi un important gain de temps.

Des sapins bordent, comme autrefois, les sept écluses disposées en marches d'escalier. La rigole n'alimente plus que rarement les écluses, mais le site a conservé son charme.

*Créez vos propres itinéraires*
*à l'aide de la carte des principales curiosités et régions touristiques.*

# CHÂTILLON-EN-BAZOIS

1 161 habitants (les Châtillonnais)
Cartes Michelin n° 69 Nord du pli 5 ou 238 pli 35 – Schéma p. 166.

Bourg de plaine, agréablement situé sur l'Aron et sur le canal du Nivernais, Châtillon-en-Bazois est l'un des centres les plus importants de la navigation de plaisance en Bourgogne. Son propre chantier de construction de bateaux est dominé par un château des 16ᵉ et 17ᵉ s. flanqué d'une tour ronde du 13ᵉ s., qui s'élève entre la rivière et le canal.

**Église** – On peut y voir un grand tableau de Nicolas Mignard *(Baptême du Christ)* dans la chapelle à gauche de l'entrée, la pierre tombale de Jehan de Châtillon (14ᵉ s.) à droite de l'entrée, et un retable de 1423 en pierre formant devant d'autel dans le chœur et représentant une Pietà entourée par les apôtres.

## ENVIRONS

**Rouy** – *10 km à l'Ouest.* L'**église** romane du 12ᵉ s. montre un beau clocher carré déjà gothique dont le premier étage est décoré de colonnettes sous arcatures et le second percé sur chaque face de deux baies géminées.
A l'intérieur, la voûte de l'abside est peinte d'un Christ bénissant entre un ange et un démon.

# CHÂTILLON-SUR-SEINE★

6 862 habitants (les Châtillonnais)
Cartes Michelin n° 65 pli 8 ou 243 pli 2.

La coquette ville de Châtillon est baignée par la Seine, fleuve encore chétif, qui y reçoit les eaux abondantes de la Douix, magnifique source vauclusienne.
L'élevage du mouton devint la grande ressource des plateaux du Châtillonnais, c'est pourquoi le commerce de la laine connut à Châtillon une activité très florissante jusqu'au 18ᵉ s.

**Cent ans après** – A un siècle d'intervalle, Châtillon a vécu des heures historiques. En février 1814, alors que **Napoléon Iᵉʳ** défend pied à pied les approches de la capitale, a lieu à Châtillon un congrès entre la France et les puissances alliées contre elle – Autriche, Russie, Angleterre, Prusse. Napoléon repousse les propositions dures qui lui sont faites ; la lutte reprend et se termine par la chute de l'Empire.
En septembre 1914, les troupes françaises battent en retraite devant la violente poussée des Allemands. Le **général Joffre**, commandant en chef les armées françaises, a installé son quartier général à Châtillon-sur-Seine, c'est de là qu'il lance son fameux ordre du jour du 6 septembre : « Au moment où s'engage une bataille dont dépend le salut du pays, il importe de rappeler à tous que le moment n'est plus de regarder en arrière… » L'avance allemande est stoppée et la contre-attaque française sur la Marne prend l'ampleur d'une grande victoire.

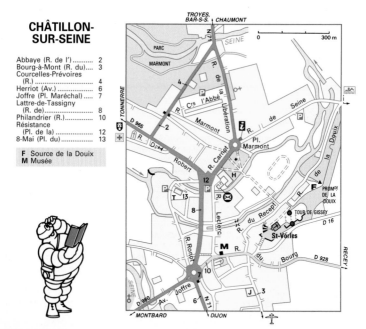

**CHÂTILLON-SUR-SEINE**

| | |
|---|---|
| Abbaye (R. de l') | 2 |
| Bourg-à-Mont (R. du) | 3 |
| Courcelles-Prévoires (R.) | 4 |
| Herriot (Av.) | 6 |
| Joffre (Pl. Maréchal) | 7 |
| Lattre-de-Tassigny (R. de) | 8 |
| Philandrier (R.) | 10 |
| Résistance (Pl. de la) | 12 |
| 8-Mai (Pl. du) | 13 |

**F** Source de la Douix
**M** Musée

★ **Musée (M)** ⊙ – Il est installé dans la maison Philandrier, jolie demeure d'époque Renaissance. Des fouilles, pratiquées depuis plus de cent ans dans la région, notamment à Vertault *(20 km à l'Ouest de Châtillon)*, avaient déjà mis au jour les vestiges d'une agglomération galloromaine – poteries, vases, statuettes –, exposées dans ce musée, lorsqu'en janvier 1953 eut lieu près de Vix, au mont Lassois, une extraordinaire découverte archéologique.

★★**Trésor de Vix** – *Une salle du musée lui est consacrée.* Dans une sépulture du 6ᵉ s. avant J.-C., près des restes de son apparat, furent mis au jour des éléments de vaisselle en bronze, en céramique ou en argent, dont un vase en bronze gigan-

M. Thibaut/HOA-QUI

Vase de Vix.

tesque, haut de 1,64 m, large de 1,45 m, d'un poids de 208 kg et capable de contenir 1 100 litres de vin. Le vase révèle, par la richesse de sa décoration – frise sculptée faite de motifs d'appliques en haut-relief figurant une suite de guerriers casqués et de chars, têtes de Gorgone sur les anses –, un art fort évolué relevant de l'art grec archaïque.

Dans les vitrines, on admire les objets découverts dans la tombe, et tout spécialement un torque en or (480 g) finement décoré de filigranes et de pégases.

★ **Source de la Douix (F)** – Elle jaillit dans un site ravissant, au pied d'un escarpement rocheux, haut de plus de 30 m, environné de verdure. Cette source vauclusienne collecte les eaux d'autres résurgences et les infiltrations du plateau calcaire. Le débit normal est de 600 l par seconde mais peut atteindre 3 000 l en période de crue.

La promenade, aménagée sur la plate-forme rocheuse, est agréable. La source des Ducs coule à l'ombre de magnifiques marronniers. De la promenade, on découvre une jolie vue sur la ville, la vallée et la piscine.

**Église St-Vorles** ⊙ – Bâtie sur une terrasse ombragée, d'où la vue s'étend sur la ville basse et la vallée, l'église domine le quartier du Bourg.

L'édifice, construit probablement vers 991, a conservé quelques archaïsmes carolingiens (double clocher, double transept, chapelle haute). Le chœur a un aspect typiquement roman et en maints endroits on peut voir des arcatures lombardes.

La chapelle basse St-Bernard garde le souvenir de saint Bernard qui y vécut le « miracle de la lactation » devant la statue de Notre-Dame-de-Toutes-Grâces.

Le bras Nord du transept renferme une Mise au tombeau Renaissance.

A proximité se dressent les ruines du château et la tour de Gissey. Dans le cimetière, tombe du maréchal Marmont, duc de Raguse, né à Châtillon.

## ENVIRONS

**Mont Lassois** – *7 km au Nord-Ouest.* La butte du mont Lassois ou mont St-Marcel domine d'une centaine de mètres la plaine environnante.

Au sommet s'élève la petite église de St-Marcel, édifice roman (12ᵉ s.) couvert de pierres plates. C'est au pied de la butte, à proximité de la Seine, que fut mis au jour le « Trésor de Vix » exposé au musée de Châtillon-sur-Seine.

**Château de Montigny-sur-Aube** ⊙ – *22 km au Nord-Est.* Construit à la place d'une forteresse féodale dont subsiste une tour du 12ᵉ s. restaurée, le château de Montigny-sur-Aube ne conserve de ses quatre corps de logis du 16ᵉ s. que l'aile méridionale. Côté village, l'élégante façade de l'édifice présente une ordonnance classique où se superposent les ordres dorique, ionique et corinthien. La **chapelle,** isolée aujourd'hui du château, offre à l'intérieur un excellent exemple du style Renaissance classique. A la sobriété de l'architecture s'oppose la richesse ornementale.

# Abbaye de CÎTEAUX

Cartes Michelin n° 65 Sud du pli 20 ou 243 pli 16 – 14 km à l'Est de Nuits-St-Georges.

Comme Cluny, **Cîteaux** ⊙ est un haut lieu de l'Occident. C'est ici, parmi les « cistels » ou roseaux, que Robert, abbé de Molesme, fonda en 1098 l'ordre des Cisterciens *(voir p. 26)*, rameau détaché de Cluny qui, sous la prodigieuse impulsion de saint Bernard, venu y vivre en 1112 avant de devenir abbé de Clairvaux, rayonna lui aussi à travers le monde.

L'abbaye de la Trappe *(voir guide Vert Michelin Normandie Vallée de la Seine)*, rattachée à Cîteaux en 1147 et réformée en 1664, laissa son nom aux divers monastères entrés dans l'Étroite Observance. Ceux-ci ne fusionnèrent cependant qu'en 1898, après avoir suivi des voies parallèles. Aujourd'hui l'ordre est divisé en deux branches : l'ordre de Cîteaux dont les membres peuvent s'adonner à un ministère pastoral ou intellectuel (enseignement) et l'ordre des Cisterciens trappistes, plus nombreux, à vocation strictement contemplative.

La période révolutionnaire fut presque fatale à Cîteaux : les moines furent expulsés et ne revinrent qu'en 1898 (l'abbaye fut alors de nouveau proclamée la première de l'ordre), l'église qui renfermait les tombeaux des premiers ducs de Bourgogne et celui de Philippe Pot (conservé au Louvre) a été entièrement détruite. Seuls demeurent les vestiges de l'ancienne bibliothèque, à façade de briques émaillées, qui date du 15e s. ; six arcades de cloître gothique y sont encastrées et une salle voûtée subsiste au 1er étage. On remarquera encore un beau bâtiment du 18e s., près de la chapelle, et un dernier de la fin du 17e s., construit parallèlement à la rivière.

# CLAMECY

5 284 habitants (les Clamecycois)
Cartes Michelin n° 65 pli 15 ou 238 pli 22.

Clamecy est située au cœur du joli pays des Vaux d'Yonne, véritable charnière entre le Morvan, le Nivernais et la Basse-Bourgogne. La vieille ville, aux rues étroites et tortueuses, est perchée sur un éperon dominant le confluent de l'Yonne et du Beuvron, où de belles promenades sont possibles à flanc de coteau.

Clamecy est toujours la « ville des beaux reflets et des souples collines » qu'évoque dans ses écrits **Romain Rolland** (1866-1944). L'écrivain repose en terre nivernaise non loin de sa ville natale ; son buste en pierre a été érigé en 1967, devant l'ancien hôtel du duc de Bellegarde (17e s.) transformé en musée.

**Bethléem replié en Bourgogne** – On comprend mal l'existence d'un évêché à Clamecy, alors qu'il y avait à proximité les évêchés d'Auxerre, de Nevers et d'Autun. Il faut remonter aux Croisades pour en avoir l'explication. Parti pour la Palestine en 1167, Guillaume IV de Nevers y contracta la peste et mourut à St-Jean-d'Acre en 1168. Dans son testament, il demandait à être enterré à Bethléem et léguait à l'évêché de ce lieu un de ses biens de Clamecy, l'hôpital de Pantenor, à condition que celui-ci serve de refuge aux évêques de Bethléem, au cas où la Palestine tomberait aux mains des infidèles. Lorsque s'effondra le royaume latin de Jérusalem, l'évêque de Bethléem vint se réfugier à Clamecy dans le domaine légué par Guillaume IV. De 1225 à la Révolution, cinquante évêques « in partibus » se succédèrent ainsi à Clamecy. L'église Notre-Dame-de-Bethléem (1927) rappelle ce passé.

**Corporations et confréries** – Les corporations étaient autrefois en honneur à Clamecy. Celles des bouchers, tanneurs, cordonniers, apothicaires étaient très prospères. La Révolution disloqua ces organisations qui se reformèrent par la suite sous le nom de « confréries » : de St-Crépin (cordonniers), Ste-Anne (menuisiers), St-Honoré (boulangers), St-Fiacre (jardiniers), St-Nicolas (mariniers et flotteurs), de l'Ascension (métiers faisant usage d'échelles), de St-Éloi (forgerons). Seules demeurent celles de St-Nicolas et de St-Éloi qui, chaque année, célèbrent leur fête corporative.

**Le flottage à bûches perdues** – Ce mode de transport du bois, qui remonte au 16e s. et qui fut tenté par Gilles Deffroissez puis organisé sur la Cure par un marchand de bois de Paris, **Jean Rouvet**, a fait, durant près de trois siècles, la fortune du port de Clamecy. Les bûches, coupées dans les forêts du Haut-Morvan, étaient empilées sur le bord des rivières et marquées suivant les propriétaires. Au jour dit, on ouvrait les barrages retenant l'eau des rivières et on jetait les bûches dans « le flot » qui les emportait en vrac vers Clamecy. C'était le flottage à « bûches perdues ». Le long des rives, des manœuvres régularisaient la descente.

A Clamecy un barrage arrêtait le bois ; les triqueurs avec leurs « crocs » harponnaient les bûches hors de l'eau et les mettaient en tas suivant le marquage. C'était le « tricage ». A l'époque des hautes eaux, à partir de la mi-mars, d'immenses radeaux de bois appelés « trains », pouvant charger 200 stères, étaient dirigés par l'Yonne et la Seine vers Montereau et Paris. Dès la création du canal du Nivernais on préféra à ce mode de transport celui du transport par péniches. En 1923 le dernier train de bois quitta Clamecy. Aujourd'hui il n'y a plus aucun flottage, ni sur l'Yonne ni sur la Cure, mais c'est à Clamecy qu'a fonctionné jusqu'en 1983, grâce aux bois de la région, une des plus grandes usines de carbonisation de France.

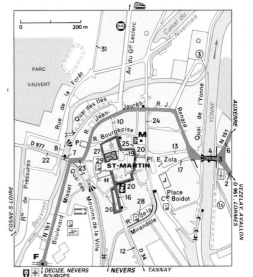

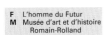

**F** L'homme du Futur
**M** Musée d'art et d'histoire
Romain-Rolland

# CURIOSITÉS

★ **Église St-Martin** – Elle a été édifiée de la fin du 12ᵉ s. au début du 16ᵉ s. Sur les voussures du portail (mutilées à la Révolution) sont représentés des épisodes de la vie de saint Martin. A l'intérieur, remarquer le plan rectangulaire et le déambulatoire carré. Un faux jubé a été construit par Viollet-le-Duc afin de contenir le fléchissement de certains piliers du chœur.
La première chapelle du bas-côté droit renferme un triptyque du début du 16ᵉ s. (le Crucifiement) et deux bas-reliefs provenant de l'ancien jubé du 16ᵉ s. (détruit en 1773), représentant la Cène et la Mise au tombeau. Grand orgue de Cavaillé-Coll (1862).

**Maisons anciennes** – Partir de la place du 19-Août, suivre la rue de la Tour, la rue Bourgeoise ; prendre à droite la rue Romain-Rolland, puis la rue de la Monnaie. Par la rue du Grand-Marché, puis la place du Général-Sanglé-Ferrière, rejoindre la place du 19-Août.

**Musée d'art et d'histoire Romain-Rolland** (**M**) ⊘ – Situé dans l'ancien hôtel du duc de Bellegarde, il abrite des tableaux des écoles française et étrangères, en particulier un Breughel d'Enfer, des Vernet et un Carrache, ainsi que de belles faïences de Nevers et Rouen, des objets de confrérie et une collection archéologique. Une salle est consacrée à l'historique du flottage des bois ; une autre salle, dotée d'une belle charpente, expose des œuvres contemporaines. Enfin un passage souterrain conduit aux salles Romain-Rolland, qui présentent des objets personnels de l'écrivain et différentes éditions de ses œuvres.

**Vues sur la ville** – En arrivant à Clamecy par la D 977, on découvre tout à coup la vieille ville aux beaux toits de tuiles rouge-brun et la tour de l'église St-Martin.
Du quai des Moulins-de-la-Ville, jolie vue sur les maisons qui dominent le bief.
Du quai du Beuvron, on découvre le pittoresque quai des Iles.
Du pont de Bethléem qui porte une statue élevée en souvenir des « flotteurs », vue d'ensemble sur la ville et les quais.
En amont, à la pointe de la chaussée séparant la rivière d'un canal, s'élève, telle une figure de proue, le buste en bronze de Jean Rouvet.

**L'homme du Futur** (**F**) – Statue en bronze de César, érigée en 1987.

# ENVIRONS

**Tannay** – *12 km au Sud-Est.* Voir auparavant, 1,5 km avant Tannay, l'église gothique (16ᵉ s.) d'**Amazy**.
Au centre d'un vignoble s'étalant sur des collines calcaires bien exposées et produisant un excellent vin blanc, sec et très bouqueté, Tannay est perché sur un coteau qui domine la rive gauche de l'Yonne.
L'**église St-Léger**, ancienne collégiale, édifiée du 13ᵉ au 16ᵉ s. et flanquée d'une massive tour carrée du 14ᵉ s., a belle allure. Les voûtes de la nef sont supportées par des piliers sans chapiteaux, en palmiers.

**Église de Metz-le-Comte** – *14 km au Sud-Est.* Perchée sur une butte isolée du village, l'église de Metz-le-Comte, que l'on atteint par une forte montée, constitue, avec son cimetière ombragé de beaux arbres, un **site**★ pittoresque.
De la terrasse, derrière l'église, on découvre une **vue**★ étendue sur l'Avallonnais et le Morvan et, de l'autre côté, sur la vallée de l'Yonne.

# La CLAYETTE

2 307 habitants

Cartes Michelin n° 69 Sud-Est du pli 17 ou 243 pli 37 – Schéma p. 85.

La petite ville de La Clayette (prononcer la Claite) – qui organise chaque année des courses et des concours hippiques réputés – s'étage au-dessus de la vallée de la Genette, rivière aux eaux courantes qui forme là un lac ombragé de platanes.

**Château** – Construit au 14e s., il a subi d'importantes transformations au siècle dernier. Il est entouré de douves peuplées d'énormes carpes ; les vastes communs à tourelles et l'orangerie du 17e s. ne manquent pas de caractère.

## ENVIRONS

**Château de Drée** – 4 km au Nord. Du 17e s., il se compose d'un corps de logis et de deux ailes en équerre. De la grille d'entrée, encadrée de deux beaux cèdres, on a une vue excellente sur la façade. Des colonnes ioniques, formant portique, soutiennent un balcon et, au premier étage, un blason sculpté. La belle couleur jaune de la pierre et la haute toiture d'ardoise donnent à l'édifice un cachet tout particulier.

**St-Christophe-en-Brionnais** – 12 km à l'Ouest. Cette petite bourgade, célèbre depuis cinq siècles pour ses foires au bétail de race charollaise, connaît une animation pittoresque, tous les jeudis matin à l'occasion de son marché hebdomadaire. Les bêtes arrivent vers 4 h et trois ventes se succèdent de 6 h 15 à 8 h : les taureaux et bêtes maigres, les broutards et taurillons, et enfin les bovins de boucherie. A proximité du champ de foire s'étendent les 120 parcs d'attente que desservent une cinquantaine de quais d'embarquement. En automne, ce sont plus de 3 000 bovins qui sont présentés au marché chaque jeudi.

*Pour organiser vous-même vos itinéraires :*

> *Consultez tout d'abord la carte des itinéraires de visite. Elle indique les parcours décrits, les régions touristiques, les principales villes et curiosités.*

> *Reportez-vous ensuite aux descriptions, dans la partie "Villes et Curiosités". Au départ des principaux centres, des buts de promenades sont proposés sous le titre Environs.*

*En outre, les cartes Michelin nos 237, 238, 239, 241, 243 et 244 signalent les routes pittoresques, les sites et les monuments intéressants, les points de vue, les rivières, les forêts...*

# Château du CLOS DE VOUGEOT★

Cartes Michelin n° 65 pli 20 ou  243 plis 15, 16 – 5 km au Nord de Nuits-St-Georges – Schéma p. 117.

Propriété de l'abbaye de Cîteaux du 12e s. à la Révolution, le Clos de Vougeot (50 ha) est un des vignobles les plus fameux de la « Côte ». Stendhal conte que le colonel Bisson, revenant de la campagne d'Italie, fit présenter les armes au célèbre clos par son régiment rangé devant le château.

La **confrérie des chevaliers du Tastevin** est propriétaire du château depuis 1944. En 1934, un petit groupe de Bourguignons, réunis dans une cave de Nuits-St-Georges, décide, pour lutter contre la mévente des vins, de fonder une société destinée à mieux faire connaître les « vins de France en général et ceux de Bourgogne en particulier ». La confrérie était fondée et sa renommée devait grandir si vite qu'elle gagnait bientôt l'Europe et l'Amérique. Chaque année se tiennent dans le Grand Cellier du 12e s. plusieurs chapitres de l'ordre, célèbres dans le monde entier. Cinq cents convives participent à ces « disnées », à l'issue desquelles le grand maître et le grand chambellan, entourés des hauts dignitaires de la confrérie, intronisent de nouveaux chevaliers selon un rite scrupuleusement établi, réglé sur le Divertissement du Malade imaginaire de Molière. Parmi ces chapitres pléniers, les chevaliers du Tastevin célèbrent la première journée des **« Trois Glorieuses »** à la veille de la vente des vins des Hospices de Beaune (p. 69). Le lundi est consacré à la « Paulée » de Meursault (voir p. 118).

**Le château** ⊙ – Achevé durant la Renaissance, il fut restauré au 19e s. On y voit le Grand Cellier (12e s.) où ont lieu les « disnées » et les cérémonies de l'ordre, la cuverie (12e s.) aux quatre pressoirs gigantesques « du temps des moines », l'ancienne cuisine (16e s.) avec son immense cheminée et sa voûte nervurée soutenue par une unique colonne centrale, et enfin le dortoir des moines convers qui présente une spectaculaire charpente du 14e s. *(diaporama de 15 mn se rapportant à la confrérie des chevaliers du Tastevin).*

# CLUNY★

4 430 habitants (les Clunisois)
Cartes Michelin n° 69 pli 19 ou 243 pli 39.

Le nom de Cluny évoque l'épopée spirituelle du Moyen Âge. L'ordre clunisien *(voir p. 25)* a exercé une influence considérable sur la vie religieuse, intellectuelle, politique et artistique de l'Occident. Il a donné des papes français à l'Église et constitué une sorte de monarchie universelle. Jusqu'à la Révolution, chaque siècle a laissé à Cluny la marque de son style. De 1798 à 1823, ce haut lieu de la civilisation a été saccagé, mais d'admirables fragments donnent une idée de ce que fut la basilique.

Pour avoir une vue d'ensemble de la cité, monter à la tour des Fromages *(p. 112)*.

## CLUNY, LUMIÈRE DU MONDE

**L'ascension** – L'abbaye de Cluny connaît dès sa fondation au 10ᵉ s. un développement très rapide. « Partout où le vent vente, l'abbaye de Cluny a rente », a-t-on coutume de dire dans la région ; vers 1155 l'abbaye mère compte 460 moines. Les jeunes gens accourent vers cette capitale de l'intelligence. « Vous êtes la lumière du monde », dit en 1098 à **saint Hugues** le pape Urbain II, lui-même clunisien. Lorsque saint Hugues meurt en 1109, après avoir commencé la construction de la magnifique église abbatiale que devait achever **Pierre le Vénérable**, abbé de 1122 à 1156, il laisse l'abbaye dans un état de prospérité inouïe.

**La décadence** – Riches et puissants, les moines de Cluny glissent peu à peu dans une vie que **saint Bernard** stigmatise. Il dénonce ces évêques qui « ne peuvent s'éloigner à quatre lieues de leur maison sans traîner à leur suite soixante chevaux et même davantage... La lumière ne brille-t-elle que si elle est dans un candélabre d'or ou d'argent ? ».

Au 14ᵉ s. commence pour Cluny une ère de moindre rayonnement et de moindre puissance. Ses abbés se partagent entre l'abbaye et Paris où, à la fin du 15ᵉ s., Jacques d'Amboise fait rebâtir l'hôtel élevé après 1330 par un de ses prédécesseurs, Pierre de Châlus. Ce simple pied-à-terre, mis à la disposition des rois des France qui souvent en usèrent, donne une idée du luxe princier dont s'entouraient les abbés clunisiens.

Tombée en commende au 16ᵉ s., la riche abbaye, qui n'est plus qu'une proie, est dévastée durant les guerres de Religion et sa « librairie », pillée, perd ses plus précieux ouvrages.

**La destruction de l'abbaye** – En 1790, l'abbaye est fermée. En pleine tourmente révolutionnaire commencent les profanations. En septembre 1793, la municipalité donne l'ordre de démolir les tombeaux et d'en vendre les matériaux. En 1798, les bâtiments sont mis en vente et achetés par un marchand de biens de Mâcon, qui entreprend la démolition de la nef. La magnifique abbatiale est mutilée peu à peu. En 1823 ne restent debout que les parties encore visibles de nos jours.

*Cluny I   : première église construite dans la tradition carolingienne.*
*Cluny II  : seconde église, exemple précoce du Premier Art Roman.*
*Cluny III : basilique St-Pierre et St-Paul dont le chantier débute vers 1085.*

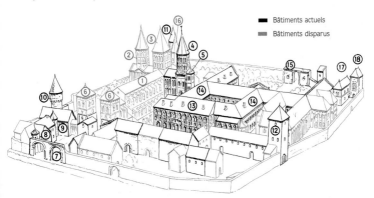

L'abbaye de Cluny à la fin du 18ᵉ s.

1) Abbatiale St-Pierre-et-St-Paul – 2) Clocher des Bisans – 3) Clocher du chœur – 4) Clocher de l'Eau-Bénite – 5) Clocher de l'Horloge – 6) Les Barabans – 7) Portes d'honneur – 8) Palais de Jean de Bourbon – 9) Palais de Jacques d'Amboise – 10) Tour Fabry – 11) Tour Ronde – 12) Tour des Fromages – 13) Façade du pape Gélase – 14) Bâtiments claustraux – 15) Porte des Jardins – 16) Clocher des Lampes – 17) Farinier – 18) Tour du Moulin.

## ★★ANCIENNE ABBAYE ⊘ *visite : 1 h*

*Pour visiter l'abbaye, s'adresser au musée d'Art et d'Archéologie.*

Élevée en grande partie de 1088 à 1130 par les abbés saint Hugues et Pierre le Vénérable, l'église St-Pierre-et-St-Paul, dite Cluny III, fait suite à celles construites successivement au 10e s. et au début du 11e s., Cluny I et Cluny II. On a retrouvé les fondations de Cluny II, au Sud de la basilique du 12e s., à la place du cloître actuel.

Symbole de la primauté de l'ordre clunisien à son apogée, Cluny III fut la plus vaste église de la chrétienté jusqu'à la reconstruction de St-Pierre de Rome au 16e s. D'une longueur intérieure de 177 m (St-Pierre de Rome : 186 m), l'église comportait un narthex, cinq nefs, deux transepts, cinq clochers, deux tours, 301 fenêtres et était meublée de 225 stalles. La voûte de l'abside peinte était soutenue par une colonnade de marbre.

De cette merveille, synthèse de l'art clunisien, ne restent que les croisillons droits des deux transepts. On ne peut donc qu'imaginer l'ampleur de l'ancien édifice.

**Narthex** – Il s'étendait à l'Est de l'espace Kenneth J. Conant *(voir le plan en marbre)*. En 1949, des fouilles ont permis de retrouver la base Sud de la façade et de dégager le piédroit du portail du narthex que flanquaient deux tours carrées appelées les **Barabans** dont ne subsiste que le rez-de-chaussée. Par la suite, la nef Sud du narthex a été dégagée : on aperçoit le mur en bel appareil régulier scandé de pilastres et de demi-colonnes.

Sur la place du 11-Août se dresse une longue façade gothique, restaurée, dite du pape Gélase, mort à Cluny en 1119 *(entrée de l'abbaye)*. En prenant beaucoup de recul, on voit le clocher et le haut de la tour de l'Horloge. En arrière, **anciennes écuries de saint Hugues** (expositions) et hôtellerie (1095).

**Cloître** – Les bâtiments abbatiaux construits au 18e s. autour d'un immense cloître forment un ensemble harmonieux ; deux grands escaliers de pierre avec rampe en fer forgé marquent deux des angles. Dans la cour, beau cadran solaire.

**Passage Galilée** – Ancien passage du 11e s. permettant de relier la Galilée (porche couvert) de Cluny II au collatéral Sud de la grande église de Cluny III, il était emprunté par les grandes processions des bénédictins.

**Vestiges de l'abbatiale St-Pierre-et-St-Paul (Cluny III)** – Les dimensions du **croisillon droit** du grand transept permettent d'évoquer les proportions audacieuses de la basilique. Son élévation (30 m sous la voûte en berceau, 32 m sous la coupole) est exceptionnelle dans l'art roman dont il est le spécimen le plus pur. Il compte trois travées dont la travée centrale, couverte d'une coupole octogonale sur trompes, porte le beau **clocher de l'Eau-Bénite★★**. La chapelle St-Étienne est romane, celle de St-Martial date du 14e s. Le croisillon droit du petit transept renferme la chapelle Bourbon d'une belle architecture gothique de la fin du 16e s. (culs-de-lampe sculptés) et une abside romane.

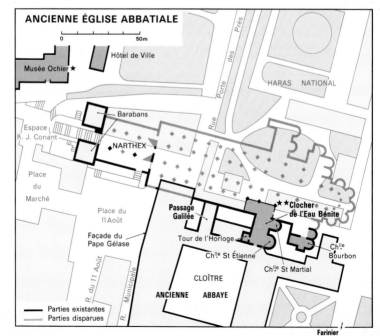

ANCIENNE ÉGLISE ABBATIALE

0          50m

Hôtel de Ville
Musée Ochier ★
HARAS NATIONAL
Barabans
Espace K. J. Conant
NARTHEX
Place du Marché
Place du 11 Août
Passage Galilée
★★ Clocher de l'Eau Bénite
Façade du Pape Gélase
Tour de l'Horloge
Ch^lle Bourbon
Ch^lle St Étienne
Ch^lle St Martial
R. du 11 Août
R. Municipale
CLOÎTRE
ANCIENNE ABBAYE
Parties existantes
Parties disparues
Farinier
Porte des Prés
Rue

**Bâtiments abbatiaux** – Ils abritent l'École des arts et métiers, et doivent à leur élégante façade classique élevée à l'Est le surnom de Petit Versailles.

**Farinier** (**F**) – Construit à la fin du 13e s. contre la **tour du Moulin** (début du 13e s.), et long de 54 m, il fut amputé de près de 20 m au 18e s., pour dégager la partie Sud de la façade de l'édifice claustral donnant sur les jardins.

La salle basse, ancien **cellier**, comprend deux nefs voûtées d'ogives.

La **salle haute,** couverte d'une magnifique charpente en chêne, forme un cadre admirable aux sculptures provenant de l'abbaye : le sanctuaire de l'abbatiale est évoqué à une échelle réduite, pour présenter les très beaux **chapiteaux** du chœur et les fûts de colonnes, sauvés de la ruine. Ces huit chapiteaux, disposés en hémicycle sur les colonnes, entourent l'autel en marbre des Pyrénées, consacré par Urbain II en 1095. Ce sont les premiers témoins de la sculpture romane bourguignonne qui allait s'épanouir à Vézelay, Autun, Saulieu. Les deux maquettes, celle du grand portail et celle de l'abside de la basilique, ont été réalisées selon les plans du professeur Conant, archéologue qui dirigea les fouilles de 1928 à 1950.

**D** Tour des Fromages
**F** Farinier
**H** Hôtel de Ville
**M** Musée d'Art et d'Archéologie

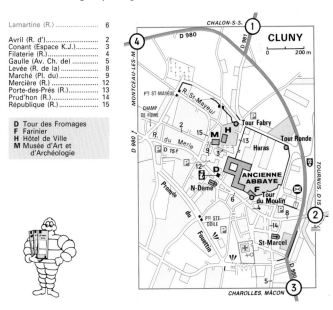

## AUTRES CURIOSITÉS

★ **Musée d'Art et d'Archéologie** (**M**) ⊘ – Il est installé dans l'ancien palais abbatial, gracieux logis du 15e s., construit par Jean de Bourbon, 42e abbé de Cluny. Contemporain de l'hôtel de Cluny à Paris, il abrite, à côté d'œuvres marquantes de la sculpture civile, les vestiges de l'abbaye découverts lors des fouilles entreprises par l'archéologue américain K.J. Conant. Dans la grande salle d'entrée, des maquettes de l'abbaye et, à l'étage, un audiovisuel *(16 mn)* reconstituant Cluny III en images de synthèse permettent de mieux comprendre ce que fut la grandeur de l'abbatiale.

Au sous-sol, deux salles rassemblent des éléments lapidaires du monument : fragments de la frise du narthex, têtes de vieillards, arcades de clôture du chœur.

A l'étage, des sculptures et des éléments architecturaux provenant des façades de maisons donnent un aperçu de la décoration de la ville au Moyen Âge (grande frise des vendanges avec claire-voie restituée, chapiteau orné d'un cordonnier, linteau de fenêtre portant une scène de tournoi).

La bibliothèque contient plus de 4 000 ouvrages dont la moitié provient de celle de l'abbaye. Dans des vitrines sont exposés de rares documents tels que le missel imprimé à Cluny par Wensler de Bâle en 1493.

Au rez-de-chaussée, le 18e s., qui voit le dernier sursaut de Cluny avec l'édification d'un couvent de goût classique, est évoqué par une série d'objets (chaise à porteurs en bois peint, tabernacle en métal peint et doré, calice, ostensoir, moules à hosties). Remarquer également *La Jeune Naïade et les amours* de Constance Mayer, élève de Paul Prud'hon, rappelant la mémoire du grand peintre né à Cluny.

De l'autre côté de la salle d'entrée ont été mis au jour deux pavements superposés, représentatifs des techniques et de la décoration employées à la fin du Moyen Âge.

**Hôtel de ville (H)** – Il est installé dans le logis construit par les abbés Jacques et Geoffroy d'Amboise à la fin du 15e s. et au début du 16e s. La façade sur jardin a une originale décoration dans le goût de la Renaissance italienne.

**Tour des Fromages (D)** ⊘ – Du haut de la tour du 11e s. (120 marches), vue sur l'abbaye et le clocher de l'Eau-Bénite, le Farinier et la tour du Moulin, le clocher de St-Marcel, la place et l'église Notre-Dame.

**Tour Fabry et tour Ronde** – On voit la tour Fabry (1347), au toit en poivrière, depuis le jardin proche de l'hôtel de ville, et la tour Ronde, plus ancienne, depuis la tour Fabry.

**Haras national** ⊘ – En 1806, Napoléon Ier décide la création de 30 dépôts d'étalons dont celui de Cluny. Les diverses écuries, construites avec des pierres de l'abbatiale voisine, abritent une soixantaine d'étalons qui sont répartis pendant la saison de monte (mars à mi-juillet) dans les huit stations, dont Cluny, que compte la circonscription.

**Maisons romanes** – Beaux logis romans, en particulier 25, rue de la République, maison du 12e s., et, 6 rue d'Avril, hôtel des Monnaies, du 13e s. (restauré).

**Église St-Marcel** ⊘ – Elle possède un beau **clocher★** roman octogonal à trois étages, surmonté d'une élégante flèche polygonale du 15e s., en briques, haute de 42 m. On a une excellente vue sur le clocher et l'abside de la D 980.

**Église Notre-Dame** – Le parvis, avec sa fontaine du 18e s. et ses vieilles maisons, a beaucoup de cachet. L'église, au clocher quadrangulaire, bâtie peu après 1100, fut une des premières à être transformées et agrandies à l'époque gothique. Elle était autrefois précédée d'un narthex, dont il ne reste que le dallage. Le portail du 13e s. est délabré, mais le vaisseau, d'une belle ordonnance clunisienne, révèle sous ses hautes voûtes une tour-lanterne aux consoles sculptées. Les stalles et les boiseries datent de 1644. Les vitraux du chœur sont modernes.

**Promenade du Fouettin** – Des tilleuls séculaires bordent l'ancienne enceinte de la ville. De la terrasse, à l'extrémité Sud de la promenade, belle vue sur la ville et la vallée de la Grosne.

## ENVIRONS

**St-Vincent-des-Prés** – *14 km au Nord-Ouest.* Sa petite **église** romane (11e s.) présente un clocher à arcatures aveugles élevé sur le chœur au-dessus d'une abside, elle aussi ornée d'arcatures et de colonnes engagées. A l'intérieur, la voûte en berceau coiffant la triple nef est soutenue par quatre énormes piles rondes et deux piliers plus minces avec chapiteaux sculptés l'un de volutes, l'autre de fleurs de lys. Le chœur est à coupole sur trompes, l'abside à cul-de-four.
On peut prolonger l'excursion d'environ 1,5 km au Nord pour visiter le joli hameau de **Bezornay**, juché sur une crête dominant la plaine, et qui fut au Moyen Âge une dépendance de l'abbaye de Cluny, comme en témoignent les restes de son enceinte, sa tour de défense et son ancienne chapelle (aujourd'hui habitation privée) à la curieuse abside en forme de cône renversé.

# COMMARIN★

147 habitants
Cartes Michelin n° 65 plis 18, 19 ou 243 pli 14.

Ce petit village de la Côte-d'Or s'enorgueillit de posséder un beau château.

**★Château** ⊘ – Deux tours (fin 14e s.), vestiges d'un château féodal, précèdent le corps de logis élevé en 1702 et couvert de beaux combles à la française. L'aile gauche fut reconstruite sous Louis XIII, au-dessus d'une jolie chapelle gothique laissée intacte.
Doté, dans sa partie visitable (aile gauche), d'une décoration et d'un mobilier restés intacts depuis 1750, il se distingue surtout par de belles **tapisseries** armoriées du 16e s. La chapelle abrite une Vierge bourguignonne du 15e s. et une Mise au tombeau du 16e s. Dans le grand salon (100 m²), on voit le portrait en pied du roi Charles X peint par le baron Gérard.

**Échannay** – *3 km au Nord-Est.* Dans le chœur de la petite **église** romane se trouve un très joli retable en marbre, naguère polychrome, du 16e s.

*Quelques faits historiques.*
*Sous ce chapitre en introduction, le tableau évoque*
*les principaux événements de l'histoire de la Bourgogne.*

# Château de CORMATIN★★

Cartes Michelin n° 69 pli 19 ou 243 pli 39 – 13 km au Nord de Cluny.

Élevé au lendemain des guerres de Religion de 1605 à 1616 par le gouverneur de Chalon, Antoine du Blé d'Huxelles, Cormatin revêt une architecture sobre aux lignes rigoureuses, caractéristiques de l'époque d'Henri IV. Conçu vraisemblablement par l'architecte du roi, Jacques II Androuet du Cerceau, le château présentait à l'origine trois ailes en équerre ; l'aile Sud s'écroula en 1815 lorsqu'on tenta d'y installer une fabrique de tissu. Les façades illustrent le style « rustique français » prôné par Du Cerceau : refus des ordres antiques (sauf pour les deux portes monumentales de la cour), haut soubassement de pierre, chaînages des angles et des encadrements de fenêtres... Les larges fossés en eau et les imposants pavillons d'angle à échauguettes et canonnières témoignent d'une conception défensive, confirmée par les traces d'un mur-rempart (détruit à la fin du 17ᵉ s.) qui fermait la cour d'honneur.

**Intérieur** ⊙ – L'aile Nord possède un magnifique **escalier★★** monumental à cage unique (1610) dont les trois volées droites, flanquées de vigoureux balustres, tournent autour d'un vide central. C'est le plus ancien et le plus vaste escalier de ce type (25 m de haut), succédant aux escaliers Renaissance à deux volées séparées par un mur médian. La somptueuse décoration Louis XIII de cette aile est l'œuvre du marquis Jacques du Blé (fils d'Antoine) et de son épouse Claudine Phélypeaux. Intimes de Marie de Médicis et du salon littéraire des Précieuses, ils voulurent recréer dans leur résidence d'été la sophistication de la mode parisienne en faisant appel à des artistes qui avaient travaillé pour la reine au palais du Luxembourg.

Les ors, peintures et sculptures qui envahissent murs et plafonds témoignent d'un maniérisme érudit où chaque tableau est chargé d'un sens allégorique, soutenu par la symbolique des motifs décoratifs et des couleurs utilisés pour orner les lambris. Réalisée en pleine révolte protestante (1627-1628), l'**antichambre de la marquise★** (fille et sœur de ministres) est un hommage au roi Louis XIII représenté au-dessus de la cheminée : les lambris rouges (couleur d'autorité) célèbrent les activités et les vertus du monarque. La **chambre de la marquise★★** possède un magnifique plafond à la française or et bleu, symbole de fidélité ; le grand tableau de Vénus et Vulcain, œuvre de la seconde école de Fontainebleau, symbolise les feux de l'amour, et les

Cabinet des Miroirs.

A. Carpentier

corbeilles de fleurs et de fruits des boiseries la fécondité. Parmi les pièces suivantes, le **cabinet des Paysages★★** abrite un des plus anciens plafonds « à ciels », mis à la mode par Marie de Médicis. Dans le studiolo de Jacques du Blé, ou **cabinet de Ste-Cécile★★★**, la somptueuse décoration baroque est dominée par un intense bleu de lapis-lazuli et de riches dorures, dont l'éclat permettait de refléter la lumière des bougies, si nécessaire dans un cabinet d'étude ; sainte Cécile accompagnée des vertus cardinales représente ici l'harmonie morale. Dans la chambre du marquis, dix grands tableaux de Stradanus (fin 16e s.) représentent des empereurs romains à cheval.

On visite aussi les cuisines et dans l'aile Ouest, aménagée à la fin du 19e s. et au début du 20e s., la chambre au lit napolitain de Cécile Sorel.

**Parc** – Il offre de belles vues sur les façades extérieures du château. Du haut de la volière, la vue d'ensemble permet de comprendre la symbolique, très typique du 17e s., à partir de laquelle le parc a été dessiné : le parterre symbolise le paradis, avec au centre la fontaine de vie. Dans un triangle, le pommier planté évoque le fruit défendu et le paradis perdu ; le labyrinthe représente l'errance et les difficultés. De l'extérieur à l'intérieur, les sept allées figurent les sept ciels et donc l'idée d'élévation pour parvenir au septième. Un arrêt dans l'agréable potager complète cette verdoyante flânerie libre.

# COSNE-SUR-LOIRE

12 123 habitants (les Cosnois)
Cartes n° 65 pli 13 ou 243 pli 20 – Plan dans le guide Rouge Michelin France.

Situé au débouché de la vallée du Nohain, sur la rive droite de la Loire, qui offre un agréable but de promenade, Cosne est un actif petit centre industriel.

**Un arsenal convoité** – Au 18e s., Cosne était célèbre pour ses forges, ses manufactures de canons, mousquets et ancres de marine. Sa situation lui permettait de profiter des ressources houillères toutes proches du Nivernais et la Loire d'expédier à peu de frais ses produits vers les ports de l'Océan. Jacques Masson, qui possédait déjà d'autres forges dont celle de **Guérigny**, acquit celles de Cosne en 1738 ; Babaud de La Chaussade racheta l'ensemble vers 1745 et leur donna son nom. Elles prirent un essor prodigieux, si bien que Louis XVI, en 1781, les acheta pour 2 500 000 livres. Le baron ne fut jamais payé et mourut presque dans la gêne ; ses forges perdirent leur importance et furent concentrées en 1782 à Guérigny, où leur activité au service de la marine s'est maintenue jusqu'en 1971.

**Église St-Agnan** ⊘ – Cette ancienne église d'un prieuré clunisien a conservé un portail roman et une abside romane épaulée par des contreforts montant jusque sous la corniche. Ses deux absidioles sont fort en retrait sur l'abside principale. Derrière l'église, sur la promenade bordant la Loire, le souvenir des Forges royales est évoqué par la grille d'entrée (fin 17e s.) et l'ancre (de 1861) pesant 2 580 kg.

**Musée** ⊘ – Il est installé le long du Nohain dans la maison dite du Corps de Garde, dont une pièce conserve une magnifique **cheminée★** Renaissance. Il est consacré à la Loire moyenne, ses activités et sa marine : pêche, batellerie, commerce. Des peintres paysagers du fleuve, des maquettes de bateaux, objets quotidiens de mariniers et des photographies anciennes sont exposés. Un riche fonds de peinture moderne est présenté au 2e étage : Vlaminck, Chagall, Utrillo, Dufy, Derain...

On peut voir également des faïences de diverses provenances et une collection d'étains allemands et anglais du 18e s.

**Maison des Chapelains** ⊘ – Exposition permanente sur l'archéologie locale.

**Domaine de Cadoux** ⊘ – *10 km au Nord, par la N 7.* Dans une vieille grange, un musée paysan expose divers objets agricoles et artisanaux du siècle dernier.

*Vous avez apprécié votre séjour dans la région.*
*Retrouvez le charme de celle-ci, son atmosphère,*
*ses couleurs, en feuilletant l'album "France",*
*ouvrage abondamment illustré, édité par les*
*Services de Tourisme Michelin.*

# La CÔTE★★

Cartes Michelin nᵒˢ 65 pli 20 et 69 plis 9, 10 ou 243 plis 15, 16, 27.

De Dijon à Santenay, le célèbre vignoble de la Côte-d'Or qui se déploie sur plus de 60 km constitue pour les gastronomes une voie triomphale. A chaque étape s'inscrit un nom prestigieux ; chaque village ou coteau possède un titre de gloire. C'est la région des grands crus.

## LES GRANDS VINS DE BOURGOGNE

**Les conditions naturelles** – La Côte est constituée par le rebord oriental de la « Montagne », dont le tracé rectiligne est morcelé par des combes transversales analogues aux « reculées » du vignoble jurassien. Entre Dijon et Nuits-St-Georges, les falaises et les rochers de ces combes font la joie des varappeurs dijonnais. Le vignoble couvre environ 8 000 ha en Côte-d'Or et 10 000 ha en Saône-et-Loire plantés en cépages fins (pinot noir et chardonnay). Il s'étage au-dessus de la plaine de la Saône, à une altitude variant de 200 m à 300 m. Tandis que le sommet des coteaux est couvert de buis ou couronné parfois de boqueteaux, le vignoble occupe les pentes calcaires, bien exposées à l'insolation matinale – la meilleure – et bien abritées des vents froids. De cette exposition dépendent la production du sucre et, partant, le degré alcoolique. Dans les combes, seuls les versants Est et Sud sont plantés de vignes ; le versant Nord est souvent couvert de bois. La pente facilite en outre l'écoulement des pluies, assurant à la vigne un sol sec, facteur de la qualité des crus.

**Les grands crus** – La N 74 sépare sur une grande partie de son parcours les vins nobles des autres vins, les grands vins s'étalant en général à mi-pente. Pour les grands vins rouges un seul cépage existe, le pinot noir fin, roi des ceps bourguignons. Les grands vins blancs sont produits par le chardonnay. Après la crise du phylloxéra, à la fin du 19ᵉ s., le vignoble fut entièrement reconstitué sur porte-greffes américains.

Au Sud de la Côte dijonnaise, les deux grandes Côtes de Nuits et de Beaune se partagent la célébrité : celle de Nuits, pour le feu de ses crus ; celle de Beaune, pour leur délicatesse. Chacune d'elles possède son arrière-côte, dont les crus portant l'appellation de « Hautes-Côtes », sans prétendre à la renommée des Côtes, peuvent, en bons millésimes, satisfaire l'amateur le plus averti.

La **Côte de Nuits** s'étend de Fixin à Corgoloin. Elle produit presque uniquement de très grands vins rouges. Ses crus les plus fameux sont, du Nord au Sud : le Chambertin, le Musigny, le Clos-Vougeot et la Romanée-Conti. Très riches et corsés, ses vins demandent huit à dix ans pour acquérir leurs qualités inégalables de corps et de bouquet.

La **Côte de Beaune** s'étend du Nord d'Aloxe-Corton à Santenay et produit à la fois de très grands vins blancs et d'excellents vins rouges. Ses vins se font plus rapidement que ceux de la Côte de Nuits, mais vieillissent plus tôt. Ses principaux crus sont : le Corton, le Volnay, le Pommard et le Beaune, vins rouges moins corsés que les Nuits, mais très souples, le Meursault et le Montrachet, vins blancs riches et fruités.

Admirablement mis en valeur par une cuisine délectable, les grands crus font de la « Côte » une route célèbre dans le monde des gourmets et des connaisseurs.

## ★★LE VIGNOBLE

### ① De Dijon à Nuits-St-Georges

*32 km – environ 1 h 1/2 – schéma p. 117*

La route passe au pied de collines couvertes de vignes et traverse villages ou villes aux noms évocateurs. Une impression de richesse se dégage de ces gros bourgs viticoles.

**Dijon★★★** – *Visite : 4 h.*

*Quitter Dijon par la D 122 appelée « route des Grands Crus ».*

**Chenôve** – Le « clos du Roi » et le « clos du Chapitre » évoquent les anciens propriétaires de ce vignoble, les ducs de Bourgogne et les chanoines d'Autun. La **cuverie des ducs de Bourgogne** ⊙ abrite deux magnifiques pressoirs du 13ᵉ s. – ou leurs répliques, exécutées au début du 15ᵉ s., selon certains historiens –, qui pouvaient presser en une fois la vendange de 100 pièces de vin.

A proximité *(sortir de la cuverie à gauche et prendre la 1ʳᵉ rue à droite)*, la rue Jules-Blaizet offre de pittoresques maisons vigneronnes, dont les plus anciennes remontent au 13ᵉ s.

**Marsannay-la-Côte** – Ce village qui appartient à la Côte donne des vins rosés très appréciés, obtenus par fermentation rapide des raisins noirs du pinot.

**Fixin** – *Voir à ce nom.*

**Brochon** – A la limite de la Côte de Nuits, Brochon produit des vins estimés. Le **château** a été construit en 1900 par le poète Stephen Liégeard qui lança vers 1887 l'appellation de « Côte d'Azur », titre d'ouvrage couronné par l'Académie française.

Gevrey-Chambertin.

**Gevrey-Chambertin** – *Voir à ce nom.*

*A Morey-St-Denis, rejoindre la N 74.*

**Vougeot** – Ses vins rouges sont très appréciés.

★ **Château du Clos de Vougeot** – *Voir à ce nom.*

**Chambolle-Musigny** – En prenant au Nord-Ouest du village la route de Curley par la combe Ambin, on atteint un site charmant : au pied d'un promontoire rocheux dominant le confluent de deux ravins boisés est bâtie une petite chapelle.

**Reulle-Vergy** – *8 km à l'Ouest de Chambolle-Musigny.* Le village possède une église du 12e s. et une curieuse petite mairie élevée sur un lavoir.
Face à la mairie, une grange abrite le **musée des Arts et Traditions des Hautes-Côtes** ⊙ basé sur le travail de la vigne, l'archéologie (objets de l'âge du bronze, gallo-romains et médiévaux), la flore et la faune, la vie quotidienne au 19e s. (costumes et objets usuels) et l'histoire de la région.

*Rejoindre Nuits-St-Georges au Sud-Est.*

**Nuits-St-Georges** – *Voir à ce nom.*

**Vosne-Romanée** – *2 km au Nord de Nuits.* Son vignoble ne produit que des vins rouges de grande qualité, fins et délicats. Parmi les « climats » qui le constituent, ceux de Romanée-Conti et de Richebourg sont de réputation universelle.

## ② De Nuits-St-Georges à Chagny
*115 km – environ 4 h – schéma p. 117*

L'itinéraire se partage entre la N 74 et des routes pittoresques de la Montagne bourguignonne.

**Nuits-St-Georges** – *Voir à ce nom.*

**Comblanchien** – *4,5 km au Sud de Nuits.* Ce bourg est connu pour la pierre de calcaire dur que l'on extrait des falaises voisines : elle est très belle et fréquemment employée en remplacement du marbre, plus coûteux.

*Gagner Arcenant à 9 km au Nord-Ouest.*

Après Arcenant, des plantations de cassis et de framboises bordent la route. Au cours d'une assez forte montée, belle vue sur Arcenant, ses cultures et sur une gorge profonde, la **Combe Pertuis.**

*A Bruant, se diriger vers Bouilland au Sud par les D 25, D 18 et D 2.*

Dans une longue descente, vue sur **Bouilland** et son cirque de collines boisées. Poursuivre au Sud : au-delà du hameau de la Forge, la route (D 2) est dominée à gauche par de jolis escarpements rocheux couronnant la colline et, à droite, par la Roche Percée. Aussitôt après, à gauche, on découvre le cirque de la Combe à la Vieille et l'étroite vallée du Rhoin, fraîche et verdoyante, entre des côtes boisées et qui s'élargit peu avant **Savigny-lès-Beaune.**

*De Savigny, gagner Aloxe-Corton, situé à 3 km à l'Est.*

**Aloxe-Corton** – (Prononcer Alosse.) Son origine rappelle Charlemagne qui y posséda des vignes, d'où le nom de Corton-Charlemagne, « vin blanc de grande allure ». Aloxe-Corton produit surtout des vins rouges, « les plus fermes et les plus francs de la Côte de Beaune », dont le bouquet s'affine avec l'âge, tout en conservant du corps et de la chaleur.

★★**Beaune** – *Visite : 1 h.*

**Pommard** – *3 km au Sud-Ouest de Beaune.* Pommard tire son nom d'un temple antique dédié à Pomone, divinité des fruits et des jardins. Ses vins rouges « fermes, colorés, pleins de franchise, et de bonne conservation » furent appréciés par Ronsard, Henri IV, Louis XV et Victor Hugo...

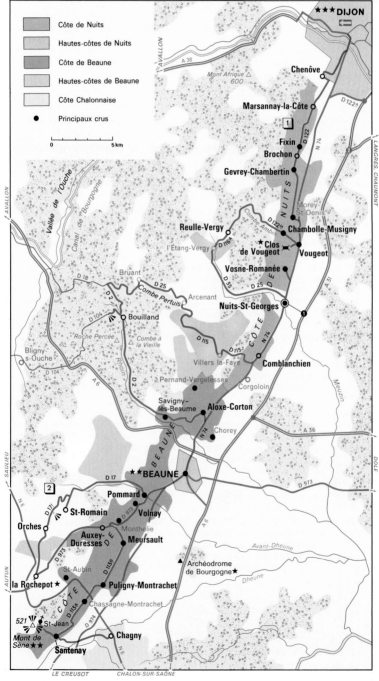

**Volnay** – *1 km au Sud-Ouest de Pommard.* Ses vins rouges, au bouquet très délicat et au goût suave, furent, dit-on, très appréciés de Louis XI. On aura une belle vue sur les vignobles, depuis l'esplanade, en contrebas de sa petite église du 14e s.

*Gagner St-Romain, à 9 km à l'Ouest, en repassant par Pommard.*

La route suit le fond d'une vallée verdoyante entre des versants boisés.

**St-Romain** – La localité se compose en fait de deux villages distincts : St-Romain-le-Haut, pittoresquement situé sur un éperon calcaire au milieu d'un bel hémicycle de falaises, avec, sur le bord Sud de l'éperon, les vestiges de son château des 12e et 13e s. *(site archéologique ; circuit de visite aménagé sur 200 m).* Joliment restaurée, l'église, construite entre le 2e et le 15e s., présente trois caractéristiques : une construction en gradins descendant vers le chœur, une cuve baptismale du 2e s. et une chaire à prêcher construite en 1619 (prévoir une pièce de 10 F. pour l'éclairage automatique).

En contrebas, St-Romain-le-Bas, où se trouve la mairie dont trois petites salles du grenier présentent une **exposition** ⊙ permanente sur l'archéologie et l'ethnologie locales.

La D 17[1] offre avant **Orches**, pittoresquement bâti dans le rocher, une belle **vue**★ sur St-Romain, Auxey, Meursault et le val de Saône.

*Après Orches, poursuivre 4 km au Sud.*

★ **La Rochepot** – *Voir à ce nom.*

*Quitter la Rochepot vers le Nord-Est : la route (D 973) contourne le château.*

La route longe une étroite vallée et traverse jusqu'à Melin des escarpements calcaires burinés par l'érosion.

**Auxey-Duresses** – Ce village est niché dans une combe profonde menant à la Rochepot et à son château. Le vignoble produit des vins fins rouges et blancs qui, avant la loi sur les appellations d'origine, étaient vendus sous le titre de Volnay et de Pommard. L'église mérite une visite pour son beau triptyque du 16e s.

**Meursault** – *2 km au Sud-Est d'Auxey.* Cette petite ville, que domine la belle flèche gothique en pierre de son église, produit à la fois des vins blancs et des vins rouges de très grande qualité. Elle devrait son nom à une coupure séparant nettement la Côte de Meursault et la Côte de Beaune. Cette coupure, appelée « Saut du rat », en latin « muris saltus », aurait donné le nom actuel de Meursault. Ses vins blancs, avec ceux de Puligny et de Chassagne-Montrachet, passent pour les « meilleurs vins blancs du monde ». Ils ont un goût particulier de noisette et un arôme de grappe mûre qui s'allient à une franchise et une finesse exquises. Les Meursault ont cette particularité d'être à la fois secs et moelleux, ce qui est fort rare. La « Paulée de Meursault », dernière des « Trois Glorieuses de Bourgogne » *(voir p. 108),* est une fête réputée. A l'issue du banquet, où chaque convive apporte ses bouteilles, un prix littéraire est attribué. Le lauréat reçoit 100 bouteilles de Meursault.

**Puligny-Montrachet** – *4 km au Sud de Meursault.* Ses vins blancs, d'un fruité distingué, sont admirables. Alexandre Dumas prétendait que ce vin « devait être bu à genoux et tête découverte ». Les vins rouges ont beaucoup de corps et de finesse.

**Santenay** – *6 km au Sud-Est de Puligny.* Des bords de la Dheune au mont de Sène, dans un cirque de falaises, Santenay étend ses trois agglomérations entre de vastes vignobles qui, avec les eaux minérales lithinées, fortement salines, font sa renommée. Isolée au pied des falaises, la petite **église St-Jean** ⊙ possède une nef du 13e s.; le portail en plein cintre est abrité par l'avancée d'un porche de bois; le chœur, du 15e s., est surmonté d'une curieuse voûte aux multiples ogives. Elle contient deux charmantes statues de saint Martin et de saint Roch en bois polychrome, du 15e s., et une Vierge au dragon, du 17e s., due au sculpteur santenois J. Bésullier.

**Chagny** – *4,5 km à l'Est de Santenay.* Cette ville industrielle et commerçante, étape gastronomique réputée, conserve quelques monuments anciens.

Sur la place de l'église a été installée une sculpture octogonale en acier de Richard Serra, intitulée « Octagon for Saint Eloi », du nom du patron des forgerons. Cette œuvre dont le poids est de 57 t sort des forges du Creusot.

*Actualisée en permanence,*
*la carte Michelin au 1/200 000 souligne*
*les localités citées au guide Rouge Michelin France (hôtels et restaurants)*
*et montre l'extension de ses plans de villes.*

*Au moment de choisir une étape ou de pénétrer dans une ville, quelle facilité !*

*Équipez votre voiture de cartes Michelin à jour.*

# Le CREUSOT

28 909 habitants (les Creusotins)
Cartes Michelin n° 69 pli 8 ou 243 pli 26.

En bordure Nord-Est du Massif Central, le Creusot a développé ses activités dans un cadre rural contrastant avec son caractère industriel. Les hauts fourneaux et les groupes de maisons ouvrières en briques d'autrefois ont fait place aux équipements d'usines les plus modernes.

## LE BASSIN INDUSTRIEL

Il correspond à la dépression de Montceau-les-Mines, Blanzy et Montchanin, drainée par la Dheune et la Bourbince. Importante voie de passage, empruntée par la route, le canal et la voie ferrée, il fait communiquer les pays de la Saône et ceux de la Loire.

**Développement de l'industrie** – Si le minerai de fer a été exploité dès le Moyen Âge dans la région de Couches, la découverte, au 17e s., des importants gisements houillers d'Épinac, du Creusot et de Blanzy est à l'origine du développement industriel de toute la région.
L'exploitation fut poussée au maximum au cours du siècle dernier pour alimenter en combustible l'industrie métallurgique naissante du Creusot. Actuellement, reste seul en exploitation le gisement de Blanzy, qui alimente la centrale thermique Lucy III. Alors que Couches et Perrecy-les-Forges ont vu leur activité décliner, Le Creusot est devenu, au 20e s., le centre nerveux de tout le bassin.

**Le canal du Centre** – Artère vitale dans cette région de collines, il eut pour fonction de desservir les centres industriels. Si sa création fut envisagée dès le début du 17e s., c'est seulement en 1794, à l'époque où progressa la grande métallurgie, qu'il fut ouvert à la navigation. De Chalon où il quitte la Saône, à Digoin où il atteint la Loire, il remonte la vallée de la Dheune *(voir p. 120)* et descend le cours de la Bourbince. Diverses industries se sont installées à proximité. Il a aujourd'hui un rôle économique secondaire, mais offre à la plaisance un attrayant plan d'eau.

**Des débuts prometteurs** – Au début du 16e s., les Creusotins exploitent les affleurements de charbon et en font commerce. Mais la rareté de la houille au Creusot même allait orienter les industries de cette ville vers la transformation des matières premières extraites des mines de fer et des carrières. L'exploitation industrielle n'est entreprise qu'en 1769 et, en 1782, la « Fonderie royale de Montcenis » comporte une fonderie et des hauts fourneaux.

**La cité de l'acier** – En 1836, **Joseph-Eugène Schneider**, maître de forges à Bazeilles, et son frère, **Adolphe Schneider**, s'installent au Creusot, petite bourgade de 3 000 habitants. La rapide extension des usines Schneider allait contribuer à la fortune de la ville qui, depuis cette date, a décuplé sa population. L'année suivante commence la construction des locomotives à vapeur et des appareils moteurs de grands navires. En 1843, l'invention du marteau-pilon, due à l'un des ingénieurs de l'usine, M. Bourdon, permet la forge des grosses pièces : matériel de chemin de fer, pièces pour l'équipement des centrales électriques, des ports, des usines, etc.
A partir de 1867 se développe l'industrie de l'acier, employé principalement à l'époque pour les plaques de blindage et les pièces d'artillerie. Le minerai de fer provenait à l'origine de la région de Couches. Au vieux marteau-pilon succède, en 1924, la grande forge équipée de presses hydrauliques de 7 500 à 11 300 t. En 1949 est créée la Société des Forges et Ateliers du Creusot (usines Schneider) dont les usines s'étendent sur les communes du Creusot, du Breuil, Torcy et Montchanin. La Société fusionne en 1970 avec la Cie des Ateliers et Forges de la Loire, donnant naissance à **Creusot-Loire**. Suite à la crise sidérurgique européenne, Creusot-Loire dépose son bilan en 1984. Son potentiel industriel est repris par la filiale C.L.I. d'Usinor-Sacilor, Alsthom Creusot Rail et Framatome.
L'activité creusotine s'est également diversifiée avec l'implantation de la S.N.E.C.M.A., le développement du secteur textile et la création d'un pôle de compétences technologiques axé sur les hautes énergies et l'électronique.

**Tourisme industriel** – Le fascinant paysage industriel et minier de la région, l'intérêt historique ou technique que présentent certaines mines, usines, cités ouvrières... ont inspiré l'idée de mettre en valeur et d'exploiter ces avantages, sur le plan touristique. L'Association de développement du tourisme industriel dans la Communauté Urbaine Le Creusot-Montceau-les-Mines, créée en 1983, prévoit notamment l'organisation de visites touristiques sous la conduite d'anciens employés de Creusot-Loire ou des Mines de Blanzy.
Partant de la gare des Combes, un **petit train touristique** *(voir p. 236)*, qui servait autrefois à acheminer les déblais des usines Schneider, effectue un circuit au pied de la colline du Gros Chaillot, procurant des vues sur le mont Beuvray, la vallée du Mesvrin et, plus au Sud, sur Le Creusot.

## CURIOSITÉS

**Marteau-pilon** – Symbole de la cité industrielle, un marteau de forge de 100 t de masse frappante, qui fut en service de 1876 à 1924 et connut une réputation mondiale, a été érigé au carrefour Sud de l'agglomération en 1969 *(illustration p. 20)*.

**Place Schneider** – Au centre, statue d'Eugène Schneider, l'un des fondateurs de l'usine. À l'Est s'élève, à l'orée d'un vaste parc en partie boisé, le château de la Verrerie.

**Château de la Verrerie** ⊘ – Ancienne résidence des Schneider, rachetée par la ville en 1971, il abrite un écomusée et le siège de la Communauté Urbaine Le Creusot-Montceau-les-Mines regroupant 16 communes.

Autrefois manufacture des cristaux de la reine Marie-Antoinette, transférée de Sèvres au Creusot en 1787 et longtemps prospère, la cristallerie fut rachetée en 1833 par le groupe Saint-Louis et Baccarat qui éteignit les fours du Creusot.

En avant du château, dont le nom rappelle la vocation primitive, et contrastant avec l'éclatante blancheur de ses façades, deux tours coniques monumentales signalent les anciens fours transformés en 1905 l'un en un ravissant **théâtre de poche**, l'autre en chapelle ; ce dernier abrite aujourd'hui des expositions temporaires. La cour d'honneur est ornée d'une collection de canons de bronze des 18ᵉ et 19ᵉ s.

À proximité s'élève le **Centre des Techniques**, où sont présentés des témoignages de l'activité métallurgique et mécanique du Creusot (pièces, maquettes, tableaux).

L'**écomusée** ⊘ retrace, d'une part, l'histoire du Creusot, de sa région et de leurs habitants (maquette de l'usine métallurgique datant de la fin du 19ᵉ s.) et, d'autre part, l'histoire du monument et de la dynastie Schneider.

**Promenade des Crêtes** – *Par la rue Jean-Jaurès, la rue de Longwy, la D 28 (direction Marmagne) et un virage à droite à angle aigu, rejoindre la route des Crêtes.* La route en lacet domine le bassin du Creusot. Dans sa partie boisée, un espace aménagé avec table d'orientation offre une vue générale sur l'agglomération et ses environs. En poursuivant, une seconde échappée permet de constater l'étendue des anciennes usines Schneider et la place centrale que tenait dans ce cadre le château de la Verrerie.

## ENVIRONS

**St-Sernin-du-Bois** – *7 km au Nord.* Le château, un gros donjon carré du 12ᵉ s., et un ancien prieuré forment un ensemble pittoresque, à proximité d'un étang servant de réserve d'eau.

**Château de Brandon** ⊘ – *10 km au Nord-Est.* Bâtie à l'emplacement d'un camp romain, cette forteresse médiévale à destination strictement militaire subit des modifications sous Louis XIII, dont l'aménagement du corps de logis sur la cour haute. La cour basse conserve des écuries du 12ᵉ s. et une poterne du 14ᵉ s. Autour du château, beau panorama sur la campagne environnante, le mont St-Vincent et les monts du Charollais.

## LE CANAL DU CENTRE *Circuit de 43 km – environ 2 h.*

*Prendre la D 984 puis la D 1.*

**Couches** – *Description p. 60.*

*Prendre, au Sud-Est de Couches, la D 978 et, à hauteur de St-Léger, la D 974 vers la droite.*

**Vallée de la Dheune** – La route passe tout d'abord entre la Dheune et le canal du Centre, où les écluses se succèdent : 9 au total, dont 6 seulement sont toujours en service.

Après le lieu-dit « les 7 Écluses », la route emprunte une levée de terrain entre le canal en tranchée et l'étang de Longpendu qui se déverse vers la Saône par la Dheune ou vers la Loire par la Bourbince. Au lieu-dit « la 9ᵉ écluse », la commune d'**Écuisses** présente dans le cadre de l'Écomusée **« Le Musée du canal »** ⊘.

Dans cette maison éclusière du 18ᵉ s., ainsi que dans une péniche, est présentée une exposition sur la batellerie et les mariniers.

**Montchanin** – Centre industriel (fonderies). Les nombreux étangs environnants utilisés comme réservoirs pour le canal du Centre sont poissonneux.

*Revenir au Creusot par la D 28 passant au bord de l'étang de Torcy.*

*Pour trouver la description d'une ville ou d'une curiosité isolée, consultez l'index.*

# CUISEAUX

1 779 habitants
Cartes Michelin nº 70 pli 13 ou 243 pli 41.

Bien située dans un site paisible et verdoyant, aux confins de la Bourgogne et de la Franche-Comté, Cuiseaux, à la vocation traditionnellement agricole, est aussi réputée pour ses productions en charcuterie. Elle fut fortifiée au 12e s. De son ancienne enceinte qui comptait alors 36 tours, elle conserve encore quelques vestiges. Les environs de Cuiseaux permettent d'agréables promenades en forêt ou en campagne.

**Église** – Le cœur est intéressant ; outre des statues du 16e s. en bois polychrome, il renferme deux tableaux de primitifs italiens. De belles stalles du 15e s. en bois sculpté viennent encore l'enrichir. Le bas-côté gauche abrite une statue de Vierge noire du 13e s., très vénérée.

**Maison de la Vigne et du Vigneron** ⊙ – Située dans l'enceinte du château des princes d'Orange, cette antenne de l'Écomusée de la Bresse bourguignonne rappelle que Cuiseaux fut une zone importante de viticulture jusqu'à la fin du 19e s. Elle présente le vignoble jurassien, les outils et ustensiles propres au vigneron, ainsi qu'une « chambre à feu » (pièce à vivre).

*Le guide Vert Michelin France.*
*Une sélection des sites les plus originaux et représentatifs*
*à proximité des routes de grand tourisme.*

# Vallée de la CURE★

Carte Michelin nº 65 plis 5, 6, 15, 16 ou 238 plis 10, 11, 23.

La Cure, affluent de l'Yonne mais dont le bassin est plus étendu que celui de l'Yonne, est la rivière morvandelle par excellence. Cours d'eau « sportif », la Cure est très appréciée des canoéistes qui y organisent des compétitions de canoë-kayak.

**Une activité disparue** – C'est sur la Cure, au milieu du 16e s., que fut réalisé le premier essai de flottage à bûches perdues *(voir p. 106)*. Au siècle dernier, la création du lac réservoir des Settons *(voir à ce nom)* avait pour but d'aider au flottage des bois. Depuis la disparition du flottage, il n'est utilisé que pour régulariser le débit de la Cure et alimenter, pendant l'été, le canal du Nivernais.
Depuis 1930, plusieurs barrages hydro-électriques ont été aménagés dans le bassin de la Cure : barrage du Crescent (1930-1933) en amont de Chastellux ; barrage de Malassis (1929-1930) près de Domecy-sur-Cure ; barrage de Chaumeçon (1933-1935) sur le Chalaux, affluent de gauche de la Cure.

## D'AUXERRE A VÉZELAY

*60 km – environ 4 h 1/2, visites d'Auxerre et de Vézelay non comprises*

★★**Auxerre** – *Visite : 1 h 30. Voir à ce nom.*
*D'Auxerre à Cravant, on suit l'itinéraire du circuit de l'Auxerrois décrit p. 229.*

**Cravant** – Cette petite localité autrefois fortifiée est bâtie au confluent de la Cure et de l'Yonne. L'**église** ⊙, du 13e s., possède un chœur et une tour de la Renaissance. Des promenades ont été aménagées à l'emplacement de ses anciens fossés.

Bien qu'assagie par les réservoirs qui régularisent son cours, la Cure conserve un tempérament de rivière rapide, bondissant sur les rochers, type même des rivières « à truites ».

La route suit à peu près le cours de la Cure, dans le cadre agreste de collines boisées ou plantées de vignes.

**Vermenton** – Cette petite localité occupe un site agréable près des rives de la Cure. Son église Notre-Dame possède une belle tour du 12e s. Le portail conserve des statues-colonnes très mutilées.

**Arcy-sur-Cure** – *Voir à ce nom.*

**Voutenay-sur-Cure** – Village bien situé au pied de collines boisées.

**N.-D.-d'Orient** – *Au départ de Sermizelles, à l'Est.* Un chemin de terre balisé conduit, sous bois, au sommet de la colline où s'élève une chapelle octogonale (19e s.) surmontée d'une Vierge en pierre. Du pied de la statue (accessible par 39 marches), vue intéressante sur la vallée de la Cure. En retrait, chapelle moderne de pèlerinage à Notre-Dame-d'Orient (invoquée depuis la guerre de Crimée).

★★**Vézelay** – *Visite : 1 h. Voir à ce nom.*

# DECIZE

6 876 habitants (les Decizois)
Cartes Michelin n° 69 plis 4, 5 ou 238 pli 34.

Pour apprécier le site de la ville, gagner le sommet de la côte de Vauzelles *(table d'orientation)*.

**Un site aménagé** – Perchée, dans une île de la Loire, sur une butte escarpée au sommet de laquelle s'élevait autrefois le château des comtes de Nevers, Decize est située au carrefour de voies d'eau et au débouché du **canal du Nivernais**, communiquant avec le canal latéral à la Loire sur la rive gauche grâce au vaste plan d'eau. Réalisé en plusieurs temps, de 1784 à 1842, le canal du Nivernais, s'allongeant d'Auxerre à Decize sur 170 km, est le plus sinueux de France ; déserté par les péniches, il se prête mieux dans le secteur Sud aux sports nautiques et à la navigation de plaisance.

**D'illustres enfants de Decize** – La ville a vu naître le jurisconsulte **Guy Coquille** (1523-1603), auteur d'un *Commentaire de la coutume du Nivernais*. Henri IV tenta à maintes reprises de s'attacher cet homme qui préféra rester dans le Nivernais dont il fut la gloire.

Decize est aussi la patrie du conventionnel **Saint-Just** (1767-1794), fidèle ami de Robespierre. Membre du Comité de salut public, nommé Commissaire de l'armée du Rhin, puis de l'armée du Nord, il contribua à la prise de Charleroi et à la victoire de Fleurus. Mis hors la loi par la Convention le 9 thermidor, il monta à l'échafaud le lendemain, avec Robespierre, Lebas et Couthon.

Autre enfant du pays, l'écrivain **Maurice Genevoix** (1890-1980) reçut le prix Goncourt en 1925 pour son roman **Raboliot**. Toute son œuvre célèbre la plénitude de la nature qui conduit l'homme à une réflexion morale.

**Église St-Aré** ⊙ – Le chœur du 11e s. recouvre une **crypte double** du 7e s., qui renfermait avant la Révolution le tombeau de saint Aré, évêque de Nevers.

La légende raconte qu'à sa mort son corps fut, selon son désir, placé sur une barque qui remonta seule la Loire et vint s'échouer à Decize.

C'est l'une des très rares cryptes mérovingiennes encore existantes. On y trouve une Vierge du 16e s. : « Notre-Dame-de-Sous-Terre », et des bas-reliefs du 16e s.

Dans l'église même, bénitiers en bronze datant du 15e s., et reliquaire de saint Aré.

**Promenade des Halles** – Belle promenade longue de plus de 900 m, ombragée de platanes dont certains atteignent 55 m de hauteur.

*Chaque année,
le guide Rouge Michelin France
indique les adresses et les numéros de téléphone
des réparateurs, concessionnaires, spécialistes du pneu
et garagistes assurant, la nuit, les réparations courantes...
Tout compte fait, le guide de l'année, c'est une économie.*

# DIGOIN

10 032 habitants (les Digoinais)
Cartes Michelin n° 69 pli 16 ou 238 pli 48 –
Plan dans le guide Rouge Michelin France.

La ville est bien située, au point de rencontre des vallées de la Loire, de l'Arconce, de l'Arroux et de la Bourbince, sillonnées par des canaux aux eaux très poissonneuses. Un pont-canal en reliant deux des canaux permet la jonction Loire-Saône.

**Église N.-D.-de-la-Providence** – Ce bel édifice de style à la fois roman et byzantin a été érigé au 19e s. Les sculptures des tympans de la façade ont été réalisées de 1976 à 1978. L'intérieur, très vaste, s'éclaire de vitraux agréables à l'œil, notamment ceux, imitant des mosaïques, du revers de la façade.

**Musée de la Céramique** ⊙ – Il présente les terrains argileux fournissant la matière première de la céramique, ainsi que les différents procédés (moulage, coulage, tournage, décoration, émaillage et cuisson) et les principaux outils utilisés de nos jours dans la région, et ceux en usage à l'époque gallo-romaine.

Il propose enfin une sélection de produits finis, anciens et actuels : faïences de Digoin et Sarreguemines, grès et poterie de la région, céramique...

# DIJON★★★

Agglomération 226 025 habitants
Cartes Michelin n° 66 pli 12 ou 243 pli 16.

Au centre d'un réseau de communications qui relie l'Europe du Nord aux régions méditerranéennes, Dijon possède les excellents atouts d'une ville-carrefour. Héritière d'un passé prestigieux, c'est aussi une ville-musée dont l'élégance se manifeste à travers son rayonnement culturel et son architecture.

**Les origines** – Le castrum romain *(plan visible au palais des États, sur la façade de l'entrée du musée des Beaux-Arts)* qui porte le nom de Divio, situé sur la grande voie militaire de Lyon à Mayence, devait rester secondaire pendant des siècles une cité secondaire. Saccagée, pillée, brûlée et reconstruite à maintes reprises, Dijon appartient au duché en 1015, date à laquelle elle est conquise par le roi de France, Robert le Pieux.

En 1137, un terrible incendie dévore complètement la ville. Le duc Hugues II la fait reconstruire dans les limites élargies d'une nouvelle enceinte englobant l'abbaye de St-Bénigne. Des onze portes qui donnaient alors accès à la ville, la dernière à subsister, la porte Guillaume, a été remplacée en 1788 par l'arc de triomphe actuel du square Darcy.

**Le berceau dynastique des « Grands Ducs d'Occident »** – Lorsque Philippe le Hardi reçoit le duché de Bourgogne en apanage, inaugurant la lignée des quatre ducs de la maison de Valois *(voir p. 23)*, il peut s'appuyer sur un duché déjà fortement organisé. Mais le parlement est à Beaune ; Dijon n'accueille que la Chambre des comptes. La puissance économique se concentre dans les villes du Brabant, des Flandres, d'Artois, que Philippe le Hardi pacifie après son mariage avec Marguerite de Flandre. Dijon est en quelque sorte une capitale « familiale » où l'on naît et où l'on meurt : Charles le Téméraire n'y passera qu'une semaine au cours de sa vie. Rétablissant l'ordre avec brutalité dans les villes insoumises de leur domaine, les ducs, qui comptent parmi les princes les plus riches et les plus puissants de la chrétienté, font néanmoins de Dijon une ville d'art au rayonnement incontestable : ils sont inhumés à la chartreuse de Champmol *(voir p. 132)* ; le palais sert de cadre prestigieux à des réceptions fastueuses ; la Sainte Chapelle qui le jouxte est le siège de l'ordre de la Toison d'Or *(voir encadré)*. L'activité manufacturière de la ville n'est pas négligeable, et le négoce prospère permet aux grands bourgeois de construire d'opulentes demeures que l'on voit encore rue des Forges, rue Vauban, rue Verrerie, rue Berbisey...

**La capitale de la province de Bourgogne** – Tout change avec le rattachement du duché à la couronne de France *(voir p. 22)*. L'annexion par Louis XI provoque un soulèvement général, la « mutemaque », que les troupes royales répriment. Les Dijonnais en profitent pour négocier un certain nombre des concessions : maintien des États de Bourgogne (assemblée régionale des députés du clergé, de la noblesse et du Tiers État) siégeant dans le vieux palais des ducs, de divers privilèges et, surtout, transfert du parlement de Beaune à Dijon. En 1479, le roi en visite jure solennellement à Saint-Bénigne de « garder les franchises, libertés, immunités, droits et privilèges » dont jouissait jusqu'ici le duché. Il fait néanmoins construire une forteresse, connue sous le nom de château des Gens d'armes, réparer les fortifications et représenter le pouvoir royal dans le duché par un gouverneur.

● ● ● ● ● ● ● ● ● ● ● ● ● ● **Quelques suggestions** ● ● ● ● ● ● ● ● ● ● ● ● ●

**Le coin des gourmets** – Place Bossuet, la maison **Mulot et Petitjean,** dont l'origine remonte à 1796, offre, outre sa belle décoration intérieure du début du siècle, toutes les variétés de pain d'épice que l'on peut désirer. Rue de la Liberté, place Darcy et en d'autres lieux de la ville, les magasins **Auger** proposent aussi de bons produits : moutarde, crème de cassis, bonbons au cassis... Parmi le respectable choix de marques de crème de cassis, Boudier, Lejay-Lagoutte, L'Héritier-Guyot ou Briottet feront d'excellents kirs. **Vedrenne** (de Nuits-St-Georges), au début de la rue Bossuet, est également un distillateur-liquoriste de qualité.

**Le caveau de la Porte Guillaume** (place Darcy, entrée par l'hôtel du Nord) invite pour sa part à une dégustation des principaux crus de Bourgogne dans un cadre approprié.

**Où prendre un verre en musique ?** Dans l'atmosphère sereine et intime du **Cintra,** qui possède une piste de danse en sous-sol, ou l'ambiance décontractée autant que chaleureuse du **Hunky Dory,** lieu de rendez-vous des étudiants dijonnais (deux établissements situés à proximité l'un de l'autre, dans le très vivant quartier de la Gare).

**Spectacles** – Les planches du théâtre du Sablier (rue Berbisey), du théâtre du Parvis St-Jean (place Bosquet), du Bistrot de la scène (rue d'Auxonne) sont régulièrement foulées par les comédiens. La musique classique instrumentale, l'art lyrique et la danse se partagent la scène de l'Opéra de Dijon (place du Théâtre).

# DIJON

M⁴ Musée Grévin
M⁷ Musée Amora

**Essor de la cité provinciale** – Capitale administrative où se sont fixés les princes de Condé, Dijon connaît au 17ᵉ s. un développement urbanistique important qui se poursuit au 18ᵉ s. Jules Hardouin-Mansart, puis son beau-frère Robert de Cotte reconstruisent le palais des Ducs qui devient un fastueux palais des États de Bourgogne, précédé d'une place royale. Les membres des États et les parlementaires donnent à la ville sa parure d'hôtels cossus. En 1725, Dijon devient siège épiscopal. Sous la Révolution, la chartreuse de Champmol est détruite et, sous l'Empire et la Restauration, la ville subit peu de changements. A partir de 1850, avec la création de la célèbre ligne de chemin de fer Paris-Lyon-Méditerranée, Dijon connaît un nouvel essor, au point de voir sa population doubler entre 1850 et 1892, période marquée par les débuts de l'industrie.

**Dijon aujourd'hui** – Agglomération d'environ 230 000 habitants, ville universitaire et siège de cour d'appel, Dijon concentre plus des deux tiers de ses emplois dans le secteur tertiaire. L'industrie est localisée à la périphérie de la ville. Les constructions mécanique et automobile dominent, suivies de près par les industries électrique, alimentaire et chimique.

## ★★PALAIS DES DUCS ET DES ÉTATS DE BOURGOGNE

*visite : 3 h – plan pages suivantes.*

Le quartier ancien autour du palais des Ducs de Bourgogne a gardé beaucoup de cachet. En flânant dans ses rues, souvent piétonnes, on découvre de nobles hôtels en pierre de taille ou encore de nombreuses maisons à pans de bois des 15e et 16e s. Sur les places François-Rude, du Théâtre, des Cordeliers, cafés et restaurants invitent à une halte.

Ce qui subsiste du palais ducal est encastré dans des bâtiments de style classique.

**Place de la Libération** – C'est l'ancienne place Royale. Au 17e s., la ville, alors à l'apogée de sa puissance parlementaire, se sent l'âme d'une capitale et souhaite transformer le palais ducal abandonné depuis Charles le Téméraire et aménager ses abords.

Les plans de cette jolie place en hémicycle sont dessinés par l'architecte de Versailles, Jules Hardouin-Mansart, et exécutés par l'un de ses élèves, de 1686 à 1701 : les arcades de la place de la Libération, occupées par des boutiques et couronnées d'une balustrade de pierre, donnent de l'ampleur à la cour d'honneur.

**Cour d'honneur** – Au fond, le logis du roi, bel ensemble aux grandes lignes horizontales limité par les deux ailes en équerre, est dominé par la tour de Philippe le Bon.

Le palais des Ducs et des États abrite, à gauche, l'ensemble des services de l'hôtel de ville, à droite le célèbre musée des Beaux-Arts.

*Le passage voûté, à droite, donne accès à la cour de Bar.*

**Cour de Bar** – Elle est dominée par la tour de Bar (**B**) construite par Philippe le Hardi au 14e s. et qui a conservé le nom d'un prisonnier enfermé là par Philippe le Bon : René d'Anjou, duc de Bar et de Lorraine, comte de Provence, l'illustre « Roi René ». L'**escalier de Bellegarde** (**D**) du 17e s. dessert la galerie Nord (17e s.). Remarquer à côté la **statue de Claus Sluter** par Bouchard et, en face, le vieux **puits** adossé aux cuisines ducales.

*Sortir par le passage donnant rue Rameau et tourner à gauche.*

---

### Un ordre prestigieux ; la Toison d'or

Dès 1404 avait été créé par le duc Philippe le Hardi un ordre dit de l'Arbre d'or, dont Jean sans Peur et Philippe le Bon reprirent et enrichirent l'idée.

Né lors des cérémonies de mariage de Philippe le Bon avec Isabelle de Portugal, à Bruges, le 10 janvier 1430, l'**ordre de la Toison d'or** a pour insigne un collier (la « potence ») auquel est suspendue une dépouille de bélier. Elle rappelle celle de Jason dans la mythologie grecque ou celle de Gédéon dans l'Ancien Testament.

Les raisons de créer cet ordre sont doubles : rattacher la Bourgogne à l'Église en maintenant vivant l'esprit de croisade attaché à la chevalerie et conforter la position du duché par rapport à la couronne anglaise, au Saint Empire romain germanique et au royaume de France.

Le siège de l'ordre de la Toison d'or était la chapelle du palais ducal de Dijon où le jeune comte de Charolais, futur Charles le Téméraire, fut fait chevalier en 1433.

Par le mariage de sa fille unique, Marie de Bourgogne, en 1477, avec l'archiduc Maximilien d'Autriche, l'ordre entra dans la famille des Habsbourg.

Jadis honneur pour le chevalier qui était tenu à une discipline de vie, l'ordre de la Toison d'or est toujours une distinction prestigieuse. Non héréditaire, elle implique la restitution des insignes au moment du décès.

---

## ★★MUSÉE DES BEAUX-ARTS ☉

Il est installé dans l'ancien logis des ducs de Bourgogne et dans l'aile orientale du palais des États.

Sur la façade extérieure, à droite de la porte d'entrée, un plan gravé montre le contour du castrum gallo-romain qui délimite à peu près exactement le cœur de la ville actuelle.

**Rez-de-chaussée** – Gagner tout d'abord, à l'extrémité des salles de gauche consacrées à des expositions temporaires (**A** à **E**), les **cuisines ducales** (**1**). Édifiées vers 1435, elles sont remarquables : six vastes cheminées suffisaient à peine à la préparation des festins dignes de la cour bourguignonne ; les ogives convergent vers la cheminée d'aération centrale.

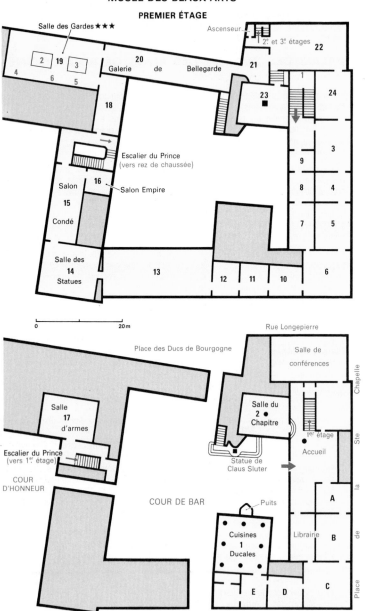

# MUSÉE DES BEAUX-ARTS
## PREMIER ÉTAGE

Salle des Gardes ★★★

Ascenseur

2ᵉ et 3ᵉ étages  22

2  19  3

20

Galerie    de    Bellegarde  21

4    6    5

18

23

24

1

Escalier du Prince
(vers rez de chaussée)

3

9

8    4

Salon    16
Salon Empire

15

Condé

7    5

Salle des
14
Statues

13

12  11  10

6

0        20m

## REZ-DE-CHAUSSÉE

Rue Longepierre

Place des Ducs de Bourgogne

Salle de
conférences

Salle
17
d'armes

Salle du
2 ●
Chapitre

1ᵉʳ étage

Escalier du Prince
(vers 1ᵉʳ étage)

Accueil

COUR
D'HONNEUR

Statue de
Claus Sluter

COUR DE BAR

Puits

A

Cuisines
1
Ducales

Librairie  B

E    D

C

Rue    Rameau

Chapelle    Ste    la    de    Place

La salle du Chapitre du 14ᵉ s. (**2**) de l'ancienne Ste-Chapelle ducale (disparue avec son trésor) montre l'évolution de la sculpture religieuse du 14ᵉ au 17ᵉ s. : on y admire en particulier deux grandes sculptures funéraires réalisées par le Dijonnais Jean Dubois. Cette salle abrite en outre de précieux objets d'art : vitraux du 15ᵉ s., reliquaires, retable en argent repoussé et doré du 16ᵉ s., ainsi que la crosse de saint Robert de Molesmes (11ᵉ s.) et une tasse ayant appartenu à saint Bernard.

Dans l'escalier d'honneur se dresse une statue du maréchal de Saxe (**1**), œuvre de François Rude (1784-1855).

**1ᵉʳ étage** – Le palier présente l'ancienne porte du palais de justice de Dijon, sculptée par Hugues Sambin (16ᵉ s.), ainsi que de belles collections médiévales et Renaissance d'orfèvrerie religieuse et d'ivoires sculptés.

On découvre ensuite (salle **3**) la peinture italienne du 14ᵉ au 16ᵉ s., avec en particulier des œuvres de primitifs toscan (Taddeo Gaddi) et siennois (Pietro Lorenzetti) et de la Renaissance florentine *(Saint Pierre marchant sur les eaux)*, (1574) de Vasari, connu surtout pour ses biographies de peintres. Deux salles (**4** et **5**) rassemblent des peintures de primitifs allemands (dont rhénans) et suisses des 15ᵉ et 16ᵉ s., les meilleures dues au Maître de la Passion de Darmstadt (1425), à Conrad Witz *(L'Empereur Auguste et la Sibylle de Tibur)*, au Maître à l'œillet de Baden *(Sainte Barbe et sainte Ursule)* ; à noter également l'Annonciation entre saint Christophe et saint Antoine (15ᵉ s., école allemande) et la *Mise au tombeau* (16ᵉ s.) à la composition mouvementée.

Des trois salles en enfilade qui suivent côté cour (**9, 8, 7**), les deux premières sont réservées à l'art de la Renaissance : mobilier, médailles, émaux et peintures (*Dame à sa toilette* de l'école de Fontainebleau – milieu du 16ᵉ s.) ; la dernière salle abrite des peintures bourguignonnes du 17ᵉ s. (Tassel, Quantin).

Les salles **6** et **10** sont consacrées au 17ᵉ s. et aux peintres du règne de Louis XIV : Philippe de Champaigne *(Présentation au Temple)*, Le Sueur, Le Brun, François Perrier, dit le Bourguignon. Remarquer aussi dans la salle 10 le *Portrait d'un peintre* de P. Mignard et *Le Repos de la Sainte Famille* par Sébastien Bourdon. La peinture de la fin du 17ᵉ et du 18ᵉ s. est réunie dans les salles **11** et **12** : œuvres de Rigaud, Coypel, Largillière ; sculptures de Jean Dubois ; les peintres bourguignons, tels J.-F. Gilles dit Colson (*Le Repos*, 1759) et J.-B. Lallemand (Dijon 1716-Paris 1803), auteur de paysages et de scènes de genre, méritent également l'attention. Dans la grande salle **13** peintures de La Fosse, Nattier *(Portrait de Marie Leszczynska)*, Van Loo *(Saint Georges terrassant le dragon)*...

A l'angle de l'aile Ouest, la **salle des Statues** (**14**) – présentant un ensemble de copies d'antiques et d'œuvres du 19ᵉ dont *Hébé et l'Aigle de Jupiter* par Rude – offre une belle vue sur la place de la Libération. Le plafond est décoré d'une peinture à la gloire de la Bourgogne et du prince Condé par Pierre Paul Prud'hon d'après un plafond romain de Pierre de Cortone.

Le **Salon Condé** (**15**), qui lui fait suite, est orné de boiseries et de stucs Louis XVI et présente des œuvres françaises du 18ᵉ s. : meubles et tableaux (Hubert Robert), ainsi que des sculptures de Coysevox *(buste de Louis XIV)*, Caffieri *(bustes de Rameau et Piron)* et Attiret *(La Chercheuse d'esprit)*... Le **Salon Empire** (**16**) contient du mobilier et des peintures de cette époque (Prud'hon).

L'**escalier du Prince,** qui s'appuie sur la façade gothique de l'ancien palais des Ducs, permet de descendre à la **Salle d'armes** au rez-de-chaussée (**17**) : armes et armures du 13ᵉ au 18ᵉ s. ; collection de couverts et couteaux divers du 16ᵉ au 18ᵉ s.

En continuant la visite au 1ᵉʳ étage, on admire dans la **Salle dite du Maître de Flémalle** (**18**) de la peinture flamande et bourguignonne des 14ᵉ et 15ᵉ s. : la célèbre **Nativité** du Maître de Flémalle et plusieurs œuvres provenant de la chartreuse de Champmol.

★★★ **Salle des Gardes** – L'ancienne salle des Festins des Ducs (**19**), qui donne sur la place des Ducs, est la salle la plus renommée du musée. Construite par Philippe le Bon, elle servit de cadre au festin de la « Joyeuse entrée de Charles le Téméraire, en 1474 » et fut restaurée au début du 16ᵉ s. après un incendie. Elle abrite les trésors d'art provenant de la chartreuse de Champmol, nécropole des ducs de Valois *(p. 132)*.

J.-P. Langeland/DIAF

Musée des Beaux-Arts – Détail du tombeau de Jean sans Peur.

DIJON

Au **tombeau de Philippe le Hardi★★★** (**2**) travaillèrent successivement, de 1385 à 1410, Jean de Marville, Claus Sluter et Claus de Werve, son neveu. Le gisant veillé par deux anges repose sur une dalle de marbre noir soutenue par des arcatures d'albâtre formant « cloître » sous lesquelles circule un cortège de « pleurants » ou « deuillants », composé de 41 statuettes prodigieuses de vie et de réalisme. Membres du clergé, chartreux, parents, amis et officiers du prince, tous en costume de deuil et la tête recouverte du chaperon, composent le cortège funèbre.

Le **tombeau de Jean sans Peur et de Marguerite de Bavière★★★** (**3**), exécuté de 1443 à 1470, reproduit l'ordonnance du tombeau précédent. Deux retables en bois doré commandés par Philippe le Hardi pour la chartreuse de Champmol éblouissent par la richesse de leur décoration. Exécutés de 1390 à 1399, ils ont été sculptés par Jacques de Baerze et dorés par Melchior Broederlam.

Seul le **retable de la Crucifixion★★★** (**4**) a conservé au revers de ses volets les fameuses peintures de Broederlam : l'*Annonciation*, la *Visitation*, la *Présentation au Temple* et la *Fuite en Égypte*.

A l'extrémité opposée se trouve le **retable des Saints et Martyrs★★★** (**5**).

Au centre, on remarque un **retable de la Passion★★** (**6**) d'un atelier anversois du début du 16e s.

Au-dessus du retable central, entre deux tentures tournaisiennes du 16e s., est exposée une tapisserie dédiée à N.-D.-de-Bon-Espoir, protectrice de la ville, après la levée du siège de Dijon par les Suisses le 12 septembre 1513.

Beau portrait de Philippe le Bon portant le collier de l'ordre de la Toison d'or par l'atelier de Rogier Van der Weyden (vers 1445).

Un escalier permet d'accéder à la tribune qui offre une belle **vue★** sur les gisants.

La **Galerie de Bellegarde** (**20**) présente quelques beaux exemples de la peinture italienne et flamande des 17e et 18e s., notamment *Moïse sauvé des eaux* de Véronèse et *Adam et Ève* de Guido Reni ; Brueghel de Velours surprend avec une vue panoramique du *Château de Mariemont* et de ses terres ; notons encore **La Vierge à l'Enfant Jésus avec saint François d'Assise** de Rubens.

Les salles **21** à **23** poursuivent l'évocation de la peinture et de la sculpture françaises des 19e et 20e s. : tableaux de Henner, Legros, Tissot *(La Japonaise au bain)*... et œuvres de Rude, Canova, Carpeaux, Mercié. La salle **24** regroupe du mobilier Empire et des toiles du peintre dijonnais Gagnereaux (18e s.).

**2e et 3e étage** – Ils sont consacrés à la section d'art moderne et contemporain, notamment à la donation Granville. Les sculptures du grand animalier **François Pompon** (1855-1933, *voir p. 200*) ont été regroupées dans une salle ancienne de la Tour de Bar (accès fléché).

Le reste de l'étage présente un ensemble de peintures, dessins, estampes et sculptures du 16e s. à nos jours, où l'on relève les noms de Georges de La Tour *(Le Souffleur à la lampe)*, Géricault, Delacroix, Victor Hugo (paysages fantastiques au lavis), Daumier, Courbet, Gustave Moreau et divers peintres de l'école de Barbizon (Daubigny, Th. Rousseau, N. Diaz de la Peña), Rodin, Maillol, Bourdelle...

Les impressionnistes et postimpressionnistes sont représentés par des œuvres de Manet *(Portrait de Méry Laurent au pastel)*, Monet, Boudin, Sisley, Cross, Vuillard et Vallotton.

La remarquable collection de sculptures et de masques africains (Mali, Cameroun, Congo) permet de découvrir une forme d'art qui avait passionné les peintres et sculpteurs cubistes : Juan Gris, Marcoussis, Gleizes, Picasso *(Le Minotaure)*.

Dans l'importante collection de peinture et sculpture contemporaines, on relève autour de l'école de Paris et du paysagisme abstrait des années 50 à 70 les noms de Arpad Szenes et de son épouse Vieira da Silva, C. Lapicque, N. de Staël *(Série des Footballeurs)*, J. Bertholle, Manessier *(Près d'Harlem)*, Messagier (plusieurs portraits d'hommes célèbres), Mathieu et Wols, ainsi qu'un ensemble de sculptures d'E. Hajdu magnifié par une *Mademoiselle la plume* si légère et transparente qu'on en oublie sa constitution de métal. D'autres artistes au renom plus ténu : Péterelle (1874-1947), Hillaireau (1884-1954), Domec (1902-1981), bénéficient d'une présentation cohérente et fournie de leur œuvre qui en facilite la découverte et l'approfondissement simultanés.

**Place des Ducs-de-Bourgogne** – De cette petite place, on reconstitue par la pensée le palais tel qu'il se présentait à l'époque ducale. La belle façade gothique est celle de la salle des Gardes que domine la tour Philippe-le-Bon.

*Revenir vers la cour d'honneur par le passage voûté donnant également accès à la tour Philippe-le-Bon.*

**Tour Philippe-le-Bon** (**E**) ⊙ – Achevée au 15e s. par Philippe le Bon, cette tour haute de 46 m a fière allure.

De la terrasse (316 marches), on découvre une belle **vue★** sur la ville, les vallées de l'Ouche et de la Saône et les premiers contreforts du Jura.

*Par le passage couvert, gagner la cour de Flore.*

**Cour de Flore** – Les bâtiments qui l'entourent ont été terminés peu avant la Révolution de 1789.

A l'angle Nord-Est, on peut voir éventuellement la **chapelle des Élus** (**F**) ; elle est vide de mobilier, mais sa décoration intérieure et les portes datent de l'époque de Louis XV ; la messe y était célébrée durant les sessions des États de Bourgogne.

Sous le porche permettant d'accéder à la rue de la Liberté (ancienne rue Condé), un magnifique escalier (**L**) dessiné en 1735 par Jacques Gabriel, père du Petit Trianon à Versailles, conduit à la **salle des États** *(on ne visite pas).*

*Prendre le passage au Nord, qui communique avec la rue des Forges.*

★ **Rue des Forges** – C'est l'une des vieilles rues les plus caractéristiques de la ville.

**Hôtel Chambellan** – *Au n° 34, sur cour intérieure.* Construit par une riche famille de drapiers, cet édifice du 15ᵉ s. *(illustration p. 39)* possède un très bel escalier à révolution dont la colonne centrale se termine par une voûte flamboyante en palmier que soutient la statue d'un jardinier portant son panier.

**Maison Milsand** – *Au n° 38.* Façade Renaissance décorée dans le style d'Hugues Sambin.

**Ancien hôtel Aubriot** – *Au n° 40.* Un portail classique contraste avec l'élégante façade à arcatures du 13ᵉ s. de l'ancien hôtel, bâti par l'un des premiers banquiers de Dijon. C'est dans cet hôtel que naquit Hugues Aubriot, prévôt de Paris sous Charles V, qui fit construire, à Paris, la Bastille, des ponts de la Seine (notamment le pont Saint-Michel) et voûter les premiers égouts.

**Hôtel Morel-Sauvegrain** – *Aux nˢ 52, 54, 56.* Façade du 15ᵉ s.

**Place François-Rude** (ou place du Bareuzai) – Au centre de la zone piétonne, cette place irrégulière et animée est bordée de quelques façades à pans de bois. En 1904, lors de sa création, la statue de la fontaine fleurie avait soulevé quelques objections. Aujourd'hui, le « Bareuzai », vigneron vêtu seulement de vert-de-gris, est plutôt considéré comme le bon génie du lieu. Il foule tranquillement son raisin, mais le produit de ce travail ne coule que lors des fêtes de la vigne.

Place François-Rude.

★ **Église Notre-Dame** – Bel exemple de l'architecture gothique en Bourgogne. Ne disposant que d'un espace restreint, le maître d'œuvre s'est livré à des prouesses techniques.

**Extérieur** – En façade, au-dessus du porche monumental à trois baies, courent deux galeries d'arcatures, soulignées de trois rangées de fausses gargouilles. Deux élégantes tourelles desservent les tours masquées par la façade : celle de droite porte l'horloge à jacquemart rapportée de Courtrai par Philippe le Hardi en 1382, après sa victoire sur les Flamands révoltés.

Cette horloge a toute une histoire. Transportée sur un char à bœufs, elle se brise en route et l'on doit, lors de son arrivée à Dijon, la refondre. Son nom de jacquemart qui sert à désigner « l'ôme qui iert du marteau la cloche de l'oreloige » n'apparaît qu'en 1500.

Les Dijonnais lui sont très attachés et, en 1610, s'avisent que le célibat doit fort peser à ce pauvre homme. On lui adjoint donc une compagne.

En 1714, le spirituel poète Aimé Piron s'apitoie sur ces braves époux qui semblent avoir fait vœu de chasteté ; on leur donne un fils, Jacquelinet, « dont le marteau frappe la dindelle ou petite cloche », puis, en 1881, une fille, Jacquelinette, qui frappe les quarts d'heure.

Façade de l'église Notre-Dame.

**Intérieur** – L'ensemble est très harmonieux : remarquer le triforium aux délicates colonnettes fuselées, la hauteur de la tour-lanterne à la croisée du transept, la hardiesse du chœur terminé par un chevet polygonal.

Au croisillon gauche, le registre horizontal a conservé les beaux vitraux du 13e s. A côté, fresque du 15e s. restaurée.

La chapelle à droite du chœur abrite la statue de N.-D.-de-Bon-Espoir. Cette Vierge du 11e s., une des plus anciennes statues de bois que possède la France, a été l'objet d'une vénération particulière à partir de 1513 ; la tapisserie offerte alors comme ex-voto se trouve au musée des Beaux-Arts. Dijon ayant été libérée sans dommage de l'occupation allemande, le 11 septembre 1944, une seconde tapisserie, exécutée par les Gobelins et évoquant les deux libérations de la ville, fut offerte en nouvel ex-voto à N.-D.-de-Bon-Espoir. Elle est suspendue dans le transept droit.

En empruntant la **rue de la Chouette,** on a une vue d'ensemble sur la belle ordonnance du chevet de l'église. Sur un contrefort de la chapelle Chambellan (15e s.), on aperçoit l'oiseau qui a donné son nom à la rue ; selon la tradition locale, il exaucerait un vœu si on le caresse de la main gauche.

**Hôtel de Vogüé** ⊘ – C'est l'un des premiers hôtels parlementaires de Dijon. Il fut édifié au début du 17e s. Sa jolie toiture en tuiles vernissées le signale de loin. Un portique à riche décoration Renaissance s'ouvre sur la cour intérieure.

L'hôtel est maintenant occupé par les services d'architecture et des Affaires culturelles de la ville.

**Rue Verrerie** – Les nos 8-10-12 constituent un beau groupe de maisons à colombage présentant des poutres sculptées. De nombreux antiquaires y ont élu domicile.

*Par la place des Ducs, le vestibule et la cour d'honneur, regagner la place de la Libération.*

## ★QUARTIER DU PALAIS DE JUSTICE visite : 1 h

*Partir de la place de la Libération (plan ci-contre) et prendre, au Sud, la rue Vauban.*

Au no 12 remarquer une maison ancienne avec une cour intérieure et une façade classique ornée de pilastres et de frontons.

**Hôtel Legouz de Gerland** – De la ruelle Jean-Baptiste-Liégeard, à gauche, on aperçoit la façade Renaissance parée de 4 échauguettes ; la cour intérieure, qui s'ouvre 21, rue Vauban, est de style classique.

A l'angle de la rue Vauban et de la rue Amiral-Roussin s'élève au no 16 la charmante maison à colombage d'un menuisier. Celle-ci est originale par ses sculptures « en plis couchés » de ses volets, ses deux poutres cornières ornées chacune d'une tête et sa fenêtre à droite surmontée d'une frise historiée. Presque en face, au no 29, un hôtel présente une élégante cour qu'enjambe une balustrade incurvée.

**Hôtel Fyot-de-Mimeure** – *23, rue Amiral-Roussin.* Remarquer la façade dans le style de l'architecte et sculpteur Hugues Sambin, dans la jolie cour intérieure.

**Bibliothèque municipale** ⊙ – *Entrée au nº 3 de la rue de l'École-de-Droit.* La chapelle (17ᵉ s.) de l'ancien collège des Godrans (**K**), fondé au 16ᵉ s. par la riche famille dijonnaise de ce nom et dirigé par les jésuites, a été transformée en salle de lecture.

Cette importante bibliothèque possède plus de 300 000 volumes ; elle conserve de précieux manuscrits enluminés, en particulier ceux qui ont été exécutés à Cîteaux dans le premier tiers du 12ᵉ s.

Dans la cour *(entrée au nº 5 même rue)* a été remonté le puits d'Amour (16ᵉ s.) qui provient d'une maison démolie pour l'agrandissement du palais de justice.

*Par la rue du Palais, gagner le palais de justice.*

**Palais de justice** – C'est là que siégeait le Parlement de Bourgogne. La façade à pignon, de style Renaissance, comprend un porche soutenu par des colonnes. La porte est une copie de l'œuvre de Sambin (l'original est conservé au musée des Beaux-Arts).

A l'intérieur, la vaste salle des Pas-Perdus possède une **voûte★** en carène de bateau. A l'opposé de l'entrée, la petite chapelle du Saint-Esprit est fermée par une lourde clôture de bois sculpté.

★ **Musée Magnin** (**DY M⁸**) ⊙ – Installé dans un élégant hôtel du 17ᵉ s., ce musée garde le caractère d'une demeure d'amateurs d'art. Maurice Magnin, haut magistrat passionné de peinture, et sa sœur Jeanne, peintre amateur et critique d'art, s'atta-

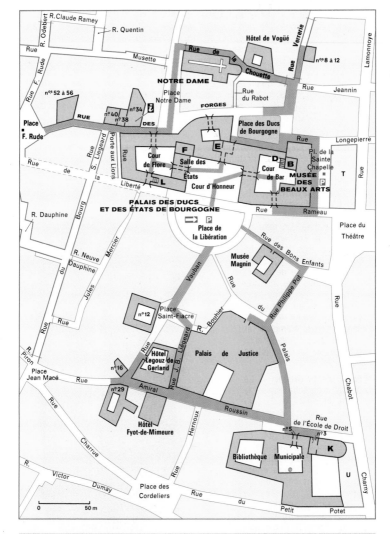

| | |
|---|---|
| **B** Tour de Bar | **K** Chapelle de l'ancien collège |
| **D** L'escalier de Bellegarde | des Godrans |
| **E** Tour Philippe-le-Bon | **L** Escalier |
| **F** Chapelle des Élus | de Jacques Gabriel |

chaient à collectionner des noms peu connus et à valoriser des talents cachés. La collection de tableaux (près de 1 500 œuvres) présente, à côté de grands maîtres, des œuvres fort bien sélectionnées de peintres moins illustres. La peinture flamande et hollandaise des 16ᵉ et 17ᵉ s., dont le *Festin des dieux* de Jan Van Bijlert et le *Portrait de fillette en Diane chasseresse* d'Abraham Van den Tempel, est exposée au rez-de-chaussée. La peinture italienne est mise à l'honneur avec des tableaux de G. Cariani, G. di Benvenuto, M. di Ridolfo, A. Allori, G.-B. Cerano, B. Strozzi, G.-A. Pellegrini et G.-B. Tiepolo. Au premier étage sont regroupés les peintres français de la fin du 16ᵉ au 19ᵉ s. : Claude Vignon (la *Jeune Femme enceinte implorant un roi*), Laurent de la Hyre *(Putto jouant de la viole de gambe* et *Putto chantant)* et beaucoup d'autres : E. Le Sueur, S. Bourdon, J.-B. de Champaigne, J.-B. Jouvenet, J. Restout, A.-L. Girodet, P. Delaroche, E. Devéria...

Le mobilier, du début du 18ᵉ s. jusqu'au Second Empire, aussi bien choisi que les tableaux, confère à ce « cabinet d'amateurs » une ambiance intimiste de qualité.

*La rue des Bons-Enfants ramène à la place de la Libération.*

## AUTRES CURIOSITÉS

★ **Chartreuse de Champmol** (A) ⊙ – *Plan p. 124. Entrée : 1, bd Chanoine-Kir. Suivre les panneaux « Puits de Moïse ».*

Un hôpital psychiatrique occupe l'emplacement de la chartreuse détruite en 1793. A l'ancienne entrée se trouve un portail du 15ᵉ s. ayant échappé au désastre.

Alors que les premiers ducs de Bourgogne étaient inhumés à Cîteaux, Philippe le Hardi, désirant pour lui et sa dynastie une nécropole quasi royale, fonda en 1383 la chartreuse, consacrée cinq ans plus tard par l'évêque de Troyes. De ce fastueux ensemble réalisé par les meilleurs artistes de l'époque, il ne reste, hormis les tombeaux et les retables conservés à la salle des Gardes du musée des Beaux-Arts, que deux œuvres de Claus Sluter, sculpteur originaire de Hollande devenu le chef de file de l'école burgondo-flamande : le portail de la chapelle et le Puits de Moïse, situé au milieu d'une cour qu'on rejoint en contournant les bâtiments. Les travaux d'aménagement en cours, prévus sur une durée de 4 ans, ont pour but de mettre en valeur les vestiges de l'ancienne chartreuse et de créer autour du Puits de Moïse un jardin d'inspiration médiévale.

★★ **Puits de Moïse** – Symbole de source de vie, le Puits de Moïse est en réalité le socle d'un calvaire polychromé exécuté de 1395 à 1405 pour orner le bassin du grand cloître (la peinture n'est pratiquement plus visible). Six grandes statues de Moïse et des prophètes David, Jérémie, Zacharie, Daniel, Isaïe s'adossent au socle hexagonal *(contourner le monument par la droite à partir de Moïse)* : ce sont des portraits d'un réalisme saisissant ; la figure de Moïse, la plus impressionnante peut-être, a donné son nom au monument. Les anges qui s'abritent sous la corniche sont l'œuvre de Claus de Werve, le neveu de Sluter. Chacun, dans une attitude différente, exprime son affliction devant le calvaire (disparu) avec une touchante vérité. L'ampleur et le mouvement des drapés font penser à la sculpture baroque.

★ **Portail de la chapelle** – Ce portail orne actuellement la porte intérieure de la chapelle. Il compte 5 statues réalisées par Claus Sluter entre 1389 et 1394. Le duc Philippe le Hardi et la duchesse Marguerite de Flandre, aux traits énergiques, sont représentés agenouillés, assistés de leurs saints protecteurs (saint Jean-Baptiste et sainte Catherine), de chaque côté de la belle Vierge à l'Enfant, placée sur le trumeau.

Le puits de Moïse.

J. Sierpinski/SCOPE

**Cathédrale St-Bénigne** (CY) – *Plan p. suivante.* Cette ancienne abbatiale de pur style gothique bourguignon est le dernier monument construit à cet emplacement. En l'an 1001, l'abbé **Guillaume de Volpiano** faisait déjà bâtir sur les ruines d'une église antérieure une basilique romane, que complétait une importante crypte. Il y adjoint à l'Est une rotonde à trois niveaux, consacrée en 1018. En 1271, l'église s'effondra et sa crypte resta obstruée ; l'édifice gothique actuel fut alors construit contre la rotonde. Malheureusement, cette dernière ne survécut que partiellement à la Révolution, les étages supérieurs étant détruits et la crypte comblée. Remises au jour en 1843, la base de la rotonde et une partie de la crypte de la cathédrale primitive demeurent les seuls témoignages du sanctuaire roman.

L'église gothique possède une **façade** occidentale à contreforts massifs et saillants, que bornent deux grosses tours couronnées de deux étages octogonaux aux toits à pans coupés couverts de tuiles multicolores. Sous le porche, surmonté d'une petite galerie délicatement ajourée, l'encadrement du vieux portail roman du 12e s. subsiste au milieu de la façade gothique.

Il est orné d'un tympan des frères Bouchardon provenant de l'ancienne église St-Étienne (actuelle Chambre de commerce – DY). La croisée du transept est dominée par une flèche haute de 93 m, refaite en 1896, dans le style flamboyant.

L'**intérieur**, assez sévère, présente des lignes très sobres : chapiteaux non sculptés, arcades du triforium simplement moulurées, colonnettes continues de la voûte jusqu'au sol dans la croisée du transept et jusqu'au sommet des massifs piliers ronds dans la nef principale. Dépouillée de ses œuvres d'art à la Révolution, St-Bénigne a accueilli des sculptures et des pierres tombales provenant d'autres églises de Dijon. Orgues (1743) de Charles et Robert Riepp, facteurs allemands installés à Dijon en 1735.

★ **Crypte** ⊘ – Les vestiges de la crypte romane de la cathédrale se limitent à une partie de transept hérissé à l'Est de quatre absidioles et creusé au centre d'une fosse contenant les restes d'un sarcophage où fut probablement enterré saint Bénigne, premier martyr bourguignon mort au 3e s. – son tombeau est un but de pèlerinage le 20 novembre. Cette sépulture fait face à une large ouverture sur l'étage inférieur de la **rotonde**★★ dont l'architecture hautement symbolique reprend celle conçue au 4e s. pour le tombeau du Christ à Jérusalem. Seules huit rotondes de ce type sont connues au monde. Trois cercles de colonnes rayonnent depuis le centre. Quelques-unes ont conservé leurs chapiteaux primitifs, ornés de palmettes, d'entrelacs, d'animaux monstrueux ou d'orants, rares témoignages de la sculpture préromane *(voir p. 34)*. L'extrémité Est de la rotonde donne accès à une chapelle du 6e s. qui pourrait être une « cella » (sanctuaire).

★ **Musée archéologique** (CY M²) ⊘ – *Plan 134.* Il occupe l'aile orientale du cloître disparu de l'ancienne abbaye de Saint-Bénigne.

**Sous-sol :** deux salles romanes du 11e s. abritent une collection de sculptures gallo-romaines. Dans la première, un pilier à plusieurs divinités, provenant de Mavilly, offre un témoignage intéressant de la religion gauloise en Bourgogne. Dans la deuxième, ancienne salle capitulaire de l'abbaye, trône en majesté la **déesse Sequana**★, statuette en bronze trouvée avec le Faune dans les fouilles du sanctuaire des sources de la Seine.

Témoignage touchant de la ferveur du culte de la déesse du fleuve, une remarquable **collection d'ex-voto**★ en pierre, métal, bronze et argent, et surtout en bois, illustre les croyances populaires gallo-romaines en Bourgogne au début de l'ère chrétienne.

**Niveau 1 :** de style gothique du 13e s., c'est l'ancien dortoir des moines. Il est consacré à la sculpture dijonnaise médiévale : le buste du Christ, réalisé par Claus Sluter pour le calvaire de la chartreuse de Champmol, voisine avec des fragments architecturaux ; au fond de la travée, le **Christ en croix**★★ (vers 1410) attribué à Claus de Werve et les deux tympans romans qui l'encadrent proviennent de St-Bénigne.

**Niveau 2 :** présentation des vestiges mobiliers de différentes périodes, depuis le paléolithique jusqu'à l'époque mérovingienne. Parmi ceux-ci figurent des poteries typiques de la culture chasséenne (néolithique bourguignon), un **bracelet en or** massif pesant 1,3 kg trouvé à la **Rochepot** (9e s. avant J.-C.), et le **trésor de Blanot**★ composé d'objets de l'âge du bronze final (ceinture, jambières, collier, bracelet). Remarquer dans la dernière salle, outre plusieurs sculptures en pierre de dieux gallo-romains, caractéristiques de la région. une très jolie petite frise représentant les **déesses-mères d'Alésia** ainsi qu'un portrait féminin en marbre, de l'époque julio-claudienne, trouvé à Alise-Ste-Reine. Une évocation intéressante de la vie quotidienne à l'époque gallo-romaine (fouilles du site de Mâlain) ainsi qu'une introduction à l'époque mérovingienne permettent d'imaginer et d'approcher les modes de vie de ces civilisations.

**Église St-Philibert** (CY) – Édifiée au 12e s. et remaniée au 15e s., elle est actuellement désaffectée.

# DIJON

J    Palais de
     Justice
M²   Musée
     archéologique
M³   Musée
     d'Histoire
     naturelle
M⁵   Musée
     de la Vie
     bourguignonne
M⁶   Musée
     d'Art sacré
M⁸   Musée
     Magnin
N    Hôtels
     du 18e s.
R    Maison des
     Cariatides

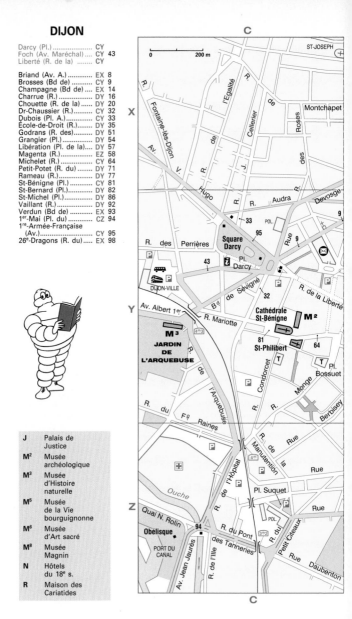

**Square Darcy** (CY) – Il doit son nom à l'ingénieur qui, en 1839, dota Dijon d'eau potable. Ses bassins et ses vasques s'étagent dans un joli décor de verdure. A l'entrée a été placé l'**Ours blanc**, œuvre de Pompon (1855-1933).

★ **Jardin de l'Arquebuse** (CY) – Il doit son nom à la compagnie des arquebusiers, qui s'installa à cet endroit au 16e s. Toute la partie Ouest est occupée par le jardin botanique (35 000 espèces). Fondé au 18e s., le jardin botanique avec son arboretum a été réuni à la promenade de l'Arquebuse. De très vieux arbres encadrent les parterres de fleurs.

★ **Muséum d'Histoire naturelle** (CY M³) ⊘ – Fondé en 1836 par le Dijonnais Léonard Nodot, un passionné de la nature, il est installé dans l'ancienne caserne des arquebusiers, datant de 1608. Introduction à la visite de ce musée, le **rez-de-chaussée** traite des origines et de l'évolution du monde animal avec pour magnifique exemple un **glyptodon**★, tatou géant de la pampa argentine dont l'apparition remonte à l'ère tertiaire. La géologie régionale y occupe également une part de choix.

Au **1er étage**, présentation d'animaux naturalisés évoluant dans de très belles reconstitutions★ de leur milieu naturel. Les secrets du monde animal sont ici dévoilés grâce à une muséologie exceptionnelle. Dioramas, écrans tactiles, boutons divers, panneaux explicatifs, bruitages permettent d'approcher de façon animée et vivante la faune des cinq continents, de l'Arctique et de l'Antarctique.

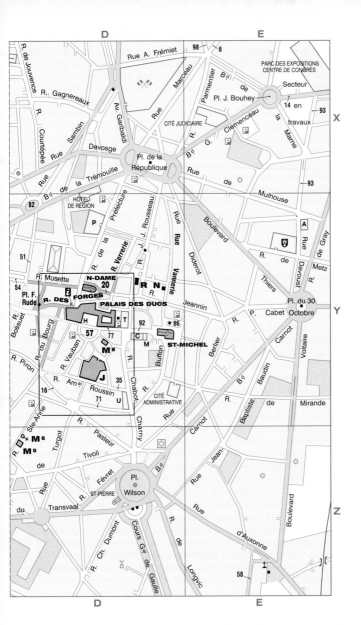

Le **2ᵉ étage** regroupe une diversité époustouflante d'insectes remarquablement présentés, dont une superbe collection de papillons.

**Musée Grévin** (A M⁴) ⊘ – *Plan p. 124*. Le musée évoque, grâce à des tableaux historiques mettant en scène des figures de cire, 25 épisodes de l'histoire de la Bourgogne du 6ᵉ s. avant J.-C. à nos jours. Nouvellement accueillie au musée, Colette, plus vraie que nature...

**Musée Amora** (A M⁷) ⊘ – *Plan p. 124*. Ce musée créé par la société **Amora**, principal fabricant de moutarde en France et dans le monde, retrace toute l'histoire de ce produit de consommation courante dont nous ignorons, bien souvent, les origines, la culture, la fabrication et l'exploitation. Il est intéressant de découvrir pourquoi Dijon est devenue la capitale de la moutarde et comment la production de ce condiment peut atteindre les 100 t par jour, alors qu'il n'y a pas de champs de moutarde en France. Ce musée étant un musée d'entreprise, les visites, assurées par des « anciens » de la maison, en sont limitées.

★ **Église St-Michel** (DY) ⊘ – *Plan ci-dessus*. Commencée à la fin du 15ᵉ s., dans le style gothique flamboyant, cette église, consacrée en décembre 1529, a vu sa façade terminée en pleine Renaissance ; les deux tours qui l'encadrent furent achevées au 17ᵉ s. : leurs quatre étages aux fenêtres ornées de colonnes se terminent par une balustrade surmontée d'une lanterne que coiffe une boule de bronze.

La façade, où se superposent les trois ordres classiques, est très majestueuse. Le porche, en forte saillie, s'ouvre par trois portails : une frise de rinceaux et de grotesques se développe à la partie supérieure du porche sur toute sa longueur. Au-dessous, dans des médaillons, se détachent les bustes des prophètes Daniel, Baruch, Isaïe et Ézéchiel, ceux de David avec sa harpe et de Moïse portant les tables de la Loi. Le portail de droite, de 1537, est le plus ancien des trois.

Le Jugement dernier représenté sur le tympan du portail central est l'œuvre du Flamand Nicolas de la Cour, beau-frère de Sambin. La statue de saint Michel, adossée au trumeau, est une œuvre du 16e s. de tradition gothique, qui remplaça la statue primitive détruite à la Révolution. Elle repose sur une console dont les sculptures s'inspirent de coutumes païennes et de textes sacrés ; dans un voisinage singulier, on peut identifier : David, Lucrèce, Léda et le cygne, Hercule, Apollon, Vénus, Judith, le jugement de Salomon, saint Jean-Baptiste, le Christ apparaissant à Marie-Madeleine.

A l'intérieur, de style gothique, admirer la hauteur du chœur dépourvu de déambulatoire, comme celui de St-Bénigne, et ses boiseries (18e s.). On remarque quatre toiles de Franz Kraus, peintre allemand du 18e s. : dans le transept Nord, l'Adoration des bergers et la Fuite en Égypte ; dans la chapelle du St-Sacrement, qui abrite également un bel autel flamboyant : l'Adoration des Mages et la Présentation au Temple. Dans la dernière chapelle à gauche en sortant, fragment d'une Mise au tombeau du 15e s.

**Maison des Cariatides** (DY R) – *Plan p. 134-135 ; 28, rue Chaudronnerie.* Édifiée en 1603 ; douze cariatides décorent la façade.

**Rue Vannerie** (DY) – *Plan p. 134-135.* Aux nos 39 et 41, hôtels (N) du 18e s. Au n° 66, hôtel Renaissance avec trois fenêtres ornées de sculptures à gauche d'une échauguette à l'exubérant décor par Hugues Sambin.

**Parc de la Colombière** (B) – *Sud du plan p. 124.* Accès par le cours du Parc, aux arbres magnifiques. Les massifs percés d'allées et les tapis verts de l'ancien parc des princes de Condé constituent une promenade agréable.

Dans ce parc, on verra un fragment de l'ancienne voie romaine qui reliait Lyon à Trèves.

★ **Musée de la Vie bourguignonne** (DZ M5) ⊙ – *Plan p. 134-135.* Dans le cadre du monastère des Bernardines, édifié entre 1679 et 1681, ce musée retrace l'histoire locale grâce à des collections d'ethnographie régionale et urbaine rassemblées par le Bourguignon Perrin de Puycousin (1856-1949). Mobilier, équipement domestique, costumes, souvenirs divers évoquent, dans une mise en scène très vivante, la vie quotidienne, les cérémonies et les traditions bourguignonnes à la fin du siècle dernier.

A l'étage, le spectacle de la rue est superbement évoqué par la reconstitution fidèle et authentique de commerces dijonnais de l'époque tels le salon de coiffure dont l'équipement semble aujourd'hui effrayant... ou bien encore l'épicerie modèle qui ranime chez certains des souvenirs d'enfance... Une intéressante maquette d'une fabrique du 19e s. symbolise l'aventure industrielle de Dijon, et la galerie des bustes des personnalités marquantes de la Bourgogne témoigne de son importance intellectuelle.

**Musée d'Art sacré** (DZ M6) ⊙ – *Plan p. 134-135.* L'ancienne église Ste-Anne (fin 17e s.), édifice de plan circulaire à dôme, abrite ce musée dont les collections comprennent des objets de culte du 13e au 19e s. (crucifix finement décorés d'émaux de Limoges, calices), des ornements sacerdotaux, des statues de bois anciennes dont

---

### Dijon et le port de Dijon

Il existe à l'entrée du port, côté ville (CZ), un obélisque datant des années 1780, qui rappelle la création du **port de Dijon** ainsi que celle d'un réseau de **1 000 km de canaux** à travers la Bourgogne. Dans l'esprit du prince de Condé, gouverneur de la province, ce réseau devait permettre de relier par voies d'eau Dijon à Paris, vers le Nord, Dijon au Bassin méditerranéen, vers le Sud, et, au moyen d'une dérivation de la Saône, rejoindre la Loire par le canal du Centre, faisant ainsi le lien avec l'océan Atlantique.

Cet ensemble devait s'appeler le canal des Deux Mers mais la Révolution limita les ambitions initiales. Le premier bateau atteignant Dijon par le Sud est arrivé sous Napoléon Ier, le premier bateau venu de Paris joignit la ville dans les années 1820 seulement, et la liaison avec l'Océan avorta.

Actuellement, ces 1 000 km de canaux, ayant pour centre historique le port du Canal aux portes de la ville ancienne de Dijon, sont utilisés uniquement pour la plaisance.

une Vierge en majesté (fin 12ᵉ s.), un torse de Christ en bois de chêne (fin du 13ᵉ s.) et un élégant autel baroque de 1769. Mais on remarquera surtout le maître-autel monumental en marbre et stucs, exécuté par le sculpteur dijonnais Jean Dubois vers 1672. Il a pour thème la Visitation de la Vierge à sainte Élisabeth. Les deux statues de bronze sont placées sous un baldaquin en porphyre de Bourgogne soutenu par des colonnes de marbre noir et égayé d'une volée d'angelots blancs.

## ENVIRONS

**Talant** – 12 860 h. *Plan p. 124* (A). Gagner le haut de l'ancien village (alt. 355 m) où se dresse l'église.

L'**église**, du 13ᵉ s. (restaurée), est surtout intéressante par les statues qu'elle renferme : Vierge à l'Enfant (14ᵉ s.), deux Pietà (15ᵉ s.), saints et Christ aux liens (16ᵉ s.), deux Mises au tombeau (16ᵉ s.) – la plus belle au milieu du bas-côté droit –, un Christ médiéval suspendu dans le chœur, une Vie de saint Hubert en bas-relief polychrome au revers de la façade.

De la table d'orientation qui se trouve au bord du plateau, à proximité de l'église, on a une **vue★** étendue sur Dijon, la vallée de l'Ouche et le lac artificiel du Chanoine-Kir, aménagé pour les sports nautiques.

**Mont Afrique** – *12 km à l'Ouest – environ 1 h.* Un chemin de ronde *(accessible aux piétons)* suivant le rebord du plateau offre de belles vues sur les environs immédiats de Dijon.

## VAL-SUZON *Circuit de 40 km au Nord-Ouest – environ 1 h 1/2*

**Messigny-et-Vantoux** – *10 km au Nord.* Château du 18ᵉ s.

*A la sortie du village, prendre à gauche la D 7.*

Le Suzon, affluent de l'Ouche, coule entre des pentes boisées. Sa vallée, étroite, s'élargit dans le joli bassin de **Ste-Foy** ; les versants se hérissent parfois de rochers avant Val-Suzon.

*A Val-Suzon-Haut, prendre à gauche la N 71, en forte montée.*

De la route, on découvre une jolie vue sur Val-Suzon-Bas et le vallon.

*Revenir à Dijon.*

Au Nord-Est de Dijon *(51 km par la D 70 et la D 960)*, la ville de **Champlitte** offre des curiosités intéressantes : **★Château** et **★Musée des Arts et Traditions populaires** *(voir guide Vert Jura).*

# DONZY

1 719 habitants
Cartes Michelin nº 65 pli 13 ou 238 pli 21.

Capitale au Moyen Âge d'une puissante baronnie, dont les seigneurs devinrent comtes de Nevers, Donzy a conservé une église gothique et quelques maisons anciennes ainsi qu'un moulin.

**Moulin de Maupertuis** – Situé en plein centre de la localité, c'est l'un des 57 moulins qui jalonnaient le Nohain et ses affluents. Il s'arrêta de fonctionner en 1961. Les mécanismes qui permettaient de moudre les grains sont encore en place : broyeurs à cylindres, élévateurs à godets, rouet de fosse...

**Donzy-le-Pré** – *1 km à l'Ouest de Donzy, par la D 33 et la D 163.* Les ruines d'un prieuré clunisien (début du 12ᵉ s.) sont intéressantes : un **tympan** du 12ᵉ s., chef-d'œuvre de la sculpture romane bourguignonne, représente la Vierge et l'Enfant, entre le prophète Isaïe et l'Ange de la Visitation. Les voussures sont ornées d'alvéoles carrées et de fleurs.

## EXCURSIONS

**Château des Granges** ⊙, à **Suilly-la-Tour** – *6 km au Sud-Ouest de Donzy-le-Pré.* Cet élégant château classique, à deux étages et lucarnes, date de 1605. Dans son enceinte cantonnée de tours rondes, il abrite d'importants communs et une chapelle.

**Château de Menou** ⊙ – *13 km à l'Est.* Construit de 1672 à 1684 par Armand-François de Menou, ce château a été transmis par les femmes aux Damas-Crux puis, au début du 19ᵉ s., aux Blacas qui le vendirent en 1987. Il présente un corps de logis ponctué aux angles par deux pavillons saillants et au centre par un avant-corps coiffé d'un lanternon.

L'intérieur, remanié au 19ᵉ s., présente au rez-de-chaussée un grand salon avec boiseries du 17ᵉ s., et un salon d'époque Restauration, réunissant de nombreux souvenirs historiques des Bourbons. Au premier étage, la chambre du Soleil et son cabinet attenant conservent cependant leur décoration du 18ᵉ s. : lambris peints et plafond orné de scènes allégoriques.

# DRUYES-LES-BELLES-FONTAINES

302 habitants
Cartes Michelin n° 65 angle Nord-Est du pli 14 ou 238 pli 22.

Le **château** ⊙ féodal de Druyes (12ᵉ s.) dresse encore au sommet d'une colline des ruines imposantes. Pour les découvrir sous un jour favorable, arriver en fin d'après-midi par le Sud, soit par la D 148, accidentée et pittoresque, soit par la D 104 qui offre une excellente vue d'ensemble sur le village avec, en premier plan, le viaduc de l'ancienne voie ferrée.

De la route de Courson-les-Carrières, en passant sous une porte fortifiée du 14ᵉ s., on accède au rocher qu'occupent le vieux Druyes et le château. Seuls les murs exté-rieurs de ce monument ainsi que la tour-porche appelée improprement donjon se dressent à peu près intacts.

Dans le bas du village, l'église romane St-Romain, du 12ᵉ s., présente un beau portail.

Près de l'église, dans un site pittoresque, jaillissent les sources de la Druyes.

## Montagne de DUN

Cartes Michelin n° 73 pli 8 ou 243 pli 38.

On en atteint le sommet (altitude 721 m) par la route reliant Chauffailles à St-Racho, au Nord.

De l'esplanade près de la chapelle, vestiges (reconstruits en 1900) d'une ancienne place forte détruite par Philippe Auguste, on découvre une **vue★** circulaire : vers le Nord-Est sur la montagne de St-Cyr et la Grande-Roche ; plus à l'Est, vers la dépression de la Grosne et le col du Champ-Juin ; vers le Nord sur le Charol-lais et la vallée de l'Arconce ; vers le Nord-Ouest, la région de la Clayette ; plus à l'Ouest, le Brionnais, la vallée de la Loire et vers le Sud-Ouest les monts de la Madeleine.

*Avec ce guide, voici les **cartes Michelin** qu'il vous faut : 237, 238, 239, 241, 243 et 244.*

## ÉGREVILLE

1 623 habitants (les Égrevillois)
Cartes Michelin n° 61 plis 12, 13 ou 237 pli 43 – 19 km au Sud-Est de Nemours.

Ce bourg agricole du Gâtinais possède depuis le 12ᵉ s. un **château** qu'Anne de Pis-seleu, favorite de François Iᵉʳ, fit reconstruire au 16ᵉ s. Ce château fut très rema-nié au 17ᵉ s. par le maréchal de La Châtre, un des chefs de la Ligue, qui rendit Orléans à Henri IV moyennant une somme énorme et la confirmation de tous ses titres, dont celui de maréchal.

Le compositeur Jules Massenet (1842-1912), qui acheta cette demeure en 1899, y passa les dernières années de sa vie.

**Halles** – Elles datent du 16ᵉ s. et sont dotées d'une imposante charpente en châ-taignier. Leur façade Sud constitue une sorte d'immense pignon de pierre (1638) percé de quatre arcades. Elles forment avec l'église (13ᵉ-15ᵉ s.), au massif clocher-porche, un tableau d'une majesté rustique.

## ÉPOISSES

794 habitants
Cartes Michelin n° 65 pli 17 ou 243 pli 1 – 12 km à l'Ouest de Semur.

Agréable bourg, érigé sur le plateau d'Auxois dans une région d'élevage au fromage réputé.

★ **Château** ⊙ – Un peu à l'écart de l'agglomération s'élève le château, entouré d'une double enceinte fortifiée aux douves actuellement asséchées. A l'abri des fortifica-tions extérieures, les communs forment un petit village entourant l'église, ancienne abbatiale du 12ᵉ s., et le puissant colombier du 16ᵉ s.

Avant de franchir le second fossé, contourner par la droite le château pour observer les quatre tours qui relient les bâtiments d'habitation. Le donjon forme tour d'entrée ; la tour de Condé (en souvenir du prince qui l'habita) est une construction du 13ᵉ s. à moellons et pierres alternés, fait rare en Bourgogne ; la tour octogonale à bossages fut élevée au 14ᵉ s. ; la tour de Bourdillon, la plus ancienne (10ᵉ s.), restaurée en 1560, termine l'aile Ouest.

Une large terrasse à balustrade précède la cour d'honneur, ornée d'un puits Renaissance finement ouvragé. Le château remanié aux 16$^e$ et 17$^e$ s. se présente sous la forme d'un large fer à cheval, la moitié Sud opposée ayant été détruite à la Révolution.

La famille de Guitaut, propriétaire du château depuis le 17$^e$ s., a conservé de nombreux souvenirs des personnages historiques qui y ont séjourné.

A l'intérieur, un vestibule aux nombreux portraits de la Renaissance, encastrés dans la boiserie, mène au petit salon dont le plafond est richement décoré. Le grand salon abrite un beau mobilier Louis XIV dont les sièges sont recouverts de tapisseries des Gobelins.

Au 1$^{er}$ étage, le salon des tableaux groupe des portraits de personnages des 17$^e$ et 18$^e$ s. De part et d'autre s'ouvrent l'austère chambre du Roi, où Henri IV aurait couché, et la chambre de Mme de Sévigné, aux gracieuses poutrelles peintes au 16$^e$ s.

# FERRIÈRES

2 895 habitants (les Ferriérois)
Cartes Michelin n° 61 pli 12 ou 237 pli 43.

Ferrières fut le grand centre monastique du Gâtinais. Le bourg groupe ses rues étroites et tortueuses au pied de son ancienne abbaye bénédictine, l'un des foyers de la civilisation carolingienne.

**Ancienne abbaye St-Pierre-et-St-Paul** – Quitter la voiture sur l'esplanade ombragée (ancien mail et ancien « champ royal ») qu'annonce la belle croix très élancée de Ste-Apolline.

**Église** – Gothique, elle est originale surtout pour sa **croisée du transept**★ construite en rotonde, au 12$^e$ s., sur huit hautes colonnes. Il s'agirait d'un héritage carolingien : un édifice plus antique, sur plan centré, du 9$^e$ s., inspira sans doute cette architecture en dais.

Le chœur (13$^e$ s.) est éclairé par cinq fenêtres aux vitraux Renaissance. Dans le croisillon gauche, remarquer une collection de statues anciennes (14$^e$ et 17$^e$ s.) et un curieux accessoire liturgique baroque : un palmier doré décoré de pampres ayant servi à l'exposition du saint sacrement.

**Bâtiments abbatiaux** – Du terre-plein, en contrebas de la cour de l'ancien cloître, vue sur le côté Sud de l'église et sur la chapelle N.-D.-de-Bethléem, maintes fois reconstruite depuis le 15$^e$ s. et vénérable surtout pour l'antiquité de son pèlerinage.

**La ville basse** – Une dérivation de la Cléry lui apporte une ambiance pittoresque. Le lavoir de la Pêcherie est encore en service. Du pont sur le ruisseau, **vue** sur le barrage d'un ancien moulin à tan, les vieux toits de la ville, la flèche de l'abbatiale.

# La FERTÉ-LOUPIÈRE

540 habitants

Cartes Michelin n° 65 pli 4 ou 238 pli 9 – 18 km au Sud-Ouest de Joigny.

Détail de la Danse macabre.

Cet ancien bourg fortifié – comme en témoigne le mot Ferté signifiant lieu fortifié – possède une **église** ⊙ des 12e et 15e s. qui abrite des **peintures murales**★ fort curieuses. Exécutées sur enduit sec à la fin du 15e s. et au début du 16e s., elles ont été dégagées en 1910 du badigeon qui les recouvrait et les protégeait. Ces peintures, aux tons brun et ocre, s'étendent sur le mur gauche de la grande nef au-dessus des trois premières arcades. Parmi les sujets traités, à la suite du « dict des trois Morts et des trois Vifs », celui de la Danse macabre, qui comprend 42 personnages figurant toutes les conditions humaines, est à la fois un document artistique et une haute leçon de morale (la Mort s'adresse aux gens de toutes classes : nul n'y échappe).

Remarquer aussi sur les larges piliers : à gauche, l'Archange saint Michel terrassant le démon et à droite, la Vierge de l'Annonciation.

# FIXIN

826 habitants

Cartes Michelin n° 65 pli 20 ou 243 plis 15, 16 – 10 km au Sud-Ouest de Dijon – Schéma p. 117.

Ce village, producteur de vins renommés – certains se classent parmi les meilleurs de la Côte de Nuits –, perpétue le souvenir d'un touchant témoignage de fidélité. Dans le parc de sa propriété, Noisot, ancien capitaine de la Garde impériale, fit élever, en 1847, par son ami le sculpteur **Rude** (voir p. 41), un monument à la gloire de l'Empereur : le Réveil de Napoléon. Fidèle jusqu'à la mort, le vieux soldat a voulu être enterré face à son Empereur.

L'église du hameau voisin, **Fixey,** serait la plus ancienne (10e s.) de la Côte.

**Parc Noisot** ⊙ – Au milieu du village prendre la rue Noisot, montant jusqu'à un parking situé à 500 m. Puis suivre l'allée des pins (panneaux fléchés).
Un musée contenant des souvenirs des campagnes impériales est installé au 1er étage de la maison du gardien. Un escalier conduit au monument montrant **Napoléon s'éveillant à l'Immortalité,** puis au tombeau de Noisot dominé par un belvédère d'où l'on découvre une vue étendue sur le val de Saône, le Jura et les Alpes. Du musée part un sentier menant vers les fontaines et les cent marches que Noisot fit tailler en mémoire des Cent-Jours : elles donnent accès au plateau de l'arrière-côte.

# FLAVIGNY-SUR-OZERAIN★

411 habitants

Cartes Michelin n° 65 Nord du pli 18 ou 243 pli 2.

Accrochée à son rocher isolé par trois cours d'eau, Flavigny est bâtie dans un **site**★ pittoresque. Siège d'une abbaye dès le 8e s., ville forte au Moyen Âge, Flavigny a perdu aujourd'hui son importance d'antan. Ses rues étroites bordées de vieux hôtels, ses portes fortifiées, les vestiges de ses remparts évoquent sa grandeur passée.

**Anis de l'Abbaye de Flavigny** – Depuis le 9e s., cette petite graine d'anis enrobée de sucre aromatisé formant une petite dragée ronde est toujours fabriquée dans l'ancienne abbaye. Les jolies boîtes dans lesquelles elles sont emballées les ont fait connaître dans le monde entier.

## CURIOSITÉS

*Laisser la voiture sur l'esplanade des Fossés (circulation interdite au-delà).*

**Église St-Genest** ⊙ – Elle date du 13ᵉ s. Élevée sur l'emplacement d'une église plus ancienne, elle a été remaniée aux 15ᵉ et 16ᵉ s.
L'édifice renferme une tribune centrale en pierre du début du 16ᵉ s. Disposition très rare à l'époque du gothique, des tribunes surmontent les bas-côtés et les deux premières travées de la nef. Elles sont fermées de clôtures de bois du 15ᵉ s. Admirer les stalles du début du 16ᵉ s.
Parmi de nombreuses statues intéressantes, remarquer, dans la dernière chapelle à droite, un **Ange de l'Annonciation**, chef-d'œuvre de l'école gothique bourguignonne et, au transept Sud, une Vierge allaitant du 12ᵉ s.

**Ancienne abbaye** – Cette ancienne abbaye bénédictine, fondée dès le 8ᵉ s., comprenait une grande église abbatiale, la basilique St-Pierre, et des bâtiments claustraux. Ces derniers, reconstruits au 18ᵉ s., abritent actuellement la fabrique d'anis. De la basilique St-Pierre subsistent d'intéressants vestiges d'époque carolingienne.

**Crypte Ste-Reine** ⊙ – C'était la partie inférieure de l'abside carolingienne à deux étages, construite vers 758. L'étage supérieur, auquel on accédait de la nef par deux escaliers, portait le maître-autel. La partie inférieure en contrebas abritait les reliques ; on y plaça vers 866 les restes de sainte Reine, martyrisée à Alise *(voir Alise-Sainte-Reine, p. 50)*. Un des piliers élégamment sculpté est un bel exemple de décoration carolingienne.

**Chapelle N.-D.-des-Piliers** – Des fouilles ont mis au jour une chapelle hexagonale avec déambulatoire dans le prolongement de la crypte : le style rappelle les rotondes préromanes de St-Bénigne de Dijon et de Saulieu.

**Promenade des remparts** – Partir de la porte du Bourg (15ᵉ s.), aux puissants mâchicoulis. Par les chemins des Fossés et des Perrières, gagner la porte du Val, flanquée de tours rondes. A côté, Maison Lacordaire, ancien couvent de dominicains fondé par le père **Lacordaire** *(voir p. 27)*.

**Maisons anciennes** – De nombreuses maisons datant de la fin du Moyen Âge et de la Renaissance ont été restaurées ; elles présentent tour à tour de charmantes tourelles, un escalier à vis ou de délicates sculptures.

## EXCURSIONS

**Château de Frolois** ⊙ – *17 km au Nord-Ouest.* La famille de Frolois habitait déjà sur le site au 10ᵉ s. ; du château fort médiéval, plusieurs fois remanié, il ne reste cependant que le corps de logis datant des 14ᵉ et 15ᵉ s.
Au premier étage, la chambre d'Antoine de Vergy (héritier des Frolois) conserve un plafond à la française orné de ses armes et chiffre. Le rez-de-chaussée a été modifié et aménagé aux 17ᵉ et 18ᵉ s. On y remarque de belles tapisseries de Bergame (fin 17ᵉ s.).

# FONTAINE-FRANÇAISE

798 habitants
Cartes Michelin nº 66 Nord du pli 13 ou 243 pli 5.

Cette paisible localité située entre deux étangs était autrefois une puissante seigneurie et formait en Bourgogne une enclave relevant directement de la couronne de France.
C'est aux environs que, le 5 juin 1595, **Henri IV**, à la tête de 510 cavaliers, triompha des armées espagnoles et de la Ligue, fortes de 15 000 hommes, commandées par le connétable de Castille et le duc de Mayenne. Un monument rappelle cette victoire qui amena la pacification générale du royaume.

## ENVIRONS

**St-Seine-sur-Vingeanne** – *5 km à l'Est.* Le village conserve un château des 16ᵉ et 18ᵉ s.
L'**église**, de style roman bourguignon, est surmontée d'un clocher à trois étages. Dans le chœur, beau vitrail du 19ᵉ s. et, en haut de la grande nef, à droite en regardant l'autel, *Christ de Pitié* en pierre polychrome, du 16ᵉ s.

**Château de Rosières** ⊙ – *10 km au Sud-Est.* Occupé par une ferme. L'ensemble, constitué par le donjon massif et une tour datant du 15ᵉ s., les douves, la porte et une petite tour d'enceinte, est bien conservé ainsi qu'un pavillon ajouté au 17ᵉ s. dont l'escalier est typiquement Louis XIII.

*Pour trouver la description d'une ville ou d'une curiosité isolée, consultez l'index.*

# Abbaye de FONTENAY★★★

Cartes Michelin n° 65 Sud-Ouest du pli 8 ou 243 pli 2.

L'ancienne abbaye de Fontenay, tapie dans un vallon solitaire et verdoyant, donne une vision exacte de ce qu'était un monastère cistercien au 12ᵉ s., vivant en « autarcie » à l'intérieur de son enceinte.

**Seconde fille de saint Bernard** – Devenu abbé de Clairvaux, Bernard fonda successivement trois colonies : Trois-Fontaines, près de St-Dizier, en 1115, Fontenay en 1118 et Foigny, en Thiérache, en 1121. Accompagné de douze religieux, il arriva à proximité de Châtillon-sur-Seine à la fin de 1118 et y fonda un ermitage. Mais les religieux que Bernard, retournant à Clairvaux, avait laissés sous la direction de Godefroy de La Roche, virent leur nombre s'accroître à un point tel que, l'ermitage devenant trop petit, ils durent s'installer dans la vallée, là où se trouve l'abbaye actuelle.

Jusqu'au 16ᵉ s., l'abbaye connut une grande prospérité, comptant plus de trois cents moines et convers. Mais le régime de la commende – abbés nommés par faveur royale et ne s'intéressant qu'aux revenus de l'abbaye – et les désordres causés par les guerres de Religion allaient provoquer une rapide et irréversible décadence.

Vendue à la Révolution, l'abbaye fut transformée en papeterie.

En 1906, de nouveaux propriétaires entreprirent de restituer à Fontenay son aspect initial *(voir plan ci-contre)* en faisant disparaître les bâtiments de la papeterie. Les nombreuses fontaines dont l'abbaye tire son nom sont devenues la parure du jardin qui entoure la propriété.

## VISITE ⏱ *environ 3/4 h*

Le portail de la Porterie est surmonté des armes de l'abbaye ; l'étage date du 15ᵉ s. En pénétrant sous la voûte, on remarque la niche aménagée sous l'escalier : l'ouverture, pratiquée au fond, permettait au chien, posté à l'entrée, de surveiller aussi l'hostellerie, long corps de logis, à droite, dans la cour intérieure – où logeaient pèlerins et voyageurs venus visiter les religieux.

Le porche passé, on longe un grand bâtiment du 13ᵉ s., qui se composait de la chapelle des visiteurs et de la boulangerie des moines, remarquable par sa cheminée cylindrique ; il abrite aujourd'hui la salle d'accueil et un petit musée lapidaire. Un peu plus loin à droite, se distingue le magnifique colombier.

**Église abbatiale** – C'est l'une des plus anciennes églises cisterciennes conservées en France. Contemporaine de saint Bernard, l'église a été édifiée grâce à la générosité d'Ébrard, évêque de Norwich, réfugié à l'abbaye de Fontenay, et fut consacrée en 1147 par le pape Eugène III.

L'expression « simplicité monacale » convient tout particulièrement à cette construction.

La façade, dépouillée de tout ornement, est soulignée par deux contreforts et sept baies en plein cintre, symbolisant les sept sacrements de l'Église. Les corbeaux encore en place soutenaient un porche qui a disparu. Les vantaux et peintures du portail sont la reproduction des battants primitifs.

Le cloître.

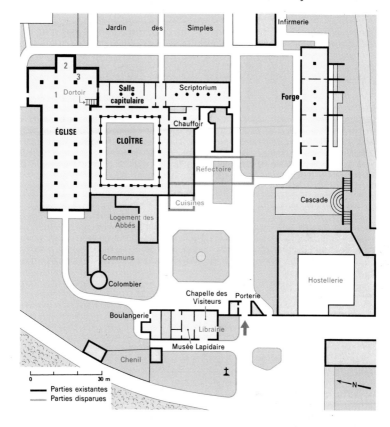

**Intérieur** – La règle et le plan cisterciens sont scrupuleusement observés *(voir p. 25)* et, malgré les dimensions relativement réduites de l'édifice (longueur : 66 m, largeur du transept : 30 m), l'effet est d'une saisissante grandeur.

La nef, voûtée en berceau brisé, compte huit travées ; elle est étayée par des bas-côtés voûtés de berceaux transversaux qui forment une suite de chapelles éclairées par de petites baies en plein cintre. La nef aveugle reçoit la lumière par les ouvertures de la façade et celles qui s'étagent au-dessus de l'arc triomphal.

Dans le vaste transept, la disposition des berceaux et des chapelles de croisillons rappelle celle des bas-côtés. Dans le croisillon Nord, remarquer la statue (**1**) de Notre-Dame de Fontenay (fin du 13e s.).

Le chœur carré (**2**), à chevet plat, est éclairé par un double rang de triplets (symbole de la Trinité). On y a rassemblé des pierres tombales et les restes d'un pavage de carreaux émaillés du 13e s., qui recouvrait autrefois le sol du chœur et d'une grande partie de l'église. On peut voir, à droite, le tombeau (**3**) du seigneur de Mello d'Epoisses et de son épouse (14e s.). Le retable en pierre de l'ancien maître-autel gothique (fin du 13e s.) a subi des mutilations.

Dans le transept, sur la droite, un escalier mène à l'ancien dortoir des moines.

**Dortoir** – Les moines dormaient sur des paillasses disposées sur le sol, séparés les uns des autres par des cloisons basses. La magnifique charpente de chêne, en forme de carène renversée, date de la seconde moitié du 15e s.

**Cloître** – Adossé au flanc Sud de l'église, le cloître est un magnifique exemple cistercien à la fois robuste et élégant.

Chaque galerie compte huit travées délimitées par de beaux contreforts ; les arcs en plein cintre, sauf ceux des portes donnant accès au préau, sont divisés par une double arcature reposant sur des colonnes accouplées.

La **salle capitulaire**, aux chapiteaux ornés de feuilles d'eau, est voûtée sur croisée d'ogives ; elle communique avec la galerie Est par une magnifique arcade ; la grande salle de travail des moines, le scriptorium, se situe dans son prolongement. Sur la droite, une petite porte ouvre sur le « chauffoir ». Cette pièce présentant deux foyers était la seule où la règle tolérait le feu, en dehors de la cuisine.

On peut encore visiter la **forge** construite le long de la rivière, afin d'utiliser la force hydraulique nécessaire pour actionner les martinets et les soufflets *(voir p. 20)*.

Dans les jardins, les moines cultivaient des plantes médicinales (ou simples) ; à proximité s'élève l'infirmerie construite à l'écart des autres bâtiments.

# GEVREY-CHAMBERTIN

2 825 habitants

Cartes Michelin n° 65 pli 20 ou 243 plis 15, 16 – 12 km au Sud de Dijon.

Gevrey-Chambertin est le type même de l'agglomération viticole immortalisée par l'écrivain bourguignon **Gaston Roupnel** (1872-1946) qui y vit précisément le jour. Elle s'échelonne au débouché de la combe de Lavaux, entre les coteaux du vignoble où se situe le vieux village assoupi autour de l'église et du château, et le quartier des Baraques qui doit son animation au passage de la N 74.

Un peu plus au Nord commence la fameuse Côte de Nuits *(voir p. 115)*.

**Le Chambertin** – Parmi les vins de la Côte de Nuits, vins très corsés qui acquièrent en vieillissant tout leur corps et tout leur bouquet, le Chambertin, qui se compose de deux « climats » de Clos de Bèze et de Chambertin, est le plus fameux. C'est aussi l'un des plus célèbres de toute la Bourgogne. Le « Champ de Bertin » devenu « Chambertin » était le vin préféré de Napoléon Ier. Le territoire de ce cru hors ligne se limite à 28 ha, tandis que celui de Gevrey-Chambertin en couvre 400.

**Château** ⊙ – Dans la partie haute du village, le château fort à tours carrées, dépourvu de herse, fut édifié au 10e s. par les sires de Vergy et donné aux moines de Cluny au 13e s. Ceux-ci ouvrirent de larges fenêtres et construisirent un bel escalier à vis plus commode que les simples échelles utilisées jusqu'alors. Au 1er étage, grande salle meublée à poutres apparentes (belle crédence de la fin du 14e s.). Dans la grosse tour, la salle de guet et celle des archers sont restées intactes. Les caves voûtées en anse de panier renferment sur deux niveaux les récoltes de vin.

**Église** – Des 13e, 14e et 15e s., elle a conservé un portail roman.

# JOIGNY

9 697 habitants (les Joviniens)

Cartes Michelin n° 65 Nord du pli 4 ou 237 pli 45.

Petite ville animée et pittoresque située aux portes de la Bourgogne à l'orée de la forêt d'Othe *(voir le guide Vert Michelin Champagne Ardennes)*, Joigny étage ses quartiers anciens au flanc de la côte St-Jacques qui domine au Nord la rive droite de l'Yonne.

Du pont d'Yonne qui conserve six arches du 18e s., on a une jolie vue sur la rivière, les quais, les promenades ombragées et la ville construite en amphithéâtre.

**La révolte des Maillotins** – En 1438 les Joviniens se soulèvent contre leur seigneur, le comte Guy de La Trémoille, attaquent son château, s'en emparent et mettent à mort le comte à coups de maillets, instruments dont les vignerons faisaient alors usage.

Depuis lors les habitants de Joigny ont reçu leur surnom de Maillotins et le maillet figure dans les armes de la ville.

## CURIOSITÉS

**Église St-Thibault** (A) – Construite de 1490 à 1529, cette église, de style gothique et Renaissance, est dominée par une tour carrée du 17e s., couronnée d'un léger campanile. Au-dessus du portail, statue équestre de saint Thibault (1530), œuvre du sculpteur espagnol Juan de Juni (Jean de Joigny).

A l'intérieur on est frappé par la déviation, très rare, du chœur vers la gauche, déviation accentuée encore par l'asymétrie des voûtes. Celle du chœur comporte une curieuse clé pendante.

On remarque de nombreuses œuvres d'art *(plan dans le bas-côté gauche, à hauteur de la chaire)* : peintures et sculptures dont une charmante **Vierge au Sourire**★, statue en pierre, du 14e s. (contre le 4e pilier à droite, face à la chaire) et une série de bas-reliefs Renaissance provenant de l'ancien jubé parmi lesquels le *Christ aux Enfers*, dans la chapelle axiale.

**Église St-Jean** ⊙ (B) – Elle est précédée d'un clocher-porche ; pourvue d'un chevet à cinq pans, elle ne comporte pas de transept.

Elle possède une belle voûte de pierre en berceau au plafond à caissons de style Renaissance, décoré de nervures et de médaillons sculptés. Dans le bas-côté droit, remarquer un Saint Sépulcre en marbre blanc, du 15e s., orné de bas-reliefs et le gisant, du 13e s., d'Adélaïs, comtesse de Joigny, reposant sur un tombeau décoré d'élégantes sculptures, parmi lesquelles figureraient les enfants de la défunte.

Les boiseries Louis XV et le mobilier de la sacristie proviennent de l'abbaye de Vézelay.

**Porte du Bois** (A) – Cette ancienne porte du 12e s., flanquée de deux tours rondes, faisait autrefois partie de l'enceinte médiévale dont on aperçoit quelques vestiges le long du chemin de la Guimbarde (B).

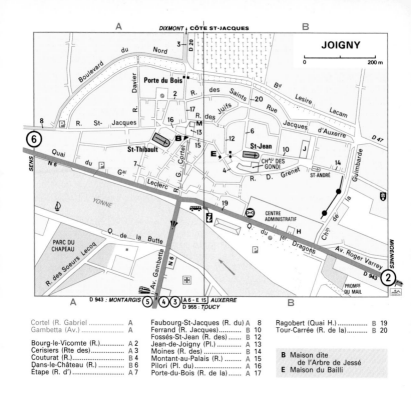

JOIGNY

**Maisons anciennes** – Le touriste qui flânera à pied dans les rues étroites entourant les églises St-Thibault et St-Jean découvrira un certain nombre de vieilles demeures à pans de bois, des 15e et 16e s.

La plupart, très endommagées lors des bombardements de 1940 et d'une explosion de gaz en 1981, ont été restaurées comme la maison du Bailli (début 16e s.) face au porche St-Jean  (B **E**). La maison d'angle (A **B**) dite de l'Arbre de Jessé est la plus célèbre.

## ENVIRONS

★ **Côte St-Jacques** – *1,5 km au Nord*. Carte Michelin n° 61 Sud du pli 14 ou n° 237 pli 45.

La route s'élève en lacet en contournant le haut de St-Jacques. On découvre, dans un virage à droite, à la Croix-Guémard, une belle **vue**★ demi-circulaire sur Joigny et la vallée de l'Yonne.

★ **Musée rural des Arts populaires de Laduz** ⊘ – *15 km au Sud par la D 955 et la première route à gauche après le pont de l'autoroute*. Situé à la sortie Sud-Est du village, il évoque la vie et le travail ruraux d'avant 1914 : les outils et la production d'une cinquantaine de métiers artisanaux sont présentés, ainsi qu'une importante collection de jouets anciens et de nombreuses « sculptures » peuplant l'univers quotidien d'autrefois.

**Pressoir de Champvallon** ⊘ – *9 km au Sud-Ouest*. Au cœur du village de Champvallon, ce pressoir à mouvement de balancier est d'un type unique en Europe, et en parfait état de fonctionnement. Les plans en ont été conçus au 12e s. et sa construction remonte au début du 14e s. Une fois par an, ce témoin d'un passé ancestral est mis en œuvre ; cette manifestation est l'occasion d'une joyeuse fête de village (se renseigner sur place).

**La Fabuloserie** ⊘ – *25 km à l'Ouest*. Installé à **Dicy**, ce musée d'art brut ou « art hors-les-normes » présente des œuvres insolites et spontanées, réalisées à partir de matériaux ou objets de récupération par des créateurs sans formation ni références artistiques.

Ce domaine de l'irrationnel se prolonge à l'extérieur par un jardin peuplé d'œuvres de plein air.

*Complètement filmé du guide Vert Châteaux de la Loire (entre Chambord et Chinon)... Une vidéo cassette pour découvrir les inoubliables demeures élevées par les rois de France à l'époque de la Renaissance et mieux apprécier le pays du bien vivre où vécut Rabelais.*

# La LOIRE NIVERNAISE

Cartes Michelin n°s 65 plis 2, 12, 13 et 69 plis 3, 4, 5, 16 ou 238 plis 8, 20, 21, 33 à 35, 47, 48.

De Digoin à Briare, la Loire n'a pas l'ampleur et la majesté qu'on lui connaît en aval d'Orléans ; pourtant le fleuve, tantôt nonchalant et tantôt fougueux – son débit variant de 30 à 40 m³ seconde en été à 7 000 et même 8 000 m³ en période de grandes crues –, reste très attachant par sa physionomie, son tracé, ses îles boisées et les paysages qu'il traverse.

En été, la Loire n'est qu'un maigre cours d'eau qui se fraie péniblement un chemin entre d'immenses bancs de sable d'un blond doré sur lesquels des buissons de saules font çà et là une tache verte. Mais d'octobre à juin, la Loire recouvre complètement son lit, charriant une nappe d'eau grisâtre, offrant ainsi le contraste le plus accentué avec les mois d'été.

**La navigation sur la Loire** – Le plus irrégulier de nos fleuves a pourtant connu, autrefois, une activité intense de la batellerie.

Au temps où les routes étaient rares et mauvaises, la voie d'eau était un chemin très fréquenté. Dès le 4ᵉ s. existait une organisation régulière de navigateurs sur la Loire. Plus tard, au 14ᵉ s., fut fondée une puissante organisation, la « Communauté des Marchands fréquentant la rivière de Loire et autres fleuves descendant et chéant en icelle ». Cette communauté levait des droits sur toutes les marchandises transportées sur la Loire et ses affluents et imposait de nombreux péages.

De Roanne à Orléans vivait tout un peuple de mariniers, transportant sur des chalands, des allèges, des sentines – dont quelques-unes étaient « vergées », c'est-à-dire portaient un mât supportant voilure –, les marchandises les plus diverses : produits agricoles du Charollais et du Morvan, faïences de Nevers, bois et charbons du Forez.

La circulation était surtout intense à la descente où l'on parcourait une trentaine de kilomètres par jour. La remontée était, par contre, très pénible à cause du courant, et les mariniers préféraient le plus souvent démolir leurs bateaux, en vendre les planches, et revenir à pied à leur point de départ.

Les voyageurs empruntaient volontiers ce mode de locomotion ; mais les mariniers, gens rudes et parfois violents, ayant gardé de leurs voyages et de leurs aventures un langage peu châtié et pour le moins truculent, les « touristes » d'alors en écoutant leurs conversations risquaient d'entacher leur vocabulaire ; à moins que, comme le perroquet Ver-Vert *(voir p. 171)*, ils n'aient la faiblesse de céder à cette tentation.

A la veille de la Révolution de 1789, un service pour passagers était organisé, sur les trois sections Roanne-Nevers, Nevers-Orléans, Orléans-Nantes.

Au 19ᵉ s., la navigation à vapeur donna un nouvel essor au trafic fluvial. Des services réguliers entre Nevers et Orléans étaient assurés par plusieurs compagnies. Cependant la concurrence du chemin de fer allait porter un coup fatal à la batellerie. En 1862, la dernière compagnie cessait son trafic *(pour plus de détails, voir le guide Vert Michelin Châteaux de la Loire)*.

**Derniers vestiges du passé** – Quelques chapelles dédiées à saint Nicolas, le patron des mariniers, existent encore (à Nevers) ou ont été en partie démolies (à La Charité-sur-Loire).

Certaines églises des bords de Loire conservent, suspendus à la voûte, de beaux vaisseaux de bois, fidèles reproductions des navires à voiles du 17ᵉ s. ; ces bateaux étaient portés solennellement au cours des processions en l'honneur de saint Nicolas.

## DE DIGOIN A NEVERS *106 km – environ 4 h*

**Digoin** – *Visite du musée : 1 h 1/2.*

*Quitter Digoin par ⑤ et la D 979 qui, après avoir enjambé l'Arroux, longe tantôt étroitement, tantôt à distance, la rive droite de la Loire.*

A la sortie de St-Aubin on découvre, à droite, son château.

**Château de St-Aubin-sur-Loire** – *Page 76.*

**Bourbon-Lancy** – *Voir à ce nom.*

*Quitter Bourbon-Lancy à l'Ouest et reprendre la D 979 vers le Nord.*

La route, le plus souvent éloignée du fleuve, ménage cependant quelques vues sur le cours élargi de ce dernier et ses îles, notamment après Charrin.

**Decize** – *Voir à ce nom.*

*Quitter Decize à l'Ouest par la N 81.*

**Béard** – Sa modeste église romane du 12ᵉ s. possède à la croisée du transept un ravissant **clocher**, dont les deux étages sont percés, sur chaque face, de deux baies géminées en plein cintre.

*Poursuivre sur la N 81. A la sortie d'Imphy prendre à gauche la D 200 pour franchir la Loire en direction de Chevenon.*

**Chevenon** – *Page 174.*

*Poursuivre au Nord vers Nevers.*

Du pont sur la Loire, on jouit d'une belle vue d'ensemble sur le vieux Nevers *(p. 126).*

★ **Nevers** – *Visite : 1 h 1/2. Voir à ce nom.*

## DE NEVERS A BRIARE *94 km – environ 3 h*

★ **Nevers** – *Visite : 1 h 1/2. Voir à ce nom.*

*Quitter Nevers au Sud-Ouest et rester sur la rive droite du fleuve.*

La route longe le bord de l'eau et offre une jolie vue sur le confluent de la Loire et de l'Allier au **Bec d'Allier.**

*Gagner Marzy.*

**Marzy** – *Page 174.*

*Poursuivre au Nord en direction de Pougues-les-Eaux en passant par Fourchambault.*

**Pougues-les-Eaux** – *Voir à ce nom.*

*La N 7, à partir de la Marche, ramène au bord de la Loire.*

A La Charité-sur-Loire le fleuve s'étale majestueusement, franchi par un pittoresque pont de pierre en dos d'âne, du 16ᵉ s., qui relie la ville à son île du Faubourg de Loire.

★ **La Charité-sur-Loire** – *Visite : 1 h. Voir à ce nom.*

**Pouilly-sur-Loire** – *13 km au Nord de La Charité.*

Localité célèbre par ses vignobles qui produisent des vins blancs au goût de terroir très caractéristique.

De la N 7, à 1,5 km au Nord de Pouilly, on découvre une vue intéressante sur le fleuve où s'égrène un chapelet d'îles.

**Cosne-sur-Loire** – *Voir à ce nom.*

*A 10 km au Nord de Cosne se situe le musée du Domaine de Cadoux.*

**Domaine de Cadoux** – *Page 114.*

Le parcours se termine à Briare, avec la vision de l'étonnant pont-canal.

**Briare** – *Voir à ce nom.*

# LORMES

1 464 habitants (les Lormois)
Cartes Michelin n° 65 pli 16 ou 238 pli 23 – Schéma p. 166.

Bâti à flanc de colline, Lormes est situé aux confins du Morvan et du Nivernais. Station estivale appréciée, c'est un bon centre d'excursions. Des routes agréables et pittoresques conduisent aux barrages de Pannesière-Chaumard, de Chaumeçon et du Crescent, et au lac-réservoir des Settons.

★ **Panorama** – Près de la perception, prendre la rue du Panorama, qui conduit par une forte montée à l'église, édifice moderne de style roman, bâti sur la montagne St-Alban (470 m).
De la terrasse du cimetière, on découvre un vaste panorama allant des sommets boisés du Morvan central (au Sud-Est) aux cultures parsemées de villages et entrecoupées de petits bois du Bazois et du Nivernais (au Sud-Ouest). A l'horizon, au centre du panorama, apparaît la butte de Montenoison.

★ **Mont de la Justice** (alt. 470 m) – *1,5 km au Nord-Ouest. Table d'orientation.*
Au sommet du mont, on découvre un beau **panorama★** procurant, entre autres, des vues sur Vézelay (au Nord), la dépression de l'Yonne et la butte de Montenoison (à l'Ouest), le Bazois (au Sud-Ouest), et par-delà le clocher de Lormes, au Sud-Est, la ligne du Morvan avec la croupe du Haut-Folin.

## ENVIRONS

**Barrage de Chaumeçon** – *17 km à l'Est – 3/4 h. Quitter Lormes par la D 6.*
La route, sinueuse, traverse des bois au sol vallonné où affleurent les rochers. Se dégageant de la forêt, elle parcourt ensuite un paysage de croupes boisées et de vallons herbagers.

*Franchir la digue et tourner aussitôt à gauche pour rejoindre après 800 m la D 235.*
On domine bientôt le plan d'eau de Chaumeçon, entouré de hauteurs boisées, qui attire de nombreux amateurs de pêche.

Après Vaussegrois, la route en forte descente franchit un petit vallon et se rapproche de la rive dont elle épouse les sinuosités, puis passe sur le barrage avant de monter à Plainefas.

# LOUHANS

6 140 habitants (les Louhannais)
Cartes Michelin n° 70 Nord-Ouest du pli 13 ou 243 pli 29.

Important marché de beurre, d'œufs, de volaille de la Bresse dite Louhannaise, siège de la confrérie des « poulardiers de Bresse », cette petite ville attrayante est célèbre pour ses foires de gros bétail et de porcs.

## CURIOSITÉS

**Hôtel-Dieu** ⊙ – Cet édifice du 18ᵉ s. abrite deux grandes salles communes séparées par une grille en fer forgé. Les lits, munis de rideaux, portent chacun une plaque dite de fondation où est mentionné à qui était destiné le lit – les donateurs offraient en général ce secours aux habitants d'une ville.

La **pharmacie**, décorée de boiseries Louis XIV, renferme une belle collection de flacons en verre soufflé et de faïences lustrées hispano-mauresques. On y voit aussi un groupe bourguignon en bois d'une disposition très rare : la Vierge de Pitié agenouillée devant le Christ mort (début 16ᵉ s.).

★ **Grande-Rue** – Les arcades de ses vieilles maisons, aux piliers de bois ou de pierre, constituent un ensemble pittoresque dont la construction remonte à la fin du Moyen Âge.

**Église** – C'est un édifice fortement restauré en pierre et brique, couvert de tuiles émaillées. Sur le flanc gauche, clocher-porche et grande chapelle aux pavillons à tourelle.

**L'Atelier d'un journal** ⊙ – Cette antenne de l'Écomusée de la Bresse bourguignonne *(voir p. 181)* est installée 29, rue des Dôdanes dans les locaux mêmes du journal bressan *L'Indépendant* abandonnés en 1984 après un siècle d'activité. L'atelier d'imprimerie a conservé toutes ses machines et les bureaux ont été reconstitués.

## ENVIRONS

**Chaisiers et pailleuses de Rancy** ⊙ – *12 km au Sud-Ouest par la D 971 à la sortie de Rancy*. Activité d'appoint déjà bien implantée au début du 19ᵉ s., la fabrication de chaises à **Rancy** et Bantanges devient un métier à part entière vers la fin du siècle. Aujourd'hui, ce centre bressan est le deuxième producteur français de chaises paillées.

L'antenne de l'Écomusée de la Bresse bourguignonne *(voir p. 181)* présente l'évolution et les différentes étapes de cette fabrication depuis le travail du bois jusqu'à l'empaillage.

# LUZY

2 422 habitants (les Luzycois)
Cartes Michelin n° 69 pli 6 ou 238 pli 36 – Schéma p. 166.

Cette ancienne ville médiévale – dont la tour des Barons de Luzy (14ᵉ s.) se dresse encore au point culminant (alt. 272 m) – est aujourd'hui une agréable localité traversée par l'Alène, sur la bordure Sud du Morvan.

**Tapisseries de l'hôtel de ville** ⊙ – Une salle de l'hôtel de ville est décorée de remarquables tapisseries d'Aubusson, du 17ᵉ s., évoquant l'histoire biblique d'Esther. L'ensemble, qui comprend deux compositions principales et six panneaux à un seul personnage, est d'une belle fraîcheur de coloris. Les impostes des deux portes de la même salle sont peintes de scènes galantes de l'école de Lancret.

## ENVIRONS

**Monastère tibétain Kagyu-Ling (Château de Plaige)** ⊙ – *18 km à l'Est (Nord de la Boulaye)*.

Inattendu en Bourgogne, ce centre bouddhique a été fondé en 1974 dans le château de Plaige (18ᵉ s.) qu'entoure un parc de 8 ha. Quatre lamas tibétains et une trentaine de bonzes (occidentaux), attachés à faire connaître leur doctrine et la culture himalayenne, assurent le fonctionnement du centre.

Oriflammes et bannières rituelles accueillent le visiteur, ainsi qu'un « stoupa », monument (symbolisant l'illumination du Bouddha) avec dôme à flèche conique et contenant deux statues du Sage ; le **temple** enfin, sorte de pagode haute de 19,50 m à trois niveaux et de plan rectangulaire, est en béton orné de staff peint ou doré. A l'intérieur trônent trois statues de Bouddha. Ce monastère abrite également un centre d'étude et de traduction de la langue tibétaine et des textes sacrés.

# La MACHINE

4 192 habitants (les Machinois)
Cartes Michelin n° 69 plis 4, 5 ou 238 pli 34 – 7,5 km au Nord de Decize.

Connu depuis la haute antiquité pour ses affleurements de charbon, le gisement houiller de la Machine ne fut véritablement exploité qu'à partir du 16ᵉ s. Restée cependant limitée et rudimentaire, l'exploitation s'industrialisa sous l'impulsion de Colbert qui vanta l'excellente qualité du charbon nivernais auprès du roi pour fournir les arsenaux militaires. En 1670, une machine d'extraction fut installée sur le site, donnant son nom à la ville. La mine fut achetée par la Compagnie Schneider du Creusot en 1864 et nationalisée en 1946. La concurrence étrangère et l'utilisation toujours accrue d'autres sources d'énergie conduisirent à fermer la mine en 1974.

**Musée de la Mine** ⊙ – Installé dans les bâtiments de l'ancienne direction des houillères, le musée évoque l'histoire du site *(audiovisuel de 8 mn)*, le travail et la vie quotidienne au fond de la mine, ainsi que la vie sociale de la population machinoise depuis le 19ᵉ s.

Chaque année, le musée présente une exposition liée au monde de la mine et à l'histoire industrielle.

**Mine-image** ⊙ – *Suivre face au musée la direction du puits des Glénons.* Autrefois, les futurs mineurs faisaient leur apprentissage à la mine-image. Reconstituée au même endroit, elle présente aujourd'hui les techniques de soutainement de bois et évoque le travail d'extraction : dynamitage, abattage, évacuation de la houille...

*Vous trouverez, en début de ce guide,
un choix d'itinéraires de visite régionaux.*

*Pour organiser vous-même votre voyage,
consultez la carte des principales curiosités.*

# MÂCON

37 275 habitants (les Mâconnais)
Cartes Michelin n° 69 pli 19 ou 243 pli 39 – Schéma p. 153.

La ville, déjà méridionale avec ses maisons aux toits de tuiles rondes, s'étire sur la rive droite de la Saône que bordent les monts du Mâconnais où s'étage le vignoble. Mâcon doit à un vaste plan d'eau et à son port de plaisance, ainsi qu'à sa Foire nationale des vins de France, une partie de son animation.

Les crus du Mâconnais *(voir p. 152)* accompagnent de délicieuses spécialités culinaires : quenelles de brochets, pauchouse, poularde à la crème, coq au vin...

Placé au carrefour des voies d'accès du bassin de Paris au Midi méditerranéen et du lac Léman aux rives de la Loire, le site de Mâcon a été de tous les temps un lieu de passage très fréquenté et son sol a été foulé par les invasions depuis la plus haute antiquité : les nombreux vestiges d'une civilisation préhistorique retrouvée à Solutré le prouvent. A la fin de l'époque romaine, Mâcon – alors Matisco – subit l'invasion des Barbares.

**Un prince du romantisme** – Né en 1790 à Mâcon, **Alphonse de Lamartine** connaît une enfance heureuse à Milly. C'est à Belley au collège des pères de la Foi qu'il fera ses études, s'éveillant très tôt à la littérature en lisant le *Génie du christianisme* de Chateaubriand.

Au cours d'un premier voyage en Italie (1811-1812), il s'éprend d'Antoniella qu'il fera revivre plus tard sous le nom de Graziella. C'est en 1816, pendant une cure à Aix-les-Bains, que le poète se rapprochera de Julie, épouse du physicien Jacques Charles. Cet amour total, cet « ineffable bonheur d'aimer », brisé par la maladie et la mort de Julie, a inspiré au poète l'*Ode au lac du Bourget*, connu sous le nom de *Le Lac*.

En 1820 paraissent les *Méditations poétiques* qui consacrent le génie poétique de Lamartine. Marié la même année à la jeune Anglaise Mary Ann Birch, il connaît une intense période de création : *La Mort de Socrate*, les *Nouvelles Méditations poétiques*, *Le Dernier Chant du pèlerinage d'Harold*. Le 5 novembre 1829, il est élu à l'Académie française.

De 1831 à 1833, il donne réalité à un rêve de toujours : faire un voyage en Orient. Son itinéraire le mènera jusqu'à Nazareth et Jérusalem. Mais c'est durant ce voyage que mourra sa fille Julia. Très affecté, remettant en cause les principes religieux qui l'avaient guidé jusque-là, il publiera en 1836 *Jocelyn* qui connaîtra un accueil triomphal.

**Le combat politique** – Chargé d'affaires en octobre 1827 à Florence, Lamartine renonce toutefois à la carrière diplomatique, ne voulant pas se lier au nouveau roi Louis-Philippe et préférant garder sa liberté pour l'action politique.

D'abord député de Bergues dans le Nord, il est en 1837 élu député de Mâcon et réélu en 1842 et 1846. Il milite pour « l'intérêt de ces classes laborieuses, de ces masses prolétaires si souvent foulées sous nos lois aveugles ». Il expose ses idées dans le journal *Le Bien public* qu'il crée à Mâcon en septembre 1842 et connaît un immense succès avec son *Histoire des Girondins*. En 1848, après le renvoi de Guizot, et l'abdication du roi, Lamartine s'oppose à une régence et contribue à la fondation de la République proclamée le 27 février.

Il est membre de l'éphémère gouvernement provisoire où il tient le portefeuille des Affaires étrangères. Aux élections du président de la République au suffrage universel, le 20 décembre 1848, Louis-Napoléon Bonaparte l'emporte avec 5 millions de suffrages contre seulement 18 000 voix à Lamartine.

Le Second Empire met fin à sa carrière politique. D'incessantes difficultés financières et la mort de sa femme en 1863 assombrissent la fin de la vie du poète qui s'éteint le 28 février 1869 à Paris. Il est enterré à Saint-Point.

## CURIOSITÉS

**Pont St-Laurent** (BZ) – Jusqu'au traité de Lyon en 1601 où la Bresse fut rattachée au royaume de France, Mâcon était une ville-frontière. Elle était fortifiée ainsi que le pont St-Laurent dont l'existence est attestée pour la première fois en 1077. Au 18e s., le pont fait l'objet d'importants travaux de restauration et d'élargissement. Depuis St-Laurent, on a une jolie vue sur les quais et la ville, que dominent les tours du Vieux St-Vincent.

En amont du pont, la Saône forme un bassin de 300 m de largeur : c'est sur ce magnifique plan d'eau que se déroulent les championnats de France d'aviron.

★ **Musée municipal des Ursulines** (BY M¹) ⊙ – Aménagé dans l'ancien couvent des ursulines (17e s.), le musée comporte des sections de préhistoire, d'archéologie gallo-romaine et médiévale, d'ethnographie régionale, de peintures et de céramiques.

### MÂCON

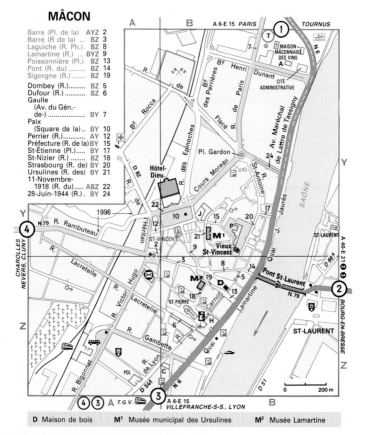

Barre (Pl. de la)    AYZ   2
Barre (R de la)   ...   BZ   3
Laguiche (R. Ph.).   BZ   8
Lamartine (R.) ....   BYZ   9
Poissonnière (Pl.)   BZ   13
Pont (R. du) ........   BZ   14
Sigorgne (R.) .......   BZ   19

Dombey (R.)........   BZ   5
Dufour (R.) ...........   BZ   6
Gaulle
  (Av. du Gén.-
  de-) ....................   BY   7
Paix
  (Square de la) ..   BY   10
Perrier (R.).............   AY   12
Préfecture (R. de la) BY   15
St-Étienne (Pl.).....   BY   17
St-Nizier (R.) ........   BZ   18
Strasbourg (R. de) BY   20
Ursulines (R. des) BY   21
11-Novembre-
  1918 (R. du) ...... ABZ   22
28-Juin-1944 (R.) . BY   24

**D** Maison de bois      **M¹** Musée municipal des Ursulines      **M²** Musée Lamartine

**Rez-de-chaussée** – L'histoire de Mâcon est évoquée depuis l'Antiquité jusqu'à nos jours. Une section de préhistoire présente ensuite des objets provenant des fouilles de Solutré *(voir p. 210)* et de sites régionaux : techniques de taille du silex, outillage, armement et céramique du paléolithique à l'âge du fer. Les salles suivantes sont consacrées à l'Antiquité gallo-romaine (statuettes, amphores, outils, four de potier, ensemble d'urnes funéraires de la nécropole de Mâcon), à l'archéologie médiévale (armes et sépultures mérovingiennes, fragments lapidaires) et à la sculpture du 12e au 17e s.

L'ancienne chapelle du couvent est réservée aux expositions temporaires.

**1er étage** – Il est consacré à l'ethnologie régionale et aux arts et traditions populaires : caractères généraux du Mâconnais, la Saône et ses activités, le travail de la pierre, la vigne et la poterie traditionnelle du val de Saône.

**2e étage** – Il présente du mobilier des 17e et 18e s., des faïences françaises et étrangères et des peintures : du 16e s., œuvres flamandes et de l'école de Fontainebleau ; des 17e et 18e s., œuvres françaises et nordiques (Le Brun, Ph. de Champaigne, Greuze) ; du 19e s., tableaux romantiques (Corot), académiques et symbolistes (Bussière) ; du 20e s., toiles post-cubistes (Gleizes, M. Cahn) et contemporaines (M. Bill, G. Honneger, T.-L. Boussard).

**Vieux St-Vincent** (BY) – Il ne subsiste de l'ancienne cathédrale St-Vincent, détruite à la Révolution, que les parties les plus anciennes : le narthex, deux tours octogonales et la travée qui les réunit. On distingue encore l'amorce de la nef.

Dans le **narthex**, on peut voir l'ancien tympan (12e s.) dont les sculptures ont été mutilées pendant les guerres de Religion. En cinq registres superposés se développent les scènes du Jugement dernier. On peut y distinguer la Résurrection des morts, le Paradis et l'Enfer. Le Vieux St-Vincent abrite un **musée lapidaire** ⊙.

**Musée Lamartine** (BZ **M²**) ⊙ – Aménagé dans l'hôtel Senecé, demeure de style Régence, siège de l'Académie de Mâcon fondée en 1805, il renferme des peintures, des tapisseries et un mobilier d'époque. De nombreux documents évoquent la vie, l'œuvre littéraire et politique de Lamartine.

Alphonse de Lamartine.

**Maison de bois** (BZ **D**) – Une jolie maison Renaissance ornée de fines colonnettes sculptées forme l'angle de la place aux Herbes, 22, rue Dombey ; des animaux et des personnages grotesques et fantastiques décorent les entablements.

**Hôtel-Dieu** (BY) ⊙ – Il fut construit au 18e s. sur les plans de Melchior Munet, élève de Soufflot. L'**apothicairerie★**, de style Louis XV, conserve une belle collection de faïences d'époque. Outre les boiseries murales de style Louis XV, celles des fenêtres, en parfaite harmonie avec le décor, sont particulièrement remarquables.

## ENVIRONS

**St-André** – *9 km à l'Est.* L'**église** ⊙, bâtie à la fin du 11e s. grâce aux moines de Tournus, est isolée au milieu d'un cimetière. Un magnifique **clocher★** octogonal d'une grande élégance domine l'abside flanquée de deux absidioles. Il est coiffé d'une flèche de pierre, restaurée au siècle dernier. Le chœur est particulièrement intéressant par ses colonnettes et ses chapiteaux historiés.

**Pont-de-Vaux** – *16 km au Nord-Est.* Pont-de-Vaux s'est développé dans une boucle de la Reyssouze, affluent de la Saône, bien connue des pêcheurs. Son cours aval, canalisé, permet aux plaisanciers naviguant sur la Saône de venir faire escale dans cette bourgade de Bresse autrefois ville frontière de Savoie. Dans un cadre agréable (maisons à pans de bois, édifices ou façades des 16e et 17e s.), Pont-de-Vaux conserve le souvenir du général Joubert, commandant en chef de l'armée d'Italie et mort à Novi en 1799. Le musée Chintreuil ⊙ expose divers souvenirs de ce brillant soldat ainsi que d'intéressantes toiles de Jules Migonney *(Vieille mauresque)* et A. Chintreuil.

**Circuit Lamartine** – *70 km – environ 3 h. Voir p. 155.*

# Le MÂCONNAIS★

Cartes Michelin n°s 69 plis 19, 20 et 73 plis 9, 10 ou 243 plis 39, 40.

De Tournus à Mâcon, de la vallée de la Grosne au val de Saône, le Mâconnais déroule ses paysages dont les aspects divers raviront le touriste.

## UN PEU DE GÉOGRAPHIE

S'étageant sur la rive droite de la Saône en gradins parallèles, les monts du Mâconnais se terminent au Nord sur la plaine chalonnaise, au-delà de Tournus. A l'Ouest, la vallée moyenne de la Grosne les sépare du Charollais et la transition avec le Beaujolais, au Sud, est insensible.

Si les monts du Mâconnais sont peu élevés (signal de la Mère Boitier 758 m), ils n'en sont pas moins pittoresques et présentent les aspects les plus variés. Les forêts des sommets, les landes arides des versants mal exposés contrastent avec les prairies qui tapissent les dépressions humides, tandis que le vignoble recouvre les paliers dominant la Saône et les versants bien exposés des coteaux.

C'est en Mâconnais qu'apparaissent les premières influences méditerranéennes : les grands toits pointus couverts d'ardoises ou de tuiles plates sont remplacés par les toits plats couverts de tuiles rondes dites tuiles romaines ou provençales. C'est un pays de transition entre le Nord et le Midi. Le climat y est plus doux que dans la Bourgogne du Nord.

## LES VINS DU MÂCONNAIS

Les moines de Cluny ont planté les premières vignes du Mâconnais dont les cépages les plus fameux sont le chardonnay, le pinot et le gamay.

**Le roi et le vigneron** – Simple vigneron de Chasselas, **Claude Brosse** n'hésite pas à entreprendre le voyage de Paris afin de faire connaître les vins de son pays. Il charge deux barriques de son meilleur vin sur une charrette tirée par deux bœufs et arrive dans la capitale après un voyage de 33 jours. S'étant rendu à Versailles, il assiste à la messe du roi. Après l'office, Louis XIV, qui a remarqué la taille herculéenne de cet inconnu, ordonne qu'il lui soit amené.

Sans se démonter, Claude Brosse expose au monarque le but de son voyage et lui dit son espoir de vendre son vin à quelque grand seigneur. Le roi veut goûter ce vin sur-le-champ et le trouve bien supérieur à ceux de Suresnes et de Beaugency, alors en usage à la Cour.

Demandés par tous les courtisans, les vins de Mâcon ont acquis désormais leurs titres de noblesse, et l'audacieux vigneron passe le reste de sa vie à transporter et à vendre à Paris et Versailles la récolte de ses vignobles.

**L'extension du vignoble** – Le vignoble mâconnais jouxte dans sa partie Sud le vignoble du Beaujolais ; il s'étend de Romanèche-Thorins, au Sud, à Tournus au Nord. Dans le Mâconnais est incluse la région du Pouilly-Fuissé qui produit des vins blancs fins. La production totale annuelle du Mâconnais est de 200 000 hl environ dont les 2/3 de vins blancs.

**Les principaux crus** – Jusqu'au 19e s., la région produisait essentiellement un vin rouge de qualité moyenne, le « grand ordinaire ». Actuellement, le vignoble mâconnais produit de meilleurs vins rouges, et surtout d'excellents vins blancs.

**Les vins blancs :** l'encépagement est constitué par le « chardonnay », noble cépage blanc de la Bourgogne et de la Champagne blanche. Le cru le plus célèbre est le Pouilly-Fuissé. C'est un vin d'une belle couleur d'or vert, vin sec, nerveux, fruité d'abord et, avec le temps, bouqueté. S'apparentant de près au Pouilly-Fuissé, le Pouilly-Loché, le Pouilly-Vinzelles, le Saint-Vérand, le Mâcon-Lugny et le Mâcon-Viré sont également des crus très réputés.

Les autres vins blancs sont vendus sous le nom de Bourgogne blanc, Mâcon blanc et Mâcon-Villages, et sont aussi produits par le chardonnay.

**Les vins rouges :** sans prétendre égaler en qualité les grands crus, ils peuvent être considérés comme des vins de valeur. Assez corsés et fruités, ils sont généralement produits par le « gamay noir à jus blanc ».

## ☐1 LA MONTAGNE

### De Tournus à Mâcon *69 km – environ 3 h 1/2 – schéma ci-contre*

Ce parcours permet à la fois de traverser une région pittoresque offrant de belles vues et des panoramas étendus, et de visiter de nombreux édifices intéressants, notamment des églises romanes *(dont un circuit fléché est proposé sur place)*.

★ **Tournus** – *Visite : 1 h. Voir à ce nom.*

*Quitter Tournus par ③, D 14.*

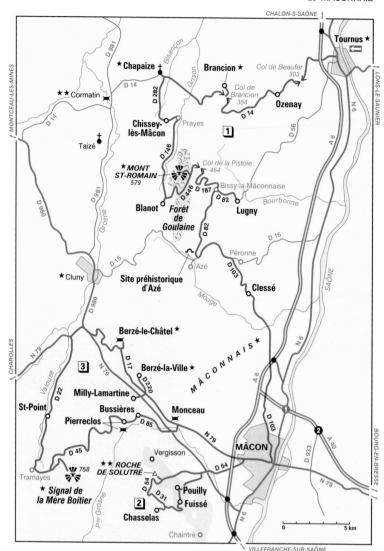

Le vignoble du Pouilly est indiqué en vert.

La route s'élève rapidement, procurant des vues sur Tournus, le val de Saône et la Bresse. Après le col de Beaufer, le paysage devient vallonné, les croupes sont couvertes de buis et parfois de pins.

**Ozenay** – Situé dans un vallon, Ozenay possède un petit castel du 13e s. et une église rustique du 12e s.

Au-delà d'Ozenay apparaissent çà et là des rochers le long des pentes.

La plupart des maisons sont précédées d'un large auvent formant loggia.

Du col de Brancion, on gagne le vieux bourg de Brancion, pittoresquement perché sur un promontoire.

**★ Brancion** – *Voir à ce nom.*

De retour au col, aller jusqu'à Chapaize que domine son admirable clocher.

**★ Chapaize** – *Visite : 1/2 h. Voir à ce nom.*

*En face de l'église de Chapaize prendre le chemin de Lys et tourner à gauche.*

**Chissey-lès-Mâcon** – Cette église du 12e s., au clocher clunisien élégant, abrite des chapiteaux historiés très curieux.

**Blanot** – *Voir à ce nom.*

Poursuivre vers le Nord-Est. La route pittoresque traverse ensuite la belle forêt domaniale de Goulaine avant de monter au mont St-Romain.

★ **Mont St-Romain** – *Voir à ce nom.*

*De là gagner le col de la Pistole.*

A partir de Bissy-la-Mâconnaise, on pénètre dans la zone du vignoble mâconnais.

**Lugny** – Niché dans la verdure sur la « route des vins du Mâconnais », Lugny produit un vin blanc très apprécié *(voir p. 152)*. Il possède une cave coopérative très moderne. L'**église** ⊙, auprès des vestiges de l'ancien château fort, renferme un retable en pierre du 16ᵉ s. représentant les douze apôtres autour de Jésus.

**Site préhistorique d'Azé** ⊙ – *8,5 km au Sud-Ouest de Lugny en repassant par Bissy.* Le **musée** présente environ 2 000 pièces provenant en majeure partie des fouilles. On accède aux **grottes** par un arboretum ; la première, longue de 208 m, fut successivement un refuge d'ours des cavernes (nombreux ossements), d'hommes préhistoriques, d'Éduens, de Gallo-Romains, etc. Dans une autre grotte coule une rivière souterraine qu'un parcours aménagé permet de suivre sur 800 m.

**Clessé** – Ce village viticole (cave coopérative) possède une **église** ⊙ de la fin du 11ᵉ s. cantonnée d'une élégante petite tour à pans et flèche en tuiles vernissées comme celle du beau clocher octogonal, à arcatures et baies géminées, qui domine l'ensemble. La nef unique est couverte d'une charpente.

*Poursuivre au Sud jusqu'à Mâcon.*

**Mâcon** – *Voir à ce nom.*

## ② AU CŒUR DU VIGNOBLE

*Circuit de 26 km – environ 2 h – schéma p. 153*

Le circuit aux environs immédiats de Mâcon constitue une agréable promenade au cœur même du vignoble mâconnais, dans un paysage varié et pittoresque.

**Mâcon** – *Voir à ce nom.*

*Quitter Mâcon par ④, N 79, et prendre aussitôt à gauche la D 54 vers Pouilly.*

**Pouilly** – *8,5 km à l'Ouest-Sud-Ouest de Mâcon.* Ce hameau donne son nom à des crus différents : Pouilly-Fuissé, Pouilly-Loché, Pouilly-Vinzelles. Très appréciés *(voir p. 152)*, ils accompagnent agréablement certaines spécialités bourguignonnes *(p. 46)*.
Au-delà de ce village, le vignoble s'étage sur des coteaux aux formes très douces.

**Fuissé** – C'est l'une des communes (Chaintré, Fuissé, Solutré, Pouilly, Vergisson) produisant le Pouilly-Fuissé, classé comme grand cru *(voir p. 152)*. Fuissé est un village avenant, le type même du village de vignerons aisés.
De Fuissé à Solutré, la route procure des vues très étendues sur le vignoble.

Produit du vignoble.

**Chasselas** – *3,5 km à l'Ouest de Fuissé.* Ce petit bourg est dominé par des rochers gris affleurant sous la lande. Il a fourni un cépage qui donne un raisin de table renommé.
La roche de Solutré, telle une proue de navire, se détache sur le ciel.

A l'arrière-plan apparaissent la vallée de la Saône, la Bresse et le Jura. Le paysage est varié et la couleur ocre de la terre tranche avec les gris des rochers.

★★**Roche de Solutré** – *Voir à ce nom.*

Après Solutré, la route pénètre à nouveau au cœur du vignoble et offre une jolie vue sur le village de **Vergisson** et sa roche, belle table calcaire.

*Revenir à Mâcon.*

Roche de Vergisson et vignoble de Pouilly-Fuissé.

## ③ CIRCUIT LAMARTINE
*70 km – environ 3 h – schéma p. 153*

Tous ceux qu'attirent les souvenirs de Lamartine *(voir p. 149)*, ceux qui restent sensibles au ton élégiaque du poète ne manqueront pas de faire ce circuit qui leur permettra de retrouver les horizons et le « décor » qu'Alphonse de Lamartine a connus et dans lesquels il a puisé les sources de son inspiration.

**Mâcon** – Le souvenir du poète est toujours vivace dans la ville. Avant d'entreprendre le « circuit Lamartine », on pourra voir, rue Bauderon-de-Senecé, l'hôtel familial dans une dépendance duquel Lamartine est né, face à l'actuel Musée des Ursulines (plaque commémorative près de l'ancien puits). L'hôtel d'Ozenay, maison paternelle où il vécut jusqu'à son mariage et où, dit-on, il composa ses premiers vers, se trouve au 15, rue Lamartine. Au bout de la rue Gambetta, à l'angle du quai, une grande mosaïque rappelle le rôle de Lamartine au sein du gouvernement provisoire de 1848.

**Château de Monceau** ⊙ – *9 km à l'Ouest de Mâcon par la N 79.* Ce fut une des résidences favorites de Lamartine *(actuellement maison d'été pour personnes âgées)* où il vécut en grand seigneur vigneron malgré les difficultés financières dues à sa prodigalité et sa générosité. C'est dans un kiosque, appelé la Solitude, au milieu des vignes, qu'il écrivit son *Histoire des Girondins*.

**Milly-Lamartine** – *5 km à l'Ouest de Montceau.* Une grille en fer forgé précède la **Maison d'enfance de Lamartine** ⊙. C'est dans cette maison, construite au début du 18ᵉ s. par son arrière-grand-père, que Lamartine passa son enfance. Il y mena une vie simple et heureuse auprès d'une mère tendre et affectionnée et restera toute sa vie très attaché à Milly et à ses paysages de vignobles. C'est en 1860 qu'il dut, à cause de difficultés financières, se résigner à vendre la propriété familiale chère à son cœur.
On retrouve Milly dans de nombreuses œuvres du poète : une partie des *Préludes*, *Milly ou la terre natale*, *La Vigne et la Maison*, et dans plusieurs de ses *Méditations*. Après la visite du jardin, on peut voir l'intérieur de la maison, ainsi qu'un espace « livres et documents » évoquant son enfance, ses sources d'inspiration et son activité viticole.
L'église du 12ᵉ s. a été restaurée. En haut du village, devant la mairie, buste en bronze du poète et vue sur le vignoble. C'est à Milly que Lamartine a composé sa première méditation, *L'Isolement*.

★ **Berzé-la-Ville** – *2,5 km au Nord de Milly. Voir à ce nom.*
De la route qu'il domine de sa masse imposante, on aperçoit la triple enceinte du château de Berzé.

★ **Château de Berzé-le-Châtel** ⊙ – Le château féodal de Berzé-le-Châtel, qui était autrefois le siège de la plus ancienne baronnie du Mâconnais (érigée en comté sous Henri IV), et qui protégeait l'accès méridional de Cluny, occupe un site pittoresque au milieu des coteaux couverts de vigne.

*Remonter ensuite la vallée de la Valouze vers St-Point (12 km au Sud-Ouest de Berzé-le-Châtel).*

**St-Point** – L'**église**, de type clunisien, décorée d'une fresque (Christ en majesté) dans l'abside, abrite deux tableaux peints par Mme de Lamartine qui repose près de son époux et d'autres parents dans la petite chapelle voisine. A gauche de l'église, une petite porte donne accès au parc du **château** ⊙ de Lamartine.
Remanié de 1833 à 1855, le château fut la résidence préférée de Lamartine. On visite son cabinet de travail, sa chambre, son salon, etc., qui contiennent les portraits peints par son épouse, des lettres autographes des plus hautes personnalités de son époque et une tapisserie des Gobelins *(Bataille de Zama)* du 17ᵉ s. La propriété renferme de beaux arbres : le Chêne de Jocelyn se dresse à 1 km du château.
Lac artificiel (16 ha), aménagé peu après St-Point en bordure de la D 22.
Après Tramayes, la route, pittoresque, procure des vues étendues.

★ **Signal de la Mère Boitier** – *Un chemin revêtu, très raide, donne accès à un parking ; de là, 1/4 h à pied AR.* Du signal, point culminant (758 m) du Mâconnais, beau panorama permettant de découvrir la butte de Suin au Nord-Ouest, la montagne de St-Cyr à l'Ouest, la Bresse et le Jura à l'Est. *Table d'orientation.*

**Pierreclos** – *13 km au Nord-Est du signal de la Mère Boitier.* Dominant la plaine de la Saône et les roches de Vergisson et de Solutré, le village de Pierreclos possède un beau **château** ⊙ du 17ᵉ s., où vécut Mlle de Milly, la Laurence de *Jocelyn*. A l'intérieur, on remarquera l'élégance du grand escalier à vis au curieux noyau en spirale. Dans la cour intérieure subsistent le chœur et le clocher de l'ancienne église du 11ᵉ s. Caveau – Dégustation de vins.

**Bussières** – L'**abbé Dumont**, premier maître et ami de Lamartine qui l'a immortalisé dans *Jocelyn*, repose contre le chevet de la petite église.

# MAILLY-LE-CHÂTEAU

*555 habitants (les Mailly-Castellois)*
Cartes Michelin n° 65 Sud du pli 5 ou 238 pli 11.

Cet ancien bourg fortifié est bâti sur un escarpement qui domine l'Yonne. Une terrasse ombragée offre une jolie **vue** sur un méandre de la rivière et le canal du Nivernais tandis qu'au loin se détachent les collines bordières du Morvan. De l'extrémité droite de la terrasse, on aperçoit le bourg d'En-Bas, construit au bord de l'eau, avec son vieux pont du 15ᵉ s. dont une pile supporte une petite chapelle.

## CURIOSITÉS

**Église St-Adrien** – Cet édifice fortifié du 13ᵉ s., étayé de puissants contreforts et surmonté d'un solide clocher à gargouilles, se singularise par une façade de style gothique primitif à pignon aigu et galerie d'arcs en plein cintre reposant sur des statues-colonnes. Les personnages représentés seraient la comtesse Mathilde (ou Mahaut) entourée de serfs. Fille de Pierre de Courtenay, auteur de la charte d'affranchissement de 1223, elle aurait, elle aussi, beaucoup contribué à l'abolition du servage.

**Chapelle du cimetière** – De la fin du 12ᵉ s., restaurée, elle présente un chevet plat et, sur son toit, un joli clocheton de pierre à arcades trilobées. L'intérieur, éclairé par six petites fenêtres en plein cintre, est décoré de peintures murales (vie du Christ).

*Avant de prendre la route,*
*consultez 3615 MICHELIN sur votre Minitel :*
*votre meilleur itinéraire,*
*le choix de votre hôtel, restaurant, camping,*
*des propositions de visites touristiques.*

# MARCIGNY

2 261 habitants (les Marcignots)
Cartes Michelin n° 73 Nord du pli 7 ou 238 pli 48 – Schéma p. 85.

Agréablement situé à proximité de la Loire sur les dernières pentes du Brionnais, ce petit bourg a conservé beaucoup de cachet, avec ses maisons anciennes.

## CURIOSITÉS

**Tour du Moulin** ⊙ – La tour du Moulin, vestige d'un ancien prieuré de dames bénédictines, est une belle construction du 15e s., aux murs curieusement ornés de boulets de pierre en relief. Un **musée** consacré à l'histoire locale a été installé à l'intérieur. Il présente, outre des collections de faïences anciennes parmi lesquelles des majoliques italiennes, d'importantes sculptures du 12e au 17e s., une pharmacie comptant 113 vases de Nevers et enfin deux drageoirs de Bernard Palissy (16e s.). Au dernier étage on découvre la magnifique envolée de la haute **charpente★** en châtaignier.

**Maisons anciennes** – Autour de l'église, maisons à pans de bois du 16e s. ; entre la place du Cours et la place Reverchon, hôtel particulier de 1735.

*Chaque année,*
*le guide Rouge Michelin France*
*actualise ses plans de villes :*
*– axes de pénétration ou de contournement, rues nouvelles,*
*– parcs de stationnement, sens interdits...*
*– emplacement des hôtels, des restaurants, des édifices publics...*
*Une documentation à jour pour circuler dans les villes grandes et moyennes.*

# MATOUR

1 003 habitants
Cartes Michelin n° 69 Sud du pli 18 ou 243 pli 38.

A la limite du Mâconnais, du Charollais et du Beaujolais, Matour occupe le centre d'un vaste cirque de montagnes boisées, à la naissance de la Grosne. Les pentes qui environnent ce petit bourg sont couvertes de cultures. Plus haut, la forêt, peuplée en partie de résineux, couvre les sommets qui cependant offrent de vastes panoramas.

## ENVIRONS

**Montagne de St-Cyr** – *7 km au Nord-Ouest. Quitter Matour par la D 211. A 4 km, tourner à gauche.* Un chemin à droite donne accès à la table d'orientation de la Montagne de St-Cyr, à 771 m d'altitude. On jouit d'un beau **panorama** sur les monts du Charollais.

**Arboretum de Pezanin** – *9 km au Nord.* L'arboretum couvre 20 ha. Dans un site agréable, tout autour d'un étang, sont entretenus avec soin des arbres et arbustes originaires du monde entier. Créé de 1903 à 1923, il a été victime de tornades en 1982 et 1983. Totalement reconstitué depuis, il compte environ 400 espèces feuillues et résineuses.

# MONTARGIS

15 020 habitants (les Montargois)
Cartes Michelin n° 61 Sud du pli 12 ou n° 238 pli 8
Plan d'agglomération dans le guide Rouge Michelin France.

Capitale du Gâtinais, pays de chasse et de pêche, Montargis est une ville agréable que dominent les restes de son ancien château *(aujourd'hui école St-Louis).* Elle est située, en effet, à la lisière d'une forêt de plus de 4 000 ha, au confluent de trois rivières – la principale étant le Loing – et à la jonction des trois canaux de Briare, du Loing et d'Orléans.
Le Loing y forme en outre un beau plan d'eau aménagé : le **lac des Closiers.**

**Le chien et les pralines** – Au renom de la ville participent la légende médiévale du chien de Montargis, qui fit démasquer et condamner l'assassin de son maître, et la fabrication depuis le 17e s. d'une spécialité gourmande qu'inventa un cuisinier du duc de Plessis-Praslin : les pralines, amandes grillées enrobées de sucre rocailleux.

# CURIOSITÉS

P. Viard/PIX

Montargis – Une « rue sur l'eau ».

**Les « rues sur l'eau »**
(**Z**) – *Circuit d'environ 1 h.* Certaines rues du vieux Montargis ouvrent de plaisantes perspectives sur le canal de Briare et les petits canaux ou bras de rivières qui quadrillent le centre-ville et qu'enjambent 127 ponts ou passerelles.

*Suivre le boulevard Durzy à partir du pont sur le canal, à hauteur du musée Girodet.*

**Canal de Briare** – Le spectacle des péniches et des opérations d'éclusage retiendra le flâneur. Enveloppant la vieille ville au Nord et à l'Est, le canal relie, depuis 1642, le Loing à la Loire (stèle commémorative – **B**) ; les bras d'eau qui agrémentent le quartier ancien étaient alors aménagés comme régulateur de son niveau dans le pays où les crues sont toujours redoutables.

**Boulevard Durzy** – Ombragé de platanes, il s'allonge entre le canal et le jardin Durzy, aimable parc avec pièce d'eau bordé par le Loing. A son extrémité, une haute et élégante passerelle métallique en dos d'âne, lancée par-dessus le canal, ferme la perspective de celui-ci. De la passerelle même, jolie vue sur deux écluses.

*Franchir le canal par la passerelle et continuer tout droit.*

**Boulevard Belles-Manières** (**5**) – Il est bordé au Nord par un étroit canal qu'enjambent les passerelles donnant accès aux maisons élevées sur les tours arasées de l'ancien rempart.

*Revenir à l'entrée du boulevard Belles-Manières et prendre à gauche la rue du Moulin-à-Tan puis, laissant à gauche la place de la République, suivre la rue Raymond-Laforge.*

**Rue Raymond-Laforge** (**23**) – De deux ponts successifs, vues sur deux canaux où baignent de vieilles maisons, leurs lavoirs, et où sont amarrées des barques décoratives faisant office de jardinières.

*Revenir sur ses pas pour tourner dans la rue de l'Ancien-Palais.*

Au bout de la rue de l'Ancien-Palais, emprunter à droite une venelle que prolonge un pont d'où s'offre une vue en enfilade sur le deuxième des canaux franchis précédemment.

*Encore à droite, prendre la rue de la Pêcherie.*

On traverse un quartier rénové, où subsistent quelques maisons à pans de bois. De la place Jules-Ferry, la rue Raymond-Tellier mène, à environ 50 m, à une autre **perspective d'eau** (jusqu'au canal de Briare).

*Faire demi-tour ; par la rue de la Poterne à gauche et le pont sur le canal de Briare, regagner le boulevard Durzy.*

**Musée Girodet** (**M¹**) ⊙ – Il occupe l'hôtel Durzy, construit au 19ᵉ s. et agrémenté d'un très joli jardin. Le musée est dédié au peintre **Anne-Louis Girodet** (1767-1824), enfant de Montargis, qui fut élève de David et l'une des gloires du néo-classicisme comme du préromantisme. A l'étage, dans les vitrines du petit vestibule d'entrée, sont exposées de ravissantes terres cuites réalisées par le sculpteur romantique Henry de Triqueti (1804-1874), auteur des portes de la Madeleine à Paris.

La première partie de la galerie de peinture rassemble des tableaux français et italiens du 15ᵉ s. au 18ᵉ s., des peintures flamandes et hollandaises des 16ᵉ et 17ᵉ s. ainsi qu'un *Saint Jérôme pénitent* de Zurbaran.

# MONTARGIS

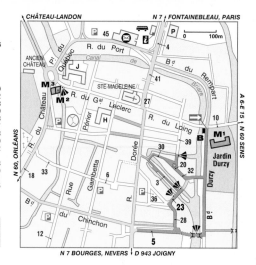

**B** Stèle commémorative
**M¹** Musée Girodet
**M²** Musée du Gâtinais
**M³** Musée des Tanneurs

★ **Collection Girodet** – Girodet est à l'honneur dans le salon carré et la seconde partie de la galerie avec une vingtaine de tableaux parmi lesquels on admire l'une des versions de l'extraordinaire *Déluge*, auquel le peintre consacra quatre ans d'études, différents portraits : le *Docteur Trioson*, son père adoptif, le *Mustapha*, ainsi que l'esquisse et la réplique peinte par Girodet lui-même des deux célèbres toiles du Louvre *(Le Sommeil d'Endymion* et *Les Funérailles d'Atala)*.
La dernière partie de la galerie abrite des œuvres d'artistes français du 19e s. ainsi que de très beaux bronzes de J.-J. Feuchère (1807-1852). Le plafond, décoré de monuments de la région, a été peint par un élève de Girodet. Dans la vitrine centrale sont exposées de précieuses faïences et porcelaines, dont un service de Sèvres du 19e s. et un rare déjeuner de Dagoty (début du 19e s.).

**Musée du Gâtinais** (**M²**) ⊙ – Aménagé dans une maison de tanneurs du 15e s., ce musée est consacré à l'archéologie.
Au rez-de-chaussée sont présentés les sites gallo-romains de Sceaux-en-Gâtinais et des Closiers, où ont été découverts respectivement un ensemble cultuel proche d'un théâtre et une nécropole. Dans une deuxième partie est exposé du matériel provenant de sépultures mérovingiennes fouillées au Grand Bezout. Le premier étage est consacré à l'archéologie préhistorique régionale ; il abrite également un petit département égyptien (deux sarcophages, une momie, des céramiques) provenant de la collection Campana.

**Musée des Tanneurs** (**M³**) ⊙ – Face au musée du Gâtinais, dans le vieux quartier rénové de l'Ilot des Tanneurs, cet espace ressuscite le vieux travail artisanal de la tannerie, les gestes et les outils de ce dur labeur au siècle dernier. A l'étage, les traditions revivent à travers les costumes ruraux du temps où l'on portait des coiffes : la *fanchon* (foulard à carreaux) pour tous les jours, la *caline* pour sortir en ville et la *coiffe brodée* pour les grandes occasions.

# MONTBARD

*7 108 habitants (les Montbardois)*
Cartes Michelin n° 65 Sud-Est du pli 7 ou 243 pli 1.

Étagé sur une colline qui barre le cours de la Brenne, Montbard est devenu un important centre métallurgique spécialisé dans la fabrication des tubes d'acier.
Le souvenir de Buffon a effacé celui des comtes de Montbard qui construisirent la forteresse devenue résidence des ducs de Bourgogne.

## UN GRAND SAVANT

**Georges-Louis Leclerc de Buffon** – Né à Montbard en 1707, il est le fils d'un conseiller au Parlement de Bourgogne. Très jeune, il se passionne pour les sciences ; il rapporte de plusieurs voyages en France, en Italie, en Suisse et en Angleterre le très vif désir d'étudier la nature. En 1733, âgé seulement de 26 ans, il entre à l'Académie des sciences où il succède à Jussieu.
Sa nomination au poste d'intendant du Jardin du roi, en 1739, est décisive pour sa carrière. A peine entré en fonctions, il conçoit le vaste dessein d'écrire l'histoire de la nature. Désormais il consacre tout son temps et toutes ses forces à cette gigantesque entreprise. En 1749, sont publiés les trois premiers tomes de son *Histoire naturelle* dont les volumes suivants vont se succéder sans interruption pendant quarante ans.

En 1752, Buffon est élu à l'Académie française. Les honneurs qui lui sont prodigués, juste récompense de ses travaux et de ses mérites, n'ont pas de prise sur lui. Les souverains de l'Europe entière et les plus grands personnages de son temps sollicitent son amitié et s'honorent de l'obtenir. « Monsieur de Buffon, lui dit l'empereur d'Allemagne Joseph II, arrivant au Jardin du roi sans s'être fait annoncer, nous traiterons ici, si vous le voulez bien, de puissance à puissance, car je me trouve actuellement sur les terres de votre empire. » Le prince Henri de Prusse lui rend visite à Montbard et la tsarine Catherine II reçoit son fils en Russie.

Aidé par Daubenton, Buffon réorganise le « Jardin du roi », augmentant considérablement les collections du Cabinet d'histoire naturelle.

**Buffon à Montbard** – Mais Buffon n'aime point Paris et les distractions que lui offre la capitale ne lui permettant pas de travailler à son gré, il s'établit à Montbard, son pays natal. Il installe sur son domaine de Buffon une **forge** qu'il dirige en personne *(voir p. 161)*.

Seigneur de Montbard, il fait raser le donjon central et les annexes du château médiéval, ne conservant que le mur d'enceinte et deux des dix tours. Il fait aménager des jardins en terrasses et plante des arbres d'essences variées sans négliger fleurs et légumes.

C'est à Montbard, où il menait la vie de son choix, que Buffon rédigea une grande partie de son œuvre. Il mourut à Paris, au Jardin du roi, en 1788.

## CURIOSITÉS

★**Parc Buffon** ⊘ – En 1735, Buffon achète le château, déjà en ruine, de Montbard dont l'origine est antérieure au 10e s. Ne conservant que deux tours et l'enceinte fortifiée, il y aménage les jardins – légèrement modifiés par le temps – qui forment aujourd'hui le parc Buffon. Sillonné de sentiers et d'allées, ce jardin procure d'agréables promenades.

**Tour de l'Aubespin** – Haute de 40 m, elle permit à Buffon d'y réaliser des expériences sur les vents. Ses gargouilles et merlons datent d'une restauration du 19e s. Du sommet, belle vue sur la ville et ses environs. La première de ses trois salles superposées abrite des souvenirs d'histoire locale.

**Tour St-Louis** – La mère de saint Bernard y naquit en 1070. Buffon la rabaissa d'un étage et y installa une de ses bibliothèques.

**Cabinet de travail de Buffon (D)** – C'est dans ce petit pavillon aujourd'hui vide mais tapissé de gravures d'oiseaux en couleurs (18e s.) que Buffon a rédigé une grande partie de son *Histoire naturelle.*

**Chapelle de Buffon** – Buffon a été inhumé le 20 avril 1788 dans le caveau d'une petite chapelle accolée à l'église St-Urse, en dehors de l'enceinte.

**Hôtel de Buffon (B)** – Buffon fit construire ce vaste et confortable hôtel d'où il pouvait gagner directement ses jardins et son cabinet de travail.

**Musée des Beaux-Arts (M¹)** ⊘ – Aménagé dans l'ancienne chapelle (1870) rénovée de l'institution Buffon, ce musée présente, outre un magnifique triptyque sur bois *(Adoration des bergers)* de 1599 peint par André Menassier, des peintures et

| | |
|---|---|
| **B** | Hôtel de Buffon |
| **D** | Cabinet de travail de Buffon |
| **M¹** | Musée des Beaux-Arts |
| **M²** | Musée des anciennes écuries de Buffon |

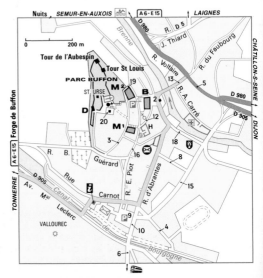

sculptures des 19e et 20e s. Parmi les artistes exposés, trois sont natifs de Montbard : le sculpteur Eugène Guillaume, les peintres Chantal Queneville et Ernest Boguet. Remarquer des œuvres d'Yves Brayer, Maurice Buffet et trois sculptures de Pompon.

**Musée des anciennes écuries de Buffon** (M²) ⊙ – Le bâtiment des écuries de Buffon abrite aujourd'hui un musée consacré au souvenir du grand naturaliste et à son importance dans l'histoire de Montbard.

## ENVIRONS

**Forge de Buffon** ⊙ – *7 km au Nord-Ouest.* C'est sur ses terres de Buffon que le grand naturaliste français, déjà âgé de 60 ans (1768), fit construire une forge pour exploiter commercialement ses découvertes sur le fer et l'acier et poursuivre à grande échelle ses expériences sur les minéraux.
Son domaine industriel a été élevé sur deux niveaux : en bas, situé en bordure d'une dérivation de l'Armançon, les ateliers de production et, en haut (à l'abris des crues), les habitations et les équipements réservés au personnel.
Les **ateliers** regroupent trois bâtiments séparés par des bras d'eau fournissant l'énergie hydraulique nécessaire pour actionner les soufflets et les martinets : le haut fourneau est accessible du niveau haut par un escalier monumental intérieur qui se divise en deux rampes et ménage des paliers d'où l'on pouvait assister à la coulée de la gueuse (fonte brute) ; suivent la forge proprement dite, ou affinerie, où la fonte était refondue et frappée au martinet pour être transformée en barres de fer, et la fonderie, où ces barres pouvaient être retravaillées en produits semi-ouvrés. Au-delà, on accède au bassin où le minerai était lavé avant d'être fondu.

**Château de Nuits** ⊙ – *18 km au Nord-Ouest.* Élevé vers 1560 lors des guerres de Religion, le château a perdu l'enceinte fortifiée qui précédait sa belle façade Renaissance à frontons et pilastres. La façade Est, dirigée vers l'Armançon (ancienne frontière entre la Bourgogne et la Champagne), a conservé l'austérité due à son rôle défensif. Dans les salles voûtées donnant accès à la terrasse Est, la cuisine abrite un puits intérieur qui permettait de tenir en cas de siège. Un large escalier de pierre conduit à l'étage noble qui abrite, en particulier, une haute cheminée de pur style Renaissance ainsi que de beaux lambris 18e s. Les communs forment un bel ensemble plus tardif, d'une rigoureuse ordonnance. A la visite du château s'ajoute celle de la **Commanderie de St-Marc**, qui a compté parmi les plus influentes de Bourgogne. Ses bâtiments, qui dominent les rives de l'Armançon, constituent un bel ensemble architectural, avec, en particulier, la chapelle fin 12e s.

# MONTCEAU-LES-MINES

22 999 habitants (les Montcelliens)
Cartes Michelin n° 69 plis 17, 18 ou n° 243 plis 25, 26 –
Plans dans le guide Rouge Michelin France.

Le développement rapide de la ville, à partir de 1856, est lié à l'exploitation intensive du bassin houiller de Blanzy. D'autres industries que celles du charbon concourent à l'activité montcellienne : métallurgie et mécanique (appareils de levage, chaudronnerie), construction électrique et travaux publics, bonneterie.

**Musée des fossiles** ⊙ – L'exploitation de la mine a permis de découvrir de nombreux fossiles contemporains de la formation du gisement, il y a 300 millions d'années. Trois salles offrent un aperçu des paysages de la fin de l'ère primaire en présentant ces vestiges de la vie animale (empreinte d'amphibien, poissons, crustacés...) et végétale (fougères, « tronc » de calamite...). Intéressant plan sur verre des différentes veines de charbon du bassin de Blanzy-Montceau.

**La « Maison d'école »** ⊙ – Dans cette ancienne école datant de 1881 (antenne de l'Écomusée du Creusot-Montceau) ont été reconstituées trois anciennes salles de classe.

**Blanzy** – *3 km au Nord-Est.* Située au bord du canal du Centre, la cité devint prospère grâce à ses houillères et connut, à partir de 1860, une grande extension. En 1970, une usine de pneumatiques Michelin s'établit en zone industrielle. Nombre d'industries viennent renforcer celle de la fonderie : plastiques, robinetterie, tuyauterie, matériaux de construction.

**La mine et les hommes** ⊙ – Un chevalement de 22 m de haut signale le carreau de l'ancien puits St-Claude. Exploité de 1857 à 1881, ce puits a été rééquipé à l'ancienne : outre une lampisterie et une salle des machines (pour manœuvrer les cages d'ascenseur et pomper l'eau du fond de la mine), il offre quelque 200 m de galeries présentant principalement l'évolution de l'abattage et du roulage du charbon ainsi que des techniques de soutènement. Hall d'exposition sur la mine ancienne. *(Audiovisuel de 15 mn sur la formation et les techniques d'exploitation du charbon.)*

## ENVIRONS

**Gourdon** – *9 km au Sud-Est.* Une route étroite et en forte montée conduit à Gourdon d'où l'on découvre un vaste **panorama★** sur Montceau-les-Mines, le bassin de Blanzy, Montcenis, le Creusot et plus loin les monts du Morvan. Ce petit village perché possède une **église** ⊙ romane du 11ᵉ s., avec triforium aveugle et fenêtres hautes, et un intéressant ensemble de chapiteaux. Des travaux ont mis au jour un ensemble de fresques du 12ᵉ s. ayant pour thème principal la vision de l'Apocalypse.

# Butte de MONTENOISON★

Cartes Michelin n° 65 pli 14 ou 238 pli 22 – 10 km au Nord-Est de Prémery.

Au sommet de l'une des collines les plus élevées du Nivernais (alt. 417 m) subsistent quelques vestiges d'un important château du 13ᵉ s., construit par Mahaut de Courtenay, comtesse de Nevers.
Passer à gauche de la chapelle pour monter au calvaire élevé sur l'emplacement d'une ancienne motte féodale. De là *(table d'orientation)*, on découvre un vaste **panorama★**, notamment sur les monts du Morvan : par temps clair, l'église de Lormes se détache nettement.

# MONTRÉAL

173 habitants

Cartes Michelin n° 65 pli 16 ou 238 pli 24 – 12 km au Nord-Est d'Avallon.

Montréal, le « Mont Royal » de Brunehaut, domine la rive gauche du Serein. Enfermé dans ses remparts, le petit bourg médiéval compte parmi les plus caractéristiques de Bourgogne. Le touriste aimera ses vieilles maisons, son église dont les stalles sculptées sont célèbres et l'immense horizon que l'on découvre du petit cimetière.

**Le vieux bourg** – On entre par la porte d'En-Bas aux belles arcades du 13ᵉ s. et l'on monte par la rue principale bordée de pittoresques maisons anciennes des 15ᵉ et 16ᵉ s.

**Église** ⊙ – Cet édifice de style ogival primitif du 12ᵉ s. a été restauré par Viollet-le-Duc. La porte d'En-Haut qui précède l'église lui sert de clocher. Le portail en plein cintre de la façade est orné de redents descendant le long des piédroits et du trumeau et surmonté d'une rosace.

Détail des stalles.

A l'intérieur, au bas de la nef, une tribune en pierre du 12ᵉ s. est supportée par une fine colonnette.

Les 26 **stalles**★ en chêne sculpté, du 16ᵉ s., attribuées aux deux frères Rigolley, de Nuits-sous-Ravières, sont d'une exécution remarquable. Tous les sujets traités, la plupart du Nouveau Testament, méritent également de retenir l'attention. Les artistes se seraient représentés en train de boire pendant une pause.

Dans le chœur, à gauche, **retable** en albâtre, du 15ᵉ s. *(malheureusement très imcomplet, à la suite d'un vol)*, d'origine anglaise, consacré à la Vie de la Vierge.

Remarquer encore la chaire et le lutrin du 15ᵉ s., un triptyque et une Vierge en bois des 16ᵉ et 17ᵉ s., de belles pierres tombales.

**Panorama** – De la terrasse, au fond du cimetière, derrière l'église, on découvre toute la vallée du Serein, l'Auxois, la Terre-Plaine et, plus loin, les monts du Morvan.

Remarquer dans la plaine, en direction de Thizy, une vaste ferme bourguignonne fortifiée.

## ENVIRONS

**Talcy** – *5 km au Nord*. Bâti sur un versant ensoleillé au bord du plateau de Talcy, le village est dominé par son **église** romane dont la porte – murée – de la chapelle seigneuriale *(à droite de l'entrée)* présente une belle décoration Renaissance.

# MONT-ST-VINCENT★

335 habitants
Cartes Michelin n° 69 pli 18 ou 243 pli 26.

Bâti à la proue d'une colline, point de partage des eaux entre la Loire et la Saône, ce village du Charollais occupe un des points culminants de Saône-et-Loire (603 m), d'où chaque année part le signal des Feux celtiques de la Saint-Jean, allumés pour célébrer le retour de l'été.

## CURIOSITÉS

★★**Panorama** – A l'entrée du village, une rue monte à droite à angle aigu jusqu'à une station de télévision et de météorologie. A proximité, au sommet d'une tour belvédère *(longue-vue – table d'orientation)*, socle d'un ancien moulin disparu, on découvre un immense panorama sur les monts du Morvan, les dépressions du Creusot et d'Autun, les monts du Mâconnais et du Charollais.

**Église** – Bâtie à la fin du 11ᵉ s., l'église était celle d'un ancien prieuré clunisien. Le porche carré, surmonté d'une tribune, abrite un portail dont le tympan sculpté, très dégradé, représente un Christ en majesté entre deux personnages qui seraient saint Pierre et saint Paul. La nef est voûtée de berceaux transversaux comme celle de St-Philibert de Tournus, tandis que les bas-côtés sont voûtés d'arêtes. La croisée du transept est surmontée d'une coupole sur trompes.

Du terre-plein bordant le cimetière, jolie vue sur les vallons se chevauchant au Nord.

**Musée J.-Régnier** ⊙ – Installé dans le bâtiment restauré de l'ancien grenier à sel (15ᵉ s.), ce musée rassemble les découvertes archéologiques (du néolithique au haut Moyen Âge) faites dans la région.

*Pour organiser vous-même vos itinéraires :*

> *Consultez tout d'abord la carte des itinéraires de visite. Elle indique les parcours décrits, les régions touristiques, les principales villes et curiosités.*
>
> *Reportez-vous ensuite aux descriptions, dans la partie "Villes et Curiosités". Au départ des principaux centres, des buts de promenades sont proposés sous le titre Environs.*

*En outre, les cartes Michelin nᵒˢ 237, 238, 239, 241, 243 et 244 signalent les routes pittoresques, les sites et les monuments intéressants, les points de vue, les rivières, les forêts...*

# LE MORVAN★★

Cartes Michelin n°s 65 plis 15, 16, 17 et 69 plis 6, 7, 8
ou 238 plis 23, 24, 35, 36 et 243 plis 13, 25.

A l'écart des grandes routes, le massif du Morvan reçoit un nombre croissant de visiteurs attirés par ses vastes forêts, ses escarpements rocheux, ses cours d'eau rapides
qu'apprécient les canoéistes, ses lacs de barrage, ses rivières et ses étangs qui attirent
des milliers de pêcheurs chaque année, ses vallées encaissées, ses sites pittoresques.
Véritable région naturelle entre le Nivernais et la Bourgogne, le Morvan n'a jamais eu
d'existence politique ou administrative propre ; il est dépourvu de limites historiques.
Les caractères géographiques seuls le distinguent des contrées environnantes. Au loin,
il se signale par la masse sombre de ses forêts : Morvan, selon l'étymologie celtique,
ne signifie-t-il pas « montagne noire » ?

## UN PEU DE GÉOGRAPHIE (voir aussi p. 12 et 15)

**Les deux Morvans** – Le Morvan forme un quadrilatère d'environ 70 km de longueur
sur 50 km de largeur, s'étendant d'Avallon à St-Léger-sous-Beuvray et de Corbigny à
Saulieu. Quand on l'aborde par le Nord, le Morvan ressemble à un vaste plateau à peine
bosselé qui s'élève lentement vers le Sud. Ces ondulations, qui s'étagent et viennent
rejoindre en pente douce le Bassin parisien, forment le Bas Morvan. L'altitude ne
dépasse pas 600 m.
C'est dans la partie méridionale – au Sud de Montsauche – que se dressent les plus
hauts sommets : mont Beuvray 821 m, mont Preneley 855 m, massif du Bois du Roi
(où le Haut-Folin culmine à 901 m). C'est le Haut Morvan, dont les sommets cessent
brusquement au-dessus de la dépression de l'Autunois et parviennent ainsi, en dépit de
leur faible altitude, à communiquer à la région un caractère montagneux.

**Le pays de l'eau et de la forêt** – En raison de sa position et de son altitude, le
massif du Morvan connaît des pluies fréquentes et abondantes. Il reçoit en moyenne
de 1 000 mm d'eau par an sur ses bordures à plus de 1 800 mm sur le Haut-
Folin ; il pleut ou il neige 180 jours par an sur les sommets. Les longues pluies et
la fonte des neiges transforment en torrent le moindre ruisseau. La roche imper-
méable, recouverte d'arène granitique (sorte de sable grossier), fait du Morvan une
éponge gorgée d'eau ; l'Yonne, la Cure, le Cousin et leurs affluents roulent alors
leurs eaux tumultueuses. Plusieurs barrages et retenues (Pannesière-Chaumard, les
Settons, Crescent, Chaumeçon) permettent de régulariser ces cours d'eau au moment
des crues et de soutenir leur débit en période d'étiage, comme de fournir éventuellement un appoint d'énergie hydro-électrique ; celui de St-Agnan constitue une
réserve en eau potable.
La forêt qui couvre le tiers et souvent la moitié de la superficie des communes morvandelles est l'élément caractéristique du massif. Progressivement les forêts de hêtres
ou de chênes cèdent la place au repeuplement résineux. Le flottage à bûches perdues
vers Paris a disparu (voir p. 106) et actuellement le bois est transporté par camions
aux usines voisines (menuiserie et surtout carbonisation du bois).

# LA VIE DANS LE MORVAN

Pendant très longtemps, le Morvan, pays rude, a été en butte aux quolibets de ses voisins. C'est en Bourgogne qu'est né le dicton : « Il ne vient du Morvan ni bonnes gens, ni bon vent », jugement injuste mais qui traduit bien le sentiment de supériorité du riche Bourguignon vis-à-vis de ces Morvandiaux dont le pays ne possède ni vignobles, ni champs fertiles. Ne pouvant tirer qu'un mince profit du sol de leur pays natal, les hommes n'hésitaient pas à « descendre » dans les plaines voisines du Bazois ou de l'Auxois, riches contrées d'élevage et de culture, tandis que les femmes pratiquaient le métier de nourrice.

**Les nourrices morvandelles** – Au 19e s. surtout, l'« élevage » humain est la grande particularité du Morvan.

A la ville, il n'est pas de bon ton que les jeunes mères allaitent leurs enfants et les Morvandelles sont d'excellentes nourrices. Tantôt elles vont à Paris « se mettre en nourriture », tantôt elles accueillent chez elles les bébés qu'on leur confie. A cette époque, nombreux sont les enfants parisiens qui passent dans le Morvan leurs premiers mois.

**Ressources actuelles** – De nos jours, le Morvan est encore loin de constituer une région prospère, et sa population ne cesse de diminuer. L'élevage bovin, pratiqué surtout par de petites exploitations, n'est plus, à lui seul, économiquement rentable. La forêt, cependant, grâce aux plantations résineuses effectuées depuis la dernière guerre, représente une nouvelle richesse, prometteuse pour le développement des industries du bois.

Le fait que l'Avallonnais et le Morvan soient des régions touristiques constitue un autre facteur de progrès. Dans la partie la plus élevée du massif, au Sud-Est de Château-Chinon, ont même été aménagés un champ de ski alpin (Haut-Folin) et de nombreuses pistes de ski de fond.

**Parc naturel régional du Morvan** – Créé en 1970, il englobe la majeure partie du pays et participe efficacement à son essor touristique. Il regroupe 74 communes des départements de la Côte-d'Or, Nièvre, Saône-et-Loire et l'Yonne. Il a pris pour emblème le cheval au galop d'une antique monnaie éduenne.

De nombreuses activités sportives (cyclotourisme, équitation, pêche) et une importante capacité d'accueil en milieu rural offrent de multiples possibilités aux touristes et vacanciers. Pour les amateurs de promenades à pied, des sentiers ont été aménagés : le GR 13 qui traverse le Morvan de Vézelay à Autun et le GR de pays qui fait le tour du Morvan par les grands lacs, décrits dans des topo-guides, ainsi que de petits circuits balisés en jaune dont le tracé est présenté sous forme de « cartes postales randonnées ».

La **Maison du Parc** ⊙, à **St-Brisson**, accueille les bureaux administratifs, un centre d'information, des expositions et un **musée de la Résistance** ⊙ en Morvan. Dans l'enceinte du domaine de 40 ha, un arboretum, parcours comprenant 17 panneaux explicatifs, permet de découvrir les essences de la forêt, et l'herbularium présente environ 160 espèces de la flore morvandelle.

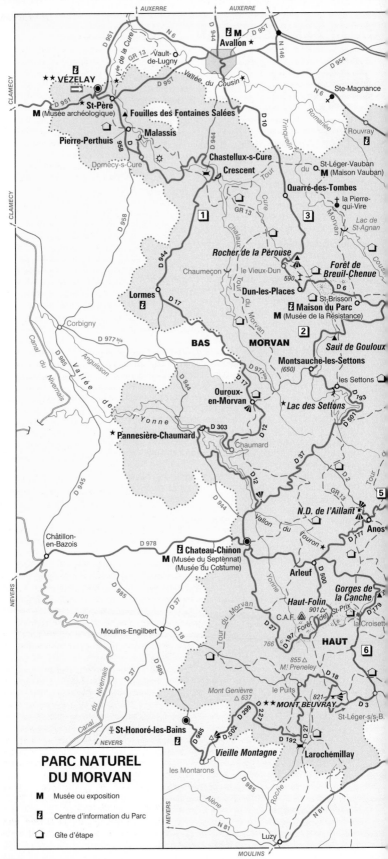

## PARC NATUREL DU MORVAN

**M**  Musée ou exposition

**i**  Centre d'information du Parc

⌂  Gîte d'étape

# LE BAS MORVAN

*Les aspects généraux caractéristiques de cette partie Nord du Morvan sont donnés p. 164.*

## ① De Vézelay à Château-Chinon

*97 km – environ 3 h 1/2 – itinéraire 1 du schéma p. 166*

Route de pénétration partant de la bordure Nord du Morvan, plus variée et plus accidentée après Lormes, l'altitude moyenne allant croissant.

★★ **Vézelay** – *Visite : 1 h. Voir à ce nom.*

*Quitter Vézelay en direction d'Avallon.*

Le site de Vézelay et sa basilique accaparent l'attention jusqu'à St-Père.

★ **St-Père** – *Visite : 1/4 h. Voir à ce nom.*

*Quitter St-Père au Sud.*

La route remonte la haute vallée de la Cure qui s'enfonce dans une gorge boisée.

**Fouilles des Fontaines Salées** – Page 193.

★ **Pierre-Perthuis** – *Voir à ce nom.*

**Barrage de Malassis** – *6 km au Sud-Est de Pierre-Perthuis.* Petit barrage couplé à une usine hydro-électrique et destiné à corriger les variations du débit de la Cure.

*Poursuivre vers le Sud-Est.*

Après Domecy-sur-Cure, la route devient très sinueuse ; elle surplombe la vallée encaissée de la rivière qu'elle franchit après St-André-en-Morvan.

*Gagner ainsi Chastellux par le Nord.*

Le château de Chastellux apparaît bientôt perché au sommet d'une butte dominant la Cure.

**Château de Chastellux-sur-Cure** – Ce château, remanié au 13e s. et restauré en 1825, appartient depuis plus de mille ans à la famille de Chastellux.

Du viaduc de la D 944 sur la Cure, on a la meilleure vue du château de Chastellux, bâti à flanc de coteau dans un nid de verdure et dominant la gorge boisée.

Tourner ensuite dans un chemin en forte descente : vues sur la retenue du barrage du Crescent, parmi les collines boisées et les prairies.

**Barrage du Crescent** – Édifié de 1930 à 1933, en aval du confluent du Chalaux, il est du type des barrages-poids : il résiste par sa seule masse à la poussée de l'eau accumulée en amont dans les deux vallées affluentes de la Cure et du Chalaux. Sa retenue de 14 millions de m³ alimente en énergie l'usine hydro-électrique de Bois-de-Cure et concourt à régulariser le débit de la Seine.

*Gagner Lormes, 13,5 km au Sud.*

**Lormes** – *Voir à ce nom.*

*Peu après Lormes, quitter la D 944 pour prendre à gauche la D 17 qui traverse Ouroux.*

**Ouroux-en-Morvan** – *18,5 km au Sud-Est de Lormes. Page 102.*

*Se diriger vers Chaumard (8,5 km au Sud).*

La descente vers le réservoir de Pannesière procure sur les deux derniers kilomètres de superbes vues plongeantes sur le plan d'eau.

*Avant Chaumard, tourner à droite à angle aigu dans la D 303 qui longe la retenue par le Nord, puis s'engager sur la crête du barrage.*

★ **Barrage de Pannesière-Chaumard** – *Voir à ce nom.*

*Gagner Château-Chinon au Sud en longeant la rive Ouest du lac.*

★ **Château-Chinon** – *Voir à ce nom.*

### ② De Château-Chinon à Saulieu

*59 km – environ 3 h – itinéraire 2 du schéma p. 166 et 167*

La route offre de jolies vues sur le lac des Settons et la haute vallée de la Cure.

★ **Château-Chinon** – *Voir à ce nom.*

*S'orienter vers le Nord-Est.*

Après un pont sur l'Yonne (à 4,5 km de Château-Chinon), s'offre bientôt à gauche une vue sur le site de **Corancy** accroché à une colline. La route, très sinueuse, contourne à mi-côte des vallons boisés.

*Après Planchez, une route à droite mène au lac des Settons.*

★ **Lac des Settons** – *Voir à ce nom.*

Après un pont sur la Cure, on longe la rive Sud du lac. La D 193 que l'on suit à gauche s'élève et offre de jolies vues sur le lac et ses îles boisées. On atteint bientôt la charmante station des Settons puis le barrage formant ce beau lac artificiel, qu'on laisse à gauche.

**Montsauche-les-Settons** – A 650 m d'altitude, au cœur du parc naturel du Morvan, Montsauche est la station la plus élevée du massif. Elle a été reconstruite, comme Planchez, après avoir été aux trois quarts incendiée en 1944.

Après Montsauche, poursuivre vers le Nord-Est. La route descend rapidement dans la vallée de la Cure et franchit la rivière un peu avant Gouloux.

**Saut de Gouloux** – *1/4 h à pied AR.* Le Caillot forme, un peu avant son confluent avec la Cure, une belle cascade appelée Saut de Gouloux. On y accède par un sentier qui, dans le premier tournant après le pont sur la Cure, descend à droite.

On traverse ensuite des forêts et un plateau parsemé de bois et d'étangs pour gagner Saulieu à la lisière orientale du Morvan.

★ **Saulieu** – *Visite : 1/2 h. Voir à ce nom.*

### ③ De Saulieu à Avallon

*55 km – environ 2 h 1/2 – itinéraire 3 du schéma p. 166*

Entre Saulieu et Avallon, petites villes situées l'une et l'autre en bordure du Morvan, la route s'enfonce dans le massif, au milieu de vastes forêts dans un décor pittoresque.

★ **Saulieu** – *Visite : 1/2 h. Voir à ce nom.*

*Quitter Saulieu en direction de Dun-les-Places (22 km à l'Ouest).*

La route franchit un plateau parsemé de bois et d'étangs, puis une région en grande partie boisée.

**Forêt de Breuil-Chenue** – 2 km après les Fourches, prendre à droite un chemin qui conduit à une ancienne maison forestière (chalet d'accueil) près de laquelle a été aménagé un **enclos à daims**. Des miradors situés à l'extérieur de l'enceinte permettent d'observer les animaux. Un sentier d'observation *(parcours 1 h)* et une piste forestière permettent notamment la visite d'une belle hêtraie.

**Dun-les-Places** – Au Nord du village, prendre une petite route d'où part un sentier *(aire de camping)* menant à un calvaire (alt. 590 m) ; de la route, vues sur les monts du Morvan.

Une route pittoresque mène vers le Nord au hameau du Vieux-Dun.

**Rocher de la Pérouse** – *1/2 h à pied AR.* Au pont de la Cure, en contrebas du Vieux-Dun, s'engager à droite dans une route forestière que l'on suit sur 1,6 km avant de laisser la voiture au parc signalé, à 200 m du rocher. Un sentier en forte montée permet d'atteindre le sommet.

De là se révèle un **point de vue** intéressant sur la vallée solitaire de la Cure et les croupes arrondies du massif.

**Quarré-les-Tombes** – *Environ 12 km au Nord du Vieux-Dun. Voir à ce nom.*

Au-delà de Marrault, on aperçoit Avallon.

Après un parcours en forêt, on rejoint la D 944 qui longe le Cousin avant d'entrer dans Avallon, ville pittoresquement bâtie sur un éperon rocheux.

★ **Avallon** – *Visite : 2 h. Voir à ce nom.*

## VALLÉE DU TERNIN

④ **De Saulieu à Autun**

*45 km – environ 1 h – itinéraire 4 du schéma p. 167*

Pittoresque route de vallée.

★ **Saulieu** – *Visite : 1/2 h. Voir à ce nom.*

*Quitter Saulieu par la D 26, au Sud-Ouest du plan.*

La route grimpe rapidement sur un plateau qu'elle franchit pour suivre la **vallée du Ternin.** Elle offre de jolies vues sur la retenue d'eau du **barrage de Chamboux** (achevé en 1985) qu'elle longe sur la rive droite.

La rivière serpente dans un paysage verdoyant entre des mamelons aux sommets boisés.

La vallée, qui se resserre après Alligny-en-Morvan, s'élargit de nouveau aux approches de la D 980 que l'on rejoint par la D 20 à gauche.

Chissey-en-Morvan et Lucenay-l'Évêque sont les seules localités un peu importantes jalonnant la route.

★★**Autun** – *Visite : 1/2 h. Voir à ce nom.*

*Cluny, Fontenay, Pontigny...*

*La visite des grands abbayes sera pour vous plus intéressante si vous avez lu les pages correspondantes du chapitre :*

*La vie monacale en Bourgogne.*

## LE HAUT MORVAN

*Les aspects généraux de cette partie Sud du Morvan sont donnés p. 164.*

⑤ **De Château-Chinon à Autun**

*84 km – environ 2 h 1/4 – itinéraire 5 du schéma p. 166-167*

Parcours traversant plusieurs massifs forestiers et offrant des vues étendues.

★ **Château-Chinon** – *Voir à ce nom.*

A la sortie Sud de Château-Chinon, prendre à droite la D 27 tracée à flanc de pente. La vue se dégage vers l'Ouest sur un paysage de prés, de cultures et de bois, puis la route en montée pénètre dans la **forêt de la Gravelle.** Elle suit la ligne de partage des eaux entre les bassins de la Seine (l'Yonne est à l'Est) et de la Loire (l'Aron et ses affluents coulent vers l'Ouest).

Échappée, à droite, sur une lande aride couverte de genêts peu avant d'atteindre le point culminant de la route (766 m) et de quitter la forêt. Une belle vue panoramique se révèle vers le Sud sur un petit barrage blotti au fond d'un creux verdoyant dominé par des croupes boisées qui limitent le Morvan.

*Tourner à gauche dans la D 197, puis prendre à droite la route forestière en très forte montée (16 %) qui pénètre dans la forêt domaniale de St-Prix.*

**Haut-Folin** – Un champ de ski a été aménagé sur ses pentes par le Club Alpin Français.

Prendre à gauche la route forestière du Bois-du-Roi, puis encore à gauche la route forestière du Haut-Folin menant à un pylône de télécommunications, au point culminant du Morvan (alt. 901 m).

Rejoindre la Croisette, vers la route forestière du Bois-du-Roi qui traverse, en **forêt de St-Prix,** un magnifique peuplement d'épicéas et de sapins aux fûts immenses.

*Quitter la route forestière pour la D 500, à gauche, qui rejoint Arleuf sur la D 978.*

**Arleuf** – *Page 101.*

**Anost** – *10 km au Nord-Est d'Arleuf.* Dans un **site** agréable et pittoresque, Anost offre au touriste la possibilité de nombreuses promenades, en particulier dans la forêt *(itinéraires balisés).*

**N.-D.-de-l'Aillant** – *Nord-Ouest d'Anost : 1/4 h à pied.* A hauteur de la statue de la Vierge, on découvre un **panorama★** demi-circulaire sur la cuvette d'Anost et, au-delà des collines, sur la dépression d'Autun.

**Cussy-en-Morvan** – Cette petite localité est curieusement bâtie à flanc de colline dans un site agréable dominé par la forêt. L'**église** renferme une intéressante Vierge à l'Enfant du 15e s.

*Continuer la D 88 en descente rapide sur Mortaise, où l'on prend à droite la D 980.*

De Lucenay-l'Évêque à Reclesne, la descente révèle le site d'Autun groupé dans un hémicycle de collines boisées.

★★**Autun** – *Visite : 1/2 h. Voir à ce nom.*

### ⑥ De St-Honoré-les-Bains à Autun

*79 km – environ 2 h – itinéraire 6 du schéma p. 166-167*

Ce parcours à travers une région mouvementée est très varié et pittoresque. A partir des Montarons il emprunte une succession de petites routes qui le font passer devant la Vieille Montagne et au pied du mont Genièvre.

★ **St-Honoré-les-Bains** – *Voir à ce nom.*

*Gagner les Montarons (6 km au Sud) pour prendre la D 502 vers le Nord-Est.*

**Vieille Montagne** – *De la D 502, 1/2 h à pied AR.* Partant d'une clairière *(où laisser la voiture)* entourée de beaux arbres, un sentier donne accès au **belvédère** de la Vieille Montagne, dans un site agréable d'où l'on bénéficie d'une vue étendue *(en partie masquée par la végétation)* sur le mont Beuvray et la forêt de la Gravelle.

Entre le Niret et Sanglier, la route passe au pied du mont Genièvre.

*S'orienter ensuite vers Larochemillay (9 km au Sud-Est de Sanglier).*

*De la D 27, on aperçoit sur un haut rocher le château de Larochemillay.*

**Larochemillay** – Le château actuel, qui remplaça au 18e s. un château féodal, domine la vallée de la Roche.

*14 km au Nord-Est de Larochemillay, on aborde le mont Beuvray par une forte montée (20 %) à sens unique sur le versant Nord.*

★★**Mont Beuvray** – *Voir à ce nom.*

*Gagner St-Léger à l'Est.*

**Gorges de la Canche** – *19 km au Nord de St-Léger.* La route suit à flanc de coteau les gorges de la Canche dans un paysage tourmenté de bois et de rochers. Dans un virage à gauche, un beau point de vue *(en partie masqué par la végétation)* se dégage à hauteur d'un petit parc à voitures. On aperçoit, au fond de la gorge, le bâtiment blanc de l'usine hydro-électrique de la Canche.

★★**Autun** – *Visite : 1/2 h. Voir à ce nom.*

# MOULINS-ENGILBERT

1 711 habitants
Cartes Michelin n° 69 pli 6 ou 238 pli 35 – Schéma p. 166.

A la limite du Bazois et du Morvan, Moulins-Engilbert, l'un des chefs-lieux du Nivernais comtal, s'étend au pied des ruines de son ancien château. L'harmonie des toits et des tourelles, groupés autour de la tour gothique de l'église à flèche d'ardoise, est particulièrement heureuse. La ville, connue pour ses foires aux bovins charollais traditionnellement fixées au premier mardi du mois, s'anime aujourd'hui chaque mardi, à l'occasion du marché au cadran, nouveau mode de vente du bétail : les animaux sont présentés au bas d'un amphithéâtre d'acheteurs disposant de commandes électroniques pour enchérir ; sur un tableau s'affichent le poids de la bête, son numéro de lot et l'évolution de l'enchère qui reste ainsi anonyme.

**Commagny** – *2,5 km au Sud-Ouest par la route de Decize et la rampe du prieuré, à gauche au sommet de la montée.*

**Ancien prieuré** ⊙ bénédictin, bien situé au-dessus des herbages du Bazois.
De l'église romane on verra surtout l'abside à cinq arcatures alternativement aveugles et ouvertes, inscrites dans un décor rappelant les bandes lombardes (pilastres réunis à leur sommet par une frise d'arceaux).
La demeure du prieur (15e s.), flanquée par le clocher et une haute tour ronde, montre, au-dessus du petit cimetière, sa façade la mieux sauvegardée. En contournant le bâtiment par le pied de la tour, gagner la grille de la propriété, pour admirer le chevet de l'église.

*Pour choisir un lieu de séjour à votre convenance,*
*consultez la carte et les tableaux en introduction.*

# NEVERS ★

Agglomération 58 915 habitants (les Nivernais)
Cartes Michelin n° 69 plis 3, 4 ou 238 pli 33
Plan d'agglomération dans le guide Rouge Michelin France.

A quelques kilomètres du confluent de la Loire et de l'Allier, Nevers, capitale du Nivernais, est la ville des belles faïences.

Du grand pont en grès roux que franchit la N 7, on a une **vue** d'ensemble sur la vieille ville étagée au flanc d'une colline et dominée par la haute tour carrée de la cathédrale et l'élégante silhouette du palais ducal.

**Un échec de César** – Avant d'entreprendre le siège de Gergovie en 52 avant J.-C., César fait de la ville forte située à la limite du territoire des Éduens, « Noviodunum Aeduorum », un important entrepôt de vivres et de fourrages pour son armée. A l'annonce de son échec devant Gergovie, les Éduens n'hésitent pas à détruire Noviodunum par le feu rendant ainsi précaire la situation de César en Gaule.

**Faïence et verres filés** – Devenu duc de Nivernais en 1565, **Louis de Gonzague**, troisième fils du duc de Mantoue, fait venir d'Italie un grand nombre d'artistes et d'artisans.

Il développe l'industrie de la verrerie et celle de l'émaillerie qui devient très à la mode et dont les productions – verres filés servant généralement à la composition de scènes religieuses – étaient expédiées par la Loire vers Orléans et Angers.

Louis de Gonzague introduit la faïence d'art à Nevers entre 1575 et 1585. Les frères Conrade, originaires d'Italie, « maîtres pothiers en œuvre blanche et autres couleurs », initient à leur art une pléiade d'artisans locaux.

Peu à peu, la forme, les coloris, les sujets d'ornementation qui au début reproduisaient seulement les procédés italiens évoluent vers un style très particulier.

Vers 1650, l'industrie de la faïence atteint son apogée. Douze fabriques occupent 1 800 ouvriers. La Révolution de 1789, dernier thème pour lequel la production a été très importante, lui porte un grave préjudice. Les difficultés et la concurrence de la porcelaine ont contribué à son déclin au cours du 19e s. Actuellement, seules quatre **fabriques artisanales** ⊙ maintiennent la renommée de cette activité traditionnelle.

**Le perroquet Ver-Vert** – Son histoire est contée par J.-B. Gresset, dans un poème badin écrit en 1733 : « A Nevers donc, chez les visitandines,
                            Vivoit naguère un perroquet fameux... »

Choyé, gâté, d'une éducation parfaite, il coulait des jours exempts de soucis. Mais les visitandines de Nantes, ayant entendu vanter les mérites de ce merveilleux oiseau, prient leurs sœurs de Nevers de le leur envoyer pendant quelques jours. A Nevers, on se lamente, puis on se résigne. Ver-Vert part, mais, sur le coche d'eau, les mariniers de la Loire et des dragons lui enseignent un vocabulaire moins édifiant que celui des visitandines :

> « Car les Dragons, race assez peu dévote,
> Ne parloient là que langue de gargotte...
> ... Bien vite, il sut jurer et maugréer
> Mieux qu'un vieux diable au fond d'un bénitier. »

A Nantes, il scandalise le monastère de ses jurons épouvantables. On se hâte de renvoyer à Nevers ce suppôt de Satan. Jugé par le conseil de l'Ordre, il est condamné au jeûne, à la solitude et, suprême affront, au silence. Ayant fait amende honorable, il rentre en grâce auprès des visitandines, mais il est de nouveau tant gâté qu'il meurt d'indigestion :

> « Bourré de sucre et brûlé de liqueurs,
> Ver-Vert, tombant sur un tas de dragées,
> En noirs cyprès vit ses roses changées. »

## LA VIEILLE VILLE *visite : 2 h*

*Partir de la porte du Croux et suivre l'itinéraire indiqué sur le plan.*

★ **Porte du Croux** (Z) – Cette belle tour carrée, avec mâchicoulis et tourelles en encorbellement, coiffée d'une haute toiture, est un des vestiges des fortifications de la ville. Elle fut élevée en 1393, lorsque l'on remania l'enceinte établie deux siècles auparavant par Pierre de Courtenay.
Le **musée archéologique du Nivernais** ⊙ y est installé. Il renferme des sculptures antiques (marbres grecs et romains) et une importante collection de sculptures romanes.

*Suivre la promenade des remparts.*

**Musée municipal Frédé-ric-Blandin** (Z M[1]) ⊘ – Installé dans les locaux d'une ancienne abbaye, il présente une très belle **collection de faïences de Nevers★** regroupée suivant les styles italien, persan, chinois, nivernais, populaire. Remarquer parmi les faïences de grand feu polychromes et camaïeux une *Vierge à la pomme* (statue de 1636) et un plat bleu de Nevers *Vénus, l'Amour et Mercure*.

De délicats émaux et verres filés dits de Nevers complètent cet ensemble.

*Revenir sur ses pas pour prendre la rue de la Porte-du-Croux puis, à droite, la rue des Jacobins.*

Plat en faïence de Nevers – Vénus et l'Amour

**★★Cathédrale St-Cyr-et-Ste-Julitte** (Z) ⊘ – Cette vaste basilique, où tous les styles du 11e au 16e s. se juxtaposent, a été consacrée en 1331 avant d'être complétée et plusieurs fois remaniée. Elle présente un curieux plan, caractérisé par deux absides opposées à chaque extrémité de la nef : une romane à l'Ouest, une gothique à l'Est. Cette disposition, fréquente à l'époque carolingienne et conservée par exemple dans quelques cathédrales des bords du Rhin (Worms, Spire et Mayence), est extrêmement rare en France.

**Extérieur** – Faire le tour de l'édifice hérissé de contreforts, de piliers, d'arcs-boutants et de pinacles pour juger de la succession des styles et admirer la tour carrée, haute de 52 m, flanquée de contreforts polygonaux ; l'étage inférieur est du 14e s., les deux autres, richement décorés de niches, de statues et d'arcatures, sont du 16e s.

**Intérieur** – L'ampleur de la nef, surmontée d'un triforium et de fenêtres hautes et du chœur, cerné par un déambulatoire, est ce qui frappe dès l'entrée.
L'abside romane, dite de Ste-Julitte, surélevée de 13 marches et voûtée en cul-de-four, est décorée d'une fresque datant du 12e s. représentant le Christ en gloire entouré de figures d'anges et des symboles des évangélistes. La nef, aux dévers accentués, date du 13e s. ; on y voit une horloge à jaquemarts du 16e s. ; la base des colonnettes du triforium est ornée de petites statues. Les chapelles sont du 15e s.

**★Palais ducal** (Z) – C'est l'ancienne demeure des ducs de Nevers. La construction fut commencée dans la seconde moitié du 15e s. par Jean de Clamecy, comte de Nevers, désireux d'abandonner l'austère forteresse située à l'emplacement actuel de l'hôtel de ville. Le palais fut embelli au cours du 16e s. par les familles de Clèves et de Gonzague. C'est l'un des plus beaux spécimens de l'architecture civile du tout début de la Renaissance.
Les grosses tours rondes de la façade postérieure donnent sur une cour qui surplombe là rue des Ouches. La façade ocre, coiffée d'ardoise, est ponctuée de deux tourelles : une belle tour centrale à pans coupés, terminée par un petit lanternon, abrite l'escalier d'honneur. Elle s'ajoure de fenêtres dont le décalage, d'un gracieux effet, souligne la révolution de l'escalier. Les bas-reliefs modernes évoquent la légende de St-Hubert ainsi que celle du « Chevalier au Cygne », ancêtre de la maison de Clèves et qui inspira celle de Lohengrin. Remarquer encore les fenêtres en lucarne ornées de cariatides et d'atlantes, ainsi que les cheminées en tuyaux d'orgues.
Sur la tourelle de gauche, une plaque commémorative signale que des princesses nivernaises devinrent reines de Pologne.

**Montée des Princes** (Z N) – Du jardin en terrasses qui prolonge l'esplanade du palais ducal, on découvre une jolie vue sur la Loire.
*Prendre à gauche le quai de Mantoue puis la rue du Commerce.*

**Beffroi** (Y F) – Il date du 15e s. Son clocher pointu domine un vaste bâtiment abritant autrefois les halles et la salle du baillage ducal.
*Par la rue du Commerce et la place Guy-Coquille, gagner la rue St-Étienne.*

**★Église St-Étienne** (Y) – Cette belle église romane, qui fit partie autrefois d'un prieuré clunisien, présente une pureté de style et une homogénéité remarquables. Elle fut édifiée de 1063 à 1097 sur l'initiative de Guillaume Ier, comte de Nevers. Le chevet, que l'on voit de la rue du Charnier, est, avec sa ceinture d'absidioles, d'une magnifique ordonnance. La tour de la croisée du transept, dont il ne reste que la souche, a été détruite sous la Révolution ainsi que les deux tours surmontant la façade. La façade est très sobre. Quelques corbeaux de pierre, disposés en ligne, révèlent la présence d'un ancien porche.

L'intérieur, dépourvu de tout décor sculpté, en dehors des chapiteaux du déambulatoire, est de belles proportions et séduit par les tons dorés de la pierre. La nef de six travées est voûtée d'un berceau en plein cintre sur doubleaux ; elle est flanquée de bas-côtés voûtés d'arêtes. Dans le chœur restauré a été implanté un autel roman. Le carré du transept est couvert d'une coupole sur trompes. La rangée de fenêtres à la naissance du berceau est d'une hardiesse impressionnante et les deux galeries du triforium ouvertes sur la nef sont remarquables.

*Revenir sur ses pas pour prendre à droite la rue Francs-Bourgeois que prolonge la rue des Ardillers.*

**Porte de Paris** (Y E) – Cet arc de triomphe fut élevé au 18ᵉ s. pour commémorer la victoire de Fontenoy ; des vers de Voltaire à la louange de Louis XV y sont gravés.

*A gauche de la porte de Paris, suivre la rue du Rempart puis à gauche la rue Hoche et la rue St-Martin.*

**Chapelle Ste-Marie** (Y) – C'est l'ancienne chapelle, désaffectée, du 7ᵉ monastère de visitandines fondé en France. A la demande de l'évêque de Nevers, Mlle de Bréchard, Nivernaise devenue religieuse de la Visitation et supérieure du couvent des Moulins, fut envoyée par saint François de Sales pour fonder ce monastère.

La façade, de style Louis XIII, est surchargée d'ornements dans le goût italien : niches, entablements, colonnes et pilastres.

*Les rues St-Martin, du 14-Juillet, de la Porte-du-Croux ramènent à la porte du Croux.*

**Promenade des remparts** – De la porte du Croux jusqu'à la Loire, remarquer l'ensemble, reconstruit au 15ᵉ s., de l'enceinte édifiée par Pierre de Courtenay, au 12ᵉ s., avec les tours du Hâvre, St-Révérien et Gogin.

## NEVERS

## AUTRES CURIOSITÉS

**Couvent St-Gildard** (Y) ⊘ – Pèlerinage de sainte Bernadette d'avril à octobre. **Bernadette Soubirous**, favorisée à Lourdes par de nombreuses apparitions de la Vierge, entra dans ce couvent en 1866 et prit le voile l'année suivante sous le nom de sœur Marie-Bernard. Elle y mourut en 1879 et fut canonisée en 1933. Son corps, trois fois exhumé intact, repose aujourd'hui dans une châsse vitrée exposée dans la chapelle du couvent, maison mère des Sœurs de la Charité et Instruction chrétienne de Nevers. Le petit **musée** ⊘ qui lui est consacré retrace l'histoire de sa vie et conserve certains effets et objets personnels de la sainte ainsi qu'un beau bas-relief sculpté (scènes de la vie de la Vierge) provenant de l'église de St-Gildard.

**Église Ste-Bernadette-du-Banlay** ⊘ – On y accède par l'avenue Colbert (Y) et la rue du Banlay. Ce sanctuaire (1966), délibérément anticonformiste, présente extérieurement la forme lourde et ramassée d'un blockhaus. Au contraire, la nef concave est éclairée d'une lumière diffuse qui agrandit l'espace.

## ENVIRONS

**Marzy** – *5,5 km à l'Ouest.* Intéressante église romane du 12e s. surmontée d'un élégant clocher à deux étages de proportions harmonieuses. A l'intérieur, statues des 17e et 18e s.
Revenir à Nevers par la route qui longe le bord de l'eau ; jolie vue sur le confluent de la Loire et de l'Allier au **Bec d'Allier.**

## LE PAYS D'ENTRE LOIRE ET ALLIER *Circuit de 82 km – environ 4 h*

Dans la dernière partie de son cours, l'Allier, rivière épanouie mais vive encore, trace jusqu'à la Loire une voie presque directe ; un pays verdoyant et bocager dont le calme est troublé seulement par le trafic de la N 7 est ainsi isolé entre l'Allier, la Loire et, au Sud, la forêt du Perray. Les bourgs sont rares ; de belles demeures se cachent au milieu de vastes domaines où se pratique l'élevage en grand des bœufs charollais.
Toute la région fut, à une époque de la guerre de Cent Ans, le théâtre des exploits de Perrinet-Gressard *(voir p. 93).*

*Quitter Nevers au Sud par la N 7. A 14 km prendre à gauche vers le circuit auto.*

**Circuit auto-moto de Nevers-Magny-Cours** ⊘ – *Suivre les panneaux fléchés.* Entre Magny-Cours et St-Parize-le-Châtel, le circuit automobile est le théâtre, chaque année, de compétitions internationales : Grand Prix de France de Formule 1, Grand Prix de France Moto.

**St-Parize-le-Châtel** – Ce riant village était déjà florissant à l'époque gallo-romaine grâce à ses sources d'eau gazeuse, naguère encore exploitées à l'Est de la localité. Son église construite sur une terrasse dominant le paysage est surtout remarquable par sa crypte du 12e s. L'interprétation des figures représentées sur les chapiteaux historiés est hasardeuse : certains voient dans les animaux musiciens, acrobates et personnages fantastiques la représentation des péchés capitaux. Les autres chapiteaux sont ornés d'éléments décoratifs hérités du paganisme – chimères, emblèmes –, de feuillages et de rosaces. Intéressant sarcophage carolingien.

**St-Pierre-le-Moûtier** – *11 km au Sud-Ouest de Parize. Voir à ce nom.*

*Gagner Chantenay (9 km au Sud) et bifurquer vers l'Est (D 522).*

**Forêt du Perray** – Ses 2 200 ha s'égayent de plusieurs étangs. Au centre, le Rond-du-Perray est une vaste clairière d'où partent en étoile des allées profondes. Les coupes de bois alignées sur le pourtour justifient l'importance de la maison forestière qui règne sur le domaine. La forêt de Chabet prolonge le massif du Perray vers l'Ouest.

*Traverser la forêt ; aux Raguet, gagner Luthenay-Uxeloup à 10 km au Nord.*

Dès la sortie Est de Luthenay-Uxeloup, la silhouette du **château de Rozemont** (13e s.), l'un des repaires de Perrinet-Gressard, se détache sur l'autre versant de la vallée.

*Descendre vers la Loire et gagner Chevenon à environ 10 km au Nord.*

**Chevenon** – En bordure des coteaux qui commandent la vallée, le **château** ⊘ occupe un site qui explique son importance. Une impression de puissance se dégage de la haute construction dont la coloration rose adoucit la sévérité. Cet ancien logis seigneurial, étroitement resserré entre ses fortes tours rondes, était autrefois entouré de fossés. Il fut édifié au 14e s. par Guillaume de Chevenon, « capitaine des châteaux et tours de Vincennes » sous Charles V.

*Retour à Nevers par la D 13.*

La route longe le canal latéral à la Loire dont les eaux calmes reflètent un paysage apaisant ; mais le fleuve, caché par une large bande alluviale, reste invisible.

# NOLAY

1 551 habitants
Cartes Michelin n° 69 pli 9 ou 243 plis 26, 27 – 15 km au Nord-Ouest de Chagny.

Ce bourg, baigné par la Cosanne, est la patrie de **Lazare Carnot** (1753-1823), « organisateur de la victoire » au temps de la Convention. Sa maison natale, devant laquelle se dresse sa statue, est restée propriété de la famille Carnot.

**Vue d'ensemble** – De la D 33, à 2,5 km au Nord-Ouest de Nolay, on a une belle vue d'ensemble sur Nolay et la vallée de la Dheune.

**Vieilles halles** – Elles furent construites au 14ᵉ s. La charpente est recouverte de lourdes dalles calcaires.

**Église** – Cet édifice du 15ᵉ s., reconstruit au 17ᵉ s. et restauré à la suite d'un incendie, est surmonté d'un curieux clocher de pierre, abritant un jacquemart en bois polychrome du 16ᵉ s., restauré. De nombreuses statues ont été installées dans l'église dont un Saint Jacques (première chapelle à droite) et un Saint Benoît, du 15ᵉ s. (déambulatoire).

## ENVIRONS

★ **La Rochepot** – *5 km par la D 973.* La route traverse une campagne riante et vallonée. *Voir à ce nom.*

**Vallon de la Tournée** – *5 km, plus 1/2 h à pied AR. Prendre au Nord la route de Vauchignon, étroite et sinueuse.*
Sur la droite s'élèvent les **falaises de Cormot**, remarquable école pour la varappe, dont la Dame de Paris est la plus majestueuse aiguille.
A la sortie de Vauchignon, suivre à gauche la route remontant le vallon de la Cosanne, au pied de hautes murailles rocheuses, jusqu'à un pont (fin de la route). Le sentier de gauche, après une montée sous bois, mène à une grotte, où la Cosanne coule en cascade sur les rochers de granit rose, dans un joli site. L'autre sentier mène à travers prés au **cirque du Bout du Monde**. Dans un **site★** remarquable au milieu d'impressionnants à-pics calcaires, tombe une cascade haute de 28 m, peu abondante en général.

# NOYERS

757 habitants
Cartes Michelin n° 65 pli 6 ou 238 pli 12.

Cernée par un méandre du Serein et resserrée entre ses remparts aux seize tours rondes, Noyers (prononcer Noyère) est une pittoresque petite ville ; ses rues aux noms évocateurs, bordées de maisons anciennes à pans de bois ou en pierre et à pignon, sur la façade desquelles grimpe parfois un charmant petit escalier extérieur, forment un ensemble très original.
Les entrées de caves s'ouvrant directement sur la rue rappellent que l'on est ici en pays de vignoble.

## VISITE *environ 3/4 h*

**Place de l'Hôtel-de-Ville** – Elle est entourée de jolies maisons à pans de bois des 14ᵉ et 15ᵉ s. et de maisons à arcades. L'hôtel de ville présente une façade du 17ᵉ s. surmontée d'un fronton curviligne et ornée de balcons en fer forgé et de pilastres.
*Prendre la rue du Marché-au-Blé qui conduit à la place du même nom.*

**Place du Marché-au-Blé** – Cette place, triangulaire, est bordée de maisons anciennes dont une en pierre, à arcades et à pignon, sur la droite. Dans le bel hôtel Renaissance, dit « la Croix blanche », ont lieu des expositions.
*Par la rue de l'Église, on gagne l'église Notre-Dame, puis le musée.*

**Église Notre-Dame** – Vaste édifice de la fin du 15ᵉ s., avec façade Renaissance et tour carrée, à gargouilles. Imposant chevet à contreforts. Remarquer, sur la façade Nord, la curieuse figuration sculptée d'un gisant.

**Musée** ☉ – Situé dans l'aile méridionale de l'ancien collège du 17ᵉ s., il abrite une intéressante collection de tableaux d'art naïf, d'art brut et d'art populaire provenant de la donation du peintre Jacques Yankel.

*Revenir place du Marché-au-Blé et prendre, sous une voûte à gauche, la petite rue du Poids-du-Roy.*

**Rue du Poids-du-Roy** – Ruelle pittoresque ; sur la gauche, aussitôt après l'arcade, ravissante maison en bois du 15ᵉ s. à colombage et à poteaux corniers sculptés.

La rue du Poids-du-Roy aboutit, par un passage couvert, à la minuscule **place de la Petite-Étape-aux-Vins** encadrée de maisons à pans de bois : celle qui se trouve tout de suite à gauche lorsqu'on débouche sur la place porte trois naïves sculptures représentant des saints.

La rue principale, **rue de la Petite-Étape-aux-Vins**, que l'on prend à gauche, elle aussi bordée de maisons anciennes, conduit à la place du Grenier-à-Sel. A l'extrémité de cette place, s'engager dans la **rue de la Madeleine**, au début de laquelle on verra, à gauche, une maison Renaissance portant une inscription grecque.

*Revenir sur la place du Grenier-à-Sel.*

A gauche, le passage Hardy débouche sur la promenade, ombragée de platanes et longeant le Serein. Suivre à droite cette promenade le long de laquelle on peut voir encore sept des nombreuses tours rondes qui défendaient autrefois la ville.

On arrive à la Porte Peinte, porte fortifiée de forme carrée, par laquelle on entre dans la rue de ce nom (grande maison à colombage, à gauche) pour regagner la place de l'Hôtel-de-Ville.

# NUITS-ST-GEORGES

5 569 habitants (les Nuitons)
Cartes Michelin n° 65 Sud-Ouest du pli 20 ou 243 pli 16 – Schéma p. 117.

Cette petite ville coquette et accueillante, capitale de la Côte à laquelle elle a donné son nom *(voir p. 115)*, s'enorgueillit de son vignoble qui produit des crus de renommée mondiale.

La célébrité des vins de Nuits remonte à Louis XIV. Son médecin Fagon ayant conseillé au Roi-Soleil de prendre à chaque repas quelques verres de Nuits et de Romanée, à titre de remède, toute la Cour voulut en goûter.

Le Saint-Georges, constitué en vignoble dès l'an mille, est un des crus les plus cotés.

**Église St-Symphorien** – Ce vaste édifice, bâti à la fin du 13e s., mais de style entièrement roman, se distingue par un chevet plat orné de trois baies à colonnettes et de sculptures sous une grande rosace, et par un clocher massif assis sur le carré du transept. A l'intérieur, la nef principale, très haute et voûtée d'arêtes, abrite un buffet d'orgues sculpté (18e s.) et surtout, de la fin du 16e s., une rare cage d'escalier tournant, curieux cylindre de bois ajouré. Des vestiges de fresques (dont un martyre de sainte Christine) et d'inscriptions du 16e s. sont visibles dans les bas-côtés.

**Autres monuments** – On remarquera à Nuits deux édifices du 17e s. : le beffroi de l'ancien hôtel de ville et l'hôpital St-Laurent ; l'actuel hôtel de ville, construit au 18e s. ; la moderne église Notre-Dame, aux vitraux colorés dus à J.-J. Borghetto (1957).

**Musée** ⊙ – Il est installé dans une ancienne maison de vins.

Les caves voûtées abritent les collections archéologiques gallo-romaines provenant des fouilles effectuées aux Bolards près de Nuits-St-Georges (ex-voto, stèles funéraires, urnes cinéraires, objets de la vie quotidienne).

Au 1er étage sont exposés des armes, des costumes, des uniformes de chasseurs à pied (1845 à 1945). Des souvenirs et documents évoquent la bataille de Nuits-St-Georges remportée contre les Badois et les Prussiens le 18 décembre 1870.

Une salle est consacrée au peintre bourguignon Jean François (1906-1980), dont les œuvres évoquent le travail de la vigne et du vin.

# Vallée de l'OUCHE

Cartes Michelin n° 65 plis 19, 20 et 69 pli 9 ou 243 plis 14, 15, 16.

Située à la limite Ouest de l'arrière-côte dijonnaise, la vallée de l'Ouche facilite les communications avec l'Auxois. Entre des plateaux calcaires, c'est une trouée verdoyante propre aux cultures et aux pâturages. Le canal de Bourgogne l'emprunte à partir de Pont-d'Ouche.

**Le canal de Bourgogne** – Achevé en 1832, ce canal, long de 242 km, opère la jonction entre l'Yonne et la Saône, de Laroche (altitude 84 m) à St-Jean-de-Losne (altitude 182 m). Empruntant les vallées opposées de l'Armançon et de l'Ouche, il franchit, à 378 m d'altitude, la faîte de séparation des bassins de la Seine et du Rhône par un tunnel long de 3 333 m. Le canal de Bourgogne est utilisé par une batellerie active seulement entre Laroche et Tonnerre et entre Dijon et St-Jean-de-Losne ; 189 écluses jalonnent son parcours. La navigation de plaisance, en accroissement, l'utilise en entier *(voir p. 241)*.

## DE BLIGNY A DIJON *57 km – environ 1 h 1/2*

La route suit la verdoyante vallée de l'Ouche dans un paysage vallonné entre des pentes boisées parsemées de rochers.

Aussitôt avant Pont-d'Ouche, on passe sous le grand ouvrage d'art qui permet à l'autoroute A 6 de franchir la vallée de l'Ouche, puis la route rejoint le canal de Bourgogne. Remarquer, au passage, l'aqueduc sur lequel le canal de Bourgogne franchit l'Ouche. La vallée s'élargit et le fond devient boisé et rocheux. Bientôt des rochers apparaissent à gauche dans les côtes portant la forêt de Bouhey.

**La Bussière-sur-Ouche** – *7 km au Nord de Pont-d'Ouche.* L'**église** ⊙ romane est surmontée d'un fin clocher d'ardoises. A l'intérieur, la nef, en berceau brisé, est soutenue par des doubleaux. Les bas-côtés possèdent des voûtes primitives, en calotte, légèrement bombées. L'église renferme des tombeaux, des pierres tombales, des bas-reliefs et de nombreuses statues. Au chœur, panneaux peints, du 17ᵉ s., surmontés de deux intéressantes statues : sainte Barbe, à gauche, et saint Sébastien, à droite.

Dans un site agréable, les bâtiments du 13ᵉ s., restaurés, d'une ancienne abbaye cistercienne servent de centre de retraite, loin des préoccupations profanes.

Peu après Auvillard, on aperçoit en haut d'un piton, à gauche, les ruines du château de Marigny. A l'entrée de Ste-Marie-sur-Ouche, laisser à droite un joli pont en dos d'âne.

Traverser l'Ouche à **Pont-de-Pany** et se diriger vers le Sud-Est.

**Château de Montculot** – C'est une élégante demeure du 18ᵉ s. avec parc et pièces d'eau. L'une d'elles, la source du Foyard, fut chantée par Lamartine qui hérita de ce domaine familial. Le poète composa là une partie de son œuvre, entre 1801 et 1831.

Regagner Pont-de-Pany, et emprunter vers l'Est la D 905 qui offre des vues sur les ouvrages d'art de la voie ferrée Paris-Dijon établie sur la falaise dominant le canal.

*A la Cude, bifurquer vers le Sud.*

**Notre-Dame d'Étang** – *1/2 h à pied AR, à partir du centre psychothérapique.* De la D 10ᶠ en corniche, on découvre un beau **panorama** sur la vallée de l'Ouche.

Au sommet de la colline d'Étang, a été érigé en 1896 un monument de 24 m de hauteur portant une immense statue de la Vierge. La statue miraculeuse, découverte en 1435, se trouve dans l'église de Velars-sur-Ouche.

Peu avant l'arrivée à Dijon, l'Ouche s'élargit en un lac artificiel, le lac Kir.

# Barrage de PANNESIÈRE-CHAUMARD★

Cartes Michelin n° 65 Sud du pli 16 ou n° 238 plis 23, 24 – Schémas p. 102 et 166.

Le barrage de Pannesière-Chaumard, long de 340 m et haut de 50 m, est constitué de multiples voûtes minces, prolongées sur chaque rive par des digues massives en béton ; 12 contreforts prennent appui sur le fond de la gorge. Il régularise le régime des eaux du bassin de la Seine. Une usine hydroélectrique est installée en aval et produit près de 18 millions de kWh par an.

Sa retenue (82,5 millions de m³) forme un magnifique plan d'eau, apprécié des pêcheurs, long de 7,5 km dans un joli **site★** de collines boisées. Une route en fait le tour et franchit la crête du barrage d'où la **vue** s'étend sur les ramifications du plan d'eau tandis qu'à l'horizon se profilent les sommets du Haut Morvan.

Près de la D 944, en aval de l'ouvrage principal, a été édifié un barrage de compensation long de 220 m et composé de 33 voûtes minces. Il permet de restituer à l'Yonne sous un débit constant l'eau turbinée par l'usine au rythme de la demande en courant électrique et il favorise l'alimentation en eau du canal du Nivernais.

# PARAY-LE-MONIAL★★

9 859 habitants (les Parodiens)
Cartes Michelin n° 69 pli 17 ou 243 pli 37 – Schéma p. 85.

Paray-le-Monial, berceau de la dévotion au Sacré-Cœur de Jésus, est situé aux confins du Charollais et du Brionnais, au bord de la Bourbince que longe le canal du Centre. Sa basilique est un magnifique exemple d'architecture clunisienne.

L'industrie des matériaux de construction, concentrée dans la vallée de la Bourbince, est représentée à Paray par des fabriques de carrelage et pavage de grès, de produits réfractaires.

**Marguerite-Marie Alacoque** – Fille du notaire royal de Verosvres-en-Charollais, Marguerite-Marie Alacoque manifeste très tôt le désir de se faire religieuse mais ne réalisera ce vœu qu'à 24 ans. Le 20 juin 1671, elle entre comme novice au couvent de la Visitation de Paray-le-Monial et y prend le voile deux mois plus tard. Dès 1673 se produisent pour sœur Marguerite-Marie des apparitions qui se succèdent jusqu'à sa mort. Secondée par son confesseur, le père Claude de la Colombière, elle révèle les messages reçus – consignant par écrit les Révélations qui lui sont faites : « Voilà ce Cœur qui a tant aimé les hommes » – et préconise la dévotion au Sacré-Cœur. Elle meurt le 17 octobre 1690.

**La dévotion au Sacré-Cœur** – Ce n'est qu'au début du 19e s., après la tourmente révolutionnaire, que la dévotion au Sacré-Cœur se développe.

En 1817 commence en Cour de Rome le procès qui aboutit, en 1864, à la béatification de sœur Marguerite-Marie. En 1873 a lieu à Paray-le-Monial, en présence de 30 000 personnes, le premier grand pèlerinage au cours duquel est décidée la consécration de la France au Sacré-Cœur de Jésus. Cela rejoignait le vœu émis en 1870 de construire, par souscription nationale, une église consacrée au Sacré-Cœur, qui devait être la basilique érigée sur la colline de Montmartre.

Depuis 1873 les pèlerinages se sont renouvelés chaque année à Paray-le-Monial. Sœur Marguerite-Marie a été canonisée en 1920.

De nombreuses communautés religieuses se sont fixées à Paray-le-Monial qui est devenu un des hauts lieux de la chrétienté.

## ★★BASILIQUE DU SACRÉ-CŒUR *visite : 1/2 h*

Sur la rive droite de la Bourbince, aménagée en promenade fleurie et jalonnée de saules pleureurs, se dresse l'église primitivement dédiée à Notre-Dame, puis élevée au rang de basilique et consacrée en 1875 sous le vocable du Sacré-Cœur.

Construite d'un jet entre 1090 et 1109, sous la direction de saint Hugues, abbé de Cluny, l'église, restaurée aux 19e et 20e s., peut être considérée comme un modèle réduit contemporain de la célèbre abbaye bénédictine. Elle n'en conserve cependant que la structure architecturale, délaissant la magnificence décorative et le gigantisme, conçus à la gloire de Dieu, au profit d'une beauté abstraite, favorable au recueillement, fondée sur l'agencement rythmique des volumes, les jeux d'ombre et de lumière et le dépouillement décoratif. Les rares sculptures privilégient largement les motifs géométriques, dont saint Hugues découvrit probablement la séduisante perfection dans l'art islamique, à l'occasion de deux voyages en Espagne.

Du pont de la Bourbince, on a une belle vue d'ensemble sur la basilique, dont on peut admirer la pierre dorée, commune à tant d'églises du Brionnais tout proche *(voir p. 85).*

**Extérieur** – La façade est d'une admirable simplicité : deux tours carrées, épaulées à leurs angles par de puissants contreforts, présentent quatre étages de fenêtres dont le premier éclaire l'étage du narthex qu'elles surmontent.

La tour de droite, construite au début du 11e s., a une décoration très sobre ; celle de gauche, qui lui est postérieure, présente une décoration plus riche : les étages supérieurs sont séparés par une corniche moulurée, le troisième étage est percé de deux baies accouplées, cantonnées de colonnes ornées de chapiteaux ; au dernier étage, l'arc des baies est formé de deux rangs de claveaux au lieu de trois, tandis que les chapiteaux des colonnettes sont réunis par un cordon d'oves et de losanges. La tour octogonale située à la croisée du transept a été restaurée en 1860.

Pour admirer l'unité du chevet, harmonieusement étagé, contourner l'édifice et se placer en haut de l'escalier de l'ancienne maison des Pages qui abrite la chambre des Reliques *(voir ci-après).*

Entrer dans la basilique par le croisillon gauche dont la belle porte romane est décorée de motifs floraux et géométriques.

**Intérieur** – On est frappé à la fois par la hauteur de l'édifice (22 m dans la nef principale) et par la sobriété du décor. On retrouve toutes les caractéristiques de l'art clunisien *(voir p. 35).*

Huysmans décelait le symbole de la Trinité dans les 3 nefs composées de 3 travées comportant au-dessus des grandes arcades 3 arcatures surmontées de 3 fenêtres. Le chœur et son déambulatoire aux 3 absidioles – le promenoir

La basilique du Sacré-Cœur.

des Anges – constituent un ensemble d'une grande élégance. Les chapiteaux historiés des fines colonnes sont un exemple typique de l'art bourguignon du 12ᵉ s. L'abside en cul-de-four est décorée d'une fresque du 14ᵉ s., représentant le Christ en gloire bénissant, découverte à l'occasion d'un décapage en 1935. La croisée du transept, recouverte d'une coupole sur trompes, est d'une élégante élévation.

## LE PÈLERINAGE

**Chambre des Reliques** (**B**) ⊘ – Dans l'ancienne maison des Pages du cardinal de Bouillon ont été rassemblés de nombreux souvenirs de sainte Marguerite-Marie. La cellule de la sainte a été fidèlement reconstituée.

**Parc des Chapelains** – C'est dans ce vaste enclos, orné d'un chemin de croix, que se déroulent les grandes cérémonies de pèlerinages. Dans le parc, un **diorama** ⊘ est consacré à la vie de sainte Marguerite-Marie.

**Chapelle de la Visitation** (**E**) ⊘ – C'est dans cette chapelle, appelée « Sanctuaire des Apparitions », que sainte Marguerite-Marie reçut ses principales Révélations. La châsse en argent doré abritant ses reliques se trouve dans une chapelle à droite.

179

| | | |
|---|---|---|
| **B** Chambre des Reliques | **H** Hôtel de ville | **M²** Musée de |
| **E** Chapelle de la Visitation | **M¹** Musée du Hiéron | la Faïence charollaise |

# AUTRES CURIOSITÉS

★ **Hôtel de ville** (**H**) – La façade en pierre dorée de ce bel hôtel Renaissance, construit en 1525 par un riche drapier, Pierre Jayet, est ornée de coquilles et de médaillons, représentant les rois de France.

**Musée du Hiéron** (**M¹**) ⊙ – Ce musée d'art sacré centré autour du thème de l'Eucharistie à travers la vie du Christ, de la Vierge et des saints renferme principalement une collection d'art italien du 13e s. au 18e s. : tableaux de primitifs ; œuvres des écoles florentine (Donatello, Bramante), vénitienne, romaine et bolonaise ; objets sculptés, parmi lesquels un Christ toscan du 13e s. et une arche eucharistique en ivoire des 13e et 16e s. ; et pièces d'orfèvrerie.

Il possède en outre quelques œuvres provenant des écoles de Flandres et d'Allemagne (gravures de Lucas de Leyde et d'Albrecht Dürer), ainsi que de France dont le très beau **tympan**★ du 12e s. provenant du prieuré brionnais d'Anzy-le-Duc *(voir à ce nom)*.

Lors des destructions révolutionnaires en 1791, ce portail fut transporté dans le parc du château d'Arcy et par la suite donné au musée du Hiéron. Au tympan, le Christ en majesté trône dans une mandorle soutenue par deux anges. Au linteau la Vierge de miséricorde découvre son sein à l'Enfant Jésus qu'elle porte sur ses genoux, entourée sur sa gauche de 4 vierges tenant une couronne et, sur sa droite, de 4 apôtres et disciples. L'ensemble est remarquable tant par sa technique sculpturale que par sa richesse iconographique.

On trouve également des objets de culte : orfèvrerie, ivoire, émaux...

**Musée de la Faïence charollaise** (**M²**) ⊙ – Installé dans le cloître de l'ancien prieuré des moines du 18e s., ce musée est consacré à l'histoire d'une production qui de 1836 à nos jours connut une grande variété de formes et de décors.

En 1879, Élisabeth Parmentier, décoratrice ayant travaillé avec Majorelle, s'installa à Charolles et établit un style qui devint caractéristique de la faïence charollaise : bouquets légers flanqués d'insectes ou de papillons, et bordés de frises bleues.

Parallèlement, une partie de la production se plia à l'évolution stylistique des arts décoratifs.

La première salle présente des moules, outils, pièces crues et accidents de cuisson tels qu'on les trouve dans la réserve d'un atelier *(diaporama sur les étapes de fabrication)*. Les salles suivantes exposent de nombreuses pièces classées chronologiquement et thématiquement ; enfin un espace est réservé aux archives de la faïencerie.

**Tour St-Nicolas** – Cette grosse tour carrée du 16e s. est le clocher de l'ancienne église St-Nicolas, désaffectée. La façade qui borde la place Lamartine s'orne d'une belle rampe en fer forgé et d'une fine tourelle construite en encorbellement à la pointe du pignon.

## ENVIRONS

**Château de Digoine** – *15 km du Nord-Est de Paray-le-Monial, par la D 248, puis à gauche la D 974. Après avoir traversé le canal du Centre à hauteur de Varennes, il reste 1 km à parcourir.*
Cette belle demeure du 18e s., construite sur l'emplacement d'un château fort, présente deux façades d'un aspect très différent.
La façade principale est précédée d'une cour que ferme une grille de fer forgé ; elle porte un élégant fronton sculpté et elle est flanquée de deux pavillons en saillie.
La façade qui regarde le parc, édifiée dans les premières années du 18e s., comprend en son milieu un portique de deux étages ; à ses extrémités se dressent deux tours d'angle cylindriques, à coupoles.

# PERRECY-LES-FORGES

2 023 habitants
Cartes Michelin n° 69 pli 17 ou 243 pli 25 – 12 km à l'Est de Gueugnon.

Ce petit bourg industriel possède une **église** romane, vestige d'un ancien prieuré bénédictin, précédée d'un **porche-narthex**★ d'une grande ampleur et d'une très belle architecture.
Au tympan du portail trône le Christ en majesté dans une gloire soutenue par deux séraphins aux six ailes accolées. En contraste avec l'austérité de cette évocation apocalyptique aux lignes aiguës, les sculptures du linteau (Passion du Christ) et des chapiteaux offrent plus de souplesse et de vie. La croisée du transept, éclairée par des baies géminées, est surmontée d'une coupole sur trompes.
L'édifice est mis en valeur, côté Sud, par la matérialisation au sol des plans de l'ancien cloître grâce à des arbustes et des talus gazonnés.

# Château de PIERRE-DE-BRESSE★

Cartes Michelin n° 70 pli 3 ou n° 243 pli 29.

Entouré d'un parc de 30 ha, le château de Pierre est un bel édifice du 17e s. en briques claires, à toits d'ardoise. Les douves et son plan en U, flanqué aux quatre angles de tours rondes coiffées de dômes, trahissent sa construction sur l'emplacement d'une maison forte.
Le corps de logis est agrémenté d'une galerie ouverte sur arcades en plein cintre. Son léger avant-corps central est surmonté d'un fronton se détachant sur de hauts combles mansardés.
Au 18e s., l'axe de la cour d'honneur a été magnifié par une avant-cour encadrée par de vastes communs que cerne une deuxième boucle de douves.
L'aile gauche du château abrite l'**Écomusée de la Bresse bourguignonne** ⊘. Seuls l'escalier du vestibule d'entrée, à la belle rampe en fer forgé, et deux salles, 18e et 19e s., restaurées à l'identique témoignent des aménagements intérieurs d'époque. Sur trois niveaux, des expositions permanentes présentent le milieu naturel, l'histoire, la vie traditionnelle et la vie économique actuelle de la Bresse bourguignonne *(plusieurs audiovisuels dont un de 18 mn en fin de parcours).*
L'Écomusée est relayé sur son territoire par différentes antennes, illustrant des activités ou des traditions propres à la Bresse. Elles sont installées à Louhans, Rancy *(p. 148)*, St-Germain-du-Bois, Perrigny *(voir ci-après)*, Verdun-sur-le-Doubs *(p. 197)* et Cuiseaux (Maison de la vigne et du vigneron, voir le guide Vert Michelin Jura Franche-Comté).

Le château de Pierre-de-Bresse.

J. Cartier

## ENVIRONS

**Château de Terrans** – *3 km à l'Ouest.*
La construction du château, qui débuta en 1765, est d'une grande sobriété. Une belle grille de fer forgé ferme la cour d'honneur, laissant apparaître une élégante façade, dont la porte d'entrée est précédée d'un escalier encadré par deux lions.

**St-Germain-du-Bois : l'Agriculture bressane** ⊘ – *17 km au Sud.* Cette antenne de l'Écomusée de la Bresse bourguignonne *(voir ci-dessus)* est consacrée au monde paysan bressan ; elle retrace l'évolution du matériel agricole du 19ᵉ s. à nos jours et présente les productions traditionnelles avec, en premier lieu, le maïs et le poulet.
Un espace est également réservé au cheval ; on y voit la reconstitution d'un atelier de bourrelier harnacheur.

**Maison de la forêt et du bois de Perrigny** ⊘ – *27 km au Sud-Ouest.* Au centre du secteur boisé de la Bresse, l'Écomusée de la Bresse bourguignonne *(voir ci-dessus)* présente dans cette antenne les différentes essences de la forêt bressane (sculptures d'Alan Mantle) et les métiers directement liés au bois.

# PIERRE-PERTHUIS★

70 habitants
Cartes Michelin n° 65 pli 16 ou 238 pli 23 – 6 km au Sud de Vézelay –
Schéma p. 166.

A l'entrée du Morvan, le petit village de Pierre-Perthuis, dont l'église surplombe la vallée de la Cure, occupe un **site★** très pittoresque.
La Cure s'écoule tumultueuse au fond d'une gorge étroite qu'enjambe, à 33 m, un pont moderne d'une seule arche. De ce pont, on aperçoit au loin Vézelay et, sur la rive droite, la Roche Percée formant arcade, à laquelle le village de Pierre-Perthuis doit son nom. En amont du pont et en contrebas, la Cure est franchie par un vieux pont en dos d'âne du 18ᵉ s.
A Pierre-Perthuis même s'élèvent les ruines d'un château féodal du 12ᵉ s.

# Abbaye de la PIERRE-QUI-VIRE

Cartes Michelin n° 65 plis 16, 17 ou 238 pli 24 –
10 km à l'Est de Quarré-les-Tombes.

Ce monastère est bâti dans un site solitaire et sauvage du Morvan, sur une rive accidentée du Trinquelin, nom local du Cousin, petit torrent aux eaux claires coulant au pied de roches granitiques au milieu de bois touffus.

**La fondation de l'abbaye** – Le nom du père **Muard** (1809-1854) reste attaché à la fondation de l'abbaye. En 1850, sur un domaine donné par la famille de Chastellux, le R.P. Muard jette les bases de son monastère. Il tire son nom de Pierre-qui-Vire d'une énorme pierre plate posée en équilibre sur un rocher et que l'on pouvait faire osciller d'une faible pression de la main.
La mort du R.P. Muard, supérieur de l'abbaye, n'arrête pas l'essor de la communauté qui s'agrège à l'ordre bénédictin en 1859. Les bâtiments actuels – église et bâtiments conventuels – furent édifiés de 1850 à 1953.

**Visite** – Bien que la clôture monastique ne permette pas la visite des bâtiments, une **salle d'exposition** ⊘ est ouverte en permanence aux touristes qui désirent connaître la vie des moines et leurs travaux – notamment les éditions d'art religieux de la collection Zodiaque *(audiovisuel sur la vie du monastère)*. On peut entrer à l'église pour les **offices** ⊘ et voir également la pierre plate qui est hors de l'enceinte.

*Afin de donner à nos lecteurs l'information la plus récente possible, les conditions de visite des curiosités décrites dans ce guide ont été groupées en fin de volume.*

*Dans la partie descriptive du guide, le signe ⊘ placé en regard des curiosités soumises à des conditions de visite les signale au visiteur.*

# PONTIGNY★

*737 habitants*

Cartes Michelin n° 65 pli 5 ou 238 pli 11 – 18 km au Nord-Est d'Auxerre.

Ce petit village bâti au bord du Serein est célèbre par son ancienne abbaye, seconde fille de Cîteaux, fondée en 1114. Mais à la différence de Cîteaux, dont il ne subsiste plus que des vestiges, l'abbaye de Pontigny (occupée depuis 1968 par un centre de rééducation professionnelle) a conservé intacte son église.

## UN PEU D'HISTOIRE

**La fondation** – Au début de l'année 1114, douze religieux, ayant à leur tête l'abbé Hugues de Mâcon, sont délégués de Cîteaux par saint Étienne pour établir un monastère au bord du Serein, dans une grande clairière, au lieu-dit Pontigny. L'abbaye, à la limite de trois évêchés (Auxerre-Sens-Langres) et de trois provinces (comtés d'Auxerre, de Tonnerre, de Champagne), bénéficie dès son origine de la protection et de la générosité de six maîtres différents. Un vieux dicton rappelait que trois évêques, trois comtes et un abbé pouvaient dîner sur le pont de Pontigny tout en restant sur leurs terres.

C'est en la personne de Thibault le Grand, comte de Champagne, que l'abbaye connaît son plus généreux donateur : en 1150, il donne à l'abbé le moyen d'entreprendre la construction d'une église plus vaste que celle qui existait alors (chapelle St-Thomas). Il fait entourer la propriété de l'abbaye d'une enceinte, haute de 4 m, dont subsistent encore de nombreux vestiges.

**Un refuge pour archevêques** – Pontigny fut au Moyen Âge le refuge des persécutés d'Angleterre. Trois archevêques de Cantorbéry y trouvèrent asile : Thomas Becket, primat d'Angleterre, encourut la haine du roi d'Angleterre Henri II et vint se retirer à Pontigny en 1164. De retour dans son pays en 1170, il fut assassiné dans sa cathédrale deux ans plus tard. Étienne Langton, en désaccord avec Jean sans Terre, se réfugia à Pontigny de 1208 à 1213. Edmund Rich (saint Edme) y vécut saintement pendant plusieurs années. En 1240, il fut inhumé dans l'église de l'abbaye. Canonisé en 1246, son culte est resté populaire dans toute la région.

**Les décades de Pontigny** – Abandonnée pendant la Révolution, l'abbaye sert de carrière aux villages voisins jusqu'en 1840.

Les ruines rachetées par l'archevêque de Sens sont mises à la disposition des pères missionnaires des Campagnes, congrégation fondée par le père Muard *(p. 182)*, qui restaurent l'église et ce qui reste des bâtiments.

Au début du 20e s., les pères sont expulsés et la propriété rachetée par le philosophe Paul Desjardins (1859-1940) qui y organise les fameuses Décades groupant tous les esprits éminents de l'époque : Thomas Mann et André Gide, T.S. Elliot et François Mauriac, à l'occasion de ces « retraites », ont eu, dans la célèbre allée des charmilles, de longues conversations littéraires.

## ★L'ABBAYE *visite : 1/2 h*

Face au monument aux morts du village, franchir un portail du 18e s. flanqué de petits pavillons et prendre une avenue ombragée qui conduit à l'église abbatiale en longeant les bâtiments monastiques.

★ **Église** ⊙ – Construite dans la seconde moitié du 12e s., par Thibault, comte de Champagne, dans le style gothique de transition, elle est d'une austérité rigoureuse, conformément à la règle cistercienne *(voir p. 26)*. De dimensions imposantes (108 m de longueur à l'intérieur – 117 m avec le porche – et 52 m de largeur au transept), elle est presque aussi vaste que la cathédrale Notre-Dame de Paris.

**Extérieur** – Un porche en appentis festonné d'arcatures, reposant soit sur consoles, soit sur colonnettes, occupe toute la largeur de la façade. Fermé latéralement, il est percé de deux baies géminées en plein cintre et d'une porte centrale en arc surbaissé. La façade, ornée d'une haute fenêtre en arc brisé et de deux arcatures aveugles, se termine en pignon aigu avec oculus. Les flancs de l'église sont caractéristiques avec leur longue ligne de faîte que ne coupe aucun clocher. Le transept et les bas-côtés sont d'une grande simplicité, avec contreforts à pans plats et arcs-boutants au chevet et au flanc Nord.

**Intérieur** – La longue nef à deux étages compte sept travées ; c'est la première nef cistercienne voûtée d'ogives parvenue jusqu'à nous. La perspective est coupée par la clôture en bois du chœur monastique.

Les bas-côtés trapus voûtés d'arêtes contrastent avec la nef de forme plus dégagée. Le transept, éclairé à chaque extrémité par une rose, est très caractéristique avec ses six chapelles rectangulaires ouvrant dans chaque croisillon.

Le chœur date du début du 13ᵉ s. ; il est d'une grande élégance avec son déambulatoire et ses onze chapelles rayonnantes. Au fond du chœur se trouve la châsse (18ᵉ s.) contenant les reliques de saint Edme ; elle est surmontée d'un lourd baldaquin. Des chapiteaux à crochets terminent les belles colonnes monolithes ; ceux de la nef ont pour tout élément décoratif des feuilles d'eau stylisées.

On peut voir, dans une des chapelles de l'abside, une châsse en bois de la Renaissance qui a contenu le corps du saint. Les belles et imposantes **stalles**★ sont de la fin du 17ᵉ s., ainsi que les grilles du transept et le buffet d'orgues. La tribune d'orgues, très ouvragée, les grilles du chœur et l'autel datent de la fin du 18ᵉ s.

**Les bâtiments monastiques** – Des bâtiments cisterciens du 12ᵉ s., il ne reste aujourd'hui que l'aile des frères convers. La façade, où le moellon s'allie à la fine pierre de Tonnerre, est épaulée par des contreforts. Des autres bâtiments ne demeure que la galerie méridionale du cloître reconstruite au 17ᵉ s. *(accès par l'église).*

## ENVIRONS

**Ligny-le-Châtel** – *4,5 km à l'Ouest.* L'**église** date des 12ᵉ s. (nef) et 16ᵉ s. (chœur). Le plan du chevet s'inspire de celui de l'abbaye de Pontigny, mais l'abside, circulaire à Pontigny, est ici polygonale.

Dans la 2ᵉ chapelle Nord, tableau de saint Jérôme du 16ᵉ s. (retouché). Remarquer aussi deux statues en bois polychrome du début du 16ᵉ s. et un Saint Jean et la Vierge au pied de la croix, du 16ᵉ s.

# POUGUES-LES-EAUX

2 358 habitants (les Pouguois)
Cartes Michelin n° 69 pli 3 ou 238 pli 33 – 11 km au Nord-Ouest de Nevers.

A proximité de la Loire, l'ancienne station thermale de Pougues-les-Eaux occupe un site agréable dans un vallon ombragé que domine la butte du mont Givre.

Ses parcs aux futaies centenaires, la terrasse du parc de Bellevue sur le mont Givre, d'où l'on a une **vue** étendue sur la vallée de la Loire et le Berry, constituent d'agréables lieux de promenade ou de repos pour le séjournant qui dispose aussi d'une gamme étendue de distractions (casino, piscine, tennis…).

# POUILLY-EN-AUXOIS

1 372 habitants (les Polliens)
Cartes Michelin n° 65 pli 18 ou 243 pli 14.

Cette petite ville s'est développée au pied du mont de Pouilly (altitude 559 m) au débouché du tunnel par lequel le canal de Bourgogne passe du bassin du Rhône dans celui de la Seine. Pour les péniches, la traversée du tunnel (3 333 m de long) se fait par touage (remorquage à l'aide d'une chaîne mouillée au fond de l'eau). En 1867 fut mis en service ici même le premier toueur à vapeur en souterrain.

**Église N.-D.-Trouvée** ⊘ – Cette petite église des 14ᵉ et 15ᵉ s., centre de pèlerinage et sanctuaire, a été construite pour conserver une statue très ancienne de la Vierge (volée en 1981), appelée « Notre-Dame-Trouvée » depuis sa découverte miraculeuse. Elle s'élève à mi-pente de la butte St-Pierre, au milieu d'un cimetière, et renferme un beau Sépulcre du 16ᵉ s., à neuf personnages, où l'on retrouve à la fois des influences bourguignonnes (modelés des draperies), champenoises (Saintes Femmes groupées au centre) et italiennes (de nombreux figurants complètent la scène : soldats endormis, anges portant les instruments de la Passion).

A l'extérieur, près de l'une des entrées du cimetière, se dresse un original ensemble du 15ᵉ s. en pierre constitué par une chaire, un autel et un calvaire.

*Sur l'autoroute, avant d'arriver au péage de Pouilly-en-Auxois, au Nord de Dijon, se trouve un panneau indiquant la « ligne de partage des eaux ». L'explication de cette curieuse indication est la suivante : à peu près à cet endroit, se trouve le mont Pouilly qui culmine à 559 m. Toute l'eau qui ruisselle sur les pentes Sud de ce mont s'en va vers la Méditerranée ; toute l'eau qui coule sur le versant Nord s'en va vers la Seine et la mer du Nord, et l'eau qui s'écoule à l'Ouest s'en va vers la Loire. Henri Vincenot, dans ses romans, appelle joliment ce mont « le toit de l'Europe ».*

## ENVIRONS

**Château d'Éguilly** ⊘ – *5 km au Nord.* L'existence de ce château est attestée depuis le 12ᵉ s. Il conserve de l'époque médiévale son plan carré flanqué de tours et son importante **porterie** du 13ᵉ s. où s'ouvrent les logements verticaux des bras de l'ancien pont-levis. La cour, ornée d'un joli puits Renaissance à dôme, se sépare en deux parties distinctes suivant l'axe de l'entrée. Au Sud, les communs s'adossent aux murs d'enceinte primitifs ; des vestiges du chemin de ronde sont visibles dans l'écurie qui s'élève en retour. Une petite chapelle gothique ferme ce côté et vient butter, au Nord, contre l'aile d'habitation, transformée au 17ᵉ s.
Des expositions temporaires y ont lieu l'été.

**Croix St-Thomas** – *Environ 18 km au Nord-Ouest.* On y découvre un très vaste **panorama**★ sur l'Auxois et le Morvan.

**Mont-St-Jean** – *18 km au Nord-Ouest.* Le vieux bourg féodal occupe un **site**★ remarquable avec son château du 12ᵉ s., entouré de belles allées ombragées.

**Chailly-sur-Armançon** – *6,5 km à l'Ouest.* Son beau **château** de la Renaissance possède une façade joliment décorée.

**Ste-Sabine** – *9 km au Sud-Est.* Son **église** gothique est précédée d'un porche d'une surprenante hauteur.

*Les églises ne se visitent pas pendant les offices.*

# PRÉCY-SOUS-THIL

603 habitants
Cartes Michelin nº 65 pli 17 ou 243 pli 13 – 16 km au Nord de Saulieu.

Au centre d'une région exploitée autrefois pour son minerai de fer (plus de 80 forges), Précy occupe un site agréable dans la vallée du Serein, au pied de la montagne de Thil.

★ **Thil** – *2,5 km à l'Est.*
Une allée bordée de tilleuls séculaires conduit, à droite, à la collégiale, à gauche, aux murs d'enceinte du château.

**Ancienne collégiale** – Fondée en 1340 par Jean II de Thil, connétable de Bourgogne, cette collégiale a été consacrée quatre ans plus tard par l'évêque d'Autun.
L'édifice, de plan très simple, comporte un chevet plat à trois baies. La voûte, avec ses pierres se présentant de chant, est remarquable. On notera quelques chapiteaux reposant sur des culs-de-lampe. Sous la tour, à gauche, en entrant, une petite salle renferme trois pierres tombales.
Faire le tour de la collégiale par la droite, pour voir le bâtiment. Remarquer, à la corniche, une frise très fine et la belle tour carrée. On jouit d'un beau **panorama** sur l'Auxois.

**Château** – Construit directement sur l'oppidum romain dont il affecte la forme ovale, le château comporte des murs d'enceinte, percés d'étroites meurtrières, datant des 9ᵉ et 12ᵉ s. et un donjon du 14ᵉ s. L'énorme tour carrée permettait de surveiller 50 km à la ronde : on l'avait surnommée « l'espionne de l'Auxois ». Au midi, fortifications en pierre de taille du 12ᵉ s.
Du pied de la tour de guet, jolie vue sur la campagne environnante et les contreforts du Morvan.

# PRÉMERY

2 379 habitants (les Prémerycois)
Cartes Michelin nº 65 Sud du pli 14 ou 238 pli 22.

Dans un joli cadre de collines, au bord de la Nièvre, Prémery doit à une importante usine, spécialisée dans la distillation des bois et la fabrication de produits chimiques, une bonne part de son activité.

**Église St-Marcel** – Cet édifice des 13ᵉ et 14ᵉ s., ancienne collégiale, est surmonté d'un clocher massif.
L'intérieur présente des voûtes gothiques surbaissées et de larges bas-côtés. L'abside est à deux étages de fenêtres.

**Ancien château** – Il appartint autrefois aux évêques de Nevers.
Construit aux 14ᵉ, 16ᵉ et 17ᵉ s., il possède une belle porte fortifiée du 14ᵉ s.

# LA PUISAYE

Cartes Michelin n° 65 plis 3, 4, 13, 14 ou 238 pli 9.

Pays de forêts, d'eau et de bocage, la Puisaye, dont St-Fargeau est le centre, a une réputation de monotonie et même d'austérité. Mais l'uniformité du paysage n'est qu'apparente et le touriste y trouve au contraire les aspects les plus variés.

**Le pays** – La forêt qui recouvrait autrefois toute la région a en grande partie disparu. Le climat humide et les sols de marnes et de sable expliquent la présence de fort nombreux étangs. De Toucy à Bléneau et d'Arquian à St-Sauveur, l'eau, qui suinte de partout, est l'élément dominant : multitude de rivières, étangs enfouis dans la verdure. Entre St-Sauveur, St-Fargeau, Bléneau et Rogny-les-Sept-Écluses, les étangs de Moutiers, réservoir de Bourdon, étang de la Tuilerie, étang de la Grande Rue, etc., forment un véritable chapelet.

Les prés et les champs coupés de haies vives, les collines boisées et la silhouette de nombreux châteaux – Ratilly, St-Fargeau, St-Sauveur, St-Amand –, que l'on découvre au hasard de petites routes charmantes, ajoutent à l'intérêt d'une promenade à travers la Puisaye.

**La patrie de Colette** – Sidonie Gabrielle, fille de Jules Colette, second époux de sa mère, naquit à **St-Sauveur-en-Puisaye** le 28 janvier 1873. C'est là que la future femme de lettres passa les 19 premières années de sa vie. Mariée à un fils d'éditeur, Henry Gauthier-Villars, elle écrit la série des quatre *Claudine* que celui-ci, sous le pseudonyme de Willy, signera et s'appropriera pour alimenter les ressources du ménage. Pour survivre après son divorce, elle joue la pantomime dans un music-hall et se remarie avec Henri de Jouvenel dont elle a une fille mais dont elle divorce également. Elle trouve finalement la sérénité aux côtés de

Ce court extrait des *Vrilles de la vigne* permet de percevoir l'attachement profond de Colette pour son pays natal.

« Et si tu arrivais, un jour d'été, dans mon pays, au fond d'un jardin que je connais, un jardin noir de verdure et sans fleurs, si tu regardais bleuir, au lointain, une montagne ronde où les cailloux, les papillons et les chardons se teignent du même azur mauve et poussiéreux, tu m'oublierais, et tu t'assoirais là, pour n'en plus bouger jusqu'au terme de ta vie ! »

Maurice Goudeket qu'elle épouse en 1935 et s'installe avec lui au Palais-Royal où elle s'éteint en pleine gloire le 3 avril 1954. Au fil de cette vie mouvementée naquirent sous sa plume : *Le Blé en herbe*, *Sido*, *Chéri*, *La Chatte*, *La Naissance du jour*, *Le Fanal bleu...* pour ne citer que ses œuvres principales.

Dans la rue Colette, sur la façade d'une grande maison à perron et à un étage, un médaillon de marbre rouge porte simplement l'inscription : « Ici Colette est née. » Elle a décrit ce village qu'elle connaissait bien dans *La Maison de Claudine* et dans *Sido*.

Installé dans le château de St-Sauveur (17ᵉ-18ᵉ s.), un **musée Colette** ⊙ rassemble la collection d'objets, de meubles, d'écrits et de livres qui constitue la donation Bertrand et Foulques de Jouvenel.

**La poterie en Puisaye** – Le sol de la Puisaye contient des silex non roulés empâtés d'argile blanche ou rouge utilisée dès le haut Moyen Âge par les potiers de St-Amand, Treigny, St-Vérain et Myennes.

Mais c'est surtout au 17ᵉ s. que se développe l'industrie de la poterie ; aux pièces de luxe, dites « Bleu de St-Vérain », succèdent, au siècle suivant, des productions pour la plupart utilitaires ; l'artisanat de la fin du 19ᵉ s. leur assure une réputation nouvelle.

Actuellement l'activité s'est concentrée à **Saint-Amand-en-Puisaye**, devenu Centre de formation, et aux abords mêmes de la localité où fonctionnent plusieurs ateliers lui assurant l'un des premiers rangs pour la fabrication des grès. Moutiers, proche de St-Sauveur, propose faïences et grès au lieu-dit la Bâtisse. Au château de Ratilly *(voir à ce nom)*, ceux qu'intéressent l'art de la céramique peuvent s'initier au travail des potiers : coulages, moulages des pièces, travail sur le tour.

# LE PUITS XV

Cartes Michelin n° 65 pli 19 ou 243 pli 15 – 7 km au Nord-Est de Sombernon.

Le tunnel de Blaisy-Bas, long de 4,1 km, est utilisé par la ligne Paris-Dijon qui franchit ainsi la crête séparant les bassins du Rhône et de la Seine. Le tracé de ce tunnel était jalonné par 22 puits qui ont été utilisés pour l'extraction des matériaux lors du percement du tunnel : les 11 qui subsistent suffisent à son aération. Le **Puits XV** est le plus profond (197 m).

Du plateau que l'on atteint par la D 16, près du Puits XV, la vue s'étend sur la **falaise de Baulme-la-Roche**, falaise d'escalade dont les parois sont les plus hautes du Dijonnais, le signal de Mâlain et, au-delà, sur le mont Afrique.

# QUARRÉ-LES-TOMBES

735 habitants
Cartes Michelin n° 65 pli 16 ou 238 pli 24 – Schéma p. 166.

Quarré-les-Tombes est situé sur l'étroit plateau qui sépare les vallées de la Cure et du Cousin, dans une région pittoresque du Morvan. C'est un excellent centre de séjour et d'excursions.

La localité doit son nom aux nombreux sarcophages de pierre calcaire (112 cuves ou couvercles actuellement), vestiges de plus d'un millier de tombeaux accumulés du 7e au 10e s., qui entourent l'église. Pour répondre à l'interrogation que suscite leur origine mystérieuse, on suppose que la population d'alors s'était spécialisée dans leur fabrication ou que le sanctuaire d'origine, dédié à saint Georges, patron des chevaliers, se trouvait au centre d'une nécropole destinée à donner une sépulture noble à des défunts qu'on amenait même de fort loin pour les enterrer sous la protection de leur saint. Il semble, du reste, que les sarcophages auraient par le passé abrité des ossements.

## ENVIRONS

**St-Léger-Vauban** – *5,5 km au Nord-Est. Voir à ce nom.*

**Les Isles Ménéfrier** – *5 km au Sud.* On se rend dans ce joli site par le hameau de Bousson. Près du vieux village, la Cure bondit en torrent, de rocher en rocher.

**La Roche des Fées** – *3,5 km au Sud, plus 1/4 h à pied AR.* Un joli sentier traverse la pittoresque Forêt au Duc. La Roche des Fées est une arête de granit et constitue un agréable but de promenade.

# Château de RATILLY★

Cartes Michelin n° 65 Nord-Est du pli 13 ou 238 pli 21.

La découverte de cet important **château** ⊘ du 13e s., dissimulé à l'écart des grandes routes dans un décor de beaux arbres au cœur de la Puisaye, ne manque pas de charme.

Des tours massives et de hauts murs d'aspect sévère surplombent les douves sèches entourant le château construit en belle pierre ocre, patinée par le temps.

En 1653, la Grande Mademoiselle, exilée à St-Fargeau *(voir à ce nom)*, séjourna une semaine à Ratilly. Un peu plus tard, Ratilly servit de refuge aux jansénistes qui y imprimèrent un journal clandestin, à l'abri des poursuites de la police royale.

Un atelier artisanal de poteries de grès, dans l'aile gauche, propose des stages d'initiation. On visite l'atelier et ses combles (exposition-vente de céramiques ; petite collection de grès anciens de la Puisaye) et les deux ailes basses sur l'arrière, aux salles rénovées (expositions d'art temporaires).

## ENVIRONS

**Treigny** – *2 km à l'Est.* Belle **église** des 15e et 16e s., de style gothique flamboyant. De vastes proportions, étonnantes pour un sanctuaire de campagne, elle est surnommée la « cathédrale de la Puisaye ».

Lightstein/CAMPAGNE CAMPAGNE

# La ROCHEPOT★

241 habitants
Cartes Michelin n° 69 pli 9 ou 243 pli 27 – 5 km à l'Est de Nolay.

Le village, qu'une déviation de la nationale fait éviter maintenant, s'étage au pied du promontoire rocheux qui supporte un château féodal, restauré.

Là naquit Philippe Pot (1428-1494), homme politique et ambassadeur à Londres des ducs de Bourgogne, dont le tombeau, chef-d'œuvre de l'école bourguignonne, se trouve au musée du Louvre.

**Château** ⊙ – Le château se dresse dans un **site★** admirable. La construction primitive du 12e s. a été remaniée au 15e s., mais le donjon a été rasé lors de la Révolution. La reconstruction complète du château est due à M. Sadi-Carnot, fils du président.

On remarquera les défenses extérieures, les tours massives mais élégantes. Passé le pont-levis, la cour intérieure, avec son puits en fer forgé, est bordée d'une aile Renaissance avec tourelles couvertes de tuiles vernissées.

On visite la salle des Gardes, avec sa vaste cheminée, ses plafonds aux belles poutres, la chambre du capitaine des gardes, la cuisine, la salle à manger qui contient un riche mobilier et de nombreux objets d'art, l'ancienne chapelle, la tour Nord avec ses chambres, et le chemin de ronde extérieur.

D'une petite terrasse, au fond de la cour, vue étendue sur le village et les collines.

**Église** – Cette ancienne priorale a été édifiée au 12e s. par les bénédictins de Flavigny.

L'église possède des chapiteaux historiés (Anesse de Balaam, Annonciation, Combat d'un chevalier contre un aigle), d'une facture rappelant celle d'Autun. Elle renferme plusieurs œuvres d'art intéressantes et un triptyque du 16e s., dû au peintre dijonnais Quentin et dont la partie centrale figure la Déposition de croix.

# ST-FARGEAU

1 883 habitants (les Fargeaulais)
Cartes Michelin n° 65 pli 3 ou 238 pli 9.

L'exploitation des forêts permit autrefois d'installer à St-Fargeau, capitale de la Puisaye *(voir à ce nom)*, des bas fourneaux pour traiter le minerai extrait du sol ferrugineux.

St-Fargeau conserve un beau château où plane le souvenir d'Anne-Marie-Louise d'Orléans, cousine de Louis XIV, plus connue sous le nom de Mlle de Montpensier ou de Grande Mademoiselle, incorrigible frondeuse et touchante amoureuse.

★ **Château** – C'est à l'emplacement d'un château fort élevé à la fin du 10e s. que fut édifié en plusieurs étapes, à partir de la Renaissance, le château actuel. La plus grosse tour fut bâtie par Jacques Cœur, argentier du roi Charles VII qui posséda quelque temps St-Fargeau.

Antoine de Chabannes, acquéreur du château à la suite de la disgrâce de Jacques Cœur, y fit exécuter d'importants travaux d'embellissement, mais c'est à la **Grande Mademoiselle** que revient l'honneur d'avoir complètement transformé l'aspect des bâtiments.

Mlle de Montpensier passa plusieurs années à St-Fargeau sur l'ordre de Louis XIV qui lui reprochait son attitude au cours de la Fronde. Lorsqu'elle y arriva en 1652, elle dut « traverser la cour avec de l'herbe jusqu'aux genoux » et trouva une bâtisse délabrée. Pour embellir sa cage d'exilée, elle fit appel à Le Vau, architecte du roi, qui aménagea la cour intérieure et transforma complètement l'intérieur du château. En 1681, Mlle de Montpensier fait don de St-Fargeau au duc de Lauzun, personnage peu recommandable dont elle était amoureuse et auquel elle s'unit peu après par un mariage secret.

En 1715, la propriété est acquise par Le Peletier des Forts. Son arrière-petit-fils, **Louis-Michel Le Peletier de St-Fargeau,** devint député à la Convention nationale en 1793 et vota la mort de Louis XVI. Assassiné la veille de l'exécution du roi, par le garde du corps Pâris, il fut considéré par les révolutionnaires comme le premier martyr de la liberté. Son corps repose dans la chapelle.

**Visite** ⊙ – La tendre couleur rose de la brique enlève à cette imposante construction, cernée de fossés, l'aspect rébarbatif que pourraient lui conférer les tours massives de la porte d'entrée et celles des angles. Ces tours trapues sont surmontées d'une lanterne ajourée très élancée, sauf la plus grosse, dite tour de Jacques-Cœur. A l'intérieur de ce corset féodal, la vaste cour d'honneur, entourée de cinq corps de logis (le plus récent à droite de l'entrée datant de 1735), forme un ensemble d'une rare élégance.

Dans l'angle des deux ailes principales, un escalier semi-circulaire donne accès à la rotonde d'entrée. La chapelle est aménagée dans l'une des tours : à gauche s'ouvre la galerie des portraits qui desservait les appartements de la Grande Mademoiselle entièrement brûlés en 1752 ; à droite s'étend la salle des Gardes du 17e s. Un escalier d'honneur conduit aux appartements du premier étage.

On visite aussi les greniers, aux charpentes séculaires.

Dans le parc de 118 ha aux belles futaies, l'immense pièce d'eau est alimentée par le ruisseau de Bourdon.

**Tour de l'Horloge** – Cette tour en brique et pierre est une ancienne porte fortifiée de la fin du 15e s.

**Église** – Elle date des 11e, 13e et 15e s. La façade gothique s'éclaire d'une rose rayonnante inscrite dans un carré.

Remarquer, dans la nef, à droite, une Pietà en pierre polychrome, du 16e s., dans le chœur, les stalles du 16e s. également et, au fond du chœur, le Christ en bois, du 14e s. Dans la chapelle du bas-côté Sud, un triptyque en bois, du 15e s., représente la Passion, à côté d'une statue de la Vierge, en bois polychrome, du 16e s., et de la « Charité de saint Martin », remarquable bois sculpté, du 16e s.

## ENVIRONS

**Lac de Bourdon** – *3 km au Sud-Est*. Il couvre 220 ha et forme un beau réservoir destiné à alimenter le canal de Briare. Plan d'eau aménagé *(promenades autour du lac, voile, canotage, pêche et baignade)*.

**Parc naturel de Boutissaint** ⊙ – *9 km au Sud-Est*. Situé au cœur du massif boisé de la Puisaye, le parc naturel de Boutissaint occupe 400 ha de bois, de prairies et d'étangs. Une clôture grillagée de 10 km en fait le tour. C'est le premier parc de vision créé dans ce genre en 1968. Il a pour but de maintenir dans les conditions naturelles des animaux vivant à l'état sauvage. Des itinéraires pour piétons et cavaliers permettent de découvrir des hardes de cerfs, de biches, de daims, de chevreuils en pleine liberté. Dans de vastes enclos vivent des bisons d'Europe, de nombreux sangliers et des mouflons de Corse. On peut également observer de petits animaux tels que des écureuils, des lapins, des belettes, des hermines ainsi qu'une multitude d'oiseaux sédentaires ou migrateurs.

**Moutiers** – *10 km au Sud-Est*. L'**église** du village appartenait autrefois à un prieuré dépendant de l'abbaye de St-Germain d'Auxerre. Elle connut diverses périodes de prospérité entre le 10e et le 16e s. Elle conserve quelques chefs-d'œuvre tels que les motifs sculptés ornant l'embrasure des baies du narthex (13e s., remaniés au 16e s.) et les fresques médiévales de sa nef. Découverts en 1982 sous un badigeon du 17e s., deux cycles peints, roman et gothique, se superposaient. Les fresques romanes (2e moitié du 12e s.) ont été privilégiées sur le mur Nord (Annonciation, Nativité, Annonce aux bergers, Christ entouré d'anges montrant ses plaies), le mur Ouest au revers de la façade (grands personnages énigmatiques) et la 1re travée du mur Sud (scène d'adoration). Trois registres gothiques (vers 1300) complètent ce dernier mur : en haut, procession ; au centre, scènes de la Genèse ; en bas, histoire de saint Jean-Baptiste et l'Arche de Noé.

# ST-FLORENTIN

6 433 habitants (les Florentinois)
Cartes Michelin n° 61 Sud du pli 15 ou 237 pli 46
Plan dans le guide Rouge Michelin France.

Étagé sur une colline dominant le confluent de l'Armance et de l'Armançon, St-Florentin est desservi par le canal de Bourgogne. La ville, qui fut autrefois le siège d'un important bailliage, a porté pendant la Révolution le nom de Mont-Armance.

Petit centre industriel d'une région où l'on fabrique des fromages réputés, le Soumaintrain et le St-Florentin, c'est un lieu de villégiature apprécié des amateurs de pêche et des plaisanciers ; son théâtre de verdure et la proximité des forêts d'Othe *(voir le guide Vert Michelin Champagne Ardennes)* et de Pontigny lui confèrent un agrément supplémentaire.

**Église** ⊙ – Entourée de rues pittoresques, elle s'élève au sommet de la colline. Sa construction, ralentie par la guerre de Cent Ans et les guerres de Religion, s'échelonna de 1376 à 1614.

Le monument comprend une nef inachevée, longue de deux travées, tandis que le chœur, prolongé par une abside à déambulatoire, en compte trois. Le gros œuvre de style gothique finissant a été enrichi par des décors Renaissance comme en témoignent les portails du transept, le jubé à triple arcature cintrée, le retable du maître-autel et la clôture du chœur.

Les **vitraux★** du 16ᵉ s. forment un ensemble d'une remarquable homogénéité. On y reconnaît le travail de la florissante école troyenne qui se caractérise par son goût pour les couleurs intenses, la fréquente utilisation du thème de la vie des saints et le réemploi des cartons afin de rentabiliser le capital de l'atelier (on retrouve des compositions semblables dans plusieurs églises, dont Ste-Madeleine de Troyes – *voir le guide Vert Michelin Champagne Ardennes*). Il faut surtout remarquer l'Arbre de Jessé et la Genèse à droite du chœur, et l'Apocalypse, inspirée des gravures de Dürer, à gauche après le jubé.

**Grande Fontaine** – Cette belle fontaine de styles gothique et Renaissance est une reconstitution (1979) de l'ancienne, démolie au 19ᵉ s. Seuls sont d'origine (1512) les trois griffons de bronze crachant l'eau.

**Promenade du Prieuré** – De cette terrasse, on a une jolie **vue** sur la vallée de l'Armançon et sur la vieille ville qui a conservé de ses anciennes fortifications une tour du 12ᵉ s. dite « tour des Cloches ».

## ENVIRONS

**Neuvy-Sautour** – *7 km. Quitter St-Florentin au Nord-Est par la N 77.*
Dominant le bourg, l'**église**, construite aux 15ᵉ et 16ᵉ s., possède deux beaux portails latéraux. Le chœur et le transept sont de style Renaissance ; les influences champenoises et bourguignonnes s'y mêlent.
Remarquer à droite du chœur une grande croix du 16ᵉ s. – dite Belle-Croix – ornée de nombreuses statues.

# ST-HONORÉ-LES-BAINS⚓
754 habitants
Cartes Michelin n° 69 pli 6 ou 238 pli 35 – Schéma p. 166.

La **station thermale** de St-Honoré, déjà utilisée par les Romains, a connu depuis le siècle dernier un regain d'activité. Ses eaux sulfurées, arsenicales et radio-actives sont employées contre l'asthme, la bronchite, les maladies des voies respiratoires et l'emphysème.
Les curistes peuvent jouir des ombrages du parc thermal tapi dans un vallon ou utiliser les nombreuses installations sportives mises à leur disposition.
Situé à la lisière du Morvan, St-Honoré constitue aussi pour les touristes un excellent point de départ *(voir p. 170)* pour la visite de cette belle région.

## ENVIRONS

**Vieille Montagne** – *8 km au Sud-Est. Description p. 170.*

**Vandenesse** – *Circuit de 16 km. Quitter St-Honoré par la D 106.*
La route traverse presque constamment la forêt.
En arrivant à Vandenesse, on voit de la route le vaste château, construit en 1475 et flanqué de nombreuses tours.
Retour à St-Honoré par les D 3 et D 403 qui offrent de belles vues sur le lac de Chèvre.

*GUIDES MICHELIN*

*Les guides Rouges (hôtels et restaurants) :*
*Benelux - Deutschland - España Portugal - main cities Europe - France - Great Britain and Ireland - Italia - Suisse*

*Les guides Verts (paysages, monuments, routes touristiques) :*
*Allemagne - Autriche - Belgique Grand-Duché de Luxembourg - Canada - Espagne - France - Grande-Bretagne - Grèce - Hollande - Irlande - Italie - Londres - Maroc - New York - Nouvelle-Angleterre - Paris - Portugal - Le Québec - Rome - Suisse*

*... et la collection des guides régionaux sur la France.*

# ST-JULIEN-DE-JONZY

282 habitants

Cartes Michelin n° 73 pli 8 ou 243 pli 37 – 12 km au Nord de Charlieu – Schéma p. 85.

Le village domine l'horizon des douces collines du Brionnais et des monts du Beaujolais.

## ÉGLISE *visite : 1/4 h*

D'un petit édifice roman du 12e s., l'église actuelle conserve un clocher carré et un joli portail sculpté dont certains détails rappellent les sculptures du porche de Charlieu.

St-Julien-de-Jonzy – Tympan du portail de l'église.

J.-L. Barde/SCOPE

★ **Le portail** – Les sculptures du tympan et du linteau sont prises dans un même bloc de grès dont la finesse met en valeur la virtuosité de l'artiste.
Le linteau évoque la Cène : toutes les têtes, sauf deux, ont été martelées en 1793 par les révolutionnaires. Les plis de la nappe sont traités avec une merveilleuse souplesse ; une scène du Lavement des pieds figure à chaque extrémité.

**Intérieur** – L'ancienne croisée du transept, voûtée d'une coupole sur trompes, forme le narthex de l'église actuelle ; les quatre colonnes engagées ont conservé de beaux chapiteaux ; celle de droite avant la nef présente un décor de feuilles d'eau, réminiscence de l'art cistercien.

# ST-JULIEN-DU-SAULT

2 161 habitants

Cartes Michelin n° 61 Sud du pli 14 ou 237 pli 45.

Ce petit bourg s'élève sur la rive gauche de l'Yonne.

**Église** ⊙ – Des 13e et 14e s., elle fut en partie remaniée au 16e s. A l'extérieur, remarquer les porches latéraux.
Le chœur, remanié à la Renaissance, est de proportions hardies. Beaux vitraux à médaillons du 13e s. et vitraux à personnages, de la Renaissance.

**Maison de bois** – De la place du Général-Leclerc, prendre, devant la façade Ouest de l'église, la rue Notre-Dame (D 107) en direction de Courtenay. Dans la première rue à gauche (rue du Puits-de-la-Caille) vers la place Fontenotte s'élève une maison du 16e s. Cette maison à pans de bois est décorée de briques au premier étage et de silex au rez-de-chaussée.

**Chapelle de Vauguillain** – Une route en forte montée conduit à la chapelle et aux vestiges du **château** édifiés sur la butte. De là, on découvre une belle vue sur St-Julien et la vallée de l'Yonne.

# ST-LÉGER-VAUBAN

394 habitants

Cartes Michelin n° 65 pli 16 ou 238 pli 24 – 5,5 km au Nord-Est de Quarré-les-Tombes.

Dans ce village, qui portait alors le nom de St-Léger-de-Foucheret, naquit en 1633 Sébastien Le Prestre qui devait devenir, sous le nom de marquis de Vauban, l'une des gloires du Grand Siècle.

**Vauban « le plus honnête homme de son siècle »** – Resté orphelin de bonne heure et sans fortune, Sébastien Le Prestre s'enrôla à 17 ans dans l'armée du prince de Condé, alors révolté contre la Cour, fut fait prisonnier par l'armée royale et s'attacha désormais au service du roi Louis XIV. Ingénieur militaire à 22 ans, il travailla, en cette qualité, à 300 places anciennes, en construisit 33 nouvelles, dirigea et mena à bien 53 sièges, justifiant le proverbe : « Ville défendue par Vauban, ville imprenable ; ville assiégée par Vauban, ville prise. » Brigadier général des armées, puis Commissaire général des fortifications, il reçut en octobre 1704 le bâton de maréchal. Il couvrit les frontières de la France d'une ceinture de forteresses d'une conception absolument nouvelle, utilisant des procédés tels que les feux croisés, le tir à ricochet, les boulets creux, les parallèles, les cavaliers de tranchée et de nombreuses autres inventions d'une portée révolutionnaire pour l'époque.

ST-LÉGER-VAUBAN

Saint-Simon, qui n'avait pas la plume tendre, a fait de lui ce portrait : « Un homme de taille médiocre, assez trapu, qui avait fort l'air de guerre, mais en même temps un extérieur rustre et grossier, pour ne pas dire brutal et féroce. Il n'était rien moins ; jamais homme ne fut plus doux, plus compatissant, plus obligeant, plus respectueux, sous mille politesses, et le plus avare ménager de la vie des hommes, avec une valeur qui prenait tout parfois et donnait tout aux autres... »

Les dernières années de la vie de cet homme qui n'avait jamais renié ses origines furent malheureuses. Ému par la misère du peuple, il adressa au roi son « Projet d'une dîme royale » dans lequel il proposait des remèdes pour améliorer le sort des basses classes de la société. L'ouvrage fut interdit et Vauban fut relégué par Louis XIV dans une sorte de disgrâce. Il mourut le 30 mars 1707.

En 1808, Napoléon Ier fit placer le cœur de Vauban aux Invalides. Le reste de son corps repose dans l'église de **Bazoches**, petit village du Morvan, à 20 km au Sud-Ouest d'Avallon, près duquel s'élève le château en grande partie reconstruit par ses soins.

## CURIOSITÉS

**Église St-Léger** — Cette église (où fut baptisé Vauban), d'origine Renaissance et de plan cruciforme, transformée au 19e s., a reçu d'intéressantes adjonctions modernes, dues au sculpteur Marc Hénard : les vantaux du portail latéral Sud, en bois sculpté, les sculptures et le vitrail de la chapelle N.-D.-du-Bien-Mourir (1625) à gauche du chœur ; le ravissant **carrelage**★ de céramique bleu et rose (1973) qui entoure le maître-autel et figure des planètes, animaux, outils, etc., gravitant autour du triangle de la Sainte Trinité.

**Maison Vauban** ☉ – *A la maison communale.* Dans une petite salle de plain-pied, de grands panneaux explicatifs et une projection audiovisuelle *(20 mn)* évoquent la vie, la carrière et l'œuvre écrite du grand homme.

## ENVIRONS

**Abbaye de la Pierre-qui-Vire** – *4 km au Sud. Voir à ce nom.*

**Lac de St-Agnan** – *10 km au Sud.*
De la digue de terre et de rocs qui forme la retenue, jolie vue d'enfilade sur ce long plan d'eau bien intégré au paysage entre ses rives boisées (sapins et feuillus) accessibles du bourg de St-Agnan (rive Sud) ou depuis la rive Nord.

# ST-PÈRE★

348 habitants
Cartes Michelin no 65 pli 15 ou 238 pli 23 – 2 km au Sud-Est de Vézelay – Schéma p. 166.

Le petit village de St-Père est agréablement situé sur les bords de la Cure, au pied de la célèbre colline de Vézelay. Il possède une belle église gothique.

## ★ÉGLISE NOTRE-DAME *visite : 1/4 h*

Commencée vers 1200, cette église a connu tous les stades de l'évolution du style gothique, du 13e au 15e s. Achevée en 1455, elle devint église paroissiale au 16e s., remplaçant dans ce rôle l'église Saint-Pierre (d'où le nom de St-Père) incendiée en 1567 lors des guerres de Religion et jamais relevée.

**Extérieur** – Le pignon, surmontant une rose d'un beau dessin, est creusé d'arcatures formant niches. Celles-ci abritent, au centre, les statues du Christ couronné par deux anges et de saint Étienne, encadrées d'un côté par la Vierge et les saints, Pierre, André et Jacques, de l'autre par sainte Madeleine, saint Jean et deux évangélistes.
La tour-clocher du 13e s., finement ouvragée, est d'une grande élégance.
Le porche ajouté à la fin du 13e s., restauré par Viollet-le-Duc, s'ouvre par trois portails. Celui du centre, avec arcade trilobée, s'orne d'un Jugement dernier : à droite du Christ, les élus sont recueillis dans le sein d'Abraham, à gauche les damnés sont dévorés par Satan.
Sous le porche, abritant le tombeau des donateurs, daté de 1258, remarquer l'ampleur des voûtes et le beau dessin des larges baies latérales.

**Intérieur** – L'ensemble est d'une grande pureté de style et d'un plan simple. Le chœur (remanié au 15e s.) est entouré d'un déambulatoire à cinq chapelles rayonnantes. A l'entrée, deux bénitiers en fonte, du 14e s., en forme de cloche renversée, précèdent la nef centrale aux clefs de voûtes peintes et aux consoles sculptées de têtes expressives. Une étroite galerie contoure l'édifice au niveau des fenêtres hautes et allège l'ensemble. Remarquer dans le collatéral gauche le gisant mutilé, du 13e s., dans la chapelle droite du chœur une pierre d'autel du 10e s. provenant de l'église primitive et, en sortant, les curieux fonts baptismaux peints d'époque carolingienne.

## AUTRES CURIOSITÉS

**Musée archéologique régional** ⊙ – Installé dans l'ancien presbytère, construit au 17ᵉ s., ce musée abrite les antiquités provenant des fouilles des Fontaines Salées, notamment l'un des cuvelages protohistoriques, conduits destinés à capter des sources minérales et faits de troncs de chênes évidés au feu. On y voit aussi une balance en fer gallo-romaine du 4ᵉ s., des fibules en bronze émaillé, en forme d'hippocampe ou de canard sauvage, des armes et bijoux mérovingiens trouvés dans les nécropoles du Vaudonjon, près de Vézelay, et de Gratteloup, près de Pierre-Perthuis. La salle médiévale réunit des sculptures du 12ᵉ au 16ᵉ s. provenant de la région de Vézelay, dont une statue de saint Jacques le Majeur et un Christ bénissant du 13ᵉ s.

**Fouilles des Fontaines Salées** ⊙ – *2 km.* Les fouilles, toutes proches de la D 958, ont fait découvrir des thermes gallo-romains dépendant d'un sanctuaire d'origine gauloise (temple circulaire du 2ᵉ s. avant J.-C., avec bassin sacré), et une piscine dans une vaste enceinte, consacrée aux divinités des sources.
Ces sources, exploitées depuis la période néolithique finale, puis par les Romains et au Moyen Âge, furent comblées au 17ᵉ s. par l'administration des gabelles. Dix-neuf cuvelages de bois du 1ᵉʳ millénaire avant J.-C. ont été conservés par la forte minéralisation de l'eau. Un captage en pierre d'époque romaine donne accès à une source minérale, de nouveau utilisée pour soigner l'arthritisme.

# ST-PIERRE-LE-MOÛTIER

2 091 habitants
Cartes Michelin n° 69 Sud-Est du pli 3 ou 238 pli 33.

De part et d'autre de la N 7, cet ancien siège d'un bailliage royal est un bourg commerçant, aux tranquilles petites places. On y voit encore des traces des remparts qui fortifiaient la ville au 15ᵉ s.

**La dernière victoire de Jeanne d'Arc** – Après le sacre de Reims, le Conseil du roi, jaloux du prestige de Jeanne, lui avait imposé plusieurs mois d'inaction à la Cour alors qu'elle avait hâte de reprendre Paris. En octobre 1429, il décide de l'envoyer débarrasser le comté de Nevers des bandes de Perrinet-Gressard *(voir p. 93)*. Partie du Berry, la petite troupe royale entraînée par l'enthousiasme de la Pucelle prend d'assaut St-Pierre-le-Moûtier aux premiers jours de novembre. Après avoir dû attendre à Moulins des renforts en hommes et en matériel, l'armée repartit en décembre pour tenter de reprendre La Charité. Peu après ce sera Compiègne *(voir le guide Vert Michelin Flandres Artois Picardie)* et l'emprisonnement.

**Église** – Elle appartenait à un prieuré bénédictin dont l'origine remonterait à la reine Brunehaut. Sa masse carrée et solide est aujourd'hui isolée sur la place du marché.
Le tympan du portail Nord, malheureusement dégradé, représente le Christ et les quatre évangélistes avec leurs symboles, entourés d'anges dans les voussures. Certains chapiteaux de la nef sont ornés de scènes pittoresques. Gisant du 14ᵉ s.
Sur la place de l'église l'entrée du presbytère est marquée par une porte gothique au délicat décor flamboyant.

## ENVIRONS

**Mars-sur-Allier** – *9,5 km au Nord-Ouest.*
La petite église romane de Mars était au 12ᵉ s. un prieuré de Cluny. Bien dégagée sur une petite place, elle offre un plan rectangulaire très simple. Le tympan du portail figure le Christ en gloire entouré des symboles des quatre évangélistes et d'apôtres. On en fera le tour pour admirer la variété des modillons sculptés et le chevet.

# ST-RÉVÉRIEN

251 habitants

Cartes Michelin n° 65 pli 15 ou 238 pli 22 – 17 km au Sud-Ouest de Corbigny.

Ce village du Nivernais possède une église romane dont l'intérêt est nettement supérieur à celui des autres églises rurales de la région. Pour en avoir une bonne vue d'ensemble et en apprécier le cachet roman, il faut arriver par l'Est, route de Guipy.

**Église** ⊙ – De l'église primitive édifiée au milieu du 12e s., il ne reste, après l'incendie de 1723, que le chœur, le chevet avec son déambulatoire et les chapelles rayonnantes qui manifestent son ancienne appartenance à un prieuré clunisien.

Au 19e s., la nef a été reconstruite et le clocher central remplacé par un clocher-porche. La porte est surmontée de deux anges à quatre ailes d'inspiration byzantine provenant du portail primitif.

L'**intérieur**★ est d'une grande pureté. Remarquer la nef avec doubleaux et l'alternance des piles fortes et des piles faibles. Parmi les églises à nef dépourvue de fenêtres hautes, c'est l'une des seules à posséder un chevet à déambulatoire. Celui-ci, très clair, prolonge les bas-côtés. La retombée des voûtes est soutenue par de beaux chapiteaux à feuillages. Les trois petites chapelles renferment de très beaux chapiteaux historiés. La chapelle absidale et celle de droite, consacrée à saint Joseph, conservent des fresques du 16e s. Dans les bas-côtés sont réunies des pierres tombales.

## ENVIRONS

**Étang de Vaux** – *10 km à l'Est.*

L'étang de Vaux et son voisin, l'**étang de Baye**, dont il est séparé par une digue, servent à alimenter le canal du Nivernais.

L'étang de Vaux, le plus important des deux, environné de bois, est un agréable lieu de pêche ; l'étang de Baye se prête aux évolutions des voiliers.

*Vous aimez la nature.*

*Respectez la pureté des sources,*
*la propreté des rivières, des lacs, des forêts...*

*Laissez les emplacements nets de toute trace de passage.*

# Mont ST-ROMAIN★

Cartes Michelin n° 69 pli 19 ou 243 pli 39 – 7 km au Nord-Ouest de Lugny –
Schéma p. 153.

*Une route en forte montée se détachant de la D 187 conduit au mont St-Romain. Prendre le chemin vers la tour accolée au restaurant (parking).*

Du sommet de cette tour, on découvre (table d'orientation) un magnifique **panorama**★★ circulaire : à l'Est sur la plaine de la Saône, et au-delà sur la Bresse, le Jura et les Alpes ; au Sud sur le Mâconnais et le Beaujolais ; à l'Ouest sur le Charollais.

# ST-SAULGE

849 habitants

Cartes Michelin n° 69 Nord-Ouest du pli 5 ou 238 pli 34.

Ce petit bourg appartint autrefois aux comtes de Nevers.

L'**église** à trois nefs, de style gothique, a de belles voûtes d'ogives. Dans les travées des bas-côtés, intéressants vitraux du 16e s.

## ENVIRONS

**Jailly** – *4 km à l'Ouest.*

L'**église** romane de Jailly bâtie à flanc de coteau dans un site agréable faisait partie d'un prieuré clunisien.

Un arbre magnifique se dresse devant le portail. Un ancien portail roman surmonté d'une petite frise de roses précède l'église couronnée d'un clocher octogonal.

# ST-SEINE-L'ABBAYE

326 habitants

Cartes Michelin n° 65 pli 19 ou 243 pli 15.

Cette petite cité, située à une dizaine de kilomètres des sources de la Seine, a gardé le nom du saint homme qui, au 6ᵉ s., fonda sur son territoire une abbaye bénédictine dont il reste l'église abbatiale.

**Église abbatiale** – Du début du 13ᵉ s., elle marque la transition entre le style roman bourguignon et le style gothique venu de l'Ile-de-France. Après un incendie, elle fut restaurée au 14ᵉ s. La façade date du 15ᵉ s. Le porche est resserré entre deux tours épaulées de contreforts, mais seule celle de gauche est terminée.

La nef est éclairée de fenêtres hautes ; le chevet plat s'ajoure d'une belle rose reconstituée au 19ᵉ s. Sur le transept à fond plat s'ouvrent des chapelles communiquant avec les collatéraux du chœur par les clôtures de pierre ajourées de baies. Dans le bras de ce transept, remarquer les nombreuses pierres tombales. Au fond du chœur se trouve l'ancien jubé. Les stalles sculptées (18ᵉ s.) s'appuient sur une clôture Renaissance, au revers de laquelle des peintures représentent notamment la légende de saint Seine.

En sortant de l'église, remarquer la fontaine de la Samaritaine dont le bassin est surmonté d'un bronze du 18ᵉ s.

# ST-THIBAULT

142 habitants

Cartes Michelin n° 65 pli 18 ou 243 pli 14 – 19 km au Sud-Est de Semur-en-Auxois.

Ce village d'Auxois, siège d'un ancien prieuré qui reçut, au 13ᵉ s., les reliques de saint Thibault, se pare d'une église dont le chœur est d'une rare élégance ; son portail compte parmi les beaux morceaux de la sculpture bourguignonne du 13ᵉ s.

## ★ÉGLISE ⊙ visite : 1/2 h

On aborde l'édifice par le flanc Nord. De l'église construite grâce aux libéralités de Robert II, duc de Bourgogne, et de sa femme Agnès de France, fille de Saint Louis, pour abriter les reliques du saint, il ne reste que le chœur, une chapelle absidale et le portail sculpté appartenant à l'ancien transept écroulé avec la nef au 17ᵉ s.

Le **portail★** est un admirable livre d'images. Les sculptures du tympan, exécutées dans la seconde moitié du 13ᵉ s., sont consacrées à la Vierge. Celles des voussures, de la même époque, représentent, sur le premier rang, les Vierges sages à gauche, les Vierges folles à droite.

Vers 1310, cinq grandes statues furent ajoutées : celle de saint Thibault est adossée au trumeau ; les quatre autres qui l'encadrent seraient des portraits du duc Robert II et de son fils Hugues V, bienfaiteurs de l'église, de la duchesse Agnès et de l'évêque d'Autun, Hugues d'Arcy : l'expression des physionomies est d'une exquise finesse. Les vantaux aux beaux panneaux sculptés sont de la fin du 15ᵉ s.

**Intérieur** – La nef, reconstruite au 18ᵉ s., est décorée de boiseries de l'époque, provenant de Semur-en-Auxois, mais tout l'intérêt se concentre sur le chœur et l'abside, édifiés à la fin du 13ᵉ et au début du 14ᵉ s., chefs-d'œuvre de hardiesse et d'habileté.

Le **chœur★** à cinq pans est la plus élégante des constructions bourguignonnes de l'époque. Du sol aux voûtes, les fines colonnettes s'élèvent d'un seul jet, unissant dans le même mouvement ascensionnel l'arcature aveugle du soubassement, les fenêtres basses bordées d'une claire-voie délicate, le triforium et les fenêtres hautes *(illustration p. 38)*. Dans le chœur, à gauche, une statue en bois polychrome de la fin du 14ᵉ s. représente saint Thibault jeune, dans une pose un peu affectée, un doigt retenant une page de livre.

A droite du chœur, sous un enfeu aux bas-reliefs restaurés en 1839, tombeau du fondateur de l'église, Hugues de Thil, du 13ᵉ s. ; à côté, piscine d'autel à deux vasques du 13ᵉ s.

Le **mobilier★** est fort intéressant : l'autel est décoré de deux retables en bois sculpté représentant des épisodes de la vie de saint Thibault.

Remarquer, au fond du chœur, un grand crucifix du 14ᵉ s. et, au-dessus de l'autel, sur une belle crosse, une colombe eucharistique du 16ᵉ s.

Dans la nef, à droite, contre le mur du chœur, on peut voir une jolie statue de la Vierge regardant Jésus jouer avec un oiseau (14ᵉ s.).

Dans la chapelle St-Gilles, partie la plus ancienne de l'église, grande châsse de saint Thibault, en bois, du 14ᵉ s., et statues figurant l'Ancien et le Nouveau Testament.

## ENVIRONS

**Vitteaux** – *7 km au Nord-Est.*
L'**église St-Germain** possède un portail aux lignes harmonieuses du 13ᵉ s. avec des vantaux sculptés du 15ᵉ s. A l'intérieur, une belle tribune d'orgues en bois sculpté du 15ᵉ s. retrace le récit de la Passion selon saint Matthieu.

**Arnay-sous-Vitteaux** – *15 km au Nord.* A proximité du village, le **Parc de l'Auxois** ⊙ est un but de promenade récréative comportant différentes attractions, outre les animaux dont plusieurs espèces sont commercialisées : poules, cailles, faisans, moutons, daims, pigeons, paons...

**Château de Posanges** – *10 km au Nord-Est.*
Cette imposante construction, érigée par Guillaume Dubois, premier maître d'hôtel et conseiller du duc Philippe le Bon, date du 15ᵉ s. Remarquer la poterne d'entrée fortifiée : un pont-levis commandait autrefois l'accès du château.
Les quatre tours rondes de ce château fort sont reliées par des courtines.

# STE-MAGNANCE

325 habitants
Cartes Michelin n° 65 pli 17 ou 238 pli 24 – 25 km au Nord-Ouest de Saulieu.

L'**église** de ce petit village, édifiée vers 1514, est de style gothique. Le chœur et l'abside sont surmontés de voûtes flamboyantes.
Elle renferme le curieux **tombeau★** de sainte Magnance, du 12ᵉ s. Les bas-reliefs de ce tombeau, endommagé à la Révolution puis restauré, racontent la légende et les miracles de la sainte, qui accompagna avec sainte Camille et trois dames romaines le corps de saint Germain d'Auxerre, mort à Ravenne au milieu du 5ᵉ s.

# Vallée de la SAÔNE

Cartes Michelin nᵒˢ 66 plis 13, 14, 70 plis 1 à 3, 74 pli 3 et 243 plis 17, 28.

La Saône prend sa source à Vioménil au contact du Plateau lorrain et des Vosges, à 395 m d'altitude. Elle pénètre en Bourgogne aux abords de Pontailler, et après un parcours total de 480 km conflue avec le Rhône à la Mulatière, au sortir de Lyon.
Sa très faible pente et la régularité de son débit en font une voie d'eau facile et douce, navigable sur plus des trois quarts de son cours.

**Les paysages de la Saône** – La Saône traîne ses eaux lentes dans une large plaine correspondant au fossé d'effondrement entre le Massif Central et le Jura. La rivière inonde sa vallée chaque hiver et dépose des alluvions fertiles dont bénéficient les prairies voisines ainsi que les cultures maraîchères (Auxonne). Un vaste marécage recouvrait encore au 18ᵉ s. les vallées de l'Ouche et des Tilles, dévolues aujourd'hui aux cultures industrielles (tabac, betterave à sucre...).
Après Seurre, la Saône se rapproche de la « Côte » mais en reste séparée par une zone boisée discontinue (forêt de Cîteaux, de Gergy), éclaircie par les défrichements effectués au Moyen Âge par les moines cisterciens.

**Une voie de passage** – Dès l'âge du bronze, au 2ᵉ millénaire avant J.-C., la Bourgogne s'ouvre au commerce entre le Nord et le Sud, avec les routes de l'ambre (venant de la mer Baltique), de l'étain (venant de Cornouailles, par la vallée de la Seine) et du sel (venant d'Italie).
Les échanges se développent à l'époque romaine. La Via Agrippa reliant Lyon à Trèves et passant par Mâcon, Tournus, Chalon-sur-Saône et Langres est alors établie. On emprunte aussi la Saône, et Chalon-sur-Saône joue dès lors un rôle de port fluvial et d'entrepôt de la corporation des « nautes » de la Saône.
Parmi les produits importés d'Italie figurait le vin : on a pu retrouver à Chalon-sur-Saône, dans le lit du fleuve, un dépôt estimé à 24 000 pointes d'amphores.
Aux 13ᵉ et 14ᵉ s., les foires de Chalon-sur-Saône deviennent une des grandes assises du commerce international : les drapiers de Dijon, Châtillon, Beaune y côtoient ceux de Flandre et les marchands italiens.
La Saône est reliée par canal à la Loire en 1793, à la Seine en 1832, au Rhin en 1833 et à la Marne en 1907. L'axe de la Saône est la seule grande voie naturelle Nord-Sud de l'Europe occidentale. Elle est empruntée par la route (autoroute A 6, N 5, N 6) et par le chemin de fer (ligne Paris-Lyon-Marseille). Des travaux d'aménagement doivent d'abord permettre la remontée des convois poussés de 4 000 t de Fos-sur-Mer à Auxonne, cette remontée étant actuellement possible de Fos à Mâcon. Dans un avenir plus lointain, avec la réalisation du projet de jonction Saône-Rhin, les convois poussés de 4 000 t pourront relier Fos à Rotterdam.

**Le plus grand des poissons d'eau douce de France** – Le **silure** glane, appelé aussi glane, grand silure ou silure d'Europe, est originaire d'Europe centrale et principalement des bassins du Danube et du Rhin.

En France, il a été introduit dans le bassin du Doubs en 1857, à partir de sujets élevés à la pisciculture de Huningue dans le Haut-Rhin. Depuis la fin des années 60, soit plus d'un siècle plus tard, des petits silures se seraient échappés ou auraient été déversés dans un affluent de la Seille. De là ils se sont répandus dans la Saône et le Rhône. Aujourd'hui, le silure est en train d'envahir d'autres cours d'eau (Loire, Seine, Garonne). Il peut atteindre 3 m de longueur et peser plus de 100 kg. Il se caractérise par son corps très allongé, sans écailles, de couleur variable, souvent brun marbré sur le dos et les flancs, plus clair sur le ventre. Sa tête, énorme, aplatie, est munie de 6 barbillons dont 2 très longs au-dessus de la bouche. Il ne possède qu'une seule nageoire dorsale, courte et sans épine. Ses yeux sont très petits.

Il nage lentement et affectionne les fonds vaseux. D'une grande voracité, il se nourrit surtout de poissons, mais aussi de petits mammifères, de canards et de poules d'eau... Sa reproduction a lieu de mai à juin lorsque la température de l'eau avoisine les 20 °C. Le nid est construit près des berges, dans les racines des arbres. La femelle produit environ 30 000 œufs par kilo de poids.

Sa chair est estimée et ressemble un peu à celle de l'anguille, mais elle est moins délicate. La légende en avait fait un monstre mythique dont la capture était un exploit que seuls les héros pouvaient accomplir. Depuis la prise de nombreux silures, notamment dans la Saône, tout pêcheur, même avec un matériel relativement léger, peut pêcher le silure au vif, au poisson mort ou au lancer avec des leurres.

## DE PONTAILLER À VERDUN-SUR-LE-DOUBS

*69 km – environ 2 h 3/4*

**Pontailler-sur-Saône** – Du mont Ardoux, éminence dominant la localité, on jouit d'une belle vue sur la plaine de la Saône et sur les hauteurs du Jura qui la limitent à l'Est.

**Auxonne** – *16 km au Sud de Pontailler. Voir à ce nom.*

**St-Jean-de-Losne** – *18 km au Sud-Ouest d'Auxonne.* C'est une véritable gare d'eau sur la Saône, à l'origine du canal de Bourgogne et à proximité du point de départ du canal du Rhône au Rhin.
Cette ancienne place forte soutint en 1636 un siège mémorable contre les Impériaux, alors que la Saône servait de frontière entre la France et l'Empire. Les quelques centaines d'hommes de sa garnison résistèrent victorieusement aux 60 000 soldats du général autrichien Gallas, les contraignant à la retraite.
L'église bâtie aux 15e et 16e s. est surmontée d'un clocher avec tourelles et de beaux toits à forte pente.

**Seurre** – *16 km au Sud-Ouest de St-Jean-de-Losne.* Cette active petite ville est située près du confluent de deux bras de la Saône : un point de vue s'offre sur ce site depuis l'extrémité de la rue de Beauraing. Seurre possède un **hôpital** du 17e s. dont la salle commune rappelle, en plus modeste, la Grand'Salle de l'Hôtel-Dieu de Beaune. On peut voir aussi l'église St-Martin, du 14e s., quelques maisons à pans de bois et, au n° 13, rue Bossuet, la maison où vécurent les parents du grand prédicateur et qui est présentement le siège du Syndicat d'initiative et de l'Écomusée de la Saône (expositions temporaires).

**Verdun-sur-le-Doubs** – *20 km au Sud-Ouest de Seurre.* Cette petite localité occupe un joli site au confluent de la Saône nonchalante et du Doubs turbulent, dans un paysage de prairies. C'est le pays de la « pauchouse », sorte de matelote, célèbre spécialité régionale.
Surplombant le confluent, la **Maison du blé et du pain** ⊙, antenne de l'Écomusée de la Bresse bourguignonne *(voir p. 181),* rappelle que Verdun-sur-le-Doubs est au débouché de la plaine céréalière du val de Saône. On y découvre les origines et l'évolution de la culture du blé, ainsi que l'histoire de la meunerie et du pain ; collections de pains.

## DE VERDUN-SUR-LE-DOUBS À MÂCON *90 km – environ 3 h*

**Verdun-sur-le-Doubs** – *Voir ci-dessus.*

A partir de Verdun-sur-le-Doubs, la Saône, grossie de son affluent le Doubs, devient plus large. Peu avant d'entrer dans Chalon, la D 5 traverse le canal du Centre qui rejoint la Loire par la vallée de la Dheune et la Bourbince. Ce canal traverse la région minière de Montceau-les-Mines, puis Paray-le-Monial avant de couper la Loire au moyen d'un pont-canal à Digoin. La base de loisirs et de sports, la roseraie St-Nicolas occupent la boucle du dernier méandre avant Chalon.

**Chalon-sur-Saône** – *Voir à ce nom.*

Quitter Chalon par la N 6, puis tourner à gauche dans la D 6 pour rejoindre Marnay au bord de la Saône. Suivre la direction de Boyer et de la halte nautique.

**Ancienne écluse de Gigny** – Cette ancienne écluse et la maison de l'éclusier (aujourd'hui café-restaurant en saison) offrent un excellent point d'observation sur la Saône. Depuis Chalon, la rivière a pris son axe Nord-Sud qu'elle garde jusqu'à son embouchure avec le Rhône. A Marnay, la Saône reçoit la Grosne et devient une rivière large et majestueuse, tranquille, au débit lent et régulier.

Sur la rive gauche (côté Empire pour les mariniers par opposition au côté Royaume) s'étendent d'immenses prairies inondables qui permettent l'élevage extensif des bovins.

Les bois ou les rangées de peupliers font partie du paysage tout comme les péniches et, en été, les bateaux de plaisance.

Les amateurs de marche pourront à leur guise suivre l'ancien chemin de halage. Une telle promenade permettra d'observer les berges de la rivière, la flore et la faune qui l'anime.

La route rejoint la N 6 à Venière, 3 km avant Tournus.

– *En 1840, pour effectuer le trajet Chalon-Lyon, sur un bateau à vapeur mû par des roues à aubes, il fallait compter 6 h à la descente et 9 h à la remontée.*
– *En 1898, le bateau le « Parisien » a transporté 24 062 voyageurs.*

★ **Tournus** – *Voir à ce nom.*
Au Sud de Tournus, la Saône reçoit, sur la rive gauche, la Seille au petit village de la Truchère (charmante écluse sur le bras Sud de l'estuaire de la Seille).

De la N 6, tandis qu'à droite s'élèvent les monts du Mâconnais, à gauche partent de nombreuses petites routes qui mènent à d'anciens ports (port de Farges, port d'Uchizy). Les bords de la Saône, très agréables, permettent la pratique de la pêche. Ces lieux-dits « ports » n'étaient en fait que les accès à la rivière pour les habitants des villages bâtis, pour éviter les risques d'inondation, sur les terrasses hautes à 2 ou 3 km de la rivière. Quelques maisons s'y rassemblent, avec parfois une auberge où l'on dégustera les traditionnelles fritures et cuisses de grenouilles.

**Le Villars** – Des plaques commémoratives fixées à l'entrée de l'église rappellent que dans ce village vécurent le pianiste Alfred Cortot (1877-1962) et l'ingénieur Gabriel Voisin (1880-1973) qui fut, avec son frère, le premier à construire industriellement des avions en France. Anatole France y situe l'épilogue de sa *Rôtisserie de la reine Pédauque*. L'**église**, curieux édifice des 11e-12e s. à deux nefs (l'une condamnée était réservée aux religieuses d'un prieuré contigu), est précédée d'un vaste porche et contient quelques sculptures.

**Farges-lès-Mâcon** – Ce village possède une **église** ⊙ romane du début du 11e s., modeste par ses dimensions, dont l'intérieur ne manque pas d'intérêt. La nef, aux beaux piliers, présente une certaine ressemblance avec celle de St-Philibert de Tournus.

**Uchizy** – L'**église** aurait été construite à la fin du 11e s. par les moines de Tournus. Cet édifice est surmonté, à la croisée du transept, d'un haut clocher constitué de cinq étages un peu en retrait les uns par rapport aux autres, le dernier n'étant pas d'origine.

Poursuivre par la N 6 située entre l'autoroute et la Saône. Au niveau de Fleurville, la rivière reçoit la Ressouze qui passe par Pont-de-Vaux, halte gastronomique bien connue.

Les amateurs d'églises romanes s'arrêteront à **St-Albain** pour prendre la mesure de l'heureuse harmonie de l'église.

*Pour organiser vous-même vos itinéraires :*

> *Consultez tout d'abord la carte des itinéraires de visite. Elle indique les parcours décrits, les régions touristiques, les principales villes et curiosités.*
>
> *Reportez-vous ensuite aux descriptions, dans la partie "Villes et Curiosités". Au départ des principaux centres, des buts de promenades sont proposés sous le titre Environs.*

*En outre, les cartes Michelin nos 237, 238, 239, 241, 243 et 244 signalent les routes pittoresques, les sites et les monuments intéressants, les points de vue, les rivières, les forêts...*

# SAULIEU★

2 917 habitants (les Sédélociens)
Cartes Michelin nº 65 pli 17 ou 243 pli 13 – Schéma p. 167.

Aux confins du Morvan et de l'Auxois, Saulieu, sur la N 6, doit principalement sa vocation de ville-étape à la réunion des Etats-généraux de Bourgogne en 1651. Ils redonnèrent à l'ancienne route Paris-Lyon un tracé passant par Saulieu et la ville devint alors *"Relais de poste"*. La Côte d'Or en général, et Saulieu en particulier,

conserve de beaux exemples de ces lieux de halte aujourd'hui appelés *"Hôtel de la Poste"*. Comme des gendarmes y étaient souvent affectés, de nombreuses villes qui possédaient alors un relais de poste possèdent aujourd'hui une gendarmerie.

Marie de Rabutin-Chantal, marquise de Sévigné.

**La route et la table** – Relais de poste, la ville se devait donc de bien « traiter » les voyageurs de passage. Rabelais avait déjà vanté Saulieu et sa bonne chère. **Mme de Sévigné**, se rendant à Vichy par Autun, s'y arrêta le 26 août 1677 et elle avoua plus tard s'y être grisée, pour la première fois de sa vie, au cours d'un plantureux repas.

**Le bois de Morvan** – A mesure que le progrès pénétrait dans les campagnes, Saulieu a dû transformer ses activités. L'exploitation des arbres de Noël peut entrer en ligne de compte puisque chaque année

il en part plus d'un million (épicéas surtout) à destination de Paris, des grandes villes de France, d'Europe et d'Afrique. La reconversion des forêts, entraînant le développement des résineux, a toutefois assuré aux belles futaies de hêtres et de chênes la place prépondérante. D'importantes pépinières expédient un peu partout plusieurs centaines de milliers de plants.

La forêt domaniale de Saulieu (768 ha) a été aménagée (aires de pique-nique, de jeux et de stationnement, sentiers de promenades et sentiers équestres, étang à truites).

## ★ BASILIQUE ST-ANDOCHE *visite : 1/2 h*

La basilique se dresse sur la place du Docteur-Roclore (jolie fontaine du 18e s.). Légèrement postérieure à celle de Vézelay, elle fut édifiée au début du 12e s. pour remplacer l'église d'une abbaye fondée au 8e s. sur les lieux du martyre de saint Andoche, de saint Thyrse et de saint Félix.

Ce beau monument roman, construit sous l'influence de St-Lazare d'Autun dont il dépendait, a été fort maltraité ; le portail, mutilé au 18e s., a été refait au 19e s. Intérieurement, la base des piliers est enterrée de près de 1 m. Le chœur brûlé par les Anglais en 1359 a été reconstruit en 1704.

**Intérieur** – Tout l'intérêt se concentre sur les **chapiteaux**★★ historiés ou décoratifs, inspirés par ceux d'Autun. On reconnaîtra notamment la Fuite en Égypte, la Tentation du Christ au désert, la Pendaison de Judas, l'Apparition du Christ à Madeleine, le Faux Prophète Balaam.

Les stalles du chœur sont du 14e s., la tribune d'orgues du 15e s. Très restauré, le tombeau de saint Andoche se trouve dans la dernière chapelle du bas-côté droit. A droite du chœur, Vierge Renaissance en pierre et à gauche statue de saint Roch du 14e s. Dans le bas-côté gauche, belle pierre tombale et Pietà polychrome offerte, dit-on, par Mme de Sévigné, en guise de mea-culpa *(voir plus haut)*.

*Gourmets...*

*Le chapitre en introduction de ce guide vous documente sur les spécialités gastronomiques les plus appréciées et les vins les plus réputés de la Bourgogne. Et chaque année, le guide Rouge Michelin France vous propose un choix de bonnes tables.*

## SAULIEU

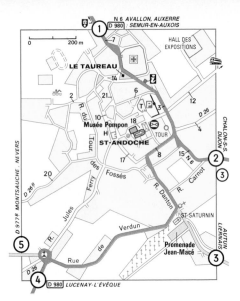

## AUTRES CURIOSITÉS

**Musée Pompon** ⊙ – Installé dans un hôtel particulier du 17ᵉ s. attenant à la basilique, ce nouveau musée propose des collections d'objets qui évoquent le matériau « pierre » (stèles gallo-romaines, statues d'art sacré, bornes indicatrices...) et la convivialité (salles de gastronomie).

**Au rez-de-chaussée**, des chartes médiévales et des bornes anciennes rappellent le rôle de ville-étape tenu par Saulieu depuis des siècles. Dans la salle suivante sont exposées des stèles funéraires gallo-romaines, en granit, provenant de la nécropole antique de la ville et, dans le prolongement, des statues d'art sacré du 12ᵉ au 18ᵉ s.

**Le 1ᵉʳ étage** est consacré à **François Pompon** (Saulieu 1855-Paris 1933). Élève de Rodin *(Buste de Ste-Catherine, Cosette)*, il est surtout connu pour ses sculptures animalières aux volumes arrondis et lisses *(voir p. 41)*. L'une de ses œuvres maîtresses, le *Taureau*★, a été érigée en 1948 dans un square à l'entrée Nord de la ville.

Enfin, un large espace est réservé à la gastronomie dont les deux principaux représentants sont Alexandre Dumaine et, aujourd'hui, Bernard Loiseau.

De retour au rez-de-chaussée, la vie rurale traditionnelle reprend ses droits sous la protection des saints patrons.

**Promenade Jean-Macé** – Elle est plantée de tilleuls séculaires.

# SEIGNELAY

1 538 habitants. (les Seignelois)
Cartes Michelin n° 65 pli 5 ou 238 plis 10, 11.

Construite au flanc d'une colline boisée au pied de laquelle serpente le Serein, Seignelay, siège au Moyen Âge d'une importante seigneurie, doit à Colbert ses titres de noblesse. Ayant fait, en 1657, acquisition de la baronnie de Seignelay, il la fit ériger en marquisat et appela, pour en restaurer le château, un architecte du roi.

**Château** – De ce château, détruit à la Révolution, il reste l'ancien parc, une partie de l'enceinte fortifiée, une tour restaurée au siècle dernier, et l'un des deux pavillons d'entrée construits à la fin du 18ᵉ s. par les Montmorency.

**Place Colbert** – Une avenue bordée de platanes aboutit à cette place qui a conservé son caractère du 17ᵉ s. et offre une jolie perspective sur le Serein.

L'ancien auditoire ou salle du bailliage (actuel hôtel de ville), remarquable pour sa façade ornée d'un fronton et ses portes à fortes moulures, fut édifié sous Colbert. A côté, le bâtiment qu'occupe le Trésor public est l'ancienne capitainerie adjointe à l'auditoire par le duc de Montmorency. L'ensemble forme un corps de bâtiment à deux ailes, harmonieux, avec ses toits à la Mansart couverts d'ardoises.

Le pavillon d'entrée de l'ancien château est construit en équerre avec la capitainerie. Face à l'auditoire, la pittoresque **halle** du 17ᵉ s., en bois, possède une originale toiture présentant quatre faces avec huit rampants de forme et d'inclinaison différentes, soutenues par une belle charpente et reposant sur trente-deux colonnes.

**Église St-Martial** ⊘ – Rebâtie au 15e s. sur une église romane dont elle a conservé les contreforts extérieurs, elle est flanquée d'une belle tour-clocher, massive, surmontée d'un lanternon ; elle est originale par son plan irrégulier (un seul bas-côté).

Le chœur, l'abside, la chapelle de la Vierge et celle des fonts datent du 15e s.

Au 16e s., la nef est refaite : on élève la voûte du collatéral à hauteur de celle de la nef. De cette époque date aussi le petit portail Renaissance surmonté d'un auvent. L'intérieur abrite un banc d'œuvre Louis XIII ; dans le sanctuaire, six chandeliers Louis XVI en cuivre argenté provenant du château, ainsi que trois tabourets et deux petites châsses aux armes de Colbert ; une Vierge peinte du 17e s.

Aux fenêtres de la nef gauche et du chœur, restes des remplages de vitraux du 16e s., œuvre des frères Veissières et de leur élève Mathieu, originaires de Seignelay.

## ENVIRONS

**Appoigny** – *7 km au Sud-Ouest*. Cette localité faisait partie du domaine des évêques d'Auxerre. Ils y firent construire au 13e s. la **collégiale St-Pierre** ⊘. La haute tour carrée qui la surmonte fut ajoutée au 16e s. L'intérieur, très restauré, présente un beau jubé sculpté, daté de 1610.

# Sources de la SEINE

Cartes Michelin n° 65 pli 19 ou 243 plis 3, 15 –
10 km au Nord-Ouest de St-Seine-l'Abbaye.

A 2 km à l'Ouest de la N 71, on atteint, par la D 103, les sources de la Seine qui jaillissent dans un petit vallon planté de sapins. La ville de Paris est propriétaire de l'enclos. La source principale bouillonne sous une grotte abritant une statue de nymphe personnifiant la Seine, copie de celle exécutée en 1865 par Jouffroy.

En aval, des fouilles ont mis au jour les vestiges d'un temple gallo-romain, des objets en bronze (Faune, Dea Sequana, témoignant du culte aux sources de la Seine) et nombre de statuettes en bois et ex-voto dont des « planches anatomiques » (au total 200 pièces environ) exposées au musée archéologique de Dijon.

## SOURCES ET EAUX VIVES

Au hasard de randonnées sur le plateau de Langres *(voir le guide Vert Michelin Champagne Ardennes)*, on rencontrera de nombreuses sources ; il s'agit souvent de sources vauclusiennes appelées dhuys ou douix dans la région, liées à l'existence d'un sous-sol argileux sous la couche calcaire.

**Source de la Coquille** – A Étalante *(27 km au Nord des sources de la Seine)*, la source de la Coquille jaillit dans un joli site.

A quelques kilomètres de là, **Aignay-le-Duc** possède une intéressante **église** ⊘ gothique du 13e s., de proportions régulières, coiffée d'un clocher de bardeaux. Dans le chœur, retable en pierre du début du 16e s. représentant des scènes de la Passion.

# SEMUR-EN-AUXOIS★

4 545 habitants (les Sémurois)
Cartes Michelin n° 65 plis 17, 18 ou 243 pli 13.

Capitale de l'Auxois, riche pays de culture et d'élevage s'inscrivant entre les plateaux dénudés du Châtillonnais et le Morvan, Semur bénéficie d'un **site★** très pittoresque, quand on l'aborde par l'Ouest ou par le Nord. De la route de Paris, dans la descente avant le pont Joly, belle vue sur la ville et sur les remparts. Sur une falaise de granit rose dominant le ravin au fond duquel coule l'Armançon s'accrochent un fouillis de petites maisons claires et une cascade de jardins, que dominent les grosses tours du donjon et la flèche effilée de l'église Notre-Dame.

**Une place forte** – Au 14e s., lorsqu'on eut renforcé sa citadelle par un rempart appuyé sur 18 tours, Semur devint la place la plus redoutable du duché. La ville se divisait alors en trois parties entourées chacune d'une enceinte.

Au centre, occupant toute la largeur de l'éperon rocheux, le quartier du Donjon était en fait une vraie citadelle réputée imprenable, plongeant à pic, au Nord et au Sud, sur la vallée de l'Armançon, et flanquée, aux angles, de quatre énormes tours rondes : tour de l'Orle d'Or, tour de la Gehenne, tour de la Prison et tour Margot.

A l'Ouest, le quartier du Château couvrait la partie haute de la presqu'île enfermée dans le méandre de l'Armançon. A l'Est, le bourg Notre-Dame demeura le quartier le plus peuplé même lorsque la ville se fut étendue sur la rive gauche de la rivière.

Vue d'ensemble.

## ★ ÉGLISE NOTRE-DAME *visite : 1/2 h*

Elle s'élève sur la petite place Notre-Dame, bordée de maisons anciennes.
Fondée au 11$^e$ s., elle a été reconstruite au cours des 13$^e$ et 14$^e$ s. ; plusieurs fois
remaniée aux 15$^e$ et 16$^e$ s. et agrandie par l'adjonction de chapelles sur les bas-
côtés Nord, elle a été restaurée par Viollet-le-Duc.

**Extérieur** – La façade du 14$^e$ s., flanquée de tours carrées, est précédée d'un vaste
porche.
S'avancer, à gauche de l'église, dans la rue Notre-Dame : la porte du croisillon
Nord, dite Porte des Bleds (13$^e$ s.), a conservé un beau tympan contant l'incrédulité de saint Thomas et l'évangélisation des Indes. Au sommet de l'archivolte,
un ange ouvre les bras en un geste d'accueil. De fines colonnettes encadrent le
portail ; sur l'une d'elles, deux escargots sculptés symbolisent la gastronomie
bourguignonne.
Le porche (15$^e$ s.), à trois arcades, abrite trois portails ; les sculptures des voussures et des niches ont disparu à la Révolution, mais on peut voir encore, peuplant les piédroits de chacun des portails, de petits personnages sculptés en bas-
relief.
Du jardin, derrière l'église, on a une belle vue sur le chevet, surprenant par son
élévation très élancée et ses chapelles aux toits coniques.
Le carré du transept est surmonté d'une tour octogonale coiffée d'une belle
flèche.

**Intérieur** ⊙ – En entrant, on est frappé par l'étroitesse de la nef centrale (13ᵉ et 14ᵉ s.), qui accuse la hauteur des voûtes soutenues par de fines colonnes.

Gagner tout de suite le bas-côté gauche où s'ouvrent plusieurs chapelles intéressantes : la 1ʳᵉ, de style Renaissance, est généreusement décorée ; dans la 2ᵉ, une **Mise au tombeau★** polychrome (1) de la fin du 15ᵉ s. frappe par ses personnages monumentaux dans la tradition de Claus Sluter (voir p. 39) ; la 3ᵉ, voûtée en étoile, est éclairée par un vitrail (2) du 16ᵉ s. illustrant la légende de sainte Barbe ; les deux dernières chapelles conservent des panneaux d'anciens vitraux offerts au 15ᵉ s. par diverses confréries de l'époque : bouchers (3) et drapiers (4), ce dernier en huit panneaux.

Derrière la chaire, adossé au mur, remarquable **ciborium** (5) en pierre, du 15ᵉ s., orné d'un clocheton finement sculpté, haut de 5 m.

Autour des deux bras du transept et du chœur règne un triforium aveugle aux élégantes colonnettes surmontées de têtes humaines d'un curieux réalisme. La clef de voûte du chœur, peinte, représente le Couronnement de la Vierge, au milieu de feuillages et de têtes d'anges.

NOTRE-DAME

Place Notre-Dame

Le chœur est accosté d'un double collatéral ; sur le déambulatoire s'ouvrent trois chapelles rayonnantes séparées par des fenêtres à triple baie. Les vitraux datent du 13ᵉ et du début 19ᵉ s. Remarquez l'orgue Grantin-Riepp-Callinet des 17ᵉ, 18ᵉ et 19ᵉ s.

Dans la dernière chapelle du collatéral gauche, un retable peint en 1554 (6) représente l'Arbre de Jessé ; un dais gothique en bois sculpté le surmonte. De beaux vitraux du 13ᵉ s., restaurés par Viollet-le-Duc, éclairent la chapelle absidale dédiée à la Vierge (7).

Plus loin, la chapelle Ste-Julite (8) possède un encadrement Renaissance avec une jolie clef pendante ornée d'un ange lisant. Un Christ aux cinq plaies, statue polychrome de la fin du 15ᵉ s., montre de la main droite la plaie de son côté ; deux petits anges soutiennent son manteau.

## AUTRES CURIOSITÉS

**Tour de l'Orle d'Or et musée (M¹)** ⊙ – Cette tour – lézardée du côté Nord – faisait partie du donjon, démantelé en 1602. Elle doit son nom aux créneaux (supprimés), qui avaient un revêtement de plomb cuivré (« ourlée d'or »). Ses dimensions sont imposantes (44 m de hauteur, murs d'environ 2,20 m d'épaisseur au sommet, de 5 m à la base). Avant la construction du pont Joly (1787), cette tour était l'une des entrées de la ville. Elle est aujourd'hui le siège de la Société des sciences historiques et naturelles de Semur (**musée**).

Des étages successifs – dont l'ultime est coiffé d'une belle charpente en châtaignier –, on découvre des vues différentes du donjon et de la ville.

**Promenade des remparts** – Aménagée sur les anciens remparts à la proue de l'éperon granitique, cette promenade, plantée de beaux tilleuls, domine en corniche la vallée de l'Armançon. Pour s'y rendre, on passe devant l'hôpital, assez bel édifice du 18ᵉ s., ancien hôtel du marquis du Châtelet, gouverneur de Semur et lieutenant général des armées du roi, dont la pédante épouse fut la tendre amie de Voltaire.

**Pont Joly** – Du pont Joly, on a une **vue d'ensemble★** du site et de la petite cité médiévale. Le pont franchit l'Armançon au pied du donjon qui verrouillait l'isthme étroit rattachant la falaise rose, où naquit la cité, au plateau granitique, où la ville s'est étalée. Au premier plan, la vue s'étend sur la vallée ; de gauche à droite on découvre des jardins, des rochers, des parcs, des cascatelles.

**Tour des remparts** – Il est possible de longer le pied des remparts par la rue Basse-du-Rempart. Le site est alors mis en valeur par les énormes masses de granit rouge pailleté de mica et de quartz qui servent d'assise au donjon.

**Musée (M²)** ⊙ – Il est installé avec la bibliothèque dans l'ancien couvent des jacobines. Il abrite au rez-de-chaussée une collection de sculptures du 13ᵉ s. au 19ᵉ s., dont de nombreux plâtres originaux dus pour l'essentiel à Augustin Dumont, auteur

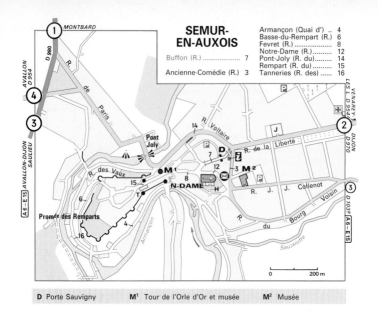

**D** Porte Sauvigny      **M¹** Tour de l'Orle d'Or et musée      **M²** Musée

de décors monumentaux et statues commémoratives (Génie de la place de la Bastille à Paris).

Au 1$^{er}$ étage, riche section de sciences naturelles consacrée à la géologie (nombreux fossiles – rares empreintes de poissons – échantillons de minéraux) et à la zoologie.

Au 2$^e$ étage, collections archéologiques provenant de sites préhistoriques, gallo-romains (ex-voto des sources de la Seine) et mérovingiens. Une galerie de peintures du 17$^e$ s. au 19$^e$ s. (Portrait de prophète de Vignon et trois Corot) abrite également quelques sculptures du 19$^e$ s., tandis qu'une petite salle est réservée au Moyen Âge et à la Renaissance (Anges de Le Moiturier).

**Porte Sauvigny** (**D**) – Cette porte du 15$^e$ s., précédée d'une poterne et décorée aux armes de la ville, marquait l'entrée principale de l'enceinte dite du Bourg-Notre-Dame.

Elle doit son nom au Receveur des Finances Jean de Sauvigny qui la fit construire en 1417.

## ENVIRONS

**Lac de Pont** – *3 km au Sud.* Long de 6 km environ, le lac artificiel s'étend entre Pont-et-Massène et Montigny. Une retenue d'une superficie de 80 ha, créée au 19$^e$ s., alimente le canal de Bourgogne. Les rives du lac (plage aménagée et sports nautiques) forment un joli site dans un cadre de verdure et de rochers.

**Château de Bourbilly** ⊙ – *9 km au Sud-Ouest.* Campé dans la vallée du Serein, il fut achevé en 1379 par Marguerite de Beaujeu. Il appartint à Jeanne Frémyot de Chantal, qui fonda en 1610 l'ordre de la Visitation et fut canonisée sous le nom de sainte Jeanne de Chantal. Sa petite-fille, la marquise de Sévigné, y séjourna à plusieurs reprises et y vint en voyage de noces.

Endommagé pendant la Révolution puis réhabilité au 19$^e$ s., il garde noble allure, dans son parc, avec ses trois ailes en équerre (la quatrième n'a pas été relevée) cantonnées de tours rondes et ses hautes toitures où se dressent une dizaine de **curieuses cheminées** cylindriques.

A l'intérieur, on visite la salle des Gardes où se voit une table, qui n'est autre qu'un billard Louis XIII, et une tapisserie flamande du 17$^e$ s. (Prise de Tyr par Alexandre) ; la chapelle réhabilitée avec des matériaux modernes (belle charpente) que ferme une admirable grille en fer forgé (18$^e$ s.), aux motifs de roses et de croix ; la bibliothèque ; la salle à manger, ornée d'un plafond à la française ; enfin le grand salon, au décor vénitien : lustres fleuris en cristal de Venise.

**Venarey-les-Laumes** – *13 km au Nord-Est.*

Située sur une esplanade près de la gare, l'**église** ⊙ a été construite en 1968 par l'architecte Jacques Prioleau. L'édifice, très sobre, est éclairé par une grande baie dans le chœur et deux baies latérales donnant accès à deux petits jardins.

# SEMUR-EN-BRIONNAIS★

636 habitants
Cartes Michelin n° 73 Nord des plis 7 et 8 ou 243 pli 37 – Schéma p. 64.

Ce village est bien situé sur un promontoire couvert de vignes et d'arbres fruitiers. Un château, une église romane, un ancien prieuré et un auditoire de Justice (mairie) du 18e s. composent un ensemble architectural d'une belle pierre ocre rose.

## CURIOSITÉS

★ **Église St-Hilaire** – De style clunisien, elle présente un très beau chevet ; son aspect trapu est atténué par la hauteur des murs-pignons à l'extrémité du chœur et des bras du transept, et sa sévérité par les corniches de modillons sculptés qui règnent à la base des toits. L'élégant clocher octogonal qui la domine est remarquable par son double étage d'arcatures romanes géminées qui s'ouvrent, à l'étage supérieur, sous un réseau de voussures.

Le portail Ouest est richement décoré, mais ses sculptures sont traitées avec une certaine maladresse dans le modelé. A la clé de la voussure extérieur on voit, comme à Charlieu, l'agneau nimbé. Au linteau est représentée une scène de la vie de saint Hilaire : condamné par un concile d'évêques ariens, il part en exil, la besace sur l'épaule ; en chemin, il rencontre un ange qui lui rend l'espoir et sa place parmi les évêques ; cependant le diable s'empare brutalement de l'âme du président du concile. La nef est très harmonieuse avec son triforium, soutenu par des arcs à deux voussures, qui vient, au revers de la façade, former une tribune ronde en saillie, supportée par un remarquable encorbellement prenant appui sur la clé de voûte de la porte. Cette tribune a été vraisemblablement imitée de celle de la chapelle St-Michel établie au-dessus du grand portail, dans l'église abbatiale de Cluny. A la croisée du transept, la coupole sur trompes s'orne d'arcatures rappelant le triforium.

**Château St-Hugues** ⊙ – On visite le donjon rectangulaire bâti au 9e s., où naquit saint Hugues, et deux petites tours arrondies aménagées en prison au 18e s. Vue sur les coteaux plantés de vignes et au loin sur les monts du Forez et de la Madeleine.

# Mont de SÈNE★★

Cartes Michelin n° 69 pli 9 ou 243 pli 27 – 10 km à l'Ouest de Chagny.

On accède au mont de Sène, ou **montagne des Trois-Croix** (en raison des trois croix érigées au sommet), par une route s'embranchant sur celle qui relie Dezize-lès-Maranges à la N 6. Ces routes assez étroites comportent de fortes rampes aux virages difficiles vers le haut.

★★**Panorama** – Du sommet, on reconnaît, au Nord, au-delà de la Rochepot, la côte au célèbre vignoble, à l'Est la vallée de la Saône, le Jura et les Alpes, au Sud le Clunisois dominé par le mont St-Vincent, à l'Ouest la masse du Morvan.

# SENNECEY-LE-GRAND

2 568 habitants
Cartes Michelin n° 69 Nord-Est du pli 19 ou 243 pli 27.

Au bord d'une grande place ceinturée de fossés, la mairie occupe ce qui reste du château féodal. La partie disparue a été remplacée au 19e s. par une **église** monumentale de style classique, aux longues et majestueuses colonnes intérieures.

A proximité du bourg se trouvent en outre les églises romanes de deux villages voisins *(voir ci-dessous)*, l'une et l'autre de plan très simple, montrant extérieurement des arcatures lombardes, des toitures de laves et, au-dessus de la croisée du transept, un massif clocher carré porté par une petite coupole sur trompes.

**Église de St-Julien** ⊙ – *Près de l'autoroute*. Sa nef et son clocher sont du 11e s. ; le reste de l'édifice est du 15e s.

**Église St-Martin de Laives** ⊙ – *A 2,5 km à l'Ouest. Accès par la D 18 et, après le passage sous l'autoroute, par un chemin se détachant à gauche.*
Située sur un éperon d'où la vue s'étend sur la Bresse, le Jura, Chalon et ses environs, la vallée de la Grosne et le Charollais, elle a été construite comme St-Julien au 11e s. et complétée par des chapelles au 15e et au 16e s.

# SENS★★

27 082 habitants (les Sénonais)
Cartes Michelin n° 61 pli 14 ou 237 pli 45 –
Plan d'agglomération dans le guide Rouge Michelin France.

Simple sous-préfecture du département de l'Yonne, Sens est le siège d'un archevêché, témoignage de sa grandeur passée. La vieille ville est entourée de boulevards et de promenades qui ont remplacé les anciens remparts. Au centre se dresse la cathédrale St-Étienne. L'arrivée par la D 81 qui débouche sur les hauteurs de la rive gauche de l'Yonne procure, tout le long de la descente, une belle vue d'ensemble de la ville.

## UN PEU D'HISTOIRE

**Au pays des Senons** – Le peuple des Senons, qui donna son nom à la ville, fut longtemps un des plus puissants de la Gaule. En 390 avant J.-C., les Senons, commandés par Brennus, envahirent l'Italie et s'emparèrent de Rome. Maîtres à leur tour de toute la Gaule, les Romains firent de Sens la capitale d'une province de la Lyonnaise, la Lyonnaise IVe ou Senonie.

**Un important diocèse** – Jusqu'en 1622, date à laquelle Paris fut érigé en archevêché, Sens eut la prééminence sur les évêchés de Chartres, Auxerre, Meaux, Paris, Orléans, Nevers et Troyes, dont les initiales forment la devise de l'église métropolitaine : « Campont ».
Le séjour que fit à Sens, en 1163-1164, le pape Alexandre III transforma la ville en capitale provisoire de la chrétienté. C'est encore à Sens que se tint le Concile qui condamna Abélard, et c'est dans la cathédrale que fut célébré, en 1234, le mariage de Saint Louis et de Marguerite de Provence. Avec Paris, le diocèse de Sens perdit Meaux, Chartres et Orléans.

## ★★CATHÉDRALE ST-ÉTIENNE *visite : 1/2 h*

Commencée vers 1130 sur l'initiative de l'archevêque Henri Sanglier, mais véritablement édifiée entre 1140 et 1168, c'est la première des grandes cathédrales gothiques de France. Nombre d'édifices lui firent de larges emprunts (plan, alternance des piles ou dessin du triforium) : l'architecte Guillaume de Sens s'en inspira pour reconstruire le chœur de la cathédrale de Cantorbéry (1175-1192).

**Extérieur** – La façade Ouest, amputée d'une tour, conserve néanmoins une imposante majesté et un harmonieux équilibre. La tour Nord, ou « tour de plomb », édifiée à la fin du 12e s., était surmontée d'un beffroi en charpente couvert de plomb, détruit au siècle dernier. La tour Sud, ou « tour de pierre », écroulée à la fin du 13e s., fut rebâtie au siècle suivant et achevée au 16e s. Couronnée par un élégant campanile, elle est haute de 78 m. Elle abrite deux cloches pesant 14 000 et

La cathédrale et le palais synodal.

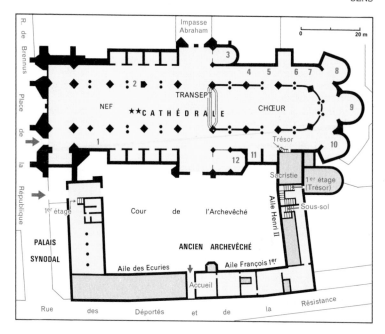

16 000 kg. Les statues de la galerie haute, ajoutées au 19$^e$ s., représentent les principaux archevêques de Sens. Au-dessus du portail central s'étagent une immense fenêtre rayonnante, une rose et un Christ bénissant encadré de deux anges (statues modernes).

**Portail de gauche** – Le tympan de ce portail du 12$^e$ s. évoque l'histoire de saint Jean-Baptiste. A la base des piédroits des bas-reliefs figurent la libéralité et l'avarice.

**Portail central** – Adossée au trumeau du portail central, la très belle statue de saint Étienne, en costume de diacre et portant l'Évangile, a heureusement été épargnée à la Révolution. Cette œuvre de la fin du 12$^e$ s., qui marque la transition entre les sculptures de Chartres et de Bourges, et celles de Paris et d'Amiens, constitue un intéressant exemple de la statuaire gothique à ses débuts.
Les bas-reliefs des piédroits encadrant le portail représentent à droite les Vierges folles et à gauche les Vierges sages. Les statues des apôtres qui occupaient les douze niches des ébrasements du portail ont disparu. Le tympan primitif, qui représentait, croit-on, le Jugement dernier, a été refait au 13$^e$ s. : il est consacré à des scènes de la vie de saint Étienne. Maintes statuettes de saints ornent les voussures.

**Portail de droite** – Le tympan du portail de droite (début 14$^e$ s.) est consacré à la Vierge. Les statuettes représentant les prophètes ont été décapitées. Un décor d'anges orne les voussures.

*Contourner la cathédrale par le Nord et emprunter le passage (portail St-Denis du 14$^e$ s.) qui mène à la maison de l'Œuvre, ancienne bibliothèque du chapitre du 16$^e$ s. Poursuivre jusqu'à l'impasse Abraham.*

**Croisillon Nord** – On admire la magnifique façade de style flamboyant, exécutée de 1500 à 1513 par Martin Chambiges et son fils. Le décor sculpté est d'une grâce raffinée. Au pignon, statue d'Abraham, moderne.

*Revenir devant la façade principale et entrer par le portail de droite.*

**Intérieur** – On est frappé par l'ampleur et l'unité de la nef communiquant avec les bas-côtés par de magnifiques arcades surmontées d'un triforium. L'alternance de piles fortes et de piles faibles est caractéristique du gothique primitif. Le vaisseau est couvert d'une voûte d'ogives sexpartite. L'aspect primitif de l'église a été un peu modifié par des remaniements successifs : les fenêtres hautes ont été rehaussées au 13$^e$ s. dans le chœur et au 14$^e$ s. dans la nef ; le transept fut ajouté au 15$^e$ s. par l'archevêque Tristan de Salazar et le chœur se trouva ainsi coupé de la nef.
Les **vitraux**★★, exécutés du 12$^e$ au 17$^e$ s., forment un magnifique ensemble.
Dans le bas-côté droit, à la troisième travée, vitrail (1) de Jean Cousin, de 1530. Sur le côté gauche de la nef, on peut voir un retable Renaissance et le monument (2) élevé par l'archevêque de Salazar à la mémoire de ses parents. Les verrières du croisillon droit (1500-1502) proviennent d'ateliers troyens : celles qui figurent l'Arbre de Jessé et la légende de saint Nicolas sont particulièrement remarquables ;

la rosace représente le Jugement dernier. Celles du croisillon gauche ont été exécutées en 1516-1517 par Jean Hympe et son fils, verriers à Sens ; le vitrail de la rosace représente le Paradis.

Le chœur est fermé par d'admirables grilles de bronze, relevées de dorures (1762) et portant les armes du cardinal de Luynes. Le maître-autel monumental a été exécuté au 18e s. par Servandoni et les vitraux des fenêtres hautes sont du 13e s.

*Possibilité de sortir par le bras gauche du transept en été pour aller voir la façade du croisillon Nord.*

Dans le transept Nord, la chapelle de St-Jean, qui renferme un beau calvaire (3) du 13e s., et l'arcature aveugle de son pourtour ont conservé leur architecture ancienne.

Les vitraux les plus anciens de la cathédrale (fin 12e s.) éclairent les quatre fenêtres de la partie Nord du déambulatoire : on reconnaît l'histoire de saint Thomas de Cantorbéry (4), l'histoire de saint Eustache (5), la parabole de l'Enfant prodigue (6) et celle du Bon Samaritain (7). Le mausolée du dauphin, père de Louis XVI, et de la dauphine, Marie-Josèphe de Saxe, par Guillaume Coustou (8), est placé dans la chapelle suivante. La chapelle absidale du 13e s. conserve des vitraux (9) de la même époque. Dans la chapelle du Sacré-Cœur, vitrail attribué à Jean Cousin (10). Un escalier du 13e s. donne accès au trésor en été (accès par le musée en hiver). Après la sacristie, dans l'une des chapelles suivantes, retable Renaissance (11). Dans la chapelle Notre-Dame, Vierge assise du 14e s. (12) au-dessus de l'autel.

*Sortir par le bras droit du transept.*

**Croisillon Sud** – Exécuté par Martin Chambiges, maître d'œuvre de Beauvais et de Troyes, c'est une belle réussite du style flamboyant. La décoration du portail de Moïse est remarquable. Le gâble de la porte est surmonté d'une statue moderne de Moïse.

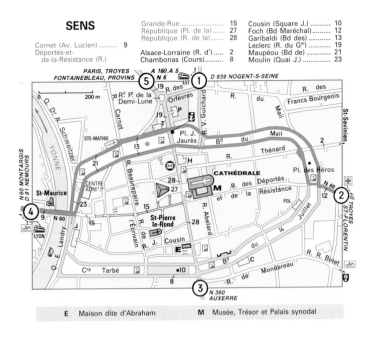

E   Maison dite d'Abraham    M   Musée, Trésor et Palais synodal

# ★ MUSÉE, TRÉSOR ET PALAIS SYNODAL (M) ⊘

Cet ensemble, composant les Musées de Sens, occupe les bâtiments de l'**ancien archevêché** (16e-18e s.) et du palais synodal qui bordent la cathédrale du côté Sud.

**Ailes François Ier et Henri II** – Elles abritent des collections consacrées à l'histoire de Sens et du Sénonais. Les premières salles exposent des découvertes préhistoriques et protohistoriques : important outillage de pierre du paléolithique, sépultures et maison du néolithique (7500 à 2500 avant J.-C.), objets de l'âge du bronze (2500 à 750 avant J.-C.) dont le Trésor de Villethierry (fonds d'un artisan bijoutier), nombreuses armes et parures de l'âge du fer.

Au sous-sol sont présentés des **vestiges gallo-romains★** utilisés comme matériaux de récupération lors de la construction de la muraille de Sens : blocs d'architecture, sculptures, stèles... On constate que la sculpture officielle des monuments publics suivait les canons romains (reconstitution de la façade des thermes), tandis que la sculpture funéraire présentée dans les caves voûtées, plus populaire, offre un panorama de la société sénonaise antique. Sous la cour, des fouilles ont livré les bases d'un édifice thermal du 4ᵉ s. et, parmi le matériel retrouvé, une collection de peignes en os.

La sculpture au 18ᵉ s. est présentée au premier étage par deux ensembles importants (maquettes) : reliefs de la porte Dauphine élevée à la mémoire du dauphin, fils de Louis XV, et de sa femme, et éléments du jubé de la cathédrale démonté au 19ᵉ s.

Au 2ᵉ étage, peintures du 17ᵉ au 19ᵉ s.

**★★Trésor de la cathédrale** – *Accès par le musée.* C'est avec celui de Ste-Foy de Conques *(voir le guide Vert Gorges du Tarn)* l'un des plus riches de France. Il renferme une magnifique collection de tissus et de vêtements liturgiques : suaire de saint Victor, mitre de soie brodée d'or du 13ᵉ s., aube de saint Thomas Becket ; d'admirables tapisseries de haute lisse du 15ᵉ s. (Adoration des Mages, Couronnement de la Vierge) ; des ivoires (pyxides, peigne liturgique de saint Loup du 7ᵉ s., la Sainte Châsse, coffret reliquaire byzantin du 11ᵉ s., coffret islamique du 12ᵉ s.) ; des pièces d'orfèvrerie (ciboire de vermeil, fin du 12ᵉ s.).

**Palais synodal** – Construit au début du 13ᵉ s., il fut restauré par Viollet-le-Duc. Au rez-de-chaussée, la salle voûtée à deux nefs était le tribunal de l'Officialité. Deux travées ont été cloisonnées afin de créer des cachots ; cet ensemble de prisons du 13ᵉ s. conserve de nombreux graffiti ; le 1ᵉʳ étage est occupé par une grande et belle salle unique qui servait de salle de réunions pour les assemblées ecclésiastiques. Le dépôt lapidaire sera présenté au fur et à mesure de l'aménagement des salles du nouveau musée.

## AUTRES CURIOSITÉS

**Marché couvert** – Caractéristique des réalisations en vogue au cours de la seconde moitié du 19ᵉ s., son architecture métallique à remplage de briques roses se dresse face à la cathédrale. Il présente une belle charpente apparente et une charmante toiture à clochetons.

**Quartier de l'église St-Pierre-le-Rond** – De part et d'autre du clocher élevé en 1728, la façade de l'**église** ⊙ et celle de l'ancien Hôtel-Dieu (13ᵉ s.), remontée là en 1927, se répondent harmonieusement avec leurs pignons ornés de hautes fenêtres lancéolées.

A l'angle de la rue de la République et de la rue Jean-Cousin, la **maison dite d'Abraham** (**E**), du 16ᵉ s., montre un poteau cornier, très ouvragé, sculpté d'un arbre de Jessé. La maison voisine, 50, rue Jean-Cousin, dite maison du Pilier (16ᵉ s.), possède un porche curieux. Plus loin, au nᵒ 8, la maison Jean-Cousin, dont la façade sur jardin donne sur la rue Jossey, est aussi une construction du 16ᵉ s. La Grande-Rue, piétonne et commerçante, est bordée de nombreuses maisons à colombage dont certaines portent des plaques rappelant leur activité passée. La rue Abélard conserve plusieurs hôtels particuliers des 17ᵉ et 18ᵉ s.

**Église St-Maurice** ⊙ – Bâtie sur l'île d'Yonne au cours de la seconde moitié du 12ᵉ s., elle présente un chevet plat à colombage et un toit asymétrique surmonté d'une flèche d'ardoise dont on a une belle vue depuis la rive droite de la rivière. A l'intérieur, le chœur remanié au 16ᵉ s. est orné d'un grand bas-relief composé de différents panneaux datant de 1567.

**Église St-Savinien** ⊙ – *Au 137 bis, rue d'Alsace-Lorraine, à 750 m du bd du Mail sur la gauche.* Construite au 11ᵉ s. sur l'emplacement d'une église plus ancienne, St-Savinien présente un plan basilical sans transept à trois absides orientées et une nef charpentée ; devant l'abside centrale, un escalier permet d'accéder à une petite crypte. A l'extérieur, le gracieux clocher est mis en valeur par la sobriété de l'édifice : il conserve un étage roman à petites baies géminées en plein cintre surmonté au 13ᵉ s. d'un second étage orné de hautes baies en arcs brisés.

# Lac des SETTONS★

Cartes Michelin nᵒ 65 Sud-Ouest du pli 17 ou 237 pli 45 – Schémas p. 102 et 166.

Le lac des Settons s'étale sur 359 ha au travers de la vallée de la Cure, dans un des coins les plus retirés du Morvan. Entouré de bois de sapins et de mélèzes, il constitue, à 573 m d'altitude, un site des plus reposants. On y pratique la pêche et, dès l'automne, le gibier d'eau fait son apparition. Des sentiers et une route longent le lac aménagé pour la plaisance et les sports nautiques.

Au barrage long de 277 m, construit en 1861, fut adjointe en 1901 une digue de 227 m. La capacité du réservoir ainsi constitué est de 21 millions de m³. Destiné primitivement à faciliter le flottage des bois sur la Cure *(voir p. 106 et 121),* il sert maintenant à régulariser le débit de l'Yonne.

A proximité du barrage, la petite localité des **Settons** est un agréable lieu de villégiature.

# Roche de SOLUTRÉ★★

Cartes Michelin n° 69 Sud du pli 19 ou 243 pli 39 – Schéma p. 153.

Véritable symbole du Sud-Mâconnais, la **roche de Solutré**, à la silhouette élancée, s'observe depuis la Bresse de Bourg à Mâcon. Superbe escarpement calcaire au profil caractéristique, elle est célèbre dans le domaine de la préhistoire. C'est sur ce site qu'a été identifié pour la première fois un outillage de pierre désigné dès lors de solutréen (18 000 à 15 000 ans avant J.-C.). Il se caractérise par des retouches plates obtenues par pression, progrès technique qui permit de réaliser des bifaces d'une extrême finesse appelés « feuilles de laurier » (très beaux exemples au musée Denon de Chalon-sur-Saône). La fin de cette période est marquée par l'apparition de l'aiguille à chas.

**Les fouilles** – Les premières fouilles entreprises au pied de la roche en 1866 mirent au jour un amoncellement d'ossements de chevaux formant, avec quelques os de bisons, d'aurochs, de cerfs et de mammouths, une couche de 0,5 à 2 m d'épaisseur sur près de 4 000 m². Ce site de chasse fut fréquenté pendant 25 000 ans par les hommes des différentes périodes du paléolithique supérieur (aurignacien, gravettien, solutréen et magdalénien).

L'hypothèse émise à la fin du siècle dernier, selon laquelle les chevaux étaient rassemblés au sommet de la roche où on les contraignait à sauter en les effrayant par le bruit et le feu, est désormais caduque. Les fouilles réalisées de 1968 à 1976 permettent de penser que c'est au pied même de l'escarpement que les troupeaux de chevaux sauvages étaient traqués, abattus puis dépecés au cours de leur migration saisonnière de printemps.

La roche de Solutré.

**Panorama** – *En venant de Mâcon par la D 54, traverser Solutré et, après le cimetière, prendre la deuxième route à droite qui aboutit au parking. Suivre les marques jaunes, 3/4 d'heure à pied aller-retour.*

Un sentier conduit au Crot du Charnier (où se trouve le musée) puis au sommet de la roche de Solutré (493 m d'altitude). Le parcours, bien que limité, assure une vue étendue sur la vallée de la Saône, sur la Bresse, le Jura et, par temps clair, sur les Alpes.

**Musée départemental de préhistoire** ⊙ – Enterré au pied de la roche, le musée évoque successivement l'archéologie préhistorique du Sud-Mâconnais, les chevaux et les chasses du paléolithique supérieur à Solutré, et enfin le solutréen dans le contexte européen (nombreuses maquettes).

Ces trois espaces sont séparés par deux points de vue privilégiés sur l'extérieur : la vallée de la Saône et la roche de Solutré.

# Butte de SUIN★

Cartes Michelin n° 69 pli 18 ou 243 pli 38 – 7 km au Sud-Est de St-Bonnet-de-Joux.

A proximité de la D 17, à mi-chemin entre Charolles et Cluny, se dresse la butte de Suin, à 593 m d'altitude.

Laisser la voiture au parking derrière le monument aux morts, et prendre le sentier qui passe à droite de l'église. A hauteur de la statue de la Vierge, monter à droite les escaliers qui donnent accès à la table d'orientation *(1/4 h à pied AR)*.

De là, on découvre un magnifique **panorama**★★ circulaire. Au Nord se dresse le mont St-Vincent (603 m) ; au Nord-Est s'étend la dépression formée par la vallée de la Grosne et, au-delà, la vallée de la Saône. A l'Est s'élève la ligne des monts du Mâconnais. Au Sud-Est, on distingue le signal de la Mère Boitier (758 m) ; au Sud, le mont St-Rigaux et la montagne de St-Cyr ; à l'Ouest, au premier plan, le mont Botey (561 m), et au-delà le Brionnais, le Charollais et la vallée de la Loire.

La butte de Suin sert aussi de lieu d'envol aux amateurs de deltaplane.

# Château de SULLY★

Cartes Michelin n° 69 pli 8 ou 243 pli 26 – 4 km au Nord-Ouest d'Épinac.

Le **château de Sully** ⊙, résidence Renaissance, constitue, avec son vaste parc et ses communs, un magnifique ensemble qui rappelle, par son ordonnance et sa décoration, le château d'Ancy-le-Franc *(voir à ce nom)*.

C'est au début du 16ᵉ s. que Jean de Saulx, ayant acquis la terre de Sully, commença d'y édifier le château dont son fils, le maréchal de Tavannes, poursuivit la construction. Les douves qui l'entourent sont alimentées par la Drée.

Quatre ailes flanquées de tours d'angle carrées posées en losanges enserrent une cour intérieure. A l'Ouest, la façade d'entrée présente au premier étage de larges baies séparées par des pilastres.

Sur la façade Sud, deux tourelles en encorbellement encadrent la chapelle, tandis que la façade Nord, refaite au 18ᵉ s., est précédée d'un large escalier monumental donnant accès à une terrasse, aux beaux balustres, dominant une pièce d'eau.

C'est dans ce château que naquit le maréchal de **Mac-Mahon**, duc de Magenta, président de la République de 1873 à 1879.

# TAIZÉ

118 habitants
Cartes Michelin n° 69 pli 19 ou 243 pli 39 – 10 km au Nord de Cluny.

Ce charmant village perché sur les collines de la Grosne accueille des dizaines de milliers de jeunes du monde entier venus, en été, prier dans un esprit fraternel.

**Frère Roger : l'œcuménisme en Bourgogne** – D'origine suisse, il vient s'installer à Taizé en 1940 et y crée une communauté. En 1949, ils sont sept à s'engager pour la vie par les vœux monastiques. Frère Roger devient prieur et, en 1952, il écrit la « règle de Taizé ».

La communauté comprend aujourd'hui plus de 90 frères issus des diverses Églises chrétiennes et venant d'une vingtaine de pays. Ils ont pour but la réconciliation des peuples séparés et des chrétiens divisés. Ils se consacrent à la prière et, sur tous les continents comme à Taizé, ils animent des rencontres de jeunes, de tous les pays, axées sur la recherche des sources de la foi. Certains frères vivent dans les quartiers déshérités des grandes villes du globe pour soutenir les plus défavorisés.

Le pape Jean-Paul II a visité la communauté en 1986.

Sur place, un village de toile et de nombreux bungalows d'hébergement, des ateliers d'artisanat et des stands d'exposition-vente témoignent de la grande vitalité du mouvement.

## CURIOSITÉS

**Église de la Réconciliation** ⊙ – Inaugurée en 1962, c'est le lieu de la prière commune. Son **carillon** (de cinq cloches) est disposé à l'extérieur.

L'église, à la façade de béton brut percée d'un grand portail et d'étroites verrières, sert aux trois prières quotidiennes de la communauté ; sa nef est bordée, à droite, par un passage donnant accès aux cryptes et éclairé de sept petits vitraux carrés représentant les grandes fêtes liturgiques : l'agneau de Pâques, couleur de flamme, ne se distingue tout d'abord que par son œil clair ; le dernier vitrail, la Transfiguration, offre une composition bleu pâle et rouge sombre autour de personnages couleur ocre.

La première crypte est un lieu de prière et de silence : elle s'ordonne autour d'un pilier central soutenant le chœur ; la seconde crypte est une chapelle orthodoxe.

**Église paroissiale** – Cette église romane, du 12ᵉ s., éclairée de vitraux en meurtrières, a été réaménagée dans un style dépouillé. Utilisée également pour la prière œcuménique de la communauté, elle est surtout consacrée à la prière personnelle et silencieuse.

## ENVIRONS

**Ameugny** – *2 km au Nord.* Construite en beau calcaire rouge de la région, l'**église**, d'aspect massif, est du 12ᵉ s. La nef de trois travées est voûtée en berceau brisé. A la croisée du transept, une coupole sur trompes supporte le lourd clocher carré, au beffroi ajouré.

**Besanceuil** – *13 km au Nord-Ouest.* Curieux village, tout en pierre blonde, avec ses maisons groupées au pied d'une échine boisée dominant la vallée de la Guye, son château (habité) du 14ᵉ s., aux tours carrées, sa belle chapelle romane du 11ᵉ s. au porche en charpente.

**St-Hippolyte** – *10 km au Nord-Ouest.* Au sommet de l'éminence portant le hameau s'élève l'ancienne **église** prioriale, à demi ruinée, de St-Hippolyte.

Contigu à l'ancien couvent (transformé en ferme), cet édifice roman (11ᵉ s.) a gardé son beau chevet à triple abside et surtout son singulier et puissant **clocher**, visible de loin. Ce dernier, en forme de domino percé, au centre, de deux étages de baies en plein cintre (géminées au 2ᵉ étage) sous arcatures, a été élargi et fortifié sur les côtés (meurtrières) à l'époque des guerres de Religion. De l'ensemble, construit en petit appareil de pierre blonde, subsistent aussi le chœur, à coupole sur trompes, et les murs de la nef. Du chevet, vue étendue sur la vallée de la Guye.

**Malay** – *8 km au Nord.* L'**église** romane (12ᵉ s.), dans le cimetière, présente une partie chœur-transept-abside de fière allure avec son solide clocher carré à baies géminées et les hauts pignons de ses croisillons. A l'intérieur, nef voûtée en berceau, chœur sous coupole, absides en cul-de-four.

# Château de TALMAY★

Cartes Michelin n° 66 pli 13 ou 243 pli 17 – 6 km au Nord de Pontailler-sur-Saône.

Le puissant donjon carré du 13ᵉ s., haut de 46 m, coiffé d'une toiture d'époque Louis XIV surmontée d'un lanternon, est le seul vestige du château féodal primitif qui fut détruit en 1760 et remplacé par le beau **château** ⊙ actuel de style classique. Le corps de logis 18ᵉ s. porte à son fronton une curieuse décoration : Cybèle au centre, le Soleil et la Lune à droite et à gauche. Il est entouré de jardins à la française arrosés par la Vingeanne.

Les différents étages de la tour sont meublés avec goût. On visite tout d'abord de belles pièces Renaissance, avec plafond sculpté et boiseries du 17ᵉ s., et, au-dessus, la bibliothèque, une salle ornée de boiseries Louis XIV, le corps de garde doté d'une belle cheminée.

Du haut de la tour, un panorama s'offre à l'Ouest sur la « Côte » prolongée au Nord par le plateau de Langres tandis que se profilent au Sud-Est les hauteurs du Jura.

*Avec ce guide,*
*utilisez les cartes Michelin au 1/200 000 indiquées sur le schéma en page de sommaire.*
*Les références communes faciliteront votre voyage.*

# Château de TANLAY★★

Cartes Michelin n° 65 pli 7 ou 238 pli 12 – 9 km à l'Est de Tonnerre.

Halte plaisante au bord du canal de Bourgogne, animé l'été par une importante flottille de bateaux habitables, la petite commune de Tanlay cache un surprenant château. Magnifique composition architecturale, cet édifice bâti vers 1550, peu de temps après le château d'Ancy-le-Franc, est un beau monument de la Renaissance française, dégagée de l'influence italienne.

## VISITE ⏱ *environ 1 h*

**Architecture extérieure** – Le petit château (le Portal), élégante construction de style Louis XIII, donne accès à la cour Verte bordée d'arcades sur trois côtés ; à gauche, un pont franchissant les larges douves conduit au portail monumental et à la cour d'honneur du grand château. Ce dernier, construit à partir de 1559, sur une ancienne forteresse féodale, par François de Coligny d'Andelot (4e fils de Gaspard de Coligny et de Louise de Montmorency), a été terminé et embelli en 1642 par Michel Particelli d'Hémery, surintendant des Finances.
L'architecte Le Muet, responsable des travaux, imagina les obélisques de forme pyramidale qui se dressent à l'entrée du pont.
Deux ailes en retour d'équerre et plus basses que le corps de logis principal s'articulent sur celui-ci par deux belles tourelles d'escalier à pans coupés. Chacune d'elles se termine par une tour ronde couverte d'un dôme à lanternon : à gauche la tour des Archives, à droite celle de la Chapelle.

**Intérieur** – Au rez-de-chaussée, le vestibule dit des Césars est fermé par une grille en fer forgé du 16e s., remarquablement ciselée, donnant sur le parc. On traverse le grand salon et l'antichambre où a été placé un admirable bureau Louis XIV.

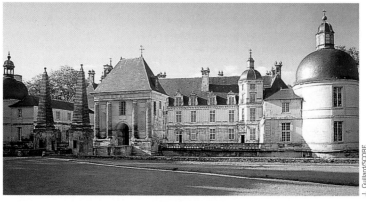

Le château de Tanlay.

**Salle à manger** – Illuminée par la blancheur de la pierre d'une monumentale cheminée Renaissance, elle abrite un remarquable cabinet Renaissance française et un beau coffre bourguignon.

**Salon de compagnie** – Les boiseries en chêne du 17e s. sont sculptées au chiffre de Michel Porticelli d'Hémery. Les deux sphynx, à tête de femme, sur la cheminée, représenteraient Catherine de Médicis ; au centre, tête de l'amiral de Coligny.

**Chambre des Marquis de Tanlay** – Au premier étage. Une peinture sur cuivre, de l'école allemande de la fin du 16e s., y est exposée.
De la chambre d'honneur, belle vue sur le parc.

★ **Grande galerie** – Également située au premier étage. Des fresques en grisaille traitées en trompe-l'œil ornent cette ancienne salle des fêtes.

**Tour de la Ligue** – Les réunions des conspirateurs huguenots qui, à l'époque des guerres de Religion, se seraient tenues dans la pièce circulaire du dernière étage ont donné son nom à la tour. Comme son frère Gaspard de Châtillon (assassiné en 1572), François d'Andelot s'était tourné vers la Réforme. Tanlay devint alors, avec Noyers, fief du Prince de Condé, l'un des deux centres du protestantisme de la contrée.
La voûte en forme de coupole qui surmonte la pièce est ornée d'une peinture à la détrempe de l'école de Fontainebleau ; des catholiques et des protestants marquants du 16e s. y sont représentés sous les attributs frivoles de dieux et de déesses.

**Les communs** – Ils abritent le **Centre d'Art contemporain** qui présente, chaque année, en saison, des expositions.

**Le parc** – *En partie accessible aux visiteurs.* Il s'ordonne le long du grand canal (526 m), bordé d'arbres centenaires, construit par Particelli.

# TERNANT★

240 habitants
Cartes Michelin n° 69 pli 6 ou 238 pli 35 – 13,5 km au Sud-Ouest de Luzy.

L'amateur d'art qui visite le Nivernais ou le Morvan ne doit pas manquer de se rendre à Ternant pour voir, dans la modeste **église** de ce village, deux magnifiques triptyques flamands.

## ★★TRIPTYQUES DE L'ÉGLISE *visite : 1/2 h*

Du 15ᵉ s., en bois sculpté, peint et doré, ils ont été offerts à l'église par le baron Philippe de Ternant, chambellan du duc de Bourgogne, Philippe le Bon, et son fils Charles de Ternant.

**Grand triptyque** – Il est consacré à la Passion du Christ. Dans le panneau central est figurée la Mort du Christ. En bas, c'est la Pâmoison de la Vierge soutenue par saint Jean et les saintes femmes ; au premier plan sont agenouillés le donateur Charles de Ternant et sa femme Jeanne.
Dans le compartiment de gauche, la Pietà est entourée de saint Jean, de Marie-Madeleine et des saintes femmes. A droite, c'est la Mise au tombeau. Les volets peints représentent des scènes de la Passion : l'Agonie au jardin des Oliviers, le Christ portant sa croix, la Résurrection, la Descente de Jésus aux limbes.

**Petit triptyque** – Plus ancien, le petit triptyque est dédié à la Vierge et traité avec une finesse exquise.
Au centre du panneau sculpté, dans la scène de la Dormition, un petit ange – la tête recouverte d'un capuchon – extrait, du chevet de la Vierge, son âme figurée par une fillette en prières. Au-dessus, l'Assomption de la Vierge portée au Ciel sur un croissant de lune que soutient un ange : cette particularité ne se retrouve nulle part ailleurs. A gauche du motif central est représentée la dernière audience de la Vierge aux apôtres tandis qu'à droite se déroule son cortège funèbre.
Les peintures des volets sont remarquables. Outre des scènes de la vie de la Vierge – l'Annonciation, la Vierge couronnée, le Christ portant le globe, les funérailles de la Vierge –, on peut voir également représentés le donateur Philippe de Ternant, vêtu du damier – armes de la maison –, le cou orné du collier de la Toison d'Or *(voir p. 23 et 125)*, et son épouse Isabeau en costume d'apparat, accompagnée de la Vierge couronnée.

# TIL-CHÂTEL

768 habitants
Cartes Michelin n° 66 Nord-Est du pli 12 ou 243 pli 4.

C'est là que l'Ignon rejoint la Tille, affluent de la Saône.

**Église St-Florent** – Cette église romane (12ᵉ s.) s'ouvre par un beau portail : au tympan, le Christ en majesté est entouré des symboles des quatre évangélistes. Le portail latéral, d'inspiration identique, est plus dépouillé.
A l'intérieur, on remarque les chapiteaux de la nef, la coupole sur trompes à la croisée du transept, l'abside en cul-de-four avec ses absidioles. L'autel du 12ᵉ s. est construit sur l'énorme pierre où fut décapité saint Florent. Statues de bois anciennes (Christ aux outrages du 12ᵉ s. et Calvaire italien du 17ᵉ s.), tombeau de saint Honoré et sa châsse naïve en bois peint, du 16ᵉ s., cinq pierres tombales gravées.

## ENVIRONS

**Château de Grancey** – *26 km au Nord-Ouest. On ne visite pas.* A côté des restes d'un château des 12ᵉ et 15ᵉ s. : fossés, pont-levis, vaste chapelle seigneuriale, le château actuel de Grancey a été édifié aux 17ᵉ et 18ᵉ s., sur une terrasse dominant un beau parc dans un site pittoresque.

*Cet ouvrage, périodiquement révisé, tient compte*
*des conditions du tourisme connues au moment de sa rédaction.*
*Certains renseignements perdent de leur actualité en raison de l'évolution*
*incessante des aménagements et des variations du coût de la vie.*
*Nos lecteurs sauront le comprendre.*

# TONNERRE

6 008 habitants (les Tonnerrois)
Cartes Michelin n° 65 pli 6 ou 238 pli 12.

Entourée de vignes et de verdure, Tonnerre est une agréable petite ville adossée à l'une des collines qui soulignent la rive gauche de l'Armançon. Vieille ville et nouveaux quartiers étagés sont dominés par l'église St-Pierre et la tour Notre-Dame. De la terrasse St-Pierre, vue d'ensemble très étendue.

Peu de monuments ont survécu à l'incendie qui ravagea la ville au 16e s., mais son vieil hôpital et surtout le beau sépulcre qu'il abrite comptent parmi les trésors bourguignons.

**Le chevalier d'Éon** – C'est à Tonnerre que naquit, en 1728, Charles-Geneviève-Louise-Auguste-Andrée-Thimotée Éon de Beaumont, connu sous le nom de chevalier ou chevalière d'Éon.

Après une brillante carrière militaire et diplomatique, au cours de laquelle il avait dû utiliser un costume féminin, il subit des revers de fortune, dut s'exiler à Londres et ne fut autorisé à reparaître en France que sous des vêtements de femme. Étant retourné en Angleterre, il y mourut en 1810. Jusqu'au bout, l'incertitude persista au sujet de son sexe. L'annonce de sa mort provoqua un vaste mouvement de curiosité. L'autopsie de son cadavre mit un point final à cette controverse. Charles d'Éon était bien du sexe masculin.

## TONNERRE

| | |
|---|---|
| Hôpital (R. de l') | 9 |
| Hôtel-de-Ville (R. de l') | 10 |
| St-Pierre (R.) | 23 |
| | |
| Campenon (R. Gén.) | 2 |
| Colin (R. Armand) | 3 |
| Fontenilles (R. des) | 4 |
| Fosse-Dionne (R. de la) | 6 |
| Garnier (R. Jean) | 7 |
| Marguerite-de-Bourgogne (Pl.) | 12 |
| Pompidou (Av. G.) | 14 |
| Pont (R. du) | 16 |
| République (Pl. de la) | 17 |
| St-Michel (R.) | 18 |
| St-Nicolas (R.) | 20 |

**B** Hôtel d'Uzès

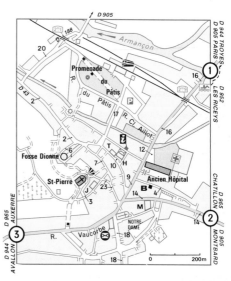

## ANCIEN HÔPITAL ⊙ *visite : 1/2 h*

Ce beau bâtiment, édifié de 1293 à 1295 par Marguerite de Bourgogne, veuve du roi de Naples et de Sicile, Charles d'Anjou, frère de Saint Louis, nous est parvenu intact, à quelques modifications de détail près.

Extérieurement, les murs de la salle, malgré leurs contreforts, semblent écrasés par la haute toiture qui couvre une surface de 4 500 m². La façade Ouest a été transformée au 18e s.

★ **Intérieur** – Bien que raccourcie de 20 m au 18e s., la grande salle est de dimensions impressionnantes (longueur 80 m, largeur 18,20 m). Le berceau lambrissé et la **charpente** en chêne sont remarquables. Les lits des malades, au nombre de quarante, étaient installés dans des alcôves de bois et s'alignaient, comme à l'Hôtel-Dieu de Beaune, qui est postérieur de 150 ans, le long des murailles percées de hautes baies cintrées que divisent des arcs brisés. A partir de 1650, la salle fut désaffectée et servit plusieurs fois d'église paroissiale.

Maints Tonnerrois y furent inhumés : c'est ce qui explique la présence de nombreuses dalles funéraires.

Sur le dallage, on remarque un gnomon ou méridienne (sorte de cadran solaire) tracé au 18e s. par un bénédictin et l'astronome Lalande.

L'église de l'hôpital s'ouvre au fond de la salle. Au centre du chœur, tombeau de Marguerite de Bourgogne, refait en 1826. Au-dessus de l'autel, Vierge en pierre, du 14e s.

A droite du maître-autel, une petite porte donne accès à la chapelle du Revestière abritant une **Mise au tombeau**★ offerte au 15e s. par un riche marchand de la ville. Les personnages de ce sépulcre composent une scène d'une dramatique intensité.

Dans la chapelle latérale gauche, on peut voir le tombeau monumental de Louvois, ministre de Louis XIV, qui acquit le comté de Tonnerre en 1684. Les statues de bronze représentent l'une la Vigilance, par Desjardins, l'autre la Sagesse, par Girardon.

Les statues de bois placées dans des niches au fond de la salle, au-dessus de la tribune, et représentant Marguerite de Bourgogne et Marguerite de Beaumont, comtesse de Tripoli, qui se retira ici avec la fondatrice, sont de la fin du 13e s.

Dans la salle du Conseil de l'hôpital, parmi les objets exposés, on peut voir une grande croix d'or dans laquelle est enchâssé un morceau de la Croix.

**Musée Marguerite de Bourgogne** ⊙ – Installé dans la partie 18e s. de l'Hôpital, ce musée rassemble plusieurs objets et manuscrits liés à l'histoire de l'Hôpital, entre autres un très beau reliquaire en argent massif du 18e s., la Charte de fondation de 1293, le testament de Marguerite de Bourgogne daté de 1305. On peut voir à l'étage la surprenante reconstitution d'un bloc opératoire de 1908 et l'équipement chirurgical complet de l'époque, ainsi qu'une chambre de malade de 1850.

## AUTRES CURIOSITÉS

**Église St-Pierre** ⊙ – Elle s'élève sur une terrasse rocheuse offrant une belle vue sur la ville et les environs. Sauf le chœur, du 14e s., et la tour carrée, du 15e s., elle a été reconstruite en 1556 après l'incendie de la ville. Sur le côté droit, beau portail avec statue de saint Pierre au trumeau.

A l'intérieur, le buffet d'orgues est du 17e s. ainsi que la chaire et le banc d'œuvre (réservé aux marguilliers). Deux peintures sur bois, du 16e s., représentent la Passion.

La Fosse Dionne.

**Fosse Dionne** – Ce bassin circulaire, qu'emplit une belle eau de teinte bleu-vert, est utilisé comme lavoir. Il est alimenté par une source vauclusienne qui, après avoir parcouru dans les rochers une galerie à forte pente de 45 m de longueur, débouche par un entonnoir au centre du bassin ; son débit est très variable suivant les saisons et l'abondance des pluies. Il se déverse dans l'Armançon par un petit cours d'eau.

**Hôtel d'Uzès** (**B**) – La Caisse d'Épargne occupe ce charmant logis de la Renaissance, maison natale du chevalier d'Éon de Beaumont ; le dessin des portes de la façade Est est d'un goût particulièrement délicat.

**Promenade du Pâtis** – Agréable promenade ombragée.

*Le guide Vert Michelin France.*
*Une sélection des sites les plus originaux et représentatifs*
*à proximité des routes de grand tourisme.*

# TOUCY

2 590 habitants (les Toucyquois)
Cartes Michelin n° 65 pli 4 ou 238 plis 9, 10 – 24 km à l'Ouest d'Auxerre.

Cette localité, bâtie sur la rive droite de l'Ouanne, possède une église ayant l'aspect d'une forteresse : le chevet, plat, flanqué de deux tours du 12e s., et le mur Nord de l'édifice sont les restes de l'ancienne enceinte du château des barons de Toucy.

Toucy est la ville natale du grand lexicographe **Pierre Larousse** (1817-1875). Cet infatigable chercheur se signala très jeune par un intense désir d'apprendre. Il se consacra d'abord à l'enseignement. Mais son besoin d'« instruire tout le monde et sur toute chose » le poussa à entreprendre un *Dictionnaire de la langue française*, bientôt suivi de nombreux ouvrages sur le style et la grammaire. Travailleur acharné, il rêva d'un dictionnaire universel « donnant réponse à toutes les questions ». Pierre Larousse disparut avant la sortie de cette œuvre gigantesque que constitue le *Grand Dictionnaire du XIXe siècle*, mais il en avait pourtant assuré l'achèvement. C'est un monument intellectuel d'une portée considérable qui pendant longtemps fut sans égal à l'étranger.

## ENVIRONS

**Villiers-St-Benoît** – *8 km au Nord-Ouest.*
Un **musée d'Art régional** ⊘ a été aménagé. Il renferme à l'étage (combles) une importante collection de grès de la Puisaye (17e-18e s.) et de faïences de l'Yonne (18e-19e s.). Le rez-de-chaussée présente la reconstitution d'un intérieur bourguignon contenant un beau mobilier et un panorama de la sculpture bourguignonne de l'époque romane jusqu'au 16e s. englobant d'importantes œuvres de l'école dijonnaise du 15e s., ainsi que des ivoires flamands du 16e s., des objets de culte, etc.

**Pourrain** – *10 km à l'Est par la route d'Auxerre.*
Le village abrite le **musée de la Guerre 1939-1945** ⊘ remarquablement installé et regorgeant de matériel. 500 m² d'exposition : souvenirs américains, anglais, allemands... voitures, baïonnettes, écussons, médailles, central téléphonique, cabine d'avion Mosquito, le fameux Ruppert (moto démontable parachutée), tenues de la Wehrmacht et de la Luftwaffe, etc.

# TOURNUS★

6 568 habitants (les Tournusiens)
Cartes Michelin n° 69 pli 20 ou 243 plis 39, 40 – Schéma p. 153.

La ville, bien située sur la rive droite de la Saône entre Chalon et Mâcon, bénéficie du cadre agreste des collines du Mâconnais, région riche de vieilles pierres et de vins renommés favorisée par la douceur du climat.

Cette ancienne cité gauloise des Éduens devenue castrum à l'époque gallo-romaine a conservé des vestiges de ses anciennes fortifications, que dominent les hauts clochers de son église abbatiale. Car Tournus demeure surtout, par la beauté architecturale et l'harmonieuse ampleur de l'église et des bâtiments abbatiaux qui remontent au 10e s., l'un des plus importants témoins et le plus ancien des centres monastiques de France.

**La cité monastique** – Ayant échappé aux persécutions lyonnaises de 177, saint Valérien (chrétien d'Asie Mineure) vient à Tournus évangéliser la population ; il y est martyrisé sur une colline dominant la Saône. Les sanctuaires fondés à l'emplacement de son tombeau sont, à l'époque mérovingienne, convertis en abbaye et placés sous le vocable de saint Valérien.

En 875, le monastère prend un développement considérable, par suite de l'arrivée des moines de Noirmoutier. Fuyant dès le début du 9e s. devant les Normands, ils mènent une vie errante avant de s'installer à l'abbaye St-Valérien, concédée aux moines par Charles le Chauve. Ils y transportent les reliques de saint Philibert, fondateur de Jumièges, mort à Noirmoutier en 685 – événement déterminant qui place l'abbaye sous un nouveau vocable.

Une invasion hongroise, en 937, compromet la prospérité de l'abbaye. Incendiée, puis reconstruite, elle est, vers 945, abandonnée des religieux, regroupés en Auvergne au monastère de St-Pourçain. Ancien prieur de cette abbaye, l'abbé Étienne est appelé avec les moines à revenir à l'abbaye St-Philibert en 949, par décision du concile. Sous son impulsion reprennent les constructions, concrétisées au 12e s. par l'achèvement d'une des plus belles parties de l'église. Plusieurs fois endommagée au cours des siècles, elle sera restaurée et remaniée jusqu'à sa mise à sac par les huguenots en 1562. Transformée en collégiale en 1627, l'abbaye devient église paroissiale en 1790, échappant ainsi aux destructions irrémédiables.

## ★★ ABBAYE *visite : 1 h*

### Église St-Philibert ⊘ –

On y accède depuis la route nationale par la rue Albert-Thibaudet passant entre les deux tours rondes qui marquaient l'entrée principale, appelée encore porte des Champs, de l'ancienne enceinte de l'abbaye.

**Façade** – Faite de belles pierres taillées aux 10ᵉ et 11ᵉ s., elle se présente comme une sorte de donjon percé d'archères ponctuant de taches sombres la chaude couleur de la pierre. La nudité des murs puissants est rompue par des bandes lombardes. Le parapet crénelé avec mâchicoulis reliant les tours accuse l'aspect militaire de l'édifice. Cette galerie de la terrasse ainsi que le porche sont l'œuvre de restaurations de Questel, au 19ᵉ s. La tour de droite est coiffée d'un toit en bâtière, tandis que l'autre a été rehaussée à la fin du

Intérieur de l'église St-Philibert.

11ᵉ s., par un clocher dont les deux étages remarquablement ornementés sont surmontés d'une haute flèche.

Les deux statues-colonnes qui ornent les arêtes de l'étage supérieur figurent parmi les plus anciennes de ce type.

*Pénétrer dans l'église par la porte du petit bâtiment, à droite de la façade.*

**Narthex** – C'est un lieu de transition entre l'extérieur et la maison de Dieu, lieu de préparation à la prière, que favorise la pénombre. Dans sa rudesse et sa simplicité, son architecture atteint une singulière grandeur. Quatre énormes piliers à tailloir circulaire le divisent en trois nefs de trois travées. La nef centrale est voûtée d'arêtes tandis que les collatéraux sont couverts de berceaux transversaux.

La voûte, dont une travée, à gauche, est peinte en échiquier noir et blanc (blason des Digoine, ancienne et puissante famille mâconnaise), s'orne au-dessus de l'entrée de la nef d'un Christ en majesté (1), fresque du 14ᵉ s. Sur le mur du fond du bas-côté gauche, une fresque également du 14ᵉ s. (2) figure la Crucifixion.

Les pierres tombales de forme circulaire sont particulières à la région.

**Nef** – La nef lumineuse et rose, datant du début du 11ᵉ s., est dépourvue d'ornementation. De hauts et magnifiques piliers cylindriques, en pierre rose de Préty (petite localité proche de Tournus), terminés comme ceux du narthex par de simples tailloirs, délimitent trois nefs de cinq travées.

Disposition très originale, la voûte centrale se compose d'une suite de cinq berceaux transversaux juxtaposés qui reposent sur des arcs doubleaux, aux claveaux alternativement blancs et roses, s'appuyant sur des colonnettes surmontant de grandes colonnes.

Les fenêtres hautes qui éclairent la nef sont dissimulées par les arcs.

Une voûte d'arêtes prodigieusement rehaussée, compartimentée par des doubleaux, couvre les collatéraux.

Les chapelles latérales du bas-côté Nord ont été ouvertes aux 14ᵉ et 15ᵉ s. Dans le collatéral Sud, une niche du 15ᵉ s. abrite une statue-reliquaire du 12ᵉ s., d'influence auvergnate, Notre-Dame-la-Brune (3). En cèdre peint et redoré au 19ᵉ s., cette Vierge a gardé sa beauté majestueuse au calme rayonnant.

**Transept et chœur** – Édifiés au début du 12ᵉ s. par Francon de Rouzay, ils tranchent avec le reste de la construction par la blancheur de la pierre et montrent l'évolution rapide de l'art roman. Après l'ampleur de la nef, une rupture s'opère au niveau du transept et le chœur surprend par son étroitesse, l'architecte ayant dû suivre les contours de la crypte existante. L'abside en cul-de-four est supportée par six colonnes surmontant de fenêtres entourées d'un fin décor sculpté. Le déambulatoire (début du 11ᵉ s.), voûté en berceau, compte cinq chapelles dont trois rayonnantes et deux orientées ; la chapelle absidale abrite la châsse de saint Philibert (4).

★ **Crypte** (a) – *Accès par le croisillon Nord, à gauche du chœur.*
Cette crypte, aux murs épais, est une construction de l'abbé Étienne, de la fin du 10e s. ; sa hauteur sous clef de voûte (3,50 m) est exceptionnelle. La partie centrale, bordée par deux rangs de très fines colonnes, dont certaines à fût galbé archaïque, aux chapiteaux à feuillages inspirés de l'antique, est entourée d'un déambulatoire avec chapelles rayonnantes. La fresque (12e s.) décorant la voûte de la chapelle de droite, représentant une Vierge à l'Enfant et un Christ en majesté, est la mieux conservée de tout l'édifice.

**Chapelle St-Michel** (b) –
C'est la salle haute du narthex, dont la construction est antérieure à celle de la nef. Son plan est identique à celui du rez-de-chaussée, mais l'étonnante élévation du vaisseau central et la luminosité en modifient totalement l'aspect. Les sculptures archaïques des chapiteaux et des blocs qui les surmontent sont une survivance de l'époque carolingienne : l'inscription de Gerlannus à mi-hauteur de l'archivolte de cet arc triomphal pourrait évoquer l'an mil et confirmer que l'édification de cette salle est antérieure à celle de la nef. La grande baie cintrée qui ouvre sur la tribune d'orgues marquait l'entrée d'une abside construite en encorbellement à cette hauteur. Cette petite chapelle en cul-de-four fut sacrifiée lors de la mise en place du buffet d'orgues en 1629.

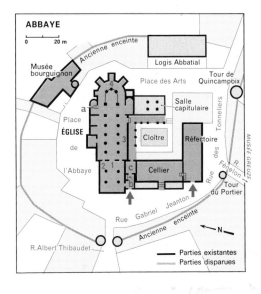

**Bâtiments abbatiaux** – Pour rejoindre le cloître, on traverse l'ancienne salle des Aumônes (c) ou chauffoir (13e s.) accolée au mur Sud du narthex. Elle abrite une collection lapidaire comprenant les statues-colonnes et les chapiteaux provenant de la tour Nord, ainsi que quelques sculptures venant des cloîtres.

**Cloître** – De l'ancien cloître St-Ardain du 11e s. il ne reste que la galerie Nord ; un portail du 13e s. s'ouvre à son extrémité sur le bas-côté de l'église.

**Salle capitulaire** – Rebâtie après un incendie en 1239, par l'abbé Bérard, elle abrite des expositions temporaires. On peut en admirer l'intérieur voûté d'ogives par les baies romanes donnant sur le cloître.
Les bâtiments Sud abritent la bibliothèque de la ville et celle de l'abbaye. La tour carrée du Prieuré les domine.
Sortir place des Arts et admirer le chevet aux cinq chapelles ainsi que la belle tour-clocher du 12e s., d'inspiration clunisienne.

**Logis abbatial** – Jolie demeure de la fin du 15e s.
Prendre la rue des Tonneliers où la tour de Quincampoix fut érigée après l'invasion des Hongrois en 937. Elle fait partie de l'enceinte de l'ancienne abbaye, au même titre que la tour voisine, dite du Portier.

**Réfectoire** – Magnifique salle du 12e s., longue de plus de 33 m, haute de 12 m. C'est un grand vaisseau voûté d'un berceau légèrement brisé sans doubleau. En 1627, après la sécularisation de l'abbaye, elle fut utilisée comme Jeu de Paume, d'où le nom de Ballon qui la désigne encore.

**Cellier** – Également du 12e s. Il est éclairé par deux ouvertures en forme de soupirail, placées très haut, et voûté en berceau brisé sur doubleaux. Les caves immenses, où travaillent des artisans, s'étendent en dessous.

*CE NE SEROIT PAS VN GRAND BONHEUR A TOURNUS, d'avoir esté le grenier et la place de munition pour la subsistance des légions Romaines, si S. Valeriain ne fust survenu, pour enfemencer son terroir du grain de l'Evangile, et l'arroufer de son sang, afin de convertir Tournus la payenne en Tournus la Chréstienne, et d'esclave des démons qu'elle estoit, en faire une espouse de IESVS-CHRIST. (R.P. Chifflet, MDCLXIX).*

## AUTRES CURIOSITÉS

**Musée bourguignon** (**M¹**) ⊘ – Ce musée folklorique, constitué par les collections offertes à la ville par M. Perrin de Puycousin en 1929, est installé dans l'ancienne maison du Trésorier, du 17ᵉ s., demeure familiale léguée de son vivant à sa ville natale par Albert Thibaudet (1874-1936), célèbre critique littéraire.

Des scènes quotidiennes de la vie d'autrefois ont été reconstituées avec des mannequins de cire habillés de costumes bourguignons. Huit salles groupent une quarantaine de personnages. On remarque, entre autres, une scène d'intérieur de ferme bressane, un intérieur tournusien avec neuf costumes locaux différents, la grande salle des fileuses de Bourgogne, des collections de coiffes, de costumes et, au sous-sol, la reconstitution d'un cellier bourguignon.

**Musée Greuze** (**M²**) – *Transfert en cours à l'Hôtel-Dieu, rue de l'Hôpital. Réouverture partielle à partir de l'été 1995.* Outre la section d'archéologie régionale (vestiges préhistoriques, gallo-romains et mérovingiens) et les salles consacrées à la sculpture tournusienne du 19ᵉ s., le musée est consacré au peintre **Jean-Baptiste Greuze** (1725-1805), né à Tournus dans la rue qui porte aujourd'hui son nom. Son œuvre, volontiers sentimentale et édifiante, est représentée ici par un bel ensemble de dessins, quelques toiles (dont sept portraits originaux) et de nombreuses gravures qui illustrent les scènes de genre qui firent sa réputation.

**Maisons anciennes** – Le promeneur découvrira des maisons anciennes et de vieux hôtels rue du Dr-Privey, rue de la République et rue Désiré-Mathivet.

**Vue du pont et des quais** – Du pont sur la Saône, aboutissant à la rue Jean-Jaurès, on a une belle vue sur l'église St-Philibert et sur la ville.

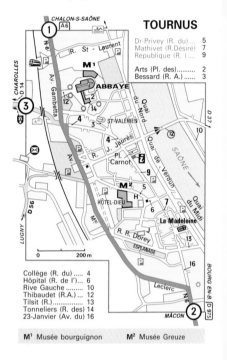

TOURNUS

| | |
|---|---|
| Dr-Privey (R. du) ... | 5 |
| Mathivet (R.Désiré) | 7 |
| République (R. ) .... | 9 |
| Arts (Pl. des).......... | 2 |
| Bessard (R. A.) ...... | 3 |

| | |
|---|---|
| Collège (R. du) ..... | 4 |
| Hôpital (R. de l')... | 6 |
| Rive Gauche ......... | 10 |
| Thibaudet (R.A.) ... | 12 |
| Tilsit (R.)............... | 13 |
| Tonneliers (R. des) | 14 |
| 23-Janvier (Av. du) | 16 |

**M¹** Musée bourguignon    **M²** Musée Greuze

**Église de la Madeleine** ⊘ – Construite au centre de l'ancienne ville romaine, elle offre, en dépit de dégradations extérieures, un aspect pittoresque. Le chevet, empâté dans de vieilles bâtisses, est à voir des bords de la Saône.

L'ancien porche en plein cintre du 12ᵉ s. a subsisté avec ses fines colonnettes ornées de galons perlés, d'imbrication de guirlandes verticales ou rampantes et ses chapiteaux décorés de feuillage ou d'oiseaux affrontés. L'intérieur, uniformément blanchi à la suite de la restauration, présente une nef voûtée d'ogives du 15ᵉ s. Dans le bas-côté droit s'ouvre une chapelle Renaissance dont la jolie voûte est décorée de caissons carrés reliés par un réseau de nervures. On y voit un tabernacle de style Empire et une Madeleine en bois doré. La chapelle baptismale est du 15ᵉ s.

## RÉGION DE ST-TRIVIER-DE-COURTES

*Environ 20 km au Sud-Est.*

Cette région typique de la plaine bressane est connue pour les **cheminées sarrasines** qui coiffent encore quelques fermes. Particulièrement répandues dans la Bresse de l'Ain, elles ont été construites sur l'ancien domaine des sires de Bâgé à partir du 13ᵉ s.

Seule une trentaine, datant des 17ᵉ et 18ᵉ s., sont conservées aujourd'hui : elles se caractérisent à l'intérieur par un énorme foyer, non adossé au mur, surmonté d'une hotte, sous laquelle on peut se tenir debout, et d'un conduit de fumée à pans de bois. A l'extérieur, une mitre assimilable à un petit clocher – ou plus rarement à un reliquaire – coiffe le conduit. De plan rond, carré (sur le modèle du clocher de St-Philibert de Tournus) ou octogonal (sur celui de St-André-de-Bâgé) et d'inspiration romane, gothique et parfois byzantine, ces mitres sont ajourées sur un ou plusieurs étages et se terminent par un cône, une pyramide ou un clocheton de style baroque. D'une hauteur inhabituelle (3 à 5 m) et surmontées d'une croix en fer forgé, elles auraient abrité autrefois une cloche, utile à la vie quotidienne dans ces fermes traditionnellement isolées. Leur appellation « sarrasine » ne traduit pas une origine géographique, mais est une survivance du sens médiéval du mot, qui signifiait « appartenant à une civilisation étrangère, ancienne ou inconnue » : ces cheminées hors du commun ont donc tout naturellement été baptisées ainsi.

On peut voir des cheminées sarrasines à :

**St-Trivier** – *1,5 km à l'Ouest par la D 2.* Ferme de **Grandval**.

**Vescours** – *5 km à l'Ouest de St-Trivier ; à gauche à l'entrée du village.*

**Vernoux** – *3 km au Nord-Est de St-Trivier.* Ferme du **Colombier**.

**Ferme-musée de la Forêt** ⊙ – *3 km à l'Est de St-Trivier.* Cette jolie ferme des 16e et 17e s. *(illustration p. 17)* a été restaurée et transformée en musée fermier bressan. Le petit bâtiment – remarquer le balcon à croisillons de bois – présente un intérieur traditionnel ; la cheminée à foyer ouvert, de 4 m de côté, est soutenue par une poutre de 4 t. Dans le second bâtiment, collection d'outillage agricole ancien.

**St-Nizier-le-Bouchoux** – Ferme de **Bourbon**. *6 km à l'Est de St-Trivier (attention aux chiens).*

# UCHON★

55 habitants
Cartes Michelin n° 69 pli 7 ou 243 pli 25 – 8,5 km au Sud de Mesvres.

A flanc de pente, dans un décor assez rude de blocs granitiques épars, ce petit village occupe un **site**★ remarquable. On peut y voir un pan de tour en ruine, une vieille église et un oratoire abritant une colonne surmontée d'une Vierge, où se réunissaient au 16e s. les fidèles venus en pèlerinage prier pour éloigner les épidémies de peste.

Une vue d'ensemble s'offre depuis le signal d'Uchon.

★**Signal d'Uchon** – *1,4 km au Sud par la D 275. Au sommet de la montée, 100 m environ après l'hôtel Bernard, prendre à droite un chemin goudronné. Laisser la voiture au parc de stationnement aménagé. De là gagner à pied le rocher sur lequel se trouve la table d'orientation, à 650 m d'altitude.*

Le **panorama** semi-circulaire s'étend sur la dépression de l'Arroux, large et verdoyante jusqu'aux monts de la Madeleine et aux monts Dômes. Plus près se dressent les sommets du Morvan : le mont Beuvray à la masse trapue, le mont Préneley et le Haut-Folin.

# VALLERY

384 habitants
Cartes Michelin n° 61 pli 13 ou 237 pli 44 – 6 km au Nord-Est de Chéroy.

Ce village du Gâtinais offre trois curiosités : ses deux châteaux et, dans l'église qui fut nécropole princière des Condé, le monument funéraire du père du Grand Condé.

**Les châteaux** ⊙ – Dans sa sobriété, le **château Renaissance**, pavillon à la toiture imposante, évoque davantage une construction de style Louis XIII qu'un fragment de palais Renaissance.

Dans le **bois de Vallery**, on montre le chêne du Grand Condé, âgé de plus de 350 ans. La visite se termine, aux **ruines de la forteresse**, par le tour des anciens remparts du 13e s.

# VARZY

1 456 habitants (les Varzycois)
Cartes Michelin n° 65 pli 14 ou 238 pli 22.

Remplaçant les anciens remparts, de beaux boulevards ombragés enserrent ce petit bourg qui fut la résidence préférée des évêques d'Auxerre.

## CURIOSITÉS

**Église St-Pierre** ⊙ – Elle date des 13e et 14e s. La nef aux hautes arcades comporte un élégant triforium. Dans le chœur, statue polychrome et triptyque de sainte Eugénie, du 16e s. Autre triptyque, du 17e s., dans le croisillon droit : scènes de la vie de saint Pierre.

Le trésor *(présenté dans une chambre forte à droite du chœur)* renferme des reliquaires provenant de l'ancienne collégiale de Ste-Eugénie, dont deux bras reliquaires (13e s.) de sainte Eugénie et de saint Régnobert, coffret octogonal du début du 13e s. contenant le crâne de saint Régnobert et un Christ au calvaire, en bois, du début du 16e s.

**Musée Grasset** ⊙ – Il présente plus de 4 000 objets rassemblés par des amateurs éclairés dont l'inspecteur des Monuments historiques Auguste Grasset (1799-1879), dans l'esprit d'un cabinet de curiosités : sarcophages égyptiens, objets ramenés lors des expéditions Dumont d'Urville dans les îles du Pacifique, armes, instruments de musique, faïences (statue équestre en faïence de Nevers de 1734), meubles anciens, tapisseries (tapisserie d'Aubusson *Didon et Énée*), peintures (*Judith et Holopherne* attribué à J. Massys, dix marines attribuées à Hackert).

**Lavoir** – Ses deux pittoresques auvents se font face de part et d'autre d'une petite pièce d'eau et témoignent par leurs dimensions de l'importance passée du bourg.

# VAULT-DE-LUGNY

320 habitants
Cartes Michelin n° 65 pli 16 ou 238 pli 23 – 5 km à l'Ouest d'Avallon.

Situé dans la pittoresque vallée du Cousin, Vault-de-Lugny possède une **église** du 15e s. à chevet plat.

À l'intérieur, une **peinture murale** du milieu du 16e s. se déroule tout autour de la nef et du chœur, entre les grandes arcades et la retombée des ogives. Cette fresque, d'environ 70 m de longueur, représente 13 tableaux de la Passion du Christ. Les scènes sont traitées avec beaucoup d'habileté.

À proximité du village, **château** entouré de douves, avec donjon du 15e s.

# Prieuré de VAUSSE

Cartes Michelin n° 65 pli 7 ou 243 pli 1 – 20 km à l'Ouest de Montbard,
dans la forêt de St-Jean.

Ce monastère cistercien fut fondé au 12e s. par un seigneur de Montréal. Portant le vocable de Notre-Dame et Saint-Denis, le prieuré jouit d'une certaine importance jusqu'au 15e s.

Avec la Renaissance, ce fut la décadence. Vendu comme bien national à la Révolution, il fut racheté par un faïencier qui y établit une fabrique. Il fut remis en état en 1869.

Le **cloître** ⊙ roman est bien conservé, ainsi qu'une petite **chapelle** du 14e s.

L'église a été transformée en bibliothèque par Ernest Petit, historien de la Bourgogne.

*Dans le guide Rouge Michelin France de l'année,*
*vous trouverez un choix d'hôtels agréables, tranquilles, bien situés, avec l'indication de leur équipement (piscines, tennis, aires de repos...) ainsi que les périodes d'ouverture et de fermeture des établissements.*

*Vous y trouverez aussi un choix de maisons qui se signalent par la qualité de leur cuisine : repas soignés à prix modérés, étoiles de bonne table.*

*Dans le guide Michelin Camping Caravaning France de l'année,*
*vous trouverez les commodités et les distractions offertes par de nombreux terrains (magasins, bars, restaurants, laverie, salle de jeux, tennis, golf miniature, jeux pour enfants, piscines... ).*

# VÉZELAY★★

571 habitants (les Vézeliens)
Cartes Michelin n° 65 pli 15 ou 238 pli 23 – Schéma p. 166.

Le site de Vézelay, la basilique Ste-Madeleine, la ville avec sa verdure, ses vieilles maisons et ses remparts constituent un des hauts lieux de Bourgogne et de France.

## UN PEU D'HISTOIRE

**Girart de Roussillon, le fondateur** – C'est à ce comte de Bourgogne, héros de légende, dont les exploits furent chantés au Moyen Âge dans des chansons de geste, que l'on doit la fondation de l'abbaye de Vézelay.

Au milieu du 9ᵉ s., il installe un groupe de religieuses à l'emplacement actuel de la commune voisine de St-Père. Celles-ci sont bientôt remplacées par des moines. Le monastère ayant été détruit lors des invasions normandes, il est transféré sur la colline voisine, position naturelle plus facile à défendre.

Dès 878, le pape Jean VIII consacrait la fondation de l'abbaye de Vézelay.

**L'appel de saint Bernard** – Quand, le 31 mars 1146, saint Bernard prêche à Vézelay la seconde croisade, l'abbaye est alors à l'apogée de sa gloire. Depuis un siècle, l'église abrite les reliques de sainte Madeleine, « la pécheresse pardonnée et aimante » : Vézelay devient alors un des grands lieux de pèlerinage du temps et la tête de ligne de l'un des quatre itinéraires qui, à travers la France, mènent pèlerins et marchands jusqu'à Saint-Jacques-de-Compostelle.

C'est du flanc de cette « colline inspirée » que saint Bernard lance un vibrant appel en faveur d'une croisade, en présence du roi de France Louis VII, entouré de ses proches et d'une foule de seigneurs. L'abbé de Clairvaux jouit d'une telle autorité morale qu'il est considéré comme le véritable chef de la chrétienté. Son appel soulève l'enthousiasme de tous les assistants qui s'engagent à partir au plus tôt pour la Terre sainte.

Si la 3ᵉ croisade, décidée en 1190, ne fut pas prêchée à Vézelay, c'est là que se donnèrent rendez-vous le roi de France Philippe Auguste et le roi d'Angleterre Richard Cœur de Lion, avant le départ.

Ce fut aussi le lieu choisi par saint François d'Assise pour y fonder le premier couvent de Frères mineurs en province de France ; la mission fut confiée, aux alentours de 1217, à deux de ses disciples qui élurent domicile près de la petite église Ste-Croix, bâtie en souvenir du concile sur la hauteur où saint Bernard harangua la foule massée dans la vallée d'Asquins ; elle leur fut un peu plus tard concédée.

A partir de 1248, année de la 7ᵉ croisade, Saint Louis, tertiaire de l'ordre de St-François, y vint plusieurs fois en pèlerinage.

La colline de Vézelay.

Y. Arthus-Bertrand/ALTITUDE

223

En 1519, Vézelay vit naître **Théodore de Bèze**, qui prêcha la Réforme avec Calvin, et c'est au n° 20, Grande-Rue que **Romain Rolland**, qui aimait « le souffle des héros » et souhaitait l'éveil de la conscience européenne, passa les dernières années de sa vie.

Restaurée après des siècles d'abandon, l'église de la Madeleine a retrouvé son âme et l'ampleur de ses pèlerinages ; les pères franciscains en ont actuellement la charge et desservent à nouveau la chapelle Ste-Croix, remise en état, et dont seules quelques arcades romanes ont été conservées.

# ★★★ BASILIQUE STE-MADELEINE ⊙ visite : 1 h

De la place du Champ-de-Foire, au bas de la ville, on y accède en voiture par la porte du Barle puis par une rue en forte montée *(sens unique).* On peut se garer près de l'église.

Le touriste qui a le temps et ne craint pas de marcher laissera sa voiture place du Champ-de-Foire, montera à pied par la promenade des Fossés et redescendra par la Grande-Rue en voyant les maisons anciennes *(p. 227).*

L'ancienne abbatiale, devenue église paroissiale en 1791, a été érigée en basilique en 1920.

**Les étapes de la construction** – Fondé au 9ᵉ s., le monastère passe en 1050 sous l'invocation de sainte Madeleine dont il conserve les reliques. Les miracles qui se produisent sur le tombeau de celle-ci attirent bientôt une telle foule de pénitents et de pèlerins qu'il faut agrandir l'église carolingienne (1096-1104) ; en 1120, un violent incendie qui éclate la veille du 22 juillet, jour du grand pèlerinage, détruit toute la nef et ensevelit plus de mille pèlerins.

Les travaux reprennent aussitôt ; la nef est rapidement reconstruite, puis vers le milieu du 12ᵉ s., l'avant-nef ou narthex. En 1215, le chœur romano-gothique et le transept sont terminés.

Mais, à la fin du 13ᵉ s., la découverte d'autres reliques de sainte Madeleine, à St-Maximin en Provence, jette le trouble dans les esprits : les pèlerinages s'espacent, les foires et marchés perdent de leur importance ; les luttes religieuses provoquent le déclin de l'abbaye transformée en chapitre de chanoines dès 1537, pillée de fond en comble par les huguenots en 1569 et rasée en partie à la Révolution. Lorsque, au 19ᵉ s., **Mérimée**, inspecteur des Monuments historiques, attira l'attention des pouvoirs publics sur l'admirable monument, celui-ci était sur le point de s'effondrer et, sans la restauration, il ne resterait sans doute plus qu'un tas de pierres. En 1840, **Viollet-le-Duc**, alors âgé de moins de 30 ans, assuma cette tâche difficile qu'il ne termina qu'en 1859.

## L'extérieur

**Façade** – Elle a été rebâtie par Viollet-le-Duc d'après des documents anciens. Reconstruite vers 1150 dans un pur style roman, elle avait été dotée au 13ᵉ s. d'un vaste fronton gothique et comportant cinq baies étroites aux meneaux ornés de statues, refaites elles aussi au 19ᵉ s. La partie supérieure forme un tympan orné d'arcatures encadrant les statues du Christ couronné entouré de la Vierge, de Madeleine et de deux anges. La tour de droite – tour St-Michel – a été surmontée au 13ᵉ s. d'un étage à hautes baies géminées ; la flèche octogonale en bois, haute de 15 m, fut détruite par la foudre en 1819. L'autre tour est restée inachevée.

Trois portails romans ornent la façade ; le tympan du portail central a été refait en 1856 par Viollet-le-Duc qui s'inspira pour cette reconstitution du tympan primitif très mutilé : la voussure supérieure de l'archivolte, ornée de motifs végétaux, est authentique, mais le reste des voussures et les chapiteaux sont modernes.

M. Dusart/PIX

Portail de la façade – Chapiteau du trumeau.

**Le tour de la basilique** – Contourner la basilique par la droite : on découvre la longueur du vaisseau que soutiennent des arcs-boutants. Ce côté de l'édifice est dominé par la tour St-Antoine (13ᵉ s.), haute de 30 m, élevée dans l'angle de la nef et du transept : ses deux étages de baies cintrées, destinés à l'origine à être coiffés d'une flèche de pierre, sont d'une pureté remarquable.

Au fond, la salle capitulaire (fin du 12ᵉ s.) prolonge le croisillon Sud. La galerie du cloître a été entièrement reconstituée par Viollet-le-Duc. A droite, de beaux jardins (privés) s'étendent sur les lieux des anciens bâtiments abbatiaux dont quelques vestiges subsistent (réfectoire du 12ᵉ s.).

**Terrasse du château** – On y accède par la rue du Château. Ombragée de beaux arbres et située derrière la basilique, à l'emplacement de l'ancien château des abbés, elle offre un beau **panorama★** *(table d'orientation)* sur la vallée de la Cure et sur le Nord du Morvan. Une terrasse en contrebas de l'abside offre une jolie vue sur le village d'Asquins et la vallée de la Cure.

Sur le côté gauche de la basilique, de jolies demeures ont été construites au 18ᵉ s. par les chanoines du chapitre.

## L'intérieur

*Entrer dans la basilique par la porte latérale droite du narthex.*

**Le narthex** – Cette avant-nef, consacrée en 1132 par le pape Innocent II, est postérieure à la nef et à la façade intérieure. A la différence de l'église elle-même, voûtée en arêtes, des arcs brisés et des voûtes d'ogives coiffent cet espace de structure néanmoins romane.

De vastes dimensions, le narthex apparaît comme une première église. Il comporte un vaisseau central de trois travées et deux bas-côtés surmontés de tribunes. Les quatre piliers cruciformes, aux colonnes engagées ornées de chapiteaux historiés, sont d'une belle élégance. Ils retracent des scènes de l'Ancien Testament (Joseph et la femme de Putiphar, Jacob, Isaac et Ésaü, la mort de Caïn, Samson terrassant un lion...) et du Nouveau Testament (Histoire de saint Jean-Baptiste, Résurrection d'un mort par saint Benoît...).

Trois portails font communiquer le narthex avec la nef et les bas-côtés.

Lorsque le portail central est ouvert, la perspective, sur le long vaisseau radieux de lumière que forment la nef et le chœur, est un émerveillement (1).

Il faut prendre le temps d'examiner en détail les sculptures de ces portails datant du second quart du 12ᵉ s., et surtout celles du portail central dont le tympan offre un magnifique exemple de l'art roman bourguignon au même titre que celui de la cathédrale St-Lazare d'Autun.

**★★★ Tympan du portail central** – Dans cette église de pèlerinage, le grand portail est consacré à la mission évangélique universelle que le Christ confie à ses apôtres avant son ascension au ciel. Tout pèlerin qui arrivait à Vézelay, parfois après un long voyage, pouvait donc constater que Dieu, le premier, était allé vers lui.

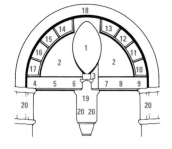

Au centre de la composition, le Christ (1), immense, trône dans une mandorle. Il étend les mains vers ses apôtres (2) assemblés près de lui, et de ses stigmates rayonne le Saint-Esprit qui va toucher la tête de chacun des Douze. Tout autour, dans les tableaux de la première voussure et sur le linteau, se pressent les peuples évangélisés, qu'accueillent, aux pieds du Christ, saint Pierre et saint Paul (3), symboles de l'Église universelle.

Tous les peuples sont appelés : sur le linteau, on reconnaît, à gauche, des chasseurs à l'arc (4), des pêcheurs (5), des agriculteurs (6), et, à droite, des peuples lointains et légendaires : des géants (7), des pygmées (cherchant à monter à cheval grâce à une échelle – 8), des hommes à grandes oreilles (dont un a le corps couvert de plumes – 9).

Sur la voussure, ce sont les Arméniens (chaussés de socques – 10) puis, peut-être, les Byzantins (11), les Phrygiens (12) et les Éthiopiens (13) ; à la droite du Christ des hommes à tête de chien (les cynocéphales d'Inde évangélisés par saint Thomas – 14).

Les deux tableaux suivants rapportent que des miracles accompagnaient la parole divine annoncée par les apôtres : des lépreux se montrent leurs jambes de nouveau pures (15) et deux paralytiques leurs bras guéris (16). Enfin deux évangélistes écrivent tout ce qu'ils ont vu (17).

---

*(1) La longueur totale intérieure de la basilique Ste-Madeleine est de 120 m, soit 10 m seulement de moins que celle de Notre-Dame de Paris.*

### Chapiteaux du côté droit

1) Un duel.
2) La luxure et le désespoir.
3) Légende de saint Hubert.
4) Signe du zodiaque : la Balance.
5) Le moulin mystique (Moïse et saint Paul).
6) La mort du mauvais riche et de Lazare.
7) Lamech tue Caïn dissimulé dans un buisson.
8) Les quatre vents de l'année.
9) David chevauchant un lion.
10) Saint Martin écarte un arbre dont la chute le menace.
11) Daniel respecté par les lions.
12) Lutte de l'ange et de Jacob.
13) Isaac bénit Jacob.

### Chapiteaux du côté gauche

14) Saint Pierre est délivré de prison.
15) Adam et Ève.
16) Deux chapiteaux de ce pilier sont consacrés à la légende de saint Antoine, le troisième représente des animaux.
17) Exécution d'Agag.
18) Légende de sainte Eugénie : grâce à un travestissement, elle devint abbé d'un monastère d'hommes ; accusée par la suite d'avoir outragé une femme, pour démontrer son innocence, elle entrouvre sa robe.
19) Mort de saint Paul ermite, dont deux lions creusent la fosse ; au-dessus, saint Antoine prie pour lui.
20) Moïse et le Veau d'Or.
21) La mort d'Absalon : pris tout d'abord par les cheveux dans les branches d'un arbre, puis décapité.
22) Deux phases du combat de David et de Goliath.
23) Meurtre de l'Égyptien par Moïse.
24) Judith et Holopherne.
25) La calomnie et l'avarice.

Cette grandiose composition cherche à exprimer que l'annonce de la parole divine doit toucher le monde entier ; une deuxième voussure (**18**), où alternent les signes du zodiaque et les travaux des mois, coiffe l'ensemble, introduisant la notion du temps : la mission des apôtres devant également se transmettre à travers l'histoire. Au trumeau, un grand saint Jean-Baptiste (**19**) portant l'agneau pascal (malheureusement disparu) est placé sous les pieds du Christ, comme le supportant et l'introduisant à la place centrale qui lui revient. A ses côtés et sur les piédroits, des apôtres (**20**) complètent l'iconographie.

Dans cette œuvre magistrale, la puissance de l'esprit qui envahit les Douze est symbolisée par un vent tumultueux qui agite les draperies et les plis des robes, modèle les corps et dessine des tourbillons. La virtuosité de la ligne domine, trahissant l'œuvre d'un calligraphe que le sculpteur a probablement dû suivre pour la scène principale, à la différence des médaillons du zodiaque et des mois de l'année, où il s'est senti libre de représenter avec bonhomie ses contemporains au travail.

**Tympans des portails latéraux** – Sur les portes latérales, deux voussures ornées de rinceaux et de rosaces encadrent un tympan historié.
Celui de droite représente l'Enfance du Christ : au linteau, l'Annonciation, la Visitation, la Nativité ; au tympan, l'Adoration des Mages.
Celui de gauche représente les apparitions du Christ après sa Résurrection ; au tympan, apparition aux apôtres ; au linteau, apparition aux disciples d'Emmaüs.

**La nef** – Reconstruite entre 1120 et 1135 après un terrible incendie *(voir p. 224)*, cette nef romane se caractérise par ses dimensions imposantes – 62 m de longueur –, son appareil en pierre calcaire de tons différents, sa luminosité et surtout son admirable série de chapiteaux.
Beaucoup plus haute que les bas-côtés, la nef est divisée en dix travées séparées par des arcs doubleaux en plein cintre aux claveaux alternativement clairs et foncés, ce qui atténue la sévérité des lignes. Les grandes arcades en plein cintre, sur-

montées de fenêtres, reposent sur des piles cruciformes cantonnées de colonnes engagées ornées de chapiteaux. Un gracieux décor d'oves, de rosaces et de rubans plissés souligne les doubleaux, les grandes arcades et le bandeau qui court entre les fenêtres et les arcades.

★★★ **Les chapiteaux** – Plus beaux que ceux du narthex, ces chapiteaux méritent eux aussi d'être examinés particulièrement et en détail. *Le plan de la basilique, p. 226, en donne le relevé.*

Avec une science étonnante de la composition et du mouvement, le génie des artistes anonymes qui les ont créés – on veut reconnaître la main de cinq sculpteurs différents – se manifeste avec esprit et malice, et le réalisme n'exclut pas le lyrisme, le sens dramatique et même psychologique.

**Le transept et le chœur** – Construits en 1096 pour agrandir l'église carolingienne, le transept et le chœur romans ont été démolis à la fin du 12ᵉ s. et remplacés par ce bel ensemble gothique terminé en 1215.

Les arcatures du triforium se prolongent sur les croisillons du transept. Des reliques de sainte Madeleine (a), conservées dans le fût d'une colonne surmontée d'une statue moderne, se trouvent dans le croisillon droit.

Un vaste déambulatoire avec chapelles rayonnantes enveloppe le chœur.

**La crypte** – La crypte carolingienne a été complètement remaniée dans la seconde moitié du 12ᵉ s.

Elle abritait le tombeau de sainte Madeleine lors des grands pèlerinages médiévaux et contient actuellement une partie de ses reliques. Sur la voûte, peintures du 13ᵉ s.

**La salle capitulaire et le cloître** – Construite à la fin du 12ᵉ s., peu de temps avant le chœur de la basilique, la salle capitulaire est couverte de six voûtes d'ogives. Elle a été restaurée par Viollet-le-Duc.

Rasé à la Révolution, le cloître comportait au centre une vaste citerne qui existe toujours et qui fut pendant longtemps la seule réserve d'eau de la ville. Viollet-le-Duc a reconstitué une galerie, en style roman.

**Montée à la tour** – Un escalier de 200 marches (situé près du portail gauche) mène au sommet de la tour en passant au-dessus du narthex, sous les charpentes. L'accès à la plate-forme permet de mieux apprécier l'ensemble du paysage et offre une **vue**★ plus étendue que de la terrasse sur la vieille ville, la vallée de la Cure, le Morvan et l'Auxerrois.

## AUTRES CURIOSITÉS

**Promenade des Fossés** – De la place du Champ-de-Foire, en bas de la ville, suivre la promenade des Fossés aménagée sur les anciens remparts qui ceinturaient la ville au Moyen Âge et que jalonnent sept tours rondes.

La **porte Neuve** (14ᵉ-16ᵉ s.), sur laquelle on voit un écusson aux armes de la ville de Vézelay, est flanquée de deux tours à bossages et mâchicoulis et donne accès à une jolie promenade ombragée de noyers.

De la **porte Ste-Croix** ou porte des Cordeliers, d'où l'on a une jolie vue sur la vallée de la Cure, un chemin descend à la Cordelle, qui garde le souvenir de saint Bernard, venu prêcher la seconde croisade en 1146. Une croix, élevée à cet emplacement, commémore également ce grand événement.

La promenade aboutit à la terrasse du château, derrière la basilique *(voir p. 225)*.

**Maisons anciennes** – De la basilique Ste-Madeleine à la place du Champ-de-Foire, la descente (à pied) s'effectue par des rues étroites et tortueuses, dans le cadre pittoresque du vieux bourg qui a conservé plusieurs demeures anciennes : portes sculptées, fenêtres à meneaux, escalier en encorbellement formant tourelle, vieux puits surmontés d'une armature en fer forgé constituent le plus charmant des décors.

# VILLENEUVE-L'ARCHEVÊQUE

1 136 habitants (les Villeneuviens)
Cartes Michelin n° 61 pli 15 ou 237 pli 46 – 24 km à l'Est de Sens.

C'est dans cette petite ville de la vallée de la Vanne, fondée au 12ᵉ s. par l'archevêque de Sens, que Saint Louis, en 1239, reçut solennellement des Vénitiens la Couronne d'épines pour laquelle le roi devait faire construire à Paris un magnifique reliquaire : la Sainte-Chapelle.

**Église Notre-Dame** ⊘ – Elle date des 12ᵉ, 13ᵉ et 16ᵉ s.

La façade est flanquée d'une tour coiffée d'ardoises. A sa base, beau portail du 13ᵉ s. consacré à la Vierge : six grandes statues encadrent celle de la Vierge à l'Enfant adossée au trumeau. Au sommet du tympan, dont la voussure est formée par un triple cordon de personnages en relief, est représenté le Couronnement de la Vierge.

A l'intérieur, Mise au tombeau (1528) provenant de l'ancienne abbaye de Vauluisant (7 km au Nord) devenue une ferme.

# VILLENEUVE-SUR-YONNE

5 054 habitants

Cartes Michelin n° 61 pli 14 ou 237 pli 45.

Créée de toutes pièces en 1163 par le roi Louis VII, Villeneuve-sur-Yonne qui s'appelait alors Villefranche-le-Roy fut, au Moyen Âge, résidence royale.

Les remparts ont été aménagés en jardins, mais deux portes fortifiées subsistent encore.

## CURIOSITÉS

**Église Notre-Dame** ⊙ – La première pierre de cet édifice fut posée par le pape Alexandre III en 1163. La construction, où se mêlent les influences bourguignonnes et champenoises, s'échelonne du 13e au 16e s. La façade, de style Renaissance, est remarquable tant par l'harmonie de ses proportions que par la délicatesse de son ornementation.

La nef gothique, de vastes dimensions, est décorée de chapiteaux à feuillages. Le chœur et le déambulatoire, du 13e s., sont les parties les plus anciennes.

Dans le bas-côté gauche, la chapelle du Sépulcre abrite une Mise au tombeau : Christ en bois du 14e s. et personnages en pierre, de la Renaissance. Dans la première chapelle du bas-côté droit, au vitrail du 16e s. retraçant la vie de la Vierge, se trouve une statue du 14e s. : Notre-Dame-des-Vertus dont l'Enfant Jésus tient une colombe.

**Porte de Sens** (ou de Champagne) – 13e s. C'est un bon exemple de l'architecture militaire médiévale.

**Porte de Joigny** (ou de Bourgogne) – Du 13e s. mais remaniée au 16e s., elle forme un bel ensemble avec les maisons environnantes.

**Grosse tour** – Cet énorme donjon cylindrique, vestige de l'ancien château royal, a été édifié par Philippe Auguste au début du 13e s. Ouvrage de défense, il était également destiné au logement du roi.

**Maison des Sept-Têtes** – Ancienne maison de poste du 18e s.

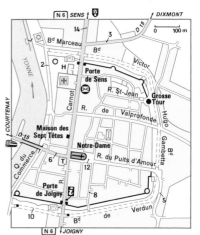

### VILLENEUVE-SUR-YONNE

| | |
|---|---|
| Bretoche (Quai) | 2 |
| Dixmont (R. de) | 3 |
| Espérance (Fg de l') | 5 |
| Joubert (R.) | 6 |
| Lemoce-Fraix (R.) | 8 |
| Peynot (Bd E.) | 10 |
| République (Pl. de la) | 12 |
| St-Nicolas (Fg) | 14 |

## ENVIRONS

**Dixmont** – *10 km au Nord-Est.*

De l'ancienne **église** ⊙ romane, il ne subsiste que peu de chose ; renouvelée et agrandie, elle comprend divers éléments du 13e au 16e s.

Au portail d'entrée, deux intéressantes statues : à droite Marie, à gauche l'ange Gabriel.

*Participez à notre effort permanent de mise à jour.*

*Adressez-nous vos remarques et vos suggestions :*

*Cartes et Guides Michelin*
*46, avenue de Breteuil*
*75324 PARIS CEDEX 07*

# Vallée de l'YONNE

Cartes Michelin n^os 61 pli 14, 65 plis 5, 15 et 16 et 69 pli 6 ou 237 pli 45 et 238 plis 10, 11, 22, 23 et 36.

De toutes les rivières morvandelles, l'Yonne est la plus importante. Sa vallée très pittoresque constitue pour le touriste, entre Auxerre et Château-Chinon, une accueillante voie de pénétration vers les sommets du Morvan.

**Un cours d'eau capricieux** – Née à 730 m d'altitude, sur les pentes du mont Preneley au Sud-Est de Château-Chinon, l'Yonne se jette dans la Seine à Montereau après un parcours de 273 km ; au confluent, son débit est supérieur à celui du fleuve. Les pluies fréquentes qui tombent sur le Morvan et l'imperméabilité de presque tous les terrains que la rivière traverse provoquent des crues violentes.

L'Yonne, élément perturbateur, est considérée comme l'enfant terrible du système hydrographique du bassin de la Seine. Les affluents de l'Yonne, dont la Cure est le plus important, ont un cours rapide et presque torrentiel et ne font qu'accentuer le caractère irrégulier de son régime.

La construction d'un certain nombre de barrages et de retenues, dont le principal ouvrage est celui de Pannesière-Chaumard *(voir à ce nom)*, a permis de régulariser le débit de l'Yonne en retenant une partie des eaux des crues et en lâchant ces eaux pendant la saison d'été. L'adjonction de barrages de compensation a rendu cette opération plus efficace.

**Flottage et navigation** – L'utilisation de l'Yonne et de la Cure comme « chemin d'eau » depuis le 16^e s., grâce à l'invention du flottage *(voir p. 106 et 121)*, correspond à une période de grande activité pour les villes riveraines. Ce flottage a cessé d'exister en 1923, tandis que se développait le transport par péniches.

C'est à partir d'Auxerre que l'Yonne est classée comme rivière navigable. Des locations de bateaux *(voir p. 241)* permettent de descendre l'Yonne jusqu'à Montereau : le parcours, long de 100 km environ, et qui nécessite le franchissement de 26 écluses, traverse les villes de Joigny et Villeneuve-sur-Yonne.

Le canal de Nivernais et le canal de Bourgogne, également navigables, relient l'Yonne aux bassins de la Loire et de la Saône.

## D'AUXERRE A CLAMECY *59 km – environ 3 h*

*Longer l'Yonne jusqu'à Vincelles (13 km au Sud).*

D'Auxerre à Cravant, l'Yonne présente les caractères d'une rivière de plaine ; ses eaux, grossies de celles de la Cure, s'étalent dans une vallée assez large. Les coteaux voisins sont couverts de vignes ; ceux qui dominent la route, à droite, sont plantés de cerisiers.

*A Vincelles, poursuivre vers le Sud en direction de Bazarnes.*

Au sommet d'une côte, on a une vue vers l'Est sur le village de **Cravant** *(p. 121)* qui s'élève au confluent de l'Yonne et de la Cure.

Après Bazarnes, la route longe de très près la rivière bordée d'arbres. La vallée est souvent encaissée et le cours est plus rapide.

**Mailly-le-Château** – *Voir à ce nom.*

Après Mailly-le-Château, on franchit deux bras de l'Yonne sur un joli **pont** du 15^e s., en double dos d'âne et avec chapelle, qui offre une jolie vue sur la falaise de Mailly. Après avoir franchi le canal du Nivernais, la route suit alors la rive droite et passe, face au village joliment situé de **Merry**, au pied des rochers escarpés du Saussois.

**Rochers du Saussois** – Ces rochers calcaires constituent une véritable muraille, utilisée comme école d'escalade.

**Châtel-Censoir** – Cette localité est adossée à une colline qui domine le confluent du Chamoux et de l'Yonne.

La **collégiale St-Potentien** ⊙, bâtie au sommet de la colline et entourée de hautes murailles que l'on franchit par une poterne, conserve un chœur roman du 11^e s. La nef et les bas-côtés, du 16^e s., s'ouvrent par deux portails de la Renaissance. Dans le bas-côté gauche, on peut voir deux bas-reliefs : l'un, du 16^e s., représente la Cène, l'autre, du 15^e s., très endommagé, la Crucifixion. De la sacristie, dans le bas-côté droit, on a accès à la jolie salle capitulaire du 13^e s. Le chœur surélevé au-dessus d'une crypte possède des chapiteaux romans archaïques, dont certains sont inachevés.

De la terrasse près de l'église, jolie vue sur la ville.

Après Châtel-Censoir, on aperçoit à gauche le château de Faulin.

*Dans Lucy-sur-Yonne, tourner à gauche (D 214).*

**Château de Faulin** – Belle demeure de la fin du 15^e s., aux fenêtres à meneaux, entourée d'une enceinte flanquée de tours.

*Revenir à Lucy et poursuivre 5 km à l'Ouest.*

Rocher du Saussois.

**Surgy** – L'**église** Saint-Martin, du 16e s., est remarquable par son clocher surmonté d'une belle flèche de pierre.

Après ce village, la route passe au pied des roches de Basseville, suite de falaises et d'escarpements calcaires *(école d'escalade)*, et atteint Clamecy par sa banlieue industrielle.

**Clamecy** – *Voir à ce nom.*

## DE CLAMECY A CORBIGNY *38 km – environ 2 h 1/2*

**Clamecy** – *Voir à ce nom.*

*Quitter Clamecy à l'Est.*

De Clamecy à Corbigny, la route, pittoresque, longe l'Yonne au pied de mamelons boisés.

**Armes** – Cette petite localité occupe un site agréable en bordure de l'Yonne et du canal du Nivernais.

Poursuivre au Sud-Est par Dornecy et Brèves : la route suit la vallée de l'Armance. On rejoint à Brèves la vallée de l'Yonne et le canal du Nivernais.

**Église de Metz-le-Comte** – *Page 107.*

**Tannay** – *5 km au Sud-Ouest de Metz-le-Comte. Description page 107.*

**Corbigny** – *16 km au Sud de Tannay.* Située aux confins du Morvan et du Nivernais, Corbigny est une petite ville active par ses foires. C'est la patrie du poète Franc-Nohain (1873-1934).

L'église est un édifice gothique flamboyant du 15e s.

## DE CORBIGNY A CHÂTEAU-CHINON *45 km – environ 2 h*

**Corbigny** – *Description ci-dessus.*

*Quitter Corbigny au Sud.*

De Corbigny à Château-Chinon, la fougue naturelle de l'Yonne est brisée par divers travaux destinés à régulariser son cours : Rigole d'Yonne qui, d'autre part, alimente le canal du Nivernais, barrage de compensation et barrage-réservoir de Pannesière-Chaumard.

**Marcilly** – **Château** du 15e s.

*Poursuivre 11 km au Sud-Est.*

L'aqueduc de Montreuillon apparaît, barrant la vallée.

**Aqueduc de Montreuillon** – Long de 152 m et haut de 33 m, cet ouvrage d'art qui franchit la vallée de l'Yonne est utilisé par la Rigole d'Yonne.

Aussitôt l'aqueduc dépassé, la gorge cesse et les pâturages réapparaissent dans une vallée élargie. La route est encadrée, à droite par l'Yonne, à gauche par la Rigole d'Yonne. On passe entre un étang et le lac-réservoir formé par le barrage de compensation édifié en aval du barrage de Pannesière-Chaumard.

*Après l'Huis-Picard, obliquer au Nord vers le barrage sur la crête duquel on passera.*

★ **Barrage de Pannesière-Chaumard** – *Voir à ce nom.*

Longer le lac par le côté Est puis gagner Château-Chinon. En amont de Pannesière, l'Yonne n'est qu'une toute petite rivière indisciplinée.

★ **Château-Chinon** – *Voir à ce nom.*

*Si vous voulez découvrir la collection complète*
*des Cartes et Guides Michelin,*
*la Boutique Michelin, à Paris, 32, avenue de l'Opéra 75002,*
*☎ 42 68 05 20 (métro Opéra),*
*est ouverte le lundi de 12 h à 19 h*
*et du mardi au samedi de 10 h à 19 h.*

Au fil du canal de Bourgogne.

# Renseignements
# pratiques

# Adresses utiles

Lors de l'élaboration de votre voyage, les Comités régionaux de tourisme vous communiqueront de précieuses informations sur la région que vous vous apprêtez à découvrir et pour des questions plus précises, n'hésitez pas à contacter les Offices de tourisme locaux.

Brochures et informations touristiques ainsi rassemblées, vous permettront, avec les suggestions d'itinéraires qui figurent en tête de ce guide, de bâtir le programme de votre choix.

**Comité régional du tourisme (C.R.T.) de Bourgogne :** 12, bd de Brosse, 21035 Dijon, ☎ 80 50 10 20, fax 80 30 59 45.

**Comités départementaux de tourisme** – Les comités départementaux envoient volontiers des informations et des dépliants sur la région, les différentes activités que l'on peut y pratiquer ainsi que des listes d'hôtels et de restaurants.

**Côte-d'Or :** Hôtel du Département, B.P. 1601, 21035 Dijon Cedex, ☎ 80 63 66 00, fax 80 49 90 97.

**Nièvre :** 3, rue du Sort, 58000 Nevers, ☎ 86 36 39 80, fax 86 36 36 63.

**Saône-et-Loire :** 389, av. de Lattre-de-Tassigny, 71000 Mâcon, ☎ 85 21 02 20, fax 85 38 94 36.

**Yonne :** 1-2, quai de la République, 89000 Auxerre, ☎ 86 52 26 27, fax 86 51 68 47.

**Loisirs Accueil** – La Fédération nationale des Services de réservation Loisirs Accueil (280, boulevard Saint-Germain, 75007 Paris, ☎ 44 11 10 44) propose un large choix d'hébergements et d'activités de qualité. Elle édite un guide national annuel et, pour certains départements, une brochure détaillée. En s'adressant au service de réservation de ces départements, on peut obtenir une réservation rapide. Service télématique : code SLA.

**Offices de tourisme** – La dernière partie de ce chapitre intitulée « Conditions de visite » donne l'adresse des principaux d'entre eux.

Ne pas hésiter à les contacter pour obtenir des renseignements plus précis sur une ville, une région, des manifestations touristiques ou des possibilités d'hébergement.

### Liaisons aériennes

La compagnie **Regional Airlines** ☎ 35 79 41 20 assure des liaisons entre Dijon et : Bordeaux, Clermont-Ferrand, Nantes, Pau, Toulouse et Madrid.

La compagnie **Proteus** ☎ 80 63 13 63 assure des liaisons entre Dijon et : Lille, Nice, St-Étienne, Londres, Manchester, Newcastle, Aberdeen, Glasgow, Belfast et Dublin.

Pour les réservations et demandes d'horaires concernant cette dernière compagnie, s'adresser à l'aéroport de Dijon : ☎ 80 67 67 67.

*GUIDES MICHELIN*

*Les guides Rouges (hôtels et restaurants) :*

*Benelux - Deutschland - España Portugal - main cities Europe - France - Great Britain and Ireland - Italia - Suisse*

*Les guides Verts (paysages, monuments, routes touristiques) :*

*Allemagne - Autriche - Belgique Grand-Duché de Luxembourg - Canada - Espagne - France - Grande-Bretagne - Grèce - Hollande - Irlande - Italie - Londres - Maroc - New York - Nouvelle-Angleterre - Paris - Portugal - Le Québec - Rome - Suisse*

*... et la collection des guides régionaux sur la France.*

# Hébergement

**Guide Rouge Michelin France** – Mis à jour chaque année, il recommande un choix d'hôtels établi après visites et enquêtes sur place. Entre autres informations le guide signale pour chaque établissement les éléments de confort proposés, les prix de l'année en cours, les cartes de crédit acceptées et les numéros de téléphone et fax pour réserver. Le symbole 🐾 signale, à l'attention des vacanciers, les hôtels tranquilles. Il propose une large sélection de restaurants qui concerne non seulement les bonnes tables « étoilées » mais aussi les établissements plus simples où l'on aura la possibilité de déguster les spécialités régionales. Dans le guide, lorsque le mot « Repas » figure en rouge, il signale à l'attention du gastronome un repas soigné à prix modéré. N'hésitez pas à faire confiance aux établissements qui bénéficient de cette mention.

**Guide Michelin Camping Caravaning France** – Mis à jour également chaque année, il propose une sélection de terrains. Pour chacun, il détaille les éléments de confort et d'agrément, le nombre d'emplacements et le n° de téléphone pour réservation. Un symbole précise pour chaque terrain la possibilité de louer caravanes, mobile homes, bungalows ou chalets.

*Avant de prendre la route,*
*consultez 3615 MICHELIN sur votre Minitel :*
*votre meilleur itinéraire,*
*le choix de votre hôtel, restaurant, camping,*
*des propositions de visites touristiques.*

## Hébergement rural

### Gîtes de France

Des renseignements concernant les divers modes d'hébergement en milieu rural peuvent être obtenus à la Maison des Gîtes de France, 35, rue Godot-de-Mauroy, 75009, ☎ 49 70 75 75 ou sur Minitel : 3615 Code Gîtes de France.

### Chambres d'Agriculture

Les chambres d'Agriculture proposent également une large sélection de fermes-auberges, fermes équestres, campings à la ferme, gîtes ruraux et chambres d'hôtes dans chaque département :

**Côte-d'Or :**
Association départementale de tourisme rural, Maison de l'agriculture, 42, rue de Mulhouse, 21000 Dijon, ☎ 80 72 57 13.

**Nièvre :**
Maison de l'Agriculture, rue du Ravelin, 58000 Nevers, ☎ 86 60 30 30.

**Saône-et-Loire :**
Association départementale de tourisme rural, Gîtes de France, Esplanade du Breuil, 71000 Mâcon, ☎ 85 29 55 60.

**Yonne :**
Relais des Gîtes de France, 14 bis, rue Guynemer, 89015 Auxerre Cedex, ☎ 86 46 47 48.

### Fermes-Auberges

Pour profiter du calme à la campagne et apprécier les bons produits du terroir, consulter les guides « *Bienvenue à la Ferme* » *(Éditions Solar)* et « *Vacances et week-ends à la ferme* » *(Éditions Balland)* qui recensent également de nombreuses adresses.
Les randonneurs, cyclotouristes, canoéistes peuvent consulter le guide « *Gîtes et refuges, France et Frontières* », par A. et S. Mouraret *(Éditions la Cadole*, 74, rue Albert-Perdreaux, 78140 Velizy-Villacoublay, ☎ 34 65 10 40 ou sur Minitel : 3615 CADOLE).

### Tourisme handicapés

Un certain nombre de curiosités décrites dans ce guide sont accessibles aux personnes handicapées. Pour les connaître, consulter le minitel 3615 code HANDITEL ou s'adresser au Comité National de Liaison pour la Réadaptation des Handicapés, (236 bis, rue Tolbiac 75013 Paris ☎ 53 80 66 66). Les conditions de visite en fin de ce volume mentionnent les curiosités disposant de facilités pour les handicapés. Les guides Rouge Michelin France et Camping Caravaning France indiquent respectivement les chambres accessibles aux handicapés physiques et les installations sanitaires aménagées.

# Découvrir la région

## Petits trains touristiques

– Le **petit train de la Côte-d'Or**, A.P.T.C.O., gare de Plombières-Canal, 21370 Plombières-lès-Dijon, ☎ 80 45 88 51. Promenade le long de l'Ouche et du canal de Bourgogne. Départ du lac Kir.

– Le **train touristique des « Lavières »**, 6, rue des Capucins, 21120 Is-sur-Tille, ☎ 80 95 36 36. Circuit dans une forêt de pins près d'Is-sur-Tille.

– **Chemin de fer de la vallée de l'Ouche**, 4, rue Pasumot, 21200 Beaune, ☎ 80 22 86 35. Petit train à vapeur ou diesel sur l'ancienne ligne Dijon-Bligny, au départ de la gare de Bligny-sur-Ouche.

– **Chemin de fer des Combes**, rue des Pyrénées, 71200 Le Creusot, ☎ 85 55 26 23. Point de vue sur le Creusot et ses environs.

– **Chemin de fer touristique de Puisaye**, avenue de la Gare, 89130 Toucy, ☎ 86 44 05 58. Autorail circulant sur une ancienne ligne entre Montargis et St-Sauveur.

– Le **p'tit train de l'Yonne**, A.T.P.V.M., 89440 Angely, ☎ 86 33 81 20. 5 km dans la vallée du Serein, entre Massangis et Civry. Départ de Massangis.

## Routes historiques

Les Routes Historiques sont des itinéraires de visite axés sur le patrimoine architectural et signalés par des panneaux. Chacune d'entre elles est décrite dans une brochure. On en compte trois en Bourgogne :

– Route des **Ducs de Bourgogne** – M. de Virieu ☎ 80 97 11 57 ou O.T. de Dijon ☎ 80 44 11 44.

– Route **Historique Buissonnière** qui part de Fontainebleau, traverse la Bourgogne et s'arrête à Lyon. Association Route Historique Buissonnière ☎ 86 20 08 04.

– Route **Historique des Trésors de la Puisaye** – Office de tourisme de St-Fargeau, ☎ 86 74 15 72.

## Routes à thèmes

Décrites dans ce guide, elles permettent de sillonner la région et d'approcher ou d'approfondir un sujet bien précis :

– **La Côte**, route du vin, de Dijon à Chagny – Office de tourisme de Beaune ☎ 80 26 21 30 ou de Nuits-St-Georges ☎ 80 61 22 47.

– Le **Mâconnais**, au cœur du vignoble – Office de tourisme de Mâcon ☎ 85 39 71 37.

– Circuit des **églises du Brionnais**, à partir de Paray-le-Monial – Office de tourisme de Paray-le-Monial ☎ 85 81 10 92.

– **Circuit Lamartine**, Musée Lamartine ☎ 85 38 96 19 ou Office de tourisme de Mâcon ☎ 85 39 71 37.

– **Circuit de la route de Bresse** – Offices de tourisme de Bresse ou Comité départemental du tourisme de l'Ain, 34, rue du Général-Delestraint, B.P. 78, 01002 Bourg-en-Bresse, ☎ 74 21 95 00.

## La Bourgogne vue d'en haut

Une vue panoramique imprenable à bord d'une montgolfière. Ne pas oublier l'appareil-photo...

**Air Adventures**, avenue du Général-de-Gaulle, 21320 Pouilly-en-Auxois, ☎ 80 90 74 23, fax 80 90 72 86.

**Air Escargot**, 71150 Remigny, ☎ 85 87 12 30, fax 85 87 08 84.

**Ballons de Bourgogne**, 21630 Pommard, ☎ 80 24 20 32, fax 80 24 12 87.

**Bourgogne Tour Incoming**, 11, rue de la Liberté, 21029 Dijon, ☎ 80 30 49 49, fax 80 30 69 87.

*LES GUIDES VERTS MICHELIN*

*Paysages*
*Monuments*
*Routes touristiques*
*Géographie*
*Histoire, Art*
*Itinéraires de visite régionaux*
*Lieux de séjour*
*Plans de villes et de monuments*
*Une collection de guides régionaux sur la France.*

# Sports et loisirs

**Parc Naturel Régional du Morvan**

Pour toutes les activités concernant la découverte du parc et des loisirs en général, s'adresser à la Maison du Parc à St-Brisson, 58230 Montsauche, ☎ 86 78 70 16.

## Randonnées pédestres

Des sentiers de grande randonnée permettent de découvrir les régions décrites dans ce guide. Des topo-guides édités par la Fédération Française de randonnée pédestre (point d'information et de vente : 64, rue de Gergovie, 75014 Paris, ☎ 45 45 31 02), en donnent le tracé détaillé ; on peut aussi consulter le serveur Minitel : 3615 RANDO.

La **Fédération française de la randonnée pédestre – Comité national des Sentiers de Grande Randonnée**, 9, avenue George-V, 75008, ☎ 48 01 80 80, édite également un guide annuel : *« Rando guide »* avec des idées d'itinéraires de 2 à 7 jours, le tracé détaillé des sentiers et d'indispensables conseils pour les randonneurs.

Chaque été, une randonnée de 5 jours « Alésia-Bibracte » est organisée sur les pas de Vercingétorix et César. Pour tous renseignements, s'adresser à l'Association Les Quatre Chemins, 19, rue de l'Arquebuse, 71400 Autun. ☎ 85 52 07 91. Des randonnées pédestres, accompagnées, en forêt des Bertranges (Nièvre) sont conduites par des agents de l'Office national des forêts, ☎ 86 61 07 57, et de l'Office du tourisme de Prémery, ☎ 86 37 99 07, en période estivale. L'Association des guides en Morvan, ☎ 85 54 28 95, organise également des randonnées accompagnées autour du Mont Beuvray et des fouilles de Bibracte.

**Comités départementaux de randonnée pédestre**

**Côte-d'Or :** Hôtel du Département, B.P. 1601, 21035 Dijon Cedex, ☎ 80 63 66 00.

**Nièvre :** 8, allée des Sorbiers, 58000 Sermoise, ☎ 48 54 02 72.

**Saône-et-Loire :** M.J.C. de Bioux, avenue Pierre-Denave, 71000 Mâcon, ☎ 85 34 40 17.

**Yonne :** 12, boulevard Galliéni, 89000 Auxerre, ☎ 86 41 22 26.

## Randonnées équestres

Renseignements auprès de la Fédération des randonneurs équestres, 16, rue des Apennins, 75017 Paris, ☎ (16) 56 09 01 93.

L'Association nationale pour le tourisme équestre (A.N.T.E., 170, quai de Stalingrad, Ile-St-Germain, 92130 Issy-les-Moulineaux, ☎ 46 48 83 93) édite aussi une brochure donnant les adresses des associations régionales et des comités départementaux.

**Comité départemental de tourisme équestre** – M. Guyot de Caila, Moulin de Vaux, 71600 Nochize, ☎ 85 88 31 51.

Pour les activités des **centres équestres :**

– Association bourguignonne d'Équitation de loisirs (M. Fourneau, Corlay, 71240 Sennecey-le-Grand, ☎ 85 92 22 94).

– Association régionale de Tourisme équestre (M. Ramillon, château de Lantilly, 58800 Corbigny, ☎ 86 20 18 85).

– Le Galop d'or, M. Sempere, centre de tourime équestre, 21500 Rougemont, ☎ 80 92 04 81.

– Le Relais des randonnées de Haute-Bourgogne, 21330 Griselles, ☎ 80 81 46 15.

## Cyclotourisme

La **Fédération française de cyclotourisme**, 8, rue Jean-Marie-Jégo, 75013 Paris, ☎ 44 16 88 88, fax 44 16 88 99, fournit des fiches-itinéraires couvrant une grande partie de la France, avec kilométrages, difficultés et curiosités touristiques.

La **Fédération de cyclisme** (plutôt pour la compétition), ☎ 49 35 69 00, édite un guide des centres V.T.T.

Le service Loisirs Accueil du Nivernais-Morvan, ☎ 86 59 14 22, propose un circuit-vélo en Val-de-Loire d'une semaine avec transfert des bagages. Des vacances à vélo sont également organisées par Bourgogne Tour, 11, rue de la Liberté, 21000 Dijon, par A.M.V., 13, rue de l'Arbalète, 71400 Autun, et par Vélonature, ☎ 40 46 87 65.

A St-Saulge dans la Nièvre, 550 km de pistes ont été balisés par le Centre National V.T.T., ☎ 86 58 25 74.

## Canoë-kayak

**Fédération française de canoë-kayak** – 87, quai de la Marne, B.P. 58, 94340 Joinville-le-Pont, ☎ 45 11 08 50, fax 48 86 13 25. La **boutique fédérale** (même adresse) vend des guides de rivière, des équipements, des cartes nautiques (dont la carte de France F.F.C.K., qui localise les plus beaux parcours et donne la liste des clubs affiliés et des écoles labellées. Consulter le Minitel 3615 CANOE 24.

Les Comités Départementaux et les services Loisirs Accueil proposent aussi diverses formules.

Pour les plus téméraires, débutants ou confirmés, des descentes en **raft, nage en eau vive et hot-dog** sur la Cure ou le Chalaux sont proposées par AN RAFTING, 42-46, rue Médéric, 92110 Clichy, ☎ 47 37 08 77, fax 47 30 95 58.

B. Veysset/EXPLORER

## Pêche

A celui qui veut taquiner la truite, le brochet, le sandre, la carpe, la région propose un réseau de rivières. Quel que soit l'endroit choisi, il convient d'observer la réglementation en vigueur, c'est-à-dire adhérer à une Association de Pêche agréée et acquitter la taxe piscicole au taux correspondant au mode de pêche exercé. Se renseigner auprès du Conseil Supérieur de la Pêche, 134, avenue Malakoff, 75016 Paris, ☎ 45 01 20 20, ou bien encore, auprès de la Fédération de la Côte-d'Or pour la Pêche et la Protection du Milieu Aquatique, 25, rue Courtépée à Dijon, ☎ 80 57 11 15, fax 80 55 51 21.

A Mâcon, l'Association de Pêche au gros, ☎ 85 29 02 50, propose de découvrir la pêche au silure, poisson carnassier pouvant atteindre 2 mètres de long et le poids d'un homme.

## Artisanat d'art

La Maison de la Saône-et-Loire édite une brochure « Les Métiers d'art » donnant l'adresse des artisans et leurs activités, 389, avenue de Lattre-de-Tassigny, 71000 Mâcon, ☎ 85 21 02 20. La Puisaye, terre d'argile, est connue pour sa poterie. Possibilité de visiter des ateliers en demandant la liste à l'Office du tourisme de St-Amand-en-Puisaye, square de la Poste, ☎ 86 39 63 15, à l'Association des potiers-créateurs de Puisaye, faubourg des Poteries, 58310 St-Amand-en-Puisaye, ou à l'Association des métiers d'argile de Puisaye, Les Guimards, 58310 Bitry. Des **stages d'initiation** ou de perfectionnement ont lieu au C.N.I.F.O.P. (Centre national de la poterie et du grès), route de St-Sauveur, 58310 St-Amand-en-Puisaye, ☎ 86 39 60 17. Ce centre est unique en France.

## Parcs aquatiques

Passé les dégustations dans les vignobles, un peu d'eau pour se rafraîchir et s'amuser...
Parc aquatique du Cap-Vert – rue du Cap Vert, 21800 Quetigny, ☎ 80 46 14 44.
Parc aquatique Oxygène (couvert) – rue de Colchide, 21000 Dijon, ☎ 80 74 16 16.

*Cet ouvrage, périodiquement révisé, tient compte*
*des conditions du tourisme connues au moment de sa rédaction.*
*Certains renseignements perdent de leur actualité en raison de l'évolution*
*incessante des aménagements et des variations du coût de la vie.*
*Nos lecteurs sauront le comprendre.*

# Découvrir le vin et le vignoble

Pour s'initier à l'art du « savoir boire », des stages d'initiation à la dégustation des vins de Bourgogne ou des stages œnologiques sont proposés ; ils peuvent durer 2 heures, une journée, un week-end ou plusieurs jours. Se renseigner à l'Office du tourisme de Beaune qui se charge des réservations.

Le **B.I.V.B.** (Bureau Interprofessionnel des Vins de Bourgogne), dans le cadre de son **École des Vins,** organise également des week-ends thématiques sur la découverte des vins et du vignoble. Se renseigner directement au ☎ 80 24 70 20.

**L'Office du tourisme d'Auxerre,** Quai de la République, 89000 Auxerre, ☎ 86 52 06 19, fax 86 51 23 27, propose périodiquement un week-end « Découverte du vignoble et des vins de Bourgogne » permettant de parcourir le vignoble de Chablis et les côteaux de l'Auxerrois.

La Société **Wine and Voyages,** M. L. Delelée, B.P. 107, 21703 Nuits-St-Georges Cedex, ☎ 80 62 72 63, fax 80 62 72 66, emmène en minibus les touristes de toute nationalité désireux de découvrir le vignoble de la Côte de Nuits et des Hautes Côtes de Nuits.

**L'Athenaeum,** 7, rue de l'Hôtel-Dieu à Beaune, ☎ 80 22 12 00. Pour tout savoir sur les vins et les vignobles, une visite s'impose ici. On y trouve tout à la fois, livres, documentation, films vidéo, matériel de cave, verrerie, objets divers...

Grands ou petits, de nombreux producteurs proposent la visite de leurs caves suivie, souvent, d'une dégustation de vins.

Plusieurs viticulteurs, négociants-éleveurs, caves coopératives, caveaux communaux ont signé la Charte de l'Accueil dans les vignobles de Bourgogne, « **De Vignes en Caves** ». Une enseigne à l'entrée de leur propriété permet de les identifier et un guide distribué, à un prix modique, dans les différents organismes touristiques permet de les situer.

La pluviosité, l'ensoleillement, le terroir, les conditions atmosphériques pendant les vendanges conditionnent la qualité des récoltes. Les visites de caves permettent de découvrir les différentes étapes que comporte la vinification de ces récoltes (pressurage, macération, fermentation, soutirage, dosage, vieillissement...) où le savoir-faire, le tour de main du viticulteur sont décisifs de la qualité du produit.

Voici quelques adresses, parmi tant d'autres, sélectionnées en raison de leurs installations et de leur production :

| | |
|---|---|
| **BEAUNE** | Denis Perret − 40, place Carnot, ☎ 80 22 35 47. |
| **CHAMBOLLE-MUSIGNY** | Château André Ziltener ☎ 80 62 81 37 - Fax 80 62 83 75 |
| **CHASSAGNE-MONTRACHET** | Caveau S.A.R.L. Rateau Frères − 7, rue Charles-Pasquelin, ☎ 80 21 38 13 − Fax 80 21 35 81. |
| **CORGOLOIN** | Clos des Langres − R.N. 74, ☎ 80 62 98 73 − Fax 80 62 95 15. |
| **CURTIL-VERGY** | Domaine du Val de Vergy − Yves Chaley ☎ 80 61 43 81 − Fax 80 61 42 79. |
| **FUISSÉ** | Château de Fuissé − J.-J. Vincent, ☎ 85 35 61 44 − Fax 85 35 67 34. |
| **GIVRY** | Domaine Thenard − 7, rue de l'Hôtel-de-Ville, ☎ 85 44 31 36 − Fax 85 44 47 83. |
| **MÂCON** | Maison Mâconnaise des Vins − 484, av. de Lattre-de-Tassigny, R.N. 6, ☎ 85 38 62 22 − Fax 85 38 62 51. |
| **MAGNY-LES-VILLERS** | Domaine Jayer-Gilles (sur R.V. de préférence) ☎ 80 62 91 79 − Fax 80 62 99 77. |
| **MERCUREY** | Domaine Jean Maréchal − Grande Rue, ☎ 85 45 11 29 − Fax 85 45 18 52. |
| | Domaine Michel Juillot − Grande Rue, ☎ 85 45 27 27 − Fax 85 45 25 52. |
| **NUITS-ST-GEORGES** | Maison Moillard − R.N. 74, ☎ 80 62 42 20 − Fax 80 61 28 13. |
| **POUILLY-SUR-LOIRE** | Hervé Seguin − « Le Bouchot », ☎ 86 39 10 75 − Fax 86 39 10 26. |
| | Jean et Alain Pabiot − « Les Loges », ☎ 86 39 10 25 − Fax 86 39 10 12. |

Le clos de Vougeot.

## RESTAURATION

**Guide Rouge Michelin FRANCE** – Comme pour les hôtels, il propose une sélection de restaurants : des plus simples aux tables gastronomiques, dont les étoiles sont remises en cause tous les ans.

Le mot « repas », lorsqu'il apparaît en rouge, signale un menu très soigné à prix modéré.

**La Bourgogne de la bonne table** – Avec quelques autres régions de France, la Bourgogne offre le privilège de proposer une multitude d'étapes où la cuisine fait honneur aux traditions culinaires d'antan.

Escargots, poulet de Bresse, mâchon bourguignon, cuisses de grenouilles, sans oublier les pavés de Charolais, participent à la renommée de la table bourguignonne.

Chaque village possède son auberge mais on appréciera les haltes de la « voie triomphale » que constitue la Côte d'Or, ou les petits établissements sans prétention qui jalonnent le cours de la Saône et de ses affluents, comme la Seille ou la Reyssouze.

Il est, bien sûr, recommandé d'accompagner chaque repas d'un vin local qui peut être proposé en carafe.

La **Maison régionale des Arts de la table**, 15, rue St-Jacques, 21230 Arnay-le-Duc, ☎ 80 90 11 59, présente chaque année une exposition sur un thème culinaire.

Helix Pomatia.

*Gourmets...*

*Le chapitre en introduction de ce guide vous documente sur les spécialités gastronomiques les plus appréciées et les vins les plus réputés de la Bourgogne. Et chaque année, le guide Rouge Michelin France vous propose un choix de bonnes tables.*

240

# Sur les canaux de Bourgogne

Trois rivières, l'Yonne, la Saône et son affluent la Seille, auxquelles s'ajoutent plusieurs canaux, offrent environ 1 200 km de voies navigables aux plaisanciers désireux de découvrir la Bourgogne « profonde » par ses voies fluviales.

Il est possible d'effectuer des croisières de plusieurs jours sur des péniches-hôtels, faire un simple parcours sur des bateaux promenades ou louer un bateau et le piloter soi-même pendant un week-end, une semaine ou plus. Dans ce cas, aucun permis n'est exigé, mais le pilote doit être majeur ; une leçon théorique et pratique est donnée à bord avant la croisière. Le respect des limitations de vitesse, la prudence et les conseils du loueur, en particulier pour passer les écluses et accoster, suffisent pour manœuvrer ce type de bateaux.

Différentes formules et plusieurs adresses sont proposées par le Comité Régional et les comités Départementaux du Tourisme, les Offices de tourisme, « Bourgogne Voies Navigables », 1-2, quai de la République, 89000 Auxerre, ☎ 86 52 18 99, fax 86 51 68 47 ou bien encore France Passion Plaisance, B.P. 89, Z.I. de Barberèche, 71602 Paray-le-Monial, ☎ 85 81 60 51, fax 85 81 27 92.

Deux guides fluviaux édités par les Éditions Grafocarte, 125, rue J.-J.-Rousseau, 92130 Issy-les-Moulineaux, ☎ 41 09 19 00, fax 41 09 19 22, fournissent des renseignements pratiques précieux pour la navigation : « *Le canal de Bourgogne* » (N° 5) de Mignennes à St-Jean-de-Losne et « *l'Atlas de Bourgogne* » (N° 18) couvrant l'Yonne, le Nivernais et la Bourgogne.

Les Éditions du Plaisancier, 100, rue du Général-Leclerc, 69641 Caluire, ☎ 78 23 31 14, fax 78 23 48 16, éditent également un guide fluvial s'intitulant : « *guide de la Bourgogne* ».

A noter que les écluses ne fonctionnent pas les jours fériés suivants : dimanche de Pâques, 1er mai, dimanche de Pentecôte, 14 juillet et 1er novembre.

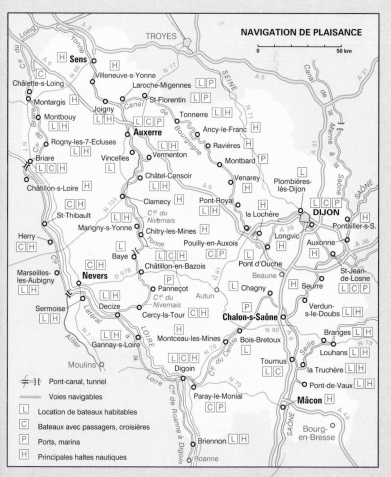

# Manifestations touristiques

**Dernier week-end de janvier**

**Côte bourguignonne** ..............  
(ville ou village changeant .......  
chaque année) .........................

Saint-Vincent Tournante, procession en l'honneur du patron des vignerons.  
Renseignements : ☎ 80 61 07 12.

**1ᵉʳ week-end de février**

**Chablisien** ...............................  
Saint-Vincent Tournante. ☎ 86 42 80 80.

**16 au 24 mars**

**Chalon-sur-Saône** ..................  
Carnaval : parade musicale et grand jour des Goniots ; cortège et bal costumé des enfants ; cavalcade et fête foraine (Renseignements : ☎ 85 43 08 39).

**Du 1ᵉʳ avril au 19 novembre**

**Beaune** ....................................  
Son et lumière dans la Cour d'Honneur des Hospices. (Renseignements à l'Office de tourisme, ☎ 80 26 21 30).

**16 au 19 mai**

**Saulieu**....................................  
Journées gourmandes du grand Morvan.

**Fin mai**

**Semur-en-Auxois**...................  
Fête de la Bague : course de chevaux dont l'origine remonte à 1639. ☎ 80 97 05 96.

**Début juin**

**Romenay**..................................  
Fête du poulet de Bresse, ☎ 85 75 05 02.

**3ᵉ dimanche après la Pentecôte**

**Paray-le-Monial** .....................  
Pèlerinage du Sacré-Cœur, ☎ 85 88 85 80.

**Avant-dernier dimanche de juin**

**St-Jean-de-Losne**...................  
Fête de la batellerie, ☎ 80 29 05 48.

**Fin juin**

**Mont-St-Vincent**...................  
Feux celtiques de la Saint-Jean.

**Mâcon**....................................  
Championnats de France d'aviron sur la Saône, ☎ 85 38 00 67.

**1ᵉʳ week-end de juillet**

**Magny-Cours** .........................  
Grand Prix de Formule 1, ☎ 86 21 80 00.

**Début juillet**

**St-Nizier-le-Bouchoux** ............  
Fête du poulet de Bresse, ☎ 74 22 49 40.

**Juillet**

**Beaune** ....................................  
Rencontres internationales de musique baroque et classique, ☎ 80 26 21 30.

**St-Sauveur-en-Puisaye**............  
Foire aux potiers, ☎ 86 45 51 03.

**14 juillet**

**Clamecy** ..................................  
Joutes sur l'Yonne en souvenir des flotteurs (pont de Bethléem). ☎ 86 27 02 51.

**Vendredis et samedis du 14 juillet au 30 août**

**St-Fargeau**..............................  
Spectacle son et lumière. (Renseignements ☎ 86 74 15 72.)

**22 juillet**

**Vézelay** ...................................  
Fête de la Sainte-Madeleine : pèlerinage, ☎ 53 53 32 95.

**2ᵉ quinzaine de juillet**

**Autun**......................................  
Musique en Morvan, ☎ 85 86 10 17.

**Dernier samedi de juillet**

**Rogny-les-Sept-Écluses** ..........  
Feu d'artifice sur les écluses. ☎ 86 74 53 11.

**Fin juillet**

**Joigny**......................................  
Fête de la commune libre de St-André, ☎ 86 62 45 40.

**Juillet-Août**

**La Clayette** .............................  
Son et lumière au château, ☎ 85 28 23 02.

Août

**Autun**........................ Spectacle historique nocturne « Il était une fois Augustodunum », ☎ 85 86 30 00.

**Cluny**......................... Récitals et concerts, ☎ 85 59 05 34.

**Dijon**......................... Festival du carillon, ☎ 80 30 35 39.

1ᵉʳ dimanche d'août

**Étigny 61 pli 14** *(1)*.............. Fête des moissons.

1ᵉʳ lundi d'août

**Château-Chinon** .................... Critérium cycliste international, ☎ 86 85 15 05.

1ᵉʳ dimanche suivant le 1ᵉʳ samedi d'août

**Clamecy** ................................ Grande fête folklorique des Vaux d'Yonne.

Début août

**Semur-en-Auxois** .................... Fête du lac de Pont.

3 premiers samedis d'août

**Ferrières** ................................ Balades nocturnes au Moyen Âge, ☎ 38 96 58 86.

15 août

**Seurre**..................................... Fête du cheval, ☎ 80 21 09 11.

**Coulanges-sur-Yonne**............. Joutes nautiques, ☎ 86 81 78 07.

1ᵉʳ dimanche après le 15 août

**St-Honoré-les-Bains** .............. Fête des fleurs, ☎ 86 30 71 70.

1ᵉʳ week-end après le 15 août

**Saulieu**.................................... Fête du Charolais, ☎ 80 64 17 60.

Dernier dimanche d'août

**Accolay** ................................. Grandes joutes nautiques.

**Cluny**...................................... Présentation d'attelages et d'étalons.

Fin août-début septembre

**Dijon**...................................... Fête de la vigne. Festival international de musique et danses populaires, ☎ 80 30 37 95.

Début septembre

**Alise-Ste-Reine** ..................... Pèlerinage et mystère de Ste-Reine, ☎ 80 96 86 55.

2ᵉ week-end de septembre

**Charlieu** ................................ Fête folklorique.

Courant septembre

**Beaune** ................................. Fête de la vigne. Défilé de costumes et soirées musicales.

Dimanche le plus proche du 16 octobre

**Paray-le-Monial** ..................... Fête de Ste-Marguerite, ☎ 85 81 62 22.

Courant octobre

**Beaune** ................................. Rencontres cinématographiques.

10 novembre

**Auxerre**.................................. Foire (braderie) de la St-Martin, ☎ 86 52 55 00.

Novembre

**Vougeot**.................................. 1ʳᵉ des « Trois Glorieuses » au château du Clos, ☎ 80 61 07 12.

**Beaune** ................................. 2ᵉ des « Trois Glorieuses » : vente aux enchères des vins des Hospices, au marché couvert, ☎ 80 26 21 30.

**Meursault**............................... 3ᵉ des « Trois Glorieuses » : « Paulée » de Meursault, ☎ 80 21 22 62.

4ᵉ week-end de novembre

**Chablis**.................................. Fête des vins de Chablis, ☎ 86 42 80 80.

3ᵉ samedi de décembre

**Bourg-en-Bresse**.................... Concours de volailles plumées et préparées, ☎ 74 45 70 58.

---

*(1) Pour les localités non décrites, nous indiquons le nº de la carte Michelin et le nº du pli.*

# Foires et marchés

Quelques foires et marchés agricoles spécialisés, par leur originalité et la qualité des produits offerts, par leur évocation de la tradition locale et leur animation particulière, méritent d'être inscrits au programme de la région.
Les principaux sont indiqués ci-dessous :

## PRINCIPALES FOIRES

2e mardi et 2e mercredi de février
**Charolles** ........................... Foire interdépartementale des reproducteurs, ☎ 85 24 05 95.

Fin octobre-début novembre
**Dijon** ................................. Foire internationale et gastronomique, ☎ 80 77 39 00.

4e dimanche de juin
**Escolives-Ste-Camille** ....... Foire aux cerises, ☎ 86 53 34 24 (mairie).

11 au 20 mai
**Mâcon** .............................. Foire nationale des vins de France, ☎ 85 38 13 48.

2e lundi de décembre
**Marcigny** .......................... Foire aux dindes et aux oies, ☎ 85 25 39 06.

Fin juillet
**Mont-St-Vincent** .............. Foire des vins et des crapiaux, ☎ 85 79 80 03.

15 août
**Pouilly-sur-Loire** ............... Foire aux vins, ☎ 86 39 06 83.

Week-end avant le 11 novembre
**St-Bris-le-Vineux** .............. Foire aux vins de l'Auxerrois, ☎ 86 42 42 22.

Dernier week-end d'octobre
**St-Léger-sous-Beuvray** ..... Foire aux marrons, ☎ 85 82 53 00.

## PRINCIPAUX MARCHÉS

**Chablis**
Marché bourguignon – le dimanche matin.

**Charolles**
Marché aux bestiaux – le mercredi après-midi.

**Decize**
Marché aux moutons – le 3e mardi du mois.

**Louhans**
Marché aux volailles de Bresse – le lundi matin.

**Montargis**
Marché fleuri – en février
☎ 38 98 00 87.

**Moulins-Engilbert**
Marché aux bestiaux (ovins) – le lundi.
Marché aux bestiaux (bovins) – le mardi.

**St-Christophe-en-Brionnais**
Marché aux bestiaux – Le jeudi matin.

# Livres et films

## QUELQUES LIVRES

### Ouvrages généraux – Tourisme

**La Bourgogne**, par Raymond Dumay (coll. Sun).
**La Bourgogne romane** (Éditions zodiaque).
**Beauté de la Bourgogne**, par P. Dupuy (Minerva).
**La Bourgogne vue du ciel**, par Yann et Anne Arthus-Bertrand (Édition du Chêne).

### Histoire

**Splendeurs de la cour de Bourgogne**, Récits et Chroniques (Éditions Robert Laffont).
**Les grands Ducs de Bourgogne**, par Joseph Calmette (Éditions Albin Michel).
**Bibracte et les Éduens**, par Christian Goudineau et Christian Peyre (Éditions Errance).
**La Faïence de Charolles**, par J. Plat et J. Febvre (Les Amis du Prieuré).

### Littérature – romans

**Méditations poétiques**, par A. de Lamartine (coll. Bibliothèque Lattès).
**Le Blé en herbe, Chéri, la Chatte, Sido, le Fanal bleu, la Naissance du jour, les Vrilles de ma vigne...**, par Colette (coll. Le Livre de poche).
**Colas Breugnon**, par R. Rolland (coll. Le Livre de poche).
**La Billebaude, le Pape des Escargots, les Étoiles de Compostelle**, par H. Vincenot (Gallimard, coll. Foliot).
**La Jument verte**, par M. Aymé (Gallimard, coll. Folio).
**Labours d'hiver**, par D. Cornaille (Presses de la Cité).

### Vins et gastronomie

**Le guide des vins de Bourgogne**, par F. Gilbert et P. Gaillard (Solar).
**Les meilleures recettes de la cuisine bourguignonne**, par Charles Berthet et Françoise Colin (Éditions Ouest France).
**Histoires de moutarde, cassis et pain d'épices**, par Guy Renaud (Éditions le Bien Public).

## QUELQUES FILMS tournés dans la région

**Hiroshima mon amour** : d'Alain Resnais, avec Eiji Okada et Emmanuelle Riva, en 1959, à **Nevers**.

**La Grande Vadrouille** : de Gérard Oury, avec Louis de Funès et Bourvil, en 1966, à **Meursault** et à **Beaune**.

**Partir, Revenir** : de Claude Lelouch, avec Richard Anconina, Evelyne Bouix, Jean-Louis Trintignant, en 1985, à **Châteauneuf-en-Auxois**.

**Cyrano de Bergerac** : de Jean-Paul Rappeneau, avec Gérard Depardieu, Anne Brochet et Jacques Weber, en 1990, à l'**abbaye de Fontenay**.

**Conte d'Hiver** : d'Éric Rhomer, avec Charlotte Véry et Frédéric Van Den Driessche, en 1992, à **Nevers**.

**Mado** : de Claude Sautet, avec Romy Schneider et Michel Piccoli, en 1976, à **Savigny-sur-Seille**.

# Conditions de visite

*Les renseignements énoncés ci-dessous s'appliquent à des touristes voyageant isolément et ne bénéficiant pas de réduction. Pour les groupes constitués, il est généralement possible d'obtenir des conditions particulières concernant les horaires ou les tarifs. Ces données ne peuvent être fournies qu'à titre indicatif en raison de l'évolution du coût de la vie et de modifications fréquentes dans les horaires d'ouverture de nombreuses curiosités. Lorsqu'il nous a été impossible d'obtenir des informations à jour, les éléments figurant dans l'édition précédente ont été reconduits. Dans ce cas ils apparaissent en italique.*

*Les **édifices religieux** ne se visitent pas pendant les offices. Certaines églises et la plupart des chapelles sont souvent fermées. Les conditions de visite en sont précisées si l'intérieur présente un intérêt particulier ; dans le cas où la visite ne peut se faire qu'accompagnée par la personne qui détient la clé, une rétribution ou une offrande est à prévoir.*

*Dans certaines villes, des **visites guidées** de la localité dans son ensemble ou limitées aux quartiers historiques sont régulièrement organisées en saison touristique. Cette possibilité est mentionnée en tête des conditions de visite, pour chaque ville concernée. Dans les Villes d'Art et d'Histoire et les Villes d'Art  , les visites sont conduites par des guides-conférenciers agréés par la Caisse Nationale des Monuments Historiques et des Sites.*

*Lorsque les curiosités décrites bénéficient de facilités concernant l'accès pour les handicapés, le symbole ♿ figure à la suite de leur nom.*

# A

### AIGNAY-LE-DUC

**Église** – Visite libre tous les jours de 10 h à 18 h ; visite accompagnée le mercredi de 15 h à 18 h du 10 juillet au 20 août. ☎ 80 93 81 05.

### ALISE-STE-REINE

**Les fouilles** – Visite libre tous les jours, de 9 h à 18 h 30 du 3 juillet au 3 septembre, de 10 h à 17 h 30 du 4 septembre au 1ᵉʳ novembre et du 25 mars au 2 juillet. 23 F (billet jumelé avec le musée d'Alésia). ☎ 80 30 54 60.

**Musée Alésia** – Mêmes conditions de visite que pour les fouilles, billet jumelé.

### Château d'ANCY-LE-FRANC

Visite accompagnée (3/4 h) tous les jours, à 10 h, 11 h, 14 h, 15 h, 16 h, 17 h et 18 h du 1ᵉʳ mai au 15 septembre. Dernière visite à 17 h le reste de l'année. Fermé du 15 novembre au 25 mars. 42 F. ☎ 86 75 14 63.

**Musée de l'Automobile et de l'Attelage** – Visite libre tous les jours, de 10 h à 12 h et de 14 h à 18 h (17 h le reste de l'année) du 1ᵉʳ mai au 15 septembre. Fermé du 10 novembre au 25 mars. 20 F. ☎ 86 75 14 63.

### ANZY-LE-DUC

**Église** – Visite libre, tous les jours, de 9 h à 19 h.

### APPOIGNY

**Collégiale St-Pierre** – Visite accompagnée sur demande au ☎ 86 53 00 12.

### ARCHÉODROME de BOURGOGNE

♿ Visite libre, tous les jours, de 9 h à 20 h de mai à fin septembre, de 9 h à 19 h en mars et avril, de 9 h 30 à 17 h 30 du 1ᵉʳ octobre au 28 février. Fermé le lundi et le mardi (hors vacances) en hiver. 32 F. ☎ 80 26 87 00.

### ARCY-SUR-CURE

**Château du Chastenay** – ♿ Visite accompagnée (3/4 h) tous les jours (sauf dimanche matin) de 10 h 30 à 12 h et de 14 h 30 à 18 h en juillet et août, pendant les vacances de Pâques, les week-ends de mai et les jours fériés. 32 F. ☎ 86 81 90 63.

**La Grande Grotte** – ♿ Visite accompagnée (3/4 h), tous les jours, de 9 h 30 à 12 h 30 et de 13 h 30 à 18 h du 15 mars au 15 novembre. 36 F. ☎ 86 81 90 63.

## ARNAY-LE-DUC

**Maison régionale des Arts de la table** – Visite tous les jours de 10 h à 18 h 30 du 25 mars au 1er novembre. 20 F. ☎ 80 90 11 59.

## ARNAY-SOUS-VITTEAUX

**Zoo de l'Auxois** – ♿ Ouvert tous les jours de 10 h à 19 h. 45 F. ☎ 80 49 64 01.

## Carrière souterraine d'AUBIGNY

♿ Visite accompagnée (1 h) tous les jours, de 14 h 30 à 18 h 30 du 1er juillet au 10 septembre ; les dimanches et jours fériés seulement, de Pâques à fin juin et du 11 septembre au 1er novembre. 24 F. ☎ 86 52 38 79.

## AUTUN
🚩 3, avenue Charles-de-Gaulle – 71400 – ☎ 85 52 20 34

**Visite guidée de la ville** 🅰 – S'adresser à l'Office de tourisme.

**Cathédrale** – Visite libre, tous les jours, de 8 h à 19 h.

**Montée au clocher de la cathédrale** – Accès momentanément interdit pour cause de travaux.

**Musée Rolin** – Visite libre tous les jours (sauf mardi) de 9 h 30 à 12 h et de 13 h 30 à 18 h du 1er avril au 30 septembre ; de 10 h à 12 h et de 14 h à 16 h (17 h en octobre) en novembre et décembre et du 1er janvier au 31 mars. Le dimanche hors saison, ouvert de 14 h 30 à 17 h seulement. Fermé les jours fériés. 16 F. ☎ 85 52 09 76.

**Bibliothèque de l'hôtel de ville** – Expositions temporaires en été, de 14 h 30 à 18 h, sauf le dimanche et les jours fériés.

**Musée lapidaire** – ♿ Visite libre tous les jours (sauf mardi) de 10 h à 12 h et de 14 h à 18 h du 16 avril au 30 septembre, de 10 h à 12 h et de 14 h à 16 h le reste de l'année ; de 14 h à 16 h 30 seulement, le dimanche, du 1er octobre au 31 décembre et du 1er janvier au 15 avril. Fermé en février ainsi que les jours fériés. Entrée gratuite. ☎ 85 52 35 71.

**Muséum d'Histoire naturelle** – Visite tous les jours (sauf lundi et mardi) de 10 h à 12 h et de 14 h à 18 h de juillet à fin septembre, de 14 h à 17 h le reste de l'année. Fermé les jours fériés. 16 F. ☎ 85 52 09 15.

## AUXERRE
🚩 1, quai de la République – 89000 – ☎ 86 52 06 19

**Visite guidée de la ville** 🅰 – S'adresser à l'Office de tourisme.

**Cathédrale St-Étienne** – Ouverte tous les jours (sauf dimanche matin) de 9 h à 19 h en juillet et août ; de 9 h à 12 h et de 14 h à 18 h le reste de l'année. Concert de 14 h à 15 h en juillet et août et spectacle son et lumière tous les jours de 22 h à 23 h 15 du 1er juillet au 30 septembre (25 F). ☎ 86 52 23 29.

**Ancienne abbaye St-Germain** – Visite de 10 h à 18 h 30 du 1er juin au 31 octobre, de 10 h à 12 h et de 14 h à 17 h 30 le reste de l'année. Fermé le mardi, le 1er janvier, lundi de Pâques et de Pentecôte, 1er et 8 mai, 1er et 11 novembre, 25 décembre. 20 F (billet jumelé avec le musée Leblanc-Duvernoy), gratuit le mercredi. ☎ 86 51 09 74.

**Église St-Eusèbe** – Visite de 8 h à 12 h et de 14 h à 19 h du lundi au samedi, toute l'année. Le dimanche, sur demande préalable au ☎ 86 51 01 58.

**Musée Leblanc-Duvernoy** – Visite de 14 h à 18 h, tous les jours (sauf mardi). Fermé les 1er janvier, lundis de Pâques et de Pentecôte, 1er et 8 mai, 1er et 11 novembre, 25 décembre. 10 F. ☎ 86 51 09 74.

**Musée d'Histoire naturelle** – Visite de 10 h à 18 h du lundi au vendredi du 19 mai au 30 septembre, de 10 h à 12 h et de 14 h à 17 h 30 le reste de l'année ; le week-end et jours fériés, de 15 h à 18 h du 19 mai au 30 septembre et de 14 h 30 à 17 h 30 le reste de l'année. Fermé le 1er janvier et le 25 décembre. Entrée gratuite. ☎ 86 51 51 64.

## AUXONNE

**Musée Bonaparte** – Visite libre tous les jours (sauf jeudi) de 10 h à 12 h et de 15 h à 18 h du 2 mai au 15 octobre. Entrée gratuite. ☎ 80 31 15 33.

## AVALLON
🏛 6, rue Bocquillot – 89200 – ☎ 86 34 14 19

**Église St-Lazare** – Visite tous les jours de 8 h 30 à 18 h des Rameaux à la Toussaint.

**Musée de l'Avallonnais** – Visite libre tous les jours (sauf mardi)· de 10 h à 12 h 30 et de 14 h à 18 h du 16 juin au 15 septembre, de 10 h à 12 h et de 14 h à 18 h de début mai au 15 juin et du 16 septembre à fin octobre. 15 F. ☎ 86 34 03 19.

**Musée du Costume** – Visite accompagnée (3/4 h) de 10 h 30 à 12 h 30 et de 13 h 30 à 17 h 30 tous les jours, de Pâques à la Toussaint. 20 F. ☎ 86 34 19 95.

## AZÉ

**Site préhistorique** – Visite accompagnée (1 h 15) de 10 h à 12 h et de 14 h à 18 h tous les jours, du 1er avril au 30 septembre ; le dimanche et les jours fériés de 10 h à 12 h et de 14 h à 18 h en octobre. 35 F. ☎ 85 33 32 23.

# B

## Arboretum des BARRES

Ouvert tous les jours de 10 h à 12 h et de 14 h à 18 h du 15 mars au 15 novembre. 25 F. ☎ 38 97 62 21.

## Château de BEAUMONT-SUR-VINGEANNE

Visite accompagnée (1/2 h) tous les jours (sauf dimanche et jours fériés) de 14 h 30 à 18 h 30 en juillet et en septembre. Entrée gratuite.

## BEAUNE
🏛 rue de l'Hôtel-de-Ville – 21200 – ☎ 80 26 21 30

**Visite guidée de la ville** 🅰 – S'adresser à l'Office de tourisme.

**Hôtel-Dieu** – Visite tous les jours de 9 h à 18 h 30 du 8 avril au 19 novembre, de 9 h à 11 h 30 et de 14 h à 17 h 30 le reste de l'année. 29 F. ☎ 80 24 45 00.

**Musée du vin de Bourgogne** – Visite tous les jours, de 9 h 30 à 17 h 30. Fermé le mardi du 1er décembre au 30 mars ainsi que le 1er janvier et le 25 décembre. 20 F. ☎ 80 22 08 19.

**Musée des Beaux-Arts** – Visite tous les jours de 14 h à 18 h du 1er avril au 2 novembre et le 3e week-end de novembre. 20 F. ☎ 80 24 56 92.

**Musée Étienne-Jules-Marey** – Mêmes conditions de visite que le musée des Beaux-Arts.

Enchères à la chandelle.

## La BÉNISSON-DIEU

**Église** – Visite libre tous les jours de 8 h à 20 h. Visite accompagnée sur demande ☎ 77 66 62 61.

## BERZÉ-LA-VILLE

**Chapelle des moines** – Ouverte tous les jours de 9 h à 12 h et de 14 h à 18 h de mai à septembre, de 10 h à 12 h et de 14 h à 17 h 30 en avril et octobre.

## BERZÉ-LE-CHÂTEL

**Château** – Visite accompagnée (3/4 h) tous les jours de 10 h à 12 h et de 14 h à 18 h en juillet et en août. 27 F.

## Mont BEUVRAY

**Oppidum** – Visite libre, tous les jours, toute l'année. Visite accompagnée, à 14 h et à 16 h 30, tous les jours, en juillet et août ; à 15 h les week-ends et les jours fériés, d'avril à juin ; sur rendez-vous, toute l'année, 25 F (1 h) ou 40 F (2 h) ; billet jumelé avec le musée, 55 F. ☎ 85 86 52 35.

**Musée** – Visite libre ou accompagnée de 10 h à 18 h, tous les jours (sauf le mardi), du 4 mai au 4 novembre. 25 F. ☎ 85 86 52 35.

## BÈZE

**Grottes** – Visite accompagnée (1/2 h) tous les jours de 10 h à 19 h du 1er mai au 30 septembre ; week-ends et jours fériés seulement, en octobre et en avril (mêmes horaires). 25 F. ☎ 80 75 31 33.

## BLANOT

**Grottes** – Visite accompagnée (1 h) tous les jours de 9 h 30 à 12 h et de 13 h 30 à 18 h 30 du dernier dimanche de mars au dernier dimanche d'octobre. 25 F. ☎ 85 50 03 59.

## BLANZY

**La Mine et les Hommes** – Visite accompagnée (2 h) tous les jours de 14 h 30 à 18 h du 1er juillet au 14 septembre ; les week-ends et jours fériés seulement, du 15 septembre au 14 novembre et du 15 mars au 30 juin. 25 F. ☎ 85 68 22 85.

## Château de BOURBILLY

Visite accompagnée (1/2 h) tous les jours (sauf lundi) de 10 h à 12 h et de 15 h à 18 h du 1er juillet au 20 septembre. 25 F. ☎ 80 97 05 02.

## BOURBON-LANCY

**Église St-Nazaire et musée** – Visite tous les jours (sauf lundi et mercredi) de 15 h à 19 h en juillet et en août. Entrée gratuite. ☎ 85 89 23 23.

**Musée militaire** – Visite tous les jours (sauf lundi) de 10 h à 12 h et de 15 h à 18 h 30 en juillet et en août, de 15 h à 18 h 30 du 1er avril au 30 juin et du 1er septembre au 15 octobre. 15 F. ☎ 85 89 12 21.

**Bourbon-Expo** – ♿ Visite tous les jours de 9 h à 12 h le mardi, de 15 h 30 à 19 h le mercredi, le jeudi et le vendredi, de 9 h à 12 h et de 15 h à 19 h le samedi en juillet et en août ; de 9 h à 11 h 30 le mardi, de 9 h à 12 h et de 14 h à 18 h le samedi, le reste de l'année. Entrée gratuite. ☎ 85 89 23 23.

## BOURG-EN-BRESSE
🛈 6, avenue Alsace-Lorraine – 01005 – ☎ 74 22 49 40

**Visite guidée de la ville** – S'adresser à l'Office de tourisme.

**Église de Brou** – Visite de 9 h à 12 h 30 et de 14 h à 18 h 30 du 1er avril au 30 septembre ; de 9 h à 12 h et de 14 h à 17 h le reste de l'année. Fermée les 1er janvier, 1er mai, 1er et 11 novembre, 25 décembre. ☎ 74 22 26 55.

**Musée de Brou** – Visite de 9 h à 12 h 30 et de 14 h à 19 h du 1er avril au 30 septembre, de 9 h à 12 h et de 14 h à 17 h le reste de l'année. Fermé les 1er janvier, 1er mai, 1er et 11 novembre et 25 décembre. 12 F. ☎ 74 45 39 00.

## Parc naturel de BOUTISSAINT

Ouvert tous les jours de 8 h à 18 h 30 toute l'année. 50 F (adultes), 30 F (enfants), gratuit pour les moins de 5 ans. ☎ 86 74 07 08.

## BRANCION

**Château** – Visite tous les jours de 9 h à 19 h du 15 mars au 15 novembre. Le reste de l'année, les dimanches et jours fériés seulement. 15 F. ☎ 85 51 11 41.

**Église St-Pierre** – Ouvert tous les jours, des Rameaux au 11 novembre.

## BRANDON

**Château** – Visite accompagnée (1/2 h) tous les jours (sauf mardi) de 14 h à 18 h en juillet et en août. 12 F. ☎ 85 55 45 16.

## BRIARE
🛈 9, place de la République – 45250 – ☎ 38 31 24 51

**Musée de la Mosaïque et des Émaux** – ♿ Visite tous les jours de 10 h à 18 h 30 du 1er juin au 30 septembre ; le reste de l'année, de 14 h à 18 h en semaine, de 10 h à 12 h 30 et de 14 h à 18 h le dimanche et les jours fériés. Fermé en janvier, en février et le 25 décembre. 25 F. ☎ 38 31 20 51.

## BUELLAS

**Église** – S'adresser à M. André Perrin, face à l'église ☎ 74 24 20 15 ou à la cure.

## Forge de BUFFON

Visite de 14 h 30 à 18 h le lundi, mardi et le week-end, de 10 h à 12 h et de 14 h 30 à 18 h le mercredi, jeudi et vendredi en juillet et août ; de 14 h 30 à 18 h tous les jours (sauf mardi) en juin et septembre. 25 F. En dehors de ces périodes, se renseigner ☎ 80 89 40 30.

## La BUSSIÈRE

**Château des Pêcheurs** – Visite accompagnée (40 mn) tous les jours de 10 h à 12 h et de 14 h à 18 h de fin mars au début novembre. Fermé le mardi (sauf juillet-août). 30 F. ☎ 38 35 93 35.

## La BUSSIÈRE-SUR-OUCHE

**Église** – S'adresser à l'abbaye de la Bussière ☎ 80 49 02 29.

## Château de BUSSY-RABUTIN

Visite accompagnée (1 h) tous les jours, à 10 h et 11 h et toutes les heures de 14 h à 18 h du 1er avril au 30 septembre ; visites à 10 h, 11 h, 14 h et 15 h le reste de l'année. Fermé le mardi et le mercredi hors saison ainsi que le 1er janvier, 1er mai, 1er et 11 novembre et le 25 décembre. 27 F. ☎ 80 96 00 03.

# C

## Domaine de CADOUX

**Musée paysan** – Visite tous les jours de 10 h à 19 h du 1er juin au 30 août et de 14 h à 19 h du 1er mai au 31 octobre. 25 F. ☎ 86 39 22 84.

## CHABLIS

**Église St-Martin** – S'adresser à l'Office de tourisme, 1, rue de Chichée - 89800 Chablis. ☎ 86 42 80 80.

## CHALON-SUR-SAÔNE  ☒ boulevard de la République – 71100 – ☎ 85 48 37 97

**Visite guidée de la ville** ▲ – S'adresser à l'Office de tourisme. ·

**Musée Denon** – Visite tous les jours de 9 h 30 à 12 h et de 14 h à 17 h 30. 10 F (gratuit le mercredi). Fermé le mardi et les jours fériés. ☎ 85 48 01 70 (poste 4237).

**Musée Nicéphore-Niepce** – Visite libre tous les jours (sauf mardi) de 10 h à 18 h en juillet et août, de 9 h 30 à 11 h 30 et de 14 h 30 à 17 h 30 le reste de l'année. Fermé les jours fériés. 10 F (gratuit le mercredi). ☎ 85 48 41 98.

**Cathédrale St-Vincent** – Ouverte tous les jours de 7 h à 19 h.

**Hôpital** – Visite accompagnée (1 h 30) à 14 h 30 tous les mercredis du 15 juin au 15 septembre et tous les derniers mercredis de chaque mois le reste de l'année. 10 F. Demande préalable au ☎ 85 48 65 55.

**Tour du Doyenné** – Accès libre de 14 h à 16 h 30 du 2 mai au 30 septembre. Fermé le dimanche et les jours fériés.

## CHAMPVALLON

**Pressoir de Champvallon** – ♿ Ouvert tous les jours, de 10 h à 11 h 30 et de 13 h 30 à 18 h 30 du 1er mars au 31 octobre, de 13 h 30 à 17 h 30 le reste de l'année. 10 F. ☎ 86 91 07 69.

## CHAMPVOUX

**Église** – Visite sur demande à la mairie ☎ 86 37 85 59.

## LA CHARITÉ-SUR-LOIRE  ☒ place Ste-Croix – 58400 – ☎ 86 70 15 06

**Visite guidée de la ville** – S'adresser à l'Office de tourisme.

**Église prieurale Notre-Dame** – Visite tous les jours de 8 h à 19 h en été et de 9 h à 16 h en hiver.

**Musée** – Visite libre ou accompagnée (3/4 h) tous les jours (sauf mardi) de 10 h à 12 h et de 14 h 30 à 18 h 30 du 1er juillet au 15 septembre. Ouvert à Pâques, 1er mai, Ascension et Pentecôte. 12 F. ☎ 86 70 34 83.

# CHARLIEU

place Saint-Philibert – 42190 – ☎ 77 60 12 42

**Visite guidée de la ville** – S'adresser à l'Office de tourisme.

**Abbaye bénédictine** – Visite libre ou accompagnée (3/4 h) tous les jours : de 9 h à 19 h en juillet et août ; de 9 h à 12 h et de 14 h à 19 h du 1er avril au 30 juin et en septembre ; de 9 h à 12 h et de 14 h à 17 h du 1er février au 31 mars et du 1er octobre au 30 novembre. Pour les mois de janvier et de décembre, se renseigner. Pas de visites accompagnées : le mardi du 1er avril au 30 juin et en septembre, le mardi et le mercredi du 1er février au 31 mars et du 1er octobre au 30 novembre. Fermée les 1er janvier et 25 décembre. 20 F. Seule la visite guidée permet d'avoir accès à l'étage du Narthex, au musée lapidaire et au musée d'Art religieux. ☎ 77 60 08 17.

**Salle Armand-Charnay** – Se renseigner au ☎ 77 60 08 17.

**Couvent des Cordeliers** – Mêmes conditions de visite que l'ancienne abbaye mais fermé en décembre et en janvier, le mardi du 1er avril au 30 juin et en septembre ; le mardi et le mercredi du 1er février au 31 mars et du 1er octobre au 30 novembre. 15 F. ☎ 77 60 07 42.

**Musée de la Soierie** – Visite de 14 h à 18 h tous les jours, toute l'année. 20 F. ☎ 77 60 28 84.

**Musée hospitalier** – Mêmes conditions de visite que le musée de la Soierie.

**Église St-Philibert** – Visite tous les jours, de 9 h à la tombée de la nuit. Visite accompagnée sur demande à l'Office de tourisme.

# CHAROLLES

Couvent des Clarisses – 71120 – ☎ 85 24 05 95

**Prieuré** – Visite tous les jours (sauf le mardi), de 14 h 30 à 18 h 30, du 1er juillet au 1er octobre. Sur rendez-vous, auprès du Syndicat d'initiative, le reste de l'année. 15 F.

**Musée René-Davoine** – Visite tous les jours (sauf le mardi), de 14 h 30 à 18 h 30, de Pâques à la Toussaint. ☎ 85 88 36 01. 10 F.

# CHÂTEAU-CHINON

**Musée du Septennat** – ♿ Visite de 10 h à 18 h (19 h en juillet et août) tous les jours du 1er mai au 31 octobre ; le reste de l'année, les week-ends, jours fériés et vacances scolaires toutes zones. Fermé de janvier à mi-février et le 25 décembre. 25 F. ☎ 86 85 19 23.

**Musée du Costume** – Mêmes conditions de visite que le musée du Septennat. ☎ 86 85 18 55.

# CHÂTEAUNEUF

**Château** – Visites guidées (3/4 h) toutes les heures de 9 h 30 à 11 h 30 et de 14 h à 17 h (18 h le dimanche) du 1er avril au 30 septembre, à 10 h, 11 h, 14 h et 15 h le reste de l'année. Fermé le mardi et le mercredi hors saison ainsi que le 1er janvier, 1er mai, 1er et 11 novembre et 25 décembre. 20 F. ☎ 80 49 21 89.

# CHÂTEL-CENSOIR

**Collégiale St-Potentien** – Visite libre tous les jours, de 8 h à 12 h et de 13 h 30 à 17 h 30 du lundi au samedi matin, sur demande à la mairie ☎ 86 81 01 98.

# CHÂTILLON-COLIGNY

2, place Coligny – 45230 – ☎ 38 96 02 33

**Visite guidée de la ville** – S'adresser à l'Office de tourisme.

**Musée** – Visite de 14 h à 17 h 30 en semaine, de 10 h à 12 h et de 14 h à 17 h 30 les week-ends et jours fériés, du 1er avril au 31 octobre ; de 14 h à 17 h 30 les week-ends et jours fériés seulement le reste de l'année. Fermé le lundi, le 25 décembre et le jour de Pâques. 8 F. ☎ 38 92 64 06.

# CHÂTILLON-SUR-SEINE

**Musée** – Visite de 9 h à 12 h et de 13 h 30 à 18 h du 16 juin au 15 septembre, de 9 h à 12 h et de 14 h à 18 h du 1er avril au 15 juin et du 16 septembre au 15 novembre, de 10 h à 12 h et de 14 h à 17 h du 16 novembre au 31 mars. Fermé le mardi du 16 septembre au 15 juin, le 1er janvier, le 1er mai et le 25 décembre. 25 F. ☎ 80 91 24 67.

**Église St-Vorles** – Visite libre de 10 h 30 à 12 h et de 14 h 30 à 17 h 30 les mercredis, samedis, dimanches et jours fériés du 1er avril au 15 juin ; tous les jours, du 16 juin au 15 septembre ; de 14 h 30 à 16 h 30 les samedis, dimanches et jours fériés du 16 septembre au 11 novembre. Fermée du 12 novembre au 31 mars. ☎ 80 91 24 67.

## CHENÔVE

**Cuverie des ducs de Bourgogne** – &. Visite accompagnée (3/4 h) de 14 h à 19 h du 15 juin au 30 septembre et sur rendez-vous le reste de l'année. Entrée gratuite. ☎ 80 52 81 83.

## CHEVENON

**Château** – Visite de l'extérieur, tous les jours, de 9 h à 18 h du 1er avril au 30 septembre. Visite accompagnée de l'intérieur sur demande écrite adressée (10 jours avant) au gardien du château - 58160 Imphy.

## Abbaye de CÎTEAUX

On ne visite que l'église du monastère, tous les jours de 4 h à 12 h 30 et de 13 h 30 à 20 h. Audiovisuel de 20 mn en français, allemand et anglais. ☎ 80 61 11 53.

## CLAMECY
**🛈** rue du Grand-Marché – 58500 – ☎ 86 27 02 51

**Musée d'Art et d'Histoire Romain-Rolland** – Visite tous les jours de 10 h à 12 h et de 14 h à 18 h. Fermé le mardi toute l'année et le dimanche de la Toussaint à Pâques. 15 F. ☎ 86 27 17 99.

## CLESSÉ

**Église** – S'adresser au café en face de l'église.

## Château du CLOS DE VOUGEOT

&. Visite accompagnée (3/4 h) de 9 h à 18 h 30 (17 h le samedi) du 1er avril au 30 septembre, de 9 h à 11 h 30 et de 14 h à 17 h 30 le reste de l'année. Après la visite, présentation audiovisuelle (durée : 1/4 h) se rapportant à la Confrérie des Chevaliers du Tastevin. Fermé les 24, 25, 31 décembre et 1er janvier. 16 F. ☎ 80 62 86 09.

Clos de Vougeot : confrérie du Tastevin.

## CLUNY
**🛈** 6, rue Mercière – 71250 – ☎ 85 59 05 34

**Visite guidée de la ville** ▲ – S'adresser à l'Office de tourisme.

**Ancienne abbaye** – Visite de 9 h 30 à 12 h 30 et de 14 h à 18 h du 1er avril au 30 juin, de 9 h à 19 h du 1er juillet au 30 septembre, de 9 h 30 à 12 h et de 14 h à 17 h en octobre, de 10 h 30 à 11 h 30 et de 14 h à 16 h du 2 novembre au 31 mars. Fermé les 1er janvier, 1er mai, 1er et 11 novembre et 25 décembre. 27 F. ☎ 85 59 12 79.

**Musée d'Art et d'Archéologie** – Visite tous les jours de 9 h à 19 h du 1er juillet au 23 septembre, de 9 h 30 à 12 h et de 14 h à 18 h (17 h en octobre) du 1er avril au 30 juin et du 24 au 30 septembre, de 10 h à 12 h et de 14 h à 16 h en novembre, de 10 h à 11 h 30 et de 14 h à 16 h du 1er décembre au 15 février, de 10 h à 12 h et de 14 h à 16 h 30 du 16 février au 25 mars. Fermé les 1er janvier, 1er mai, 1er et 11 novembre, 25 décembre. 14 F. ☎ 85 59 23 97.

**Tour des Fromages** – Visite libre tous les jours de 10 h à 19 h du 1er juillet au 30 septembre, de 10 h à 12 h 30 et de 14 h 30 à 18 h le reste de l'année. Fermé le dimanche du 1er novembre au 31 mars, les 1er janvier, 1er mai, 1er et 11 novembre et 25 décembre. 6 F. ☎ 85 59 05 34.

**Haras national** – ♿ Visite libre de 9 h à 19 h tous les jours, toute l'année. Entrée gratuite. ☎ 85 59 85 00.

**Église St-Marcel** – S'adresser à l'Office de tourisme.

## COMBERTAULT

**Église** – Visite accompagnée sur demande à M. Pelletier ☎ 80 26 60 75 ou à M. Perret-Carnot ☎ 80 26 60 05.

## COMMARIN

**Château** – Visite accompagnée (3/4 h) tous les jours (sauf mardi) de 10 h à 12 h et de 14 h à 18 h du 1er avril au 31 octobre. 35 F. ☎ 80 49 23 67.

## Château de CORMATIN

♿ Visite accompagnée (3/4 h) tous les jours de 10 h à 12 h et de 14 h à 18 h 30 de Pâques à la Toussaint ; fermeture à 17 h en octobre et novembre. Fermé du 11 novembre à Pâques et le lundi en mai (sauf le 1er). 30 F. ☎ 85 50 16 55.

## COSNE-SUR-LOIRE

**Église St-Agnan** – Visite sur demande préalable au ☎ 86 26 60 81.

**Musée** – ♿ Visite tous les jours (sauf mardi), toute l'année, de 10 h à 12 h et de 15 h à 19 h. Fermé les 1er mai, 11 novembre, 25 décembre et 1er janvier. 18 F. ☎ 86 26 71 02.

**Maison des Chapelains** – Visite tous les jours (sauf mardi et dimanche) de 15 h à 19 h du 1er juillet au 2 septembre. 10 F.

## COUCHES

**Château** – Visite accompagnée (3/4 h) tous les jours de 10 h à 12 h et de 14 h à 18 h en juillet et août, de 14 h à 18 h en juin et septembre ; de 14 h 30 à 18 h les dimanches et jours fériés seulement du 1er avril au 1er novembre. 25 F. ☎ 85 45 57 99.

## CRAVANT

**Église** – En cas de fermeture s'adresser au restaurant « Les Hortensias », place de l'Église.

## Le CREUSOT      🅱 château de la Verrerie – 71200 – ☎ 85 55 02 46

**Château de la Verrerie** – Visite de 9 h à 12 h et de 14 h à 19 h en semaine, de 14 h à 19 h les week-ends et jours fériés, du 1er avril au 30 septembre ; de 10 h à 12 h et de 14 h à 18 h en semaine, de 14 h à 18 h le samedi, le reste de l'année. Hors saison et pendant les vacances scolaires seulement, ouvert de 14 h à 18 h les dimanches et jours fériés. Fermé le lundi hors saison, les 1er janvier, 1er mai et 25 décembre. 30 F. ☎ 85 55 02 46.

**Écomusée** – Visite tous les jours de 9 h à 12 h et de 14 h à 19 h du 1er avril au 30 septembre (fermeture à 18 h le reste de l'année). 15 F jusqu'au 23 juin, 25 F à partir du 24 juin. ☎ 85 55 01 11.

## CUISEAUX

**Maison de la Vigne et du Vigneron** – Visite de 15 h à 19 h tous les jours (sauf le mardi) du 14 mai au 24 septembre. 15 F. ☎ 85 76 27 16.

# D

## DECIZE      🅱 hôtel de Ville – 58 300 – ☎ 86 25 03 23

**Église St-Aré** – Visite libre tous les jours de 9 h à 18 h ; visite accompagnée pour la crypte, s'adresser à l'Office de tourisme, place du Champ-de-Foire.

## DICY

**La Fabuloserie** – Visite accompagnée (1 h 1/2) tous les jours de 14 h à 18 h en juillet et août, de 14 h à 18 h les samedis, dimanches et jours fériés seulement, de Pâques à fin juin et du 1er septembre au 2 novembre. 30 F. ☎ 86 63 64 21.

## DIGOIN

🛈 place de la Grève – 71160 – ☏ 85 88 56 12

**Musée de la Céramique** – Visite guidée (1 h 1/2) tous les jours de 10 h à 12 h et de 14 h 30 à 17 h du 1er juin au 31 octobre, de 10 h à 12 h et de 14 h à 16 h 30 en avril et mai. Une visite seulement à 15 h, le reste de l'année. Fermé le dimanche d'octobre à fin mai, le 1er janvier, 1er mai, 1er novembre et le 25 décembre. 15 F. ☏ 85 53 00 81.

## DIJON

🛈 34, rue des Forges – 21022 – ☏ 80 44 11 44

**Visite guidée de la ville** 🅰 – S'adresser à l'Office de tourisme.

**Musée des Beaux-Arts** – Visite tous les jours (sauf mardi) de 10 h à 18 h. La section d'Art moderne est fermée entre 12 h et 13 h 30. Fermé le 1er janvier, 1er et 8 mai, 14 juillet, 1er et 11 novembre, 25 décembre. 15 F (gratuit le dimanche). ☏ 80 74 52 70.

**Tour Philippe-le-Bon** – Accès tous les jours de 9 h à 12 h et de 13 h 45 à 17 h 30 de Pâques au 3e dimanche de novembre ; le reste de l'année, le mercredi seulement à 13 h 30, 14 h 30, 15 h 30 et les samedis, dimanches et jours fériés à 9 h, 10 h, 11 h, 13 h 30, 14 h et 15 h 30. Fermé le 1er janvier et le 25 décembre. 15 F.

**Hôtel de Vogüé** – Visite de la cour intérieure seulement.

**Bibliothèque municipale** – Accès à la salle de lecture seulement ; de 10 h à 12 h et de 14 h 30 à 18 h 30 du mercredi au samedi compris de début juillet à fin août ; le reste de l'année, de 9 h 30 à 12 h 30 et de 13 h 30 à 18 h 30 le mardi, le jeudi, le vendredi ; de 9 h 30 à 18 h 30 le mercredi et le samedi. Entrée gratuite. ☏ 80 44 94 14.

**Musée Magnin** – Visite tous les jours (sauf lundi) de 10 h à 18 h du 1er juin au 30 septembre, de 10 h à 12 h et de 14 h à 18 h le reste de l'année. 15 F. ☏ 80 67 11 10.

**Chartreuse de Champmol** – ♿ Puits de Moïse et portail de la chapelle accessibles librement, tous les jours, toute l'année, de 8 h 30 à 19 h. Gratuit. ☏ 80 42 48 48.

**Crypte de la cathédrale St-Bénigne** – Visite de 9 h à 19 h (18 h du 15 novembre au 28 février). 4 F. ☏ 80 30 14 90.

**Musée archéologique** – Visite tous les jours (sauf mardi et jours fériés) de 9 h à 18 h du 1er juin au 30 septembre, de 9 h à 12 h et de 14 h à 18 h le reste de l'année. 11 F (gratuit le dimanche). ☏ 80 30 88 54.

**Muséum d'Histoire naturelle** – Visite toute l'année, de 9 h à 12 h et de 14 h à 18 h du lundi au samedi, de 14 h à 18 h seulement le dimanche et les jours fériés. Fermé le mardi, les 1er janvier, 1er et 8 mai, 14 juillet, 1er et 11 novembre, 25 décembre. 11 F (gratuit le dimanche). ☏ 80 76 82 76.

**Musée Grévin** – ♿ Visite libre de 9 h 30 à 12 h et de 14 h à 18 h tous les jours, toute l'année. 30 F. ☏ 80 42 03 03.

**Musée Amora** – Visite accompagnée de 14 h à 18 h, le mardi et le samedi seulement, sur demande préalable (15 jours à l'avance). Les autres jours de la semaine, s'adresser à l'Office de tourisme. Fermé le dimanche et les jours fériés. Entrée gratuite. ☏ 80 44 44 52.

**Église St-Michel** – Ouverte tous les jours. Visite accompagnée de 14 h 30 à 17 h du lundi au samedi (sauf jeudi après-midi) du 15 juin au 5 septembre. ☏ 80 63 17 80.

**Musée de la Vie bourguignonne** – ♿ Visite tous les jours, toute l'année, de 9 h à 12 h et de 14 h à 18 h. Fermé le mardi, les 1er janvier, 1er et 8 mai, 14 juillet, 1er et 11 novembre, 25 décembre. 11 F (gratuit le dimanche). ☏ 80 44 12 69.

**Musée d'Art sacré** – Visite tous les jours, toute l'année, de 9 h à 12 h et de 14 h à 18 h. Fermé le mardi, les 1er janvier, 1er et 8 mai, 14 juillet, 1er et 11 novembre, 25 décembre. 8 F (gratuit le dimanche). ☏ 80 44 12 69.

## DIXMONT

**Église** – Visite libre en semaine seulement. Possibilité d'emprunter la clef chez M. Evezard, 27, rue de la Mairie ☏ 86 96 01 10.

## DRUYES-LES-BELLES-FONTAINES

**Château** – Visite accompagnée (1 h) à 16 h du lundi au vendredi du 1er juillet au 15 septembre. Visite à 16 h, 17 h et 18 h le samedi en juillet et août et à 16 h seulement du 1er au 15 septembre. Les dimanches et jours fériés, visite à 15 h, 16 h, 17 h et 18 h en juillet et août, 15 h, 16 h et 17 h du 1er au 15 septembre, à 16 h seulement du 15 avril au 1er juillet. 18 F. ☏ 86 41 57 86.

# E

## ÉCUISSES

**Musée du Canal** – Visite tous les jours (sauf lundi) de 15 h à 18 h (19 h dimanches et jours fériés) du 1er juillet au 15 septembre ; de 15 h à 18 h les dimanches et jours fériés seulement du 15 septembre à la Toussaint et de Pâques à fin juin. 15 F. ☎ 85 78 92 22.

## ÉGUILLY

**Château** – Visite accompagnée (3/4 h) de 10 h à 12 h et de 14 h à 19 h tous les jours du 1er mai au 1er novembre ; le samedi, le dimanche et les jours fériés seulement du 1er mars au 30 avril. 20 F. ☎ 80 90 72 90.

## ÉPOISSES

**Château** – Visite accompagnée de l'intérieur (3/4 h) tous les jours (sauf mardi) de 10 h à 12 h et de 15 h à 18 h en juillet et août. Visite libre du parc de 9 h à 19 h toute l'année. 30 F (intérieur), 10 F (parc). ☎ 80 96 42 65.

## ESCOLIVES-STE-CAMILLE

**Église** – Visite accompagnée le samedi seulement, de 14 h à 18 h, en juillet et août. ☎ 86 53 34 24 (mairie).

# F

## FARGES-LÈS-MÂCON

**Église** – Visite libre tous les jours. En cas de fermeture, s'adresser à Mme Henri Perrusset au Bourg.

## La FERTÉ-LOUPIÈRE

**Église** – Visite libre tous les jours de 8 h à la tombée de la nuit. Visite guidée sur demande préalable à M. et Mme Breton, rue Basse, La Ferté-Loupière, 89110 Aillant-sur-Tholon ☎ 86 73 18 79.

## FIXIN

**Parc Noisot** – Visite de 14 h à 18 h le mercredi, le samedi et le dimanche du 16 avril au 15 octobre. 5 F.

## FLAVIGNY-SUR-OZERAIN

**Église St-Genest** – Visite tous les jours (sauf dimanche matin et lundi) de 11 h à 12 h et de 14 h 30 à 18 h du 15 juin au 30 septembre. Sur demande le reste de l'année. ☎ 80 96 25 47.

**Crypte Ste-Reine** – Visite du lundi au vendredi de 9 h à 11 h 30 et de 14 h à 17 h, sur demande (quelques jours avant) les dimanches et jours fériés, du 1er janvier au 31 juillet et du 1er octobre au 31 décembre ; visites à 15 h 30, 16 h 30 et 17 h 30 tous les jours en août et en septembre. 8 F. ☎ 80 96 24 65.

## Abbaye de FONTENAY

Visite tous les jours de 9 h à 13 h et de 14 h à 18 h en juillet et août, de 9 h à 12 h et de 14 h à 18 h le reste de l'année. Visite guidée (1 h) du 15 mars au 15 novembre, visite libre le reste de l'année. 39 F. ☎ 80 92 15 00.

## Château de FROLOIS

Visite accompagnée (1/2 h), tous les jours, de 14 h à 18 h du 1er juillet au 27 août. 15 F. ☎ 80 22 16 70.

# G

## GERMOLLES

**Château** – Visite accompagnée (1 h) de 10 h à 12 h et de 14 h à 18 h 30 tous les jours (sauf mardi), en juillet et en août. 20 F. ☎ 85 45 10 55.

## GEVREY-CHAMBERTIN

**Château** – Visite accompagnée (3/4 h) toute l'année, de 10 h à 12 h et de 14 h à 17 h du lundi au samedi ; de 11 h à 12 h et de 14 h à 18 h (17 h hors saison) les dimanches et jours fériés. Fermé le jeudi, le 1er janvier, le jour de Pâques et le 25 décembre. 20 F. ☎ 80 34 36 13.

## GOURDON

**Église** – Visite tous les jours, de 8 h à 20 h en été et de 8 h à 17 h en hiver. ☎ 85 79 80 83.

# J

## JOIGNY

🛈 quai H.-Ragobert – 89300 – ☎ 86 62 11 05

**Visite guidée de la ville A** – S'adresser à l'Office du tourisme.

**Église St-Jean** – Visite tous les jours de 14 h à 18 h de Pâques à la Toussaint.

# K

## Monastère tibétain KAGYU-LING

Visite tous les jours de 15 h à 18 h 30 en juillet et août ; de 15 h à 18 h pendant les vacances scolaires de la zone B, de 15 h à 18 h le mercredi, le samedi, le dimanche et les jours fériés, le reste de l'année. Fermeture du temple le matin. 10 F. ☎ 85 79 43 41.

# L

## LADUZ

**Musée rural des Arts populaires** – Visite tous les jours, de 11 h à 19 h du 1er juin au 30 septembre, de 14 h à 19 h les samedis, dimanches et jours fériés seulement du 1er avril au 31 mai et du 1er octobre au 2 novembre. 30 F. ☎ 86 73 70 08.

## LANCHARRE

**Ancienne église** – Visite sur demande au ☎ 85 50 13 92.

## LOUHANS

**Hôtel-Dieu** – Visite accompagnée (1 h 30) à 10 h 30, 14 h 30 et 16 h 30 du lundi au samedi, à 14 h 30 et 16 h 30 les dimanches et jours fériés, du 1er mars au 30 septembre ; à 10 h 30 les jeudis et samedis seulement, le reste de l'année. Fermé le mardi et le 1er mai. 20 F. ☎ 85 75 54 32.

**L'atelier d'un journal** –  Visite tous les jours (sauf mardi) de 15 h à 19 h. Fermé les week-ends et jours fériés (sauf du 14 mai au 24 septembre), le 1er janvier et le 25 décembre. 15 F. ☎ 85 76 27 16.

## LUGNY

**Église** – S'adresser au centre pastoral, rue du Pont.

## LUZY

**Tapisseries de l'hôtel de ville** – Visite toute l'année de 9 h à 12 h et de 13 h 30 à 17 h 30 du lundi au jeudi, de 9 h à 12 h et de 13 h 30 à 16 h 30 le vendredi. Fermé les samedis, dimanches et jours fériés. Entrée gratuite.

# M

## La MACHINE

**Musée de la Mine** – Visite tous les jours (sauf mardi) de 10 h à 12 h et de 15 h à 19 h du 15 juin au 15 septembre ; de 14 h à 18 h les dimanches et jours fériés seulement, du 16 septembre au 31 octobre et du 1er mars au 14 juin. Fermé le 1er mai et le 16 août. 14 F. ☎ 86 50 91 08.

**Mine-image** – Visite accompagnée (1 h 15) ; mêmes conditions de visite que le musée. 14 F.

## MÂCON

🛈 187, rue Carnot – 71000 – ☎ 85 39 71 37

**Visite guidée de la ville** – S'adresser à l'Office de tourisme.

**Musée municipal des Ursulines** – Visite libre ou accompagnée (sur demande 15 jours avant), de 10 h à 12 h et de 14 h à 18 h tous les jours, toute l'année. Fermé le dimanche matin, le mardi, les 1er janvier, 1er mai, 14 juillet, 1er novembre et 25 décembre. 15 F. ☎ 85 38 18 84.

**Musée lapidaire du Vieux St-Vincent** – Visite tous les jours (sauf dimanche matin et mardi). Narthex : de 10 h à 18 h toute l'année. Tour sud et salle intermédiaire : de 10 h à 12 h et de 14 h à 18 h du 1er juin au 30 septembre. Fermé les 1er janvier, 1er mai, 14 juillet, 1er novembre et 25 décembre. 10 F. ☎ 85 38 18 84.

**Musée Lamartine** – Mêmes conditions de visite que le musée municipal des Ursulines.

**Hôtel-Dieu** – ♿ Visite sur demande préalable (15 jours avant) au musée des Ursulines, 5, rue des Ursulines, 71000 Mâcon. 10 F. ☎ 85 38 18 84.

## MAGNY-COURS

**Circuit auto-moto de Nevers-Magny-Cours** – Visite accompagnée (1 h 30) toute l'année (sauf les jours de compétitions) sur demande uniquement, 15 jours avant. Fermé du 15 au 31 décembre. Contacter Mme C. Mathé ☎ 86 21 80 00.

## MARCIGNY                    🅱 8, rue de Précy – 71100 – ☎ 85 25 39 06

**Tour du Moulin** – Visite tous les jours, de 14 h à 18 h du 1ᵉʳ mars au 31 octobre. 10 F. ☎ 85 25 21 87.

## MENOU

**Château** – Visite accompagnée (1/2 h), de 14 h à 18 h tous les jours du 15 juin au 15 octobre. 28 F. ☎ 86 39 81 27.

## MILLY-LAMARTINE

**Maison d'enfance de Lamartine** – Visites accompagnées (1 h) tous les jours (sauf mardi et vendredi) à : 10 h, 11 h, 15 h, 16 h et 17 h de début mai à fin septembre. 25 F. ☎ 85 37 70 33.

## Château de MONCEAU

Visite des abords (cour d'honneur, terrasse) de 9 h à 12 h et de 14 h à 18 h de juin à septembre. Fermé le dimanche.

## MONTARGIS                    🅱 boulevard Paul-Baudin – 45205 – ☎ 38 98 00 87

**Musée Girodet** – Visite toute l'année, de 9 h à 12 h et de 13 h 30 à 17 h 30 (17 h le vendredi). Fermé le lundi, le mardi et les jours fériés. 16 F. ☎ 38 98 07 81.

**Musée du Gâtinais** – Visite toute l'année, de 9 h à 12 h et de 13 h 30 à 17 h 30 le mercredi, le samedi et le dimanche. 16 F. ☎ 38 98 07 81.

**Musée des Tanneurs** – Visite tous les samedis et premiers dimanches du mois, de 14 h 30 à 17 h 30, ou sur demande à l'Office de tourisme. 5 F. ☎ 38 98 00 87.

## MONTBARD

**Parc Buffon** – Visite accompagnée (1 h) de 10 h 15 à 11 h 15 et de 14 h 15 à 17 h tous les jours (sauf mardi) du 1ᵉʳ avril au 30 septembre ; de 10 h 15 à 11 h 15 et de 14 h 15 à 16 h tous les jours (sauf vendredi et samedi) le reste de l'année. 10 F.

**Musée des Beaux-Arts** – Visite tous les jours (sauf mardi) de 10 h à 12 h et de 15 h à 18 h du 1ᵉʳ juin au 31 août, de 15 h à 18 h en septembre, octobre, avril et mai. Dernière heure d'entrée possible 11 h ou 17 h. 11 F. ☎ 80 92 01 34.

**Musée des anciennes écuries de Buffon** – ♿ Visite tous les jours (sauf mardi) de 10 h à 12 h et de 14 h à 18 h du 1ᵉʳ avril au 15 novembre. 10 F. ☎ 80 92 01 34.

## MONTCEAU-LES-MINES                    🅱 place de l'Hôtel-de-Ville – 71300 – ☎ 85 57 38 51

**Musée des Fossiles** – Visite de 15 h à 18 h le mercredi, le samedi et le premier dimanche de chaque mois. En juillet et août, visites sur rendez-vous uniquement. 15 F. ☎ 85 57 38 51.

**La « Maison d'école »** – Visite de 15 h à 18 h 30 le dernier dimanche de chaque mois, toute l'année. 15 F. ☎ 85 57 29 36.

## MONTIGNY-SUR-AUBE

**Château** – ♿ Visite accompagnée (1/4 h) toute l'année, tous les dimanches, de 10 h à 12 h et de 14 h 30 à 17 h 30. 5 F.

## MONTRÉAL

**Église** – Visite tous les jours, de 8 h 30 à 19 h du dimanche des Rameaux au 11 novembre. Le reste de l'année, s'adresser au prieuré St-Bernard, place du Monument, route de Montbard à Montréal. ☎ 86 32 12 74.

## MONT-ST-VINCENT

**Musée J.-Régnier** – Visite de 15 h à 19 h, les dimanches et les jours fériés, du 15 avril au 15 septembre. Entrée gratuite. ☎ 85 57 38 51.

## MOULINS-ENGILBERT

**Ancien prieuré de Commagny** – ♿ Visite de la chapelle seulement, tous les jours de 8 h 30 à 18 h du 9 avril au 1ᵉʳ novembre. Entrée gratuite. ☎ 86 84 21 48.

# N

## NEVERS
🛈 31, rue Pierre-Bérégovoy – 58000 – ☎ 86 59 07 03

**Visite guidée de la ville** 🅰 – S'adresser à l'Office de tourisme.

**Fabrique artisanale de faïences** – Visite des ateliers Montagnon, 10, rue de la Porte-du-Croux, à 14 h 30, le 1er mercredi de chaque mois. Entrée gratuite. ☎ 86 57 27 16.

**Musée archéologique du Nivernais** – Visite tous les jours (sauf lundi matin et mardi) de 10 h à 12 h et de 14 h à 18 h. Fermé le 1er janvier, le 25 et le 31 décembre. 10 F. ☎ 86 59 17 85.

**Musée municipal Frédéric-Blandin** – Visite tous les jours (sauf mardi) de 10 h à 18 h 30 du 1er mai au 30 septembre ; de 10 h à 12 h et de 14 h à 17 h 30 le reste de l'année. 10 F. ☎ 86 68 45 62.

**Cathédrale St-Cyr-et-Ste-Julitte** – Visite de 9 h 30 à 12 h et de 14 h à 18 h du mardi au vendredi en juillet, août et septembre. Visite accompagnée sur demande à Mlle S. Morlé ☎ 86 59 06 74.

**Couvent St-Gildard et musée** – ♿ Visite tous les jours de 7 h à 12 h 30 et de 13 h 30 à 19 h 30 du 1er avril au 31 octobre, de 7 h 30 à 12 h et de 14 h à 19 h le reste de l'année. Entrée gratuite. ☎ 86 57 79 99.

**Église Ste-Bernadette-du-Banlay** – Pour visiter, s'adresser à M. le Curé, 23, rue du Banlay, ☎ 86 57 32 90.

## NOYERS

**Musée** – Visite de 11 h à 18 h 30 tous les jours, du 1er juin au 30 octobre ; le reste de l'année, de 14 h 30 à 18 h 30 les samedis, les dimanches, les jours fériés et les vacances scolaires seulement. Fermé en février. 15 F. ☎ 86 82 89 09.

## NUITS

**Château** – Visite accompagnée (1 h) tous les jours, de 9 h 30 à 11 h 30 et de 14 h à 17 h 30 du 1er avril au 1er novembre. 25 F. ☎ 86 55 71 80.

## NUITS-ST-GEORGES

**Musée** – Visite tous les jours (sauf mardi) de 10 h à 12 h et de 14 h à 18 h du 2 mai au 31 octobre. 10 F. ☎ 80 61 13 10.

# P

## PARAY-LE-MONIAL
🛈 25, avenue Jean-Paul-II – ☎ 85 81 10 92

**Visite guidée de la ville** 🅰 – S'adresser à l'Office de tourisme.

**Basilique du Sacré-Cœur** – Visite tous les jours de 8 h à 18 h 30. Visites accompagnées sur demande à l'Office de tourisme.

**Chambre des Reliques** – Visite de 9 h à 18 h tous les jours de Pâques à la Toussaint, de 13 h 30 à 18 h seulement les dimanches et jours fériés (sauf juin, juillet, août). Entrée gratuite. ☎ 85 81 62 22.

**Diorama du parc des Chapelains** – Visite de 9 h à 18 h tous les jours de Pâques à la Toussaint, de 13 h 30 à 18 h seulement les dimanches (sauf juin, juillet, août). 10 F. ☎ 85 81 62 22.

**Chapelle de la Visitation** – Ouverte tous les jours, de 7 h 30 à 12 h et de 14 h à 19 h. ☎ 85 81 62 22.

**Musée du Hiéron** – Fermé temporairement pour réorganisation.

**Musée de la Faïence charollaise** – ♿ Visite tous les jours (sauf mardi) de 10 h à 12 h et de 15 h à 19 h en juillet et août, de 10 h à 12 h et de 14 h à 18 h du 29 avril au 1er novembre. 15 F. ☎ 85 81 10 92.

## PERRECY-LES-FORGES

**Église** – Visite tous les jours de 8 h à 19 h en été et de 8 h à 17 h en hiver.

## PERRIGNY

**Maison de la forêt et du bois** – Visite tous les jours (sauf mardi) de 15 h à 19 h du 14 mai au 24 septembre. 15 F. ☎ 85 76 27 16.

## PIERRECLOS

**Château** – Visite tous les jours, de 9 h 30 à 18 h 30 en juillet et août ; de 9 h 30 à 12 h et de 13 h 30 à 18 h en juin et septembre ; le reste de l'année, de 8 h à 12 h et de 13 h 30 à 17 h 30 en semaine, de 9 h 30 à 12 h et de 14 h à 18 h les samedis, dimanches et jours fériés. Fermé le 1er janvier et le 25 décembre. 27 F. ☎ 85 35 73 73.

## Château de PIERRE-DE-BRESSE

Visite tous les jours de 10 h à 12 h et de 13 h à 19 h du 1er juin au 30 septembre, de 14 h à 18 h le reste de l'année. Fermé du 25 décembre au 2 janvier. 35 F. ☎ 85 76 27 16.

## Abbaye de la PIERRE-QUI-VIRE

**Salle d'exposition** – ♿ Visite tous les jours, de 10 h à 12 h 30 et de 15 h à 17 h 30 en semaine ; de 11 h 30 à 12 h 30 et de 15 h à 17 h 30 le dimanche et les jours fériés, toute l'année (sauf janvier). Entrée gratuite. ☎ 86 32 21 23.

**Offices dans l'église abbatiale** – ♿ Messe à 9 h 15 du lundi au samedi, à 10 h le dimanche et les jours fériés ; vêpres à 18 h tous les jours (17 h 30 le lundi) toute l'année. Le monastère ne se visite pas.

## Château de PONT-CHEVRON

Visite accompagnée (1 h) tous les jours (sauf mardi) de 14 h à 18 h du 15 juin au 15 septembre. 20 F. ☎ 38 31 92 02.

## PONT-DE-VAUX

**Musée Chintreuil** – ♿ Visite de 14 h à 18 h, tous les jours (sauf le mardi), de Pâques à la Toussaint. 15 F. ☎ 85 30 37 55.

## PONTIGNY

**Église** – Visite de 9 h à 19 h tous les jours. Visites guidées sur demande au ☎ 86 47 54 99.

## POUILLY-EN-AUXOIS

**Église N.-D.-Trouvée** – Visite sur demande préalable auprès de la mairie ☎ 80 90 85 44.

## POURRAIN

**Musée de la Guerre 1939-1945** – Visite accompagnée (1 h) de 10 h à 12 h et de 14 h à 18 h tous les jours, toute l'année. 30 F. ☎ 86 41 13 27.

# R

## RANCY

**Chaisiers et pailleuses** – ♿ Visite tous les jours (sauf mardi) de 15 h à 19 h du 14 mai au 24 septembre. 15 F. ☎ 85 76 27 16.

## Château de RATILLY

Visite tous les jours, de 10 h à 18 h du 15 juin au 15 septembre ; le reste de l'année, de 10 h à 12 h et de 15 h à 17 h en semaine, de 15 h à 17 h seulement les samedis, dimanches et les jours fériés. Fermé le dimanche et les jours fériés du 1er novembre au 1er avril. 15 F. ☎ 86 74 79 54.

## REULLE-VERGY

**Musée des Arts et Traditions des Hautes-Côtes** – Visite tous les jours, de 14 h à 19 h du 1er juin au 30 septembre ; le reste de l'année, sur rendez-vous. 10 F. ☎ 80 61 42 93.

## La ROCHEPOT

**Château** – Visite tous les jours (sauf mardi) de 10 h à 12 h et de 14 h à 18 h en juillet et août, de 10 h à 11 h 30 et de 14 h à 17 h 30 en septembre et octobre et du 1er avril au 30 juin. 27 F. ☎ 80 21 71 37.

## Château de ROSIÈRES

Visite tous les jours, de 9 h à 19 h, toute l'année. 15 F. ☎ 80 75 82 53.

# S

## ST-ANDRÉ

**Église** – Visite tous les jours de 9 h à 12 h et de 14 h à 18 h en juillet et août. Sur demande le reste de l'année. ☎ 85 30 56 66.

## ST-AUBIN-SUR-LOIRE

**Château** – Visite accompagnée (1/2 h) en juillet et août de 14 h à 17 h. Fermé le mardi et le 15 août. 12 F. ☎ 85 53 91 96. Ne pas pénétrer en voiture dans la cour d'honneur.

## ST-BRIS-LE-VINEUX

**Église** – S'adresser à Mme Lheritier, 3, rue de Grisy.

## ST-BRISSON

**Maison du Parc** – Ouverte de 10 h à 12 h et de 14 h à 18 h tous les jours, du 1$^{er}$ mai au 12 novembre ; de 8 h 45 à 12 h et de 13 h 30 à 18 h du lundi au vendredi, le reste de l'année. ☎ 86 78 70 16.

**Musée de la Résistance en Morvan** – ♿ Visite tous les jours de 14 h à 17 h du 10 au 23 juin ; de 14 h à 18 h du 24 juin au 10 septembre ; de 14 h à 17 h les samedis, dimanches et jours fériés, seulement, du 15 avril au 5 juin. 20 F. ☎ 86 78 72 99.

## ST-FARGEAU

**Château** – Visite de 10 h à 12 h et de 14 h à 18 h tous les jours, de Pâques au 11 novembre. 35 F. ☎ 86 74 05 67.

## ST-FLORENTIN          🚩 10, rue de la Terrasse – 89600 – ☎ 86 35 11 86

**Église** – S'adresser à l'Office de tourisme.

## ST-GERMAIN-DU-BOIS

**L'Agriculture bressane** – Visite tous les jours (sauf mardi) de 15 h à 19 h du 14 mai au 24 septembre. 15 F. ☎ 85 76 27 16.

## ST-JULIEN-DE-JONZY

**Église** – Visite tous les jours de 8 h 30 à 18 h.

## ST-JULIEN-DU-SAULT

**Église** – En cas de fermeture, s'adresser à Mlle Cagne, 17, place de la Mairie ☎ 86 63 25 89.

## ST-LÉGER-VAUBAN

**Maison Vauban** – ♿ Visite tous les jours de 10 h à 13 h et de 14 h à 19 h du 1$^{er}$ juin au 15 septembre ; les samedis, dimanches et jours fériés seulement du 1$^{er}$ mai au 30 octobre. 18 F. ☎ 86 32 26 30.

## ST-PÈRE

**Église Notre-Dame** – Visite libre, tous les jours, de 8 h à 19 h des Rameaux à la Toussaint.

**Musée archéologique régional** – Visite de 10 h à 12 h 30 et de 13 h 30 à 18 h 30 tous les jours, du 1$^{er}$ avril au 1$^{er}$ novembre. 23 F. ☎ 86 33 26 62.

**Fouilles des Fontaines salées** – Mêmes conditions de visite que le Musée archéologique (billet jumelé).

## ST-POINT

**Château** – Visite accompagnée (1/2 h) tous les jours de 10 h à 12 h et de 14 h à 18 h 30 du 1$^{er}$ mars au 15 novembre. Fermé le dimanche matin et le mercredi. 23 F. ☎ 85 50 50 30.

## ST-RÉVÉRIEN

**Église** – Visite libre, tous les jours, de 8 h à 18 h.

## ST-ROMAIN

**Exposition à la mairie** – Visite de 14 h à 20 h tous les jours (sauf lundi) en juillet et en août. Sur demande, le reste de l'année. Entrée gratuite. ☎ 80 21 28 50.

## ST-SAUVEUR-EN-PUISAYE

**Musée Colette** – Visite de 11 h à 19 h tous les jours (sauf le mardi) du 1$^{er}$ avril au 31 octobre ; de 14 h à 18 h le samedi, le dimanche et les jours fériés seulement, en mars, novembre et décembre. 25 F. ☎ 86 45 61 95.

## ST-THIBAULT

**Église** – Visite libre de 9 h à 11 h 30 et de 14 h à 18 h tous les jours du 15 mars au 11 novembre ; visite guidée de 15 h à 18 h le mercredi et le jeudi du 10 juillet au 20 août. Visite de la chapelle St-Gilles, sur demande ☎ 80 64 66 07 ou 80 64 62 63.

## ST-TRIVIERS-DE-COURTES

**Ferme-musée de la Forêt** – Visite tous les jours, de 14 h à 19 h, du 1er juillet au 15 septembre ; de 14 h à 19 h, les samedis, dimanches et jours fériés, du 16 septembre au 2 novembre et du 16 avril au 30 juin. Entrée gratuite. ☎ 74 30 71 89.

## SANTENAY

**Église St-Jean** – Visite accompagnée de 14 h à 17 h du 15 avril au 15 octobre sur demande à l'Office de tourisme, avenue des Sources à Santenay, ☎ 80 20 63 15.

## SAULIEU

**Musée Pompon** – Visite tous les jours (sauf mardi) de 10 h à 12 h 30 et de 14 h à 18 h (17 h 30 en hiver) du 1er avril au 30 septembre ; de 10 h 30 à 12 h et de 14 h à 17 h les dimanches et jours fériés, toute l'année. 22 F. ☎ 80 64 19 51.

## SEIGNELAY

**Église St-Martial** – Visite sur demande préalable au presbytère ☎ 86 47 75 66.

## SEMUR-EN-AUXOIS    🖬 2, place Gaveau – 21140 – ☎ 80 97 05 96

**Visite guidée de la ville** – S'adresser à l'Office de tourisme.

**Église Notre-Dame** – Visite tous les jours (sauf mercredi après-midi), de 9 h à 12 h et de 14 h à 19 h (17 h en hiver).

**Tour de l'Orle et musée** – Visite accompagnée (1/2 h) de 10 h à 12 h et de 14 h à 18 h tous les jours du 1er juillet au 31 août. 12 F. ☎ 80 97 05 96.

**Musée** – Provisoirement fermé pour travaux. ☎ 80 97 24 25.

## SEMUR-EN-BRIONNAIS

**Château St-Hugues** – Visite du lundi au samedi, de 10 h à 12 h et de 14 h à 19 h du 1er juin au 15 septembre ; fermeture à 18 h du 15 septembre au 15 novembre et à 18 h 30 du 1er mars au 1er juin. Ouvert le dimanche, de 13 h à 19 h du 1er mars au 15 septembre et de 13 h à 18 h 30 du 15 septembre au 15 novembre. 10 F. ☎ 85 25 13 57.

## SENNECEY-LE-GRAND

**Église de St-Julien** – Visite libre le dimanche seulement, de 15 h à 19 h, de Pâques à mi-septembre. ☎ 85 44 92 26. Les autres jours, possibilité d'emprunter la clef à l'Office de tourisme de Sennecey-le-Grand.

**Église St-Martin de Laives** – Visite de 12 h à 20 h tous les jours de juin à novembre. Hors saison, sur demande préalable à Mme Jacquemet ☎ 85 44 81 07 ou ☎ 85 44 87 02.

## SENS    🖬 place Jean-Jaurès – 89100 – ☎ 86 65 19 49

**Visite guidée de la ville** – S'adresser à l'Office de tourisme.

**Musée, trésor et palais synodal** – ♿ Visite tous les jours, de 10 h à 12 h et de 14 h à 18 h du 1er juin au 30 septembre ; le reste de l'année, visite le lundi, jeudi et vendredi de 14 h à 18 h, le mercredi, samedi, dimanche et jours fériés, de 10 h à 12 h et de 14 h à 18 h. 18 F (gratuit le mercredi). ☎ 86 64 15 27.

**Église St-Pierre-le-Rond** – Fermée pour restauration.

**Église St-Maurice** – Visite libre, tous les jours, de 8 h à 17 h.

**Église St-Savinien** – Pour visiter, s'adresser au presbytère, 71, rue d'Alsace-Lorraine. ☎ 86 65 19 27.

## SOLUTRÉ

**Musée départemental de Préhistoire** – Visite de 10 h à 13 h et de 14 h à 19 h tous les jours du 1er juin au 30 septembre ; de 10 h à 12 h et de 14 h à 18 h en mai, de 10 h à 12 h et de 14 h à 17 h le reste de l'année. Fermé le mardi hors saison, en janvier et en février, les 1er mai, 25 et 31 décembre. 20 F. ☎ 85 35 85 24.

## SUILLY-LA-TOUR

**Château des Granges** – Visite de l'extérieur seulement et de la chapelle, de 9 h à 12 h et de 14 h à 18 h tous les jours, du 1er au 20 juillet et du 1er au 20 septembre. Entrée gratuite. ☎ 86 26 30 71.

## Château de SULLY

Visite accompagnée (3/4 h), de 14 h à 18 h tous les jours du 1er juin au 1er novembre. 35 F. ☎ 85 82 10 27.

# T

### TAIZÉ

**Église de la Réconciliation** – Ouverte tous les jours, 24 h sur 24 h, toute l'année. ☎ 85 50 30 30.

### Château de TALMAY

Visite accompagnée (1/2 h) de 15 h à 17 h, tous les jours (sauf lundi) en juillet et août. 30 F.

### Château de TANLAY

Visite accompagnée (1 h) de 9 h 30 à 11 h 30 (toutes les heures) et de 14 h 15 à 17 h 15 (toutes les 45 mn) tous les jours (sauf mardi) du 1er avril au 15 novembre ; visite supplémentaire à 17 h 45 en juillet-août. 37 F.

### TIL-CHÂTEL

**Église St-Florent** – Visite de 8 h 30 à 18 h tous les jours.

### TONNERRE · 🛈 42, rue de l'Hôpital – 89700 – ☎ 86 55 14 48

**Visite guidée de la ville** – S'adresser à l'Office de tourisme.

**Ancien hôpital** – Visite accompagnée tous les jours (sauf mardi) à 10 h, à 11 h et de 13 h à 18 h du 1er juin au 30 septembre ; le reste de l'année, de 13 h à 18 h les samedis, dimanches et jours fériés et en semaine, sur demande préalable à l'Office de tourisme ou au centre hospitalier ☎ 86 54 33 00. Fermé du 2 novembre au 31 mars. 23 F.

**Musée Marguerite-de-Bourgogne** – Mêmes conditions de visite que l'ancien hôpital.

**Église St-Pierre** – Visite accompagnée sur demande au Syndicat d'initiative. ☎ 86 55 14 48 Mme Chambrillon.

### TOURNUS · 🛈 2, place Carnot – 71700 – ☎ 85 51 13 10

**Église St-Philibert** – Visite libre tous les jours de 8 h à 19 h (18 h en hiver). Visite guidée l'été, le matin et l'après-midi (horaires à l'entrée) ; en hiver, sur demande à l'Office de tourisme ☎ 85 51 13 10.

**Musée bourguignon** – Visite tous les jours (sauf mardi) de 9 h à 12 h et de 14 h à 18 h du 1er avril au 1er novembre. Fermé le 1er mai. 10 F. ☎ 85 51 29 68.

**Église de la Madeleine** – Visite libre tous les jours de 8 h à 12 h et de 14 h à 17 h. ☎ 85 51 02 70.

# V

### VALLERY

**Châteaux** – Visite accompagnée (3/4 h) de 15 h à 17 h 30 tous les jours du 15 juillet au 15 août ; de 15 h à 17 h 30 les dimanches et jours fériés seulement, d'avril à fin octobre. 19 F. ☎ 86 97 77 00.

### VANDEINS

**Église** – Visite tous les jours sur demande à M. et Mme Bertillot, ☎ 74 30 25 72.

### VARZY

**Église St-Pierre** – Visite tous les jours, de 9 h à 18 h. En cas de fermeture, s'adresser à Mlle Villard, 16, rue de Langle, ou à Mme Derrier, 3, ruelle St-Jean à Varzy ☎ 86 29 40 74.

**Musée Grasset** – &. Visite tous les jours (sauf le mardi) de 10 h à 12 h 30 et de 13 h 30 à 18 h (19 h en juillet et août) toute l'année. Fermé le 25 décembre et en janvier. 20 F. ☎ 86 29 43 73.

### Prieuré de VAUSSE

**Cloître et chapelle** – Visite accompagnée (3/4 h) de 14 h à 19 h tous les jours (sauf mardi) du 15 juin au 15 septembre. 15 F. ☎ 86 82 87 28.

### VENAREY-LES-LAUMES

**Église** – Visite accompagnée sur demande à la Maison paroissiale, 1, rue J.-J.-Rousseau. Possibilité d'emprunter la clef auprès de Mme Lorcet, 3, rue J. Dumanet ☎ 80 96 85 92.

### VERDUN-SUR-LE-DOUBS

**Maison du blé et du pain** – Visite tous les jours (sauf mardi) de 15 h à 19 h du 14 mai au 24 septembre. 15 F. ☎ 85 76 27 16.

### VÉZELAY

**Basilique Ste-Madeleine** – Visite libre tous les jours (sauf dimanche jusqu'à 13 h). Visite accompagnée sur demande écrite au Service des visites, place de la Basilique, 89450 Vézelay, ou par fax (86 33 36 93). ☎ 86 33 24 36.

### VILLENEUVE-L'ARCHEVÊQUE

**Église Notre-Dame** – Visite tous les jours (sauf le lundi), de 9 h à 19 h du 21 mars au 15 novembre. En cas de fermeture, s'adresser au presbytère, 5, rue Pasteur, ☎ 86 86 75 22, ou à la pâtisserie Betsch, 10, rue de la République.

### VILLENEUVE-SUR-YONNE

**Église Notre-Dame** – Visite accompagnée tous les jours, de 10 h à 12 h et de 15 h à 18 h. ☎ 86 87 15 03.

### VILLIERS-ST-BENOÎT

**Musée d'Art régional** – Visite de 10 h à 12 h et de 14 h à 18 h tous les jours (sauf mardi) toute l'année. Fermé du 15 décembre au 31 janvier et les 1er mai, 14 juillet, 15 août, 1er et 11 novembre. 20 F. ☎ 86 45 73 05.

### VONNAS

**Musée des Attelages, de la Carrosserie et du Charronnage** – Visite de 10 h à 12 h et de 15 h à 19 h (18 h d'octobre à fin avril). Fermé le mardi hors saison, le 25 décembre et en janvier. 30 F. ☎ 74 50 09 74.

# Index